Mannheimer Geschichtsblätter
35.2018

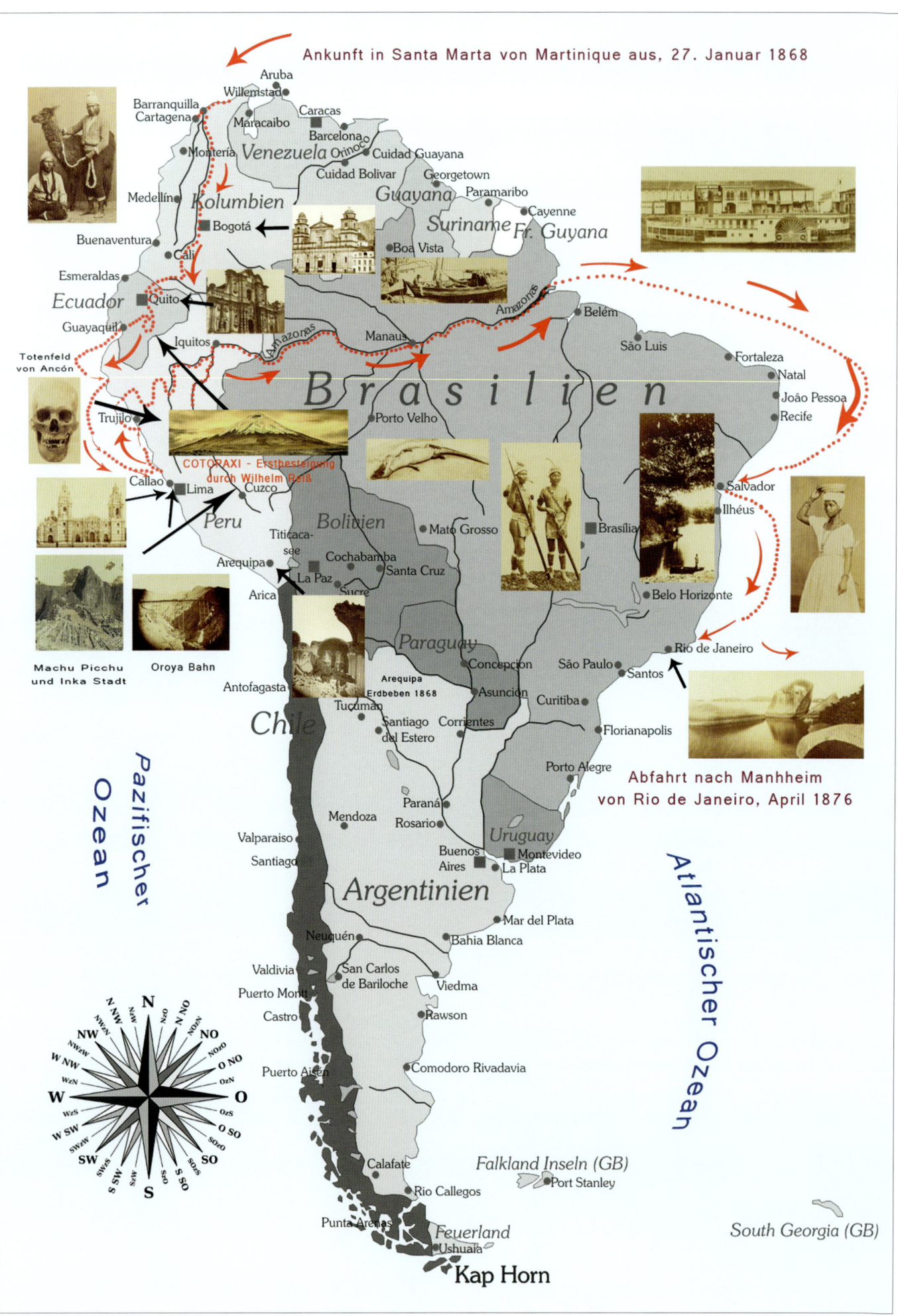

Die Routen von Wilhelm Reiß´Reise durch Südamerika in den Jahren 1868 bis 1876
Karte: C. W. Sui

Mannheimer Geschichtsblätter

ABENTEUER ANDEN UND AMAZONAS

Wilhelm Reiß´ Südamerika-Expedition in historischen Fotografien

Herausgeber
Prof. Dr. Hermann Wiegand
Prof. Dr. Alfried Wieczorek
Prof. Dr. Ulrich Nieß
Dekan i. R. Günter Eitenmüller

Vorwort der Herausgeber

Anlässlich des 150-jährigen Jubiläums der Forschungsreise des Mannheimers Wilhelm Reiß durch Südamerika präsentiert das Forum Internationale Photographie (FIP) der Reiss-Engelhorn-Museen eine Sonderausstellung unter dem Titel „Abenteuer Anden und Amazonas. Wilhelm Reiß' Südamerika-Expedition (1868-1876) in historischen Fotografien". Sie ist gleichzeitig eine Gelegenheit, einen Teil der kostbaren Bilder zu publizieren. Deshalb ist diese Ausgabe der Mannheimer Geschichtsblätter ganz der Reiß´schen Sammlung gewidmet.

Der wissenschaftlichen Sammelleidenschaft von Wilhelm Reiß verdanken wir nämlich einen Schatz. Neben Gesteinsproben, zoologischen, ethnographischen und archäologischen Objekten sowie schriftlichen Aufzeichnungen hatte Reiß bei seiner Rückkehr nach Mannheim umfangreiche Fotokonvolute im Gepäck. Über 500 der ursprünglich etwa 800 Aufnahmen haben sich erhalten. Es sind hauptsächlich Albumin-Abzüge, fragile Papierbilder mit dem charakteristischen Sepiaton, die noch heute mit präziser Tiefenschärfe und nuancenreichem Tonumfang begeistern. Die Fotografien und Reiß' Reiseberichte handeln vom Abholzen der Regenwälder, vom Bau der seinerzeit höchst gelegenen Eisenbahn der Welt, von Erdbeben, einer rasch fortschreitenden Urbanisierung, der Versklavung der afrikanisch stämmigen und der brutalen Unterdrückung der indigenen Bevölkerung. Angesichts noch immer schwelender Konflikte haben seine Beobachtungen an Aktualität nichts eingebüßt.

Die Methoden der Anthropologie und Ethnologie im 19. Jahrhundert werden heute kritisch gesehen. Die indigene Bevölkerung wurde damals einer kalten Bestandsaufnahme unterzogen und in „Typologien" klassifiziert. Die Menschen wurden in einer Weise abgelichtet, die uns heute befremdet, denn sie ist rassistisch und despektierlich, ebenso wie die Bezeichnungen, die sich in den Bildbeschriftungen finden. Aus unserem Sprachgebrauch sind Begriffe wie etwa „Neger" inzwischen verbannt, hier tauchen sie zuweilen noch auf, aber lediglich als dokumentarisches Zitat, das auf die unrechtmäßige und leidvolle Versklavung hinweist, deren furchtbare Geschichte nicht verdrängt werden soll.

Die Porträts spiegeln die damalige Schichtung der Gesellschaft wider, von der europäisch geprägten Oberschicht über die indigene Bevölkerung bis zu den aus Afrika verschleppten und versklavten Menschen. So fördern sie das Geschichtsbewusstsein und belegen die Brisanz, die auch im Blick eines Reisenden aus dem 19. Jahrhundert liegen kann.

Mannheim, im Juli 2018

Prof. Dr. Hermann Wiegand   Prof. Dr. Ulrich Nieß

Prof. Dr. Alfried Wieczorek   Dekan i. R. Günter Eitenmüller

Inhalt

Vorwort der Herausgeber ... 4

Claude W. Sui ... 6
Südamerika – Ein Kontinent der Kolonialisierung, der Gegensätze zwischen der Alten und der Neuen Welt
Die Aufteilung der Welt zwischen Spanien und Portugal durch den Vertrag von Tordesillas ... 7
Die Eroberung der Neuen Welt ... 8
Die Versklavung und Dezimierung der indigenen Bevölkerung durch die Konquistadoren ... 9
Der Sklavenhandel von Afrika nach Südamerika ... 12
Die Versklavung in Brasilien ... 13
Zur Typologie anthropologischer und ethnologischer Fotografien im 19. Jahrhundert ... 18
Porträts zwischen „Typenbildern" und „Individuen" ... 18
Fotografische Dokumente von Architektur und Städtebau in den südamerikanischen Kolonien ... 21
Unabhängigkeitskriege bis zur Entkolonialisierung in Südamerika ... 23
Fotografie auf Expeditionen im Dienste der Wissenschaft und der Wirtschaft ... 24
História Natural da Amazônia – Der Urwald als „tropischer Romantizismus" ... 25
Wissenschaftliche Methoden in ihrer Zeit und ihrem Wandel ... 28
Fotografie als Instrument der Forschung und der Dokumentation ... 29
Carl Dammann ... 30

Franz Waller ... 37
Etwas zu den Fotografen und ihrer Technik

Peter Rothe ... 52
Wilhelm Reiß – Ein Vulkanologe?

Stephanie Herrmann ... 55
Im Bann der Andenvulkane
Die Südamerika-Expedition von Wilhelm Reiß in den Jahren 1868-1876
Wilhelm Reiß und Alfons Stübel – Zwei Forscherpersönlichkeiten, ein Interesse ... 56
Über die Anden zum Amazonas – Der Reiseverlauf der Reiß´schen Expedition durch Südamerika ... 58
Unter Dampf zu den Andenländern – Der Postdienst der Compagnie Générale Transatlantique ... 59
Kolumbien (1868-1869) – Entlang der Kordilleren ... 60
Ecuador (1870-1874) – Faszination Vulkane ... 67
Peru und Brasilien (1874-1876) – Ancóns Totenfelder und dichter Amazonasdschungel ... 77
Zurück in der Heimat – Die Bürde der wissenschaftlichen Aufarbeitung ... 86

Claude W. Sui ... 92
Abenteuer Anden und Amazonas
Wilhelm Reiß´Südamerika-Expedition in historischen Fotografien

Claude W. Sui ... 156
Zeittafel zur Geschichte Südamerikas

Claude W. Sui ... 158
Zur Entwicklung der Fotografie in Südamerika

Impressum ... 160

Brasilien, Bahia
Weißer Herr im Trag-
sessel mit schwarzen
Dienern
Um 1865
Alberto Henschel
rem Sammlung
Wilhelm Reiß
Sm 14/04.8

Die weißen Brasilier bewohnen vorzugsweise die größeren Städte, doch bilden sie, wie erwähnt, im ganzen nur eine kleine Minorität der Bevölkerung. [...] Die Behandlung der Haus- und Feldsklaven ist zwar sehr verschieden nach der Gemütsart der Herren, die gebildete Klasse der Brasilier ist aber durchschnittlich durchaus mild gegen die Sklaven. Unmenschlichkeit und Grausamkeit sind dem weißen Brasilier fremd, und wenn man hört, daß ein Brasilier seine Sklaven schlecht halte, so kann man fast mit Gewißheit annehmen, daß er entweder ein Farbiger ist oder daß er sich bei erster Gelegenheit seiner rein portugiesischen Abstammung rühmen wird.
Friedrich von Hellwald, 1884, S. 244

Claude W. Sui

Südamerika – Ein Kontinent der Kolonialisierung, der Gegensätze zwischen der Alten und der Neuen Welt

Die Aufteilung der Welt zwischen Spanien und Portugal durch den Vertrag von Tordesillas

Hinter Wendungen wie „Eroberung der Neuen Welt", „Westindien", „Amerika" stecken eurozentrische Begriffe, die ihre Ursprünge auf der iberischen Halbinsel haben und der Konkurrenz zwischen Portugal und dem heutigen Spanien um die Vorherrschaft auf dem Atlantischen Ozean entstammen. Dieser erste Globalisierungsprozess in der Menschheitsgeschichte, die Idee, gleich die ganze Welt zwischen diesen beiden Ländern aufzuteilen, wurde durch die Gier befeuert, Bodenschätze wie Gold, Silber und Diamanten in den neu eroberten Ländern abzubauen, neue Anbauflächen für Zuckerrohrplantagen zu erschließen und den Sklavenhandel zu intensivieren. Die Portugiesen passierten unter Gil Eanes[1] bereits 1434 das Kap Bojador an der Nordwestküste Afrikas, südlich der Kanarischen Inseln, das im Mittelalter als das westliche Ende der Welt galt. Ziel der Portugiesen war es, auf ihren Reisen an der afrikanischen Küste entlang nach Süden das Kap zu überwinden.[2] Schirmherr und Auftraggeber der portugiesischen Entdeckungsreisen in der ersten Hälfte des 15. Jahrhunderts war Heinrich der Seefahrer (1394-1460), er initiierte die Entdeckungsfahrten und begründete die mächtige portugiesische See- und Kolonialmacht an der westafrikanischen Küste.

Der Kampf um Granada 1492, die letzte muslimische Bastion auf der iberischen Halbinsel, wurde durch die Truppen von Isabella I. von Kastilien (1451-1504) und Ferdinand II. von Aragón (1452-1516) entschieden. Im 15. Jahrhundert vereinigten sich die Königreiche von Kastilien und Aragón, auf diesem Fundament konnte ein gesamtspanisches Königreich entstehen. Aragón war zu dieser Zeit schon lange eine wichtige Seemacht im Mittelmeer, Kastilien stand in Konkurrenz mit Portugal um die Vorherrschaft auf dem Atlantischen Ozean. Der Genueser Christoph Kolumbus (1451-1506), der zuvor im Dienste Portugals gestanden und vergeblich versucht hatte, den portugiesischen Königshof von seinen Seefahrtsplänen zu überzeugen, konnte dank der Fürsprache von Isabella I. 1486 seine Expedition starten, welche die Entdeckung und Eroberung Amerikas 1492 unter spanisch-kastilischer Flagge zur Folge hatte.

Nach Streitigkeiten zwischen Portugal und Spanien wurde im Vertrag von Tordesillas 1494 die damals bekannte Welt in eine portugiesische und eine spanische Hälfte aufgeteilt. Bereits 1493 hatte Papst Alexander VI. in einer päpstlichen Urkunde (Bulle) eine Demarkationslinie zur Markierung der beiden Hoheitsgebiete gezogen, die vom Nordpol zum Südpol durch den Atlantischen Ozean verlief.[3] Für die Anerkennung der portugiesischen Hegemonie über alle Gewässer und Ländereien südlich von Kap Bojador – zur Sicherung des Seeweges um Afrika nach Indien – überließ Portugal Spanien endgültig die Kanaren (Abb. 1).

Der Wortlaut des Vertrages wurde unterschiedlich interpretiert. Zankapfel war die Lage des Messpunkts: ob auf der östlichsten oder der westlichsten der Kapverdischen Inseln (dazwischen liegen rund 60 Leguas, etwa 290 km). Zudem unterschied sich die spanische Legua von der portugiesischen, die ihrerseits wiederum in eine alte und eine neue Legua unterteilt werden konnte.

Andere große Seemachtnationen wie England, Frankreich und Holland akzeptierten den Vertrag nicht.[4] Der Vertrag von Tordesillas war nach

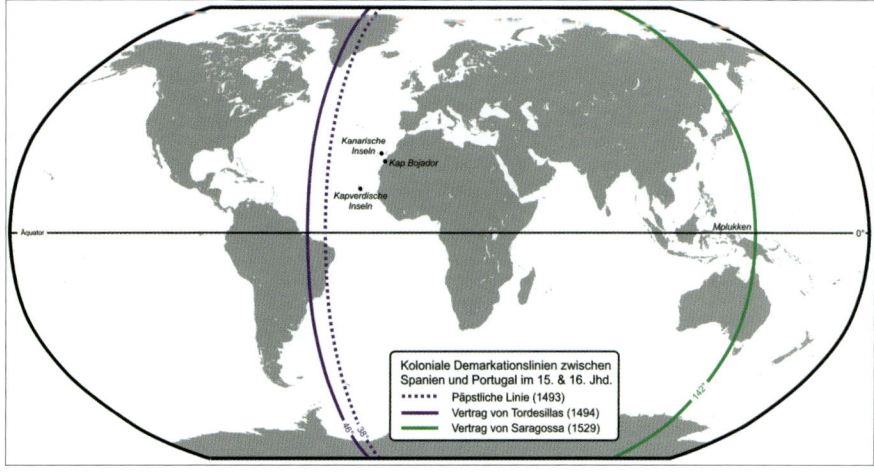

Abb. 1
Demarkationslinien nach den spanisch-portugiesischen Vereinbarungen von 1493, 1494 und 1529
Quelle: https://de.wikipedia.org/wiki/Vertrag_von_Tordesillas#/media/File:Karte_Portugiesisch-Spanischer_Vertr%C3%A4ge.png

Südamerika – Ein Kontinent der Kolonialisierung

heutigem Rechtsverständnis eine unrechtmäßige Annektierung bzw. Aneignung. Parallelen zur imperialen Politik des späten 19. Jahrhunderts werden sichtbar, es galt, fremde Weltreiche mit Militärgewalt zu unterwerfen, die Bevölkerung zu versklaven und die Bodenschätze des Landes systematisch auszubeuten.

Weder die Interessen der indigenen Bevölkerung der annektierten Länder wurden einbezogen noch die Machtinteressen derjenigen Länder, die ebenso wie Spanien und Portugal zu Eroberungen befähigt waren.

Die Eroberung der Neuen Welt

1492 stieg Spanien vorübergehend zu einer christlichen Weltmacht auf, Isabella I. baute ihre Macht in der Neuen Welt systematisch aus mittels Kontrolle und Stützpunkten mit angesiedelten Kolonisten.

Bis etwa 1500 herrschte Christoph Kolumbus mit unerbittlicher und grausamer Härte in der Neuen Welt.[5] Er erreichte bei seinen insgesamt vier Forschungsreisen die Bahamas, Kuba und Haiti[6] (3. August 1492 bis 15. März 1493), die Kleinen Antillen, Puerto Rico und Jamaika (25. September 1493 bis 11. Juni 1496), die Orinoco-Mündung, Tobago und Trinidad (30. Mai 1498 bis 25. November 1500) und die Ostküsten von Honduras, Nicaragua und Costa Rica (9. oder 11. Mai 1502 bis 25. November 1504).

Mit Christoph Kolumbus fängt die amerikanische Gründungslegende an: Er war der mutige Seefahrer, der für die spanische Krone neue Länder, ja eine ganze neue Welt im Dienste des Fortschritts entdeckt hatte. Unser bisheriges Geschichtsbild zeichnet Kolumbus als eine Person, die für den Geist der Neuzeit steht, die mit der Entdeckung Amerikas 1492 den Aufbruch von der Alten Welt in die Neue wagte. Dieses Datum gilt oft als Epochengrenze zwischen Mittelalter und Neuzeit. Die Lichtgestalt Kolumbus wurde spätestens beim 500. Jubiläum der Entdeckung Amerikas 1992 von kritischen Historikern und vom American Indian Movement, einer Bewegung, die sich für die Rechte der Indianer in den USA einsetzt, kritisch hinterfragt. Der Mann des Fortschritts hatte nämlich nur diffuse geographisch-nautische Kenntnisse. Sein Lebensziel war es, eine Westroute nach Indien (bzw. Ostasien) mit der Überquerung des Atlantischen Ozeans zu finden, statt wie bisher auf dem Landweg oder zur See um Afrika herum dorthin gelangen zu müssen, wie dies vor allem die Portugiesen, die zu dieser Zeit größte Seemacht, taten. Noch an seinem Lebensende glaubte Kolumbus, er hätte Indien am Ganges erreicht.[7] Da er annahm, in Indien angelangt zu sein, nannte er die indigene Bevölkerung „Indianer".[8]

Bei seiner Landung auf Haiti kam es zur ersten Begegnung mit dem einheimischen Volk der Arawak, die zunächst friedlich verlief (Abb. 2). In seinem Logbuch beschrieb er die Indianer als „freundlich", „wohlgesinnt", „unschuldig" und großzügig, da sie bereitwillig ihr Hab und Gut mit den Fremden teilen wollten.[9] Kolumbus betrachtete sie bereits als seine Untertanen oder gar Sklaven. Die Eingeborenen begrüßten die Fremden voller Ehrerbietung und hielten sie für „Sonnengötter".[10]

Seit der ersten Begegnung von Christoph Kolumbus mit der „Neuen Welt" wiederholte sich das gleiche brutale koloniale Verhalten, das die Portugiesen an Afrikas Westküste bereits praktiziert hatten, die Folge war die Dezimierung der Eingeborenen durch Versklavung und Ausbeutung.[11] Die Erkundungsreisen von Kolumbus hatten das Ziel, die von Marco Polo beschriebenen Schätze Chinas zu finden. Daraus wurden die Eroberung

Abb. 2
Christoph Kolumbus entdeckt 1492 Amerika und wird von friedlichen Einheimischen mit Geschenken begrüßt.
Kupferstich von Theodore de Bry
1594
https://segu-geschichte.de/alte-welt-trifft-neue-welt/

Claude W. Sui

neuer Kontinente durch Landraub, Versklavung der indigenen Bevölkerung[12] sowie die Unterwerfung der „Heiden" unter das christliche Kreuz. Die Gier nach Gold[13] nutzte zum einen der Krone und deckte zum anderen die Unkosten seiner aufwendigen Schiffsreisen. Denn Kolumbus war im hohen Maße am Gewinn beteiligt, das war vertraglich geregelt. Er entfachte in unrühmlicher Weise das amerikanische Goldfieber, dem jedes Mittel recht war: „Gewalt, Erpressung und Hinterlist, mit Steuerbelastung und Bedrückung zum Arbeitsdienst, die schließlich zum Encomienda-System, [eine Art von Zuhälter-System], geführt haben."[14]

Die Versklavung und Dezimierung der indigenen Bevölkerung durch die Konquistadoren

Während der Kolonialisierung übereignete die spanische Krone unter Königin Isabella I. von Kastilien den Kolonisten bzw. Konquistadoren als Lohn für ihre Dienste eine bestimmte Anzahl von Indigenen. So wurde ein weiterer Machtapparat der Konquistadoren verankert, um riesige Landgüter mitsamt der darin lebenden Urbevölkerung im Auftrag der spanischen Krone „treuhänderisch" zu verwalten. Lehnsherr über Land und Leute war formal das spanische Königspaar, das den „Encomendero" (Auftragnehmer) damit beauftragte, die Einheimischen zu schützen und zu missionieren.[15] Doch es wurde in der Manier einer Feudalherrschaft eine brutale Leibeigenschaft aufgebaut, in der die Indios zur Arbeit zwangsrekrutiert und ausgebeutet wurden. Im Laufe der christlichen Missionierung und im Glauben an den zivilisatorischen Fortschritt wurden ihnen weitere schwere Bürden auferlegt. Sie standen auf der untersten Stufe der gesellschaftlichen Hierarchie. In den sogenannten „Leyes de Burgos" (Burgos-Gesetzen) von 1512/13 wurde zwar festgelegt, dass die Ureinwohner frei und somit keine Sklaven der Encomiendas mehr sein sollten, dennoch konnten sie jederzeit zur Arbeit gezwungen werden, wenn man sie mit Geld und Naturalien entlohnte. Das Gesetz konnte ausgehebelt werden, falls sich die Indios der christlichen Taufe verweigerten, dafür reichte es, wenn sie die ihnen in spanischer Sprache vorgelesenen Artikel zur zwangsweisen Bekehrung nicht verstanden. Das 1503 eingeführte System der „Repartimiento" (Distribution, Partition oder Teilung), später Encomienda genannt, war nichts anderes als lebenslange Knechtschaft, noch menschenverachtender als Sklaverei, denn die Indios waren für die Gutsbesitzer ohne wirtschaftlichen Wert, da sie weder gekauft noch verkauft werden konnten. Die völlig entrechteten Menschen konnten problemlos mörderischen Arbeitsbedingungen ausgesetzt und zu Tode geschunden werden.[16]

Ein ideologischer Streit entbrannte über den Stellenwert der Indianer. Auf der einen Seite trat der Dominikaner und Bischof in den spanischen Kolonien in Südamerika, Bartolomé de Las Casas (1484/85-1566), für die Rechte der Indios ein, so dass er als „Apostel der Indianer" galt. Sein Antipode war Juan Ginés de Sepúlveda (1490-1573), Historiker und Übersetzer, der in seiner Schrift „Democrates alter" das Recht Spaniens zur Versklavung und Ausrottung der Indios verteidigte, denn er hielt sie für eine Art von Untermenschen.

Arbeitsdienst, Erziehung und Christianisierung waren die obersten Ziele. Die Einheimischen mussten in der Hauswirtschaft, in den Gold- und Silberminen, auf den Plantagen oder beim Perlentauchen schuften und wurden dabei hemmungslos und brutal ausgebeutet. Las Casas beschrieb das mörderische Abhängigkeitssystems der Zwangsarbeit „Encomienda": „Diese Sorgfalt oder Seelensorge, welche sie auf dieselben verwendeten, bestand darin, dass sie die Mannspersonen in die Bergwerke schickten, um Gold zu graben, welches eine fast unerträgliche Arbeit ist. Die Weibsleute schickten sie auf ihre sogenannten Stationen oder Meiereien, wo sie den Feldbau besorgen mussten; eine Arbeit, die nur für starke und rüstige Mannspersonen gehört. Diesen, wie jenen, gaben sie nichts anderes zu essen, als Kräuter und dergleichen Sachen, die keine Kraft haben. Säugenden Müttern vertrocknete die Milch in den Brüsten, und in kurzer Zeit starben alle kleinen Kinder dahin. Die Männer mussten ganz abgesondert leben, durften nicht den mindesten Umgang mit den Weibern haben; mithin hörte die Fortpflanzung gänzlich auf. Jene kamen vor Arbeit und Hunger in den Bergwerken um; und diese starben auf die nämliche Art in den Meiereien und sogenannten Stationen."[17]

Die Dezimierung der Einheimischen wurde in Kauf genommen, da sie als minderwertige und

primitive Wesen abgestempelt wurden. Diese Art der „Kolonisation" sanktionierte auch die Kirche mit der Bulle „Romanus Pontifex" von Papst Nikolaus V. im Jahr 1454.[18] Dies war der „legale" Anfang der Sklaverei in Afrika mit dem Segen der Kirche, sie weitete sich auf Asien und Amerika aus und zählt zu den dunkelsten Kapiteln der Christenheit.

Es gab allerdings auch christliche Ordensbrüder, die aufs Schärfste diese Gewaltexzesse bis hin zum Völkermord an den Indigenen verurteilten und für deren Rechte vehement eintraten, zum Beispiel der Dominikaner Bartolomé de Las Casas (1484/85-1566) in den spanischen Kolonien und die Jesuiten Padre José de Anchieta (1534-1597) und Padre António Vieira (1608-1697) in der portugiesischen Kolonie. Ihre Aufzeichnungen sind erschütterte Berichte von der Hölle auf Erden. Menschen wurden zur Ware im Dienste der Gewinnmaximierung, jede Perversion materieller und sexueller Art bekam freien Lauf.[19] Christliche Gebote und Nächstenliebe wurden in der Neuen Welt mit Füßen getreten.

Die unvorstellbaren Grausamkeiten gegenüber der Urbevölkerung (Abb. 3) illustrieren die Kupferstiche von Theodor de Bry, zwischen 1590 und 1634 zu Las Casas' „Brevísima relación de la destruición de las Indias" gefertigt (Ganz kurzer Bericht über die Zerstörung Westindiens; gemeint ist das heutige Südamerika). Die drastischen Darstellungen verstehen sich als Kritik am spanischen Königshaus, das politisch für die Unterdrückung der Indios verantwortlich war.[20]

„Sie drangen unter das Volk, schonten weder Kind noch Greis, weder Schwangere noch Entbundene, rissen ihnen die Leiber auf, und hieben alles in Stücken [...]. Sie wetteten mit einander, wer unter ihnen einen Menschen auf einen Schwertstreich mitten voneinander hauen, ihm mit einer Pike den Kopf spalten, oder das Eingeweide aus dem Leibe reißen könne. Neugeborene Geschöpfchen rissen sie bei den Füßen von den Brüsten ihrer Mutter und schleuderten sie mit den Köpfen wider die Felsen. Andere schleppten sie bei den Schultern durch die Straßen, lachten und scherzten dazu, warfen sie endlich ins Wasser und sagten: da zapple nun, du kleiner schurkischer Körper! Andere ließen Mutter und Kind zugleich über die Klinge springen, und stießen sie mit den Füßen vor sich hin. Sie machten auch breite Galgen, so, dass die Füße beinahe die Erde berührten, hingen zu Ehren und zur Verherrlichung des Erlösers und der zwölf Apostel je dreizehn und dreizehn Indianer an jedem derselben, legten dann Holz und Feuer darunter, und verbrannten sie alle lebendig. Anderen banden oder wickelten sie dürres Stroh um den Körper, zündeten es an und verbrannten sie. Anderen, die sie bloß deswegen am Leben ließen, hieben sie beide Hände ab, banden sie ihnen an, jagten sie so dann fort, und sagten: gehet hin (wohl zu merken) mit diesem Sendschreiben, und bringt euren Landsleuten, die sich ins Gebirge geflüchtet haben, etwas Neues! Große und Edle brachten sie gewöhnlich folgendergestalt um: sie machten Roste von Stäben, die sie auf Gabeln legten, darauf banden sie die Unglücklichen fest, und machten ein gelindes Feuer darunter, bis sie nach und nach ein jämmerliches Geschrei erhoben, und unter unsäglichen Schmerzen den Geist aufgaben."[21]

Weitere Grausamkeiten gegenüber der Bevölkerung wurden um 1510 von dem Geschichtsschreiber für die spanische Krone, Petrus (Peter) Martyr von Anghiera (1457-1526), festgehalten:[22] „Einzelne Indios hat man auf Hispaniola an Müllhaufen und Gräben aufgefunden, als sie nach stinkenden Kadavern von Eseln und Hunden suchten, um etwas Essbares zu finden."

Abb. 3
Tötung von Indigenen durch die Konquistadoren
Kupferstich von Theodor de Bry
1595
Aus: Bartolomé de Las Casas: Kurzgefaßter Bericht von der Verwüstung der Westindischen Länder, hrsg. von Michael Sievernich, Nachwort: Hans Magnus Enzensberger, Frankfurt /M. und Leipzig, 2. Aufl. 2014, S. 22

Claude W. Sui

Die Taínos starben auf Haiti, bis es keine mehr gab. Die zierlichen Körper der Eingeborenen hielten die Strapazen in einer christlichen Kolonie nicht aus und gingen durch die mörderischen Arbeitsbedingungen beim Schürfen nach Gold und Silber zugrunde. Allein in den Silberminen von Potosí (Bolivien) starben weit über eine Million Indios.

Im spanischen Archiv von Simancas stieß die Historikerin Isabel Aguirre auf ein Dokument, in dem 22 Zeugen belegen, dass Kolumbus den Eingeborenen befahl, Gold abzuliefern. Wer dies nicht konnte, dem wurden die Hände abgehackt (Abb. 4).[23]

Auch neuere Forschungen des italienischen Historikers Roberto Zapperi beschreiben Kolumbus als grausam, geldgierig und verlogen, sowohl gegen die Siedler als auch gegen die Urbevölkerung ging er wegen des kleinsten Vergehens mit Folter und Hinrichtung vor. Zusammen mit seinen Brüdern errichtete er eine solche Schreckensherrschaft, dass Francisco de Bobadilla (?-1502), spanischer Kolonialverwalter, Untersuchungsrichter und Gouverneur von Westindien, ihn als Vizekönig absetzen ließ und gemeinsam mit seinen Brüdern Diego und Bartolomeo in Ketten nach Spanien zurückschickte.[24]

Petrus Martyr von Anghiera schilderte den allmählichen Suizid und den Untergang der indigenen Bevölkerung: „Die Indianer können der Spanier Tyrannei nicht länger ertragen und erwürgen sich selbst. Da aber die armen Einwohner (Españolas) sahen, dass sie mit ewigen und leidvollen Arbeiten und Peinigungen unterdrückt und geplagt wurden, und solchen Jammers und Elends kein Ende wäre, oder keine Hoffnung mehr hatten, ihre alten Freiheiten wieder zu erlangen, wehklagten und schrien sie früh und spät und alle Augenblicke und wünschten sich freiwillig den Tod. Daher waren viele unter ihnen, die verzweifelten an ihrer Hoffnung und liefen hinaus in die finstern Wälder, erhenkten sich selbst, doch brachten sie zuvor mit ihren eigenen Händen ihre Kinder um und sagten, es wäre ihnen viel besser und heilsamer, dass sie einmal stürben, als dass sie allzeit ein solch armselig Leben führen und solchen schrecklichen und unbarmherzigen gräulichen Tyrannen immer und ewig sollten dienen [...] Die schwangeren Weiber, wenn sie nahe der Geburt waren, aßen sie ein Kraut, das brachte die Frucht und das Kind im Mutterleib um, welches sie darum taten, damit sie den Spaniern keine Kinder gebären. Es folgten auch viele Männer ihren Fußstapfen nach und erwürgten sich selbst mit dem Strang. Über das fand man in vielen Orten und Gassen viele tote Indianer, die sich von hohen Hügeln herab zu Tode gestürzt hatten. Etliche fielen in das Meer und andere fließende Gewässer und ersäuften sich. Etliche brachten sich durch freiwilligen Hunger um, nur damit sie aus der Welt kämen."[25]

Die ab 1511 intensiv vorgetragenen Anklagen von Geistlichen verursachten eine heftige, öffentlich geführte Diskussion über die Behandlung der Urbevölkerung und das spanische Eroberungsrecht. Daraus resultierten die „Gesetze von Burgos" von 1512/13 und die Deklaration der „Leyes Nuevas" (Neue Gesetze) von 1542, die die Indios zumindest teilweise schützten, was jedoch vielfach außer Kraft gesetzt und in etlichen Teilen revidiert wurde. Schutz und Gesetzgebung waren machtlos gegen die brutalen kolonialen Interessen an wirtschaftlichem Gewinn.

Die ersten spanischen Siedlungen entstanden um 1520 im heutigen Venezuela, Kolumbien und Argentinien während der Eroberung und Unterwerfung der großen indigenen Reiche. Hernán Cortés betrat 1519 die Aztekenhauptstadt Tenochtitlan, die er 1522 zerstörte. Francisco Pizarro suchte für die spanische Krone nach reichen

Abb. 4
Gräueltaten der Konquistadoren an der indigenen Bevölkerung: Abhacken der Nase und Hände
Im Hintergrund werden Einheimische von einem Berg in den Tod gestürzt oder von den Kriegshunden der Spanier zerfleischt.
Kupferstich von Theodor de Bry
1595
Aus: Bartolomé de Las Casas: Kurzgefaßter Bericht von der Verwüstung der Westindischen Länder, hrsg. von Michael Sievernich, Nachwort: Hans Magnus Enzensberger, Frankfurt /M. u. Leipzig, 2. Aufl. 2014, S. 143

Südamerika – Ein Kontinent der Kolonialisierung

Bodenschätzen und gelangte 1526 ins heutige Ecuador und nach Peru. In den Jahren 1532/1533 unterwarf er das riesige Inkareich, das durch Stammesfehden und von den Einwanderern eingeschleppte Krankheiten bereits geschwächt war. Konquistadoren starteten im 16. Jahrhundert zahlreiche Expeditionen, um das unerforschte Zentralsüdamerika zu erobern. Die Suche galt dem sagenumwobenen Goldland (El Dorado). Gold war für die indigene Bevölkerung Segen und Fluch zugleich. Stammeskriege und letztlich die moderne Waffentechnik wie Gewehre und Kanonen auf Seiten der Spanier und Portugiesen führten zu exzessiven Massakern und zum Untergang der großen einheimischen Reiche.[26]

Der Sklavenhandel von Afrika nach Südamerika
Nachdem die Urbevölkerung auch durch eingeschleppte Krankheiten der Europäer wie Grippe, Masern, Pocken, Pest, Typhus, Malaria, Gelbfieber oder Geschlechtskrankheiten, gegen die sie keine Abwehrkräfte besaß, stark dezimiert war und ihre körperlich zarte Konstitution sie für schwere Arbeiten ungeeignet erscheinen ließ[27], sahen sich die Kolonialherren alsbald gezwungen, „robustere Ware" zu importieren: Sklaven aus Afrika. Zwischen 1519 und etwa 1610 reduzierte sich im Gebiet Neu-Spaniens (von Kalifornien bis Nicaragua) die indianische Bevölkerung von ca. 25 Millionen auf weniger als eine Million Menschen, erst später sollte sie in diesem Raum wieder zunehmen.[28] Mit der Eroberung Amerikas gingen die furchtbarsten Verbrechen an Menschen einher.[29] Es ist ein Land, das kurz nach seiner Entdeckung 1492 in Ketten gelegt wurde. Nach der Knechtung und starken Dezimierung der Indios fand dann der größte Sklavenexport der Geschichte vom afrikanischen auf den amerikanischen Kontinent statt.[30] Seit 1500 basierte Brasiliens Wirtschaft für Jahrhunderte auf der Arbeitskraft von Sklaven. Die Ausbeutung indianischer Sklaven im Zuckerrohranbau erreichte zwischen 1540 und 1570 in der portugiesischen Kolonie ihren Höhepunkt. Die Portugiesen, seit jeher eng mit dem afrikanischen Sklavenhandel verbunden, holten seit 1570 verstärkt afrikanische Sklaven ins Land, was sie vereinzelt schon seit den 1530er Jahren getan hatten. Über die Zahl der nach Brasilien deportierten Afrikaner gibt es uneinheitliche Angaben, sie schwankt zwischen mehr als drei und bis zu vier Millionen. Unstrittig ist, dass bis 1850 weitaus mehr afrikanische Menschen in die Sklaverei nach Brasilien verschleppt wurden als in irgendein anderes Land auf dem amerikanischen Doppelkontinent. Das führte dazu, dass heute dort die meisten Menschen afrikanischer Abkunft außerhalb Afrikas leben. Im Gegensatz zu den Vereinigten Staaten, wo Sklaven teuer waren, gehörten die Sklavenhalter in Brasilien allen sozialen Schichten an, selbst Arme konnten sich Sklaven halten.[31]

Als 1761 die Sklaverei im Mutterland Portugal abgeschafft wurde, blieb sie in Brasilien bestehen. Auch die brasilianische Unabhängigkeitserklärung 1822 führte nicht zu ihrer Abschaffung. Erst 1850 trat das Land aus dem transatlantischen Sklavenhandel aus. Das Ende der Sklaverei begann ab 1871 in mehreren Schritten; den Abschluss dieses Prozesses markierte die 1888 verabschiedete „Lei Áurea", mit dem die Sklaverei offiziell aufgehoben wurde. Das Kaiserreich Brasilien war damit das letzte Land der westlichen Welt, das die Sklaverei abschaffte.[32] Die Nachfahren der afrikanischen Sklaven werden heute meist als Afrobrasilianer bezeichnet.

Dennoch herrschte das perfide Encomienda-System von Abhängigkeit und Unterdrückung demokratischer Menschenrechte bis ins 20. Jahrhundert zwischen den Großgrundbesitzern einerseits und den Kleinbauern und landlosen Bauern andererseits. Indígenas wurden in einem sozial mehr oder weniger geschlossenen Hacienden-System gehalten. Auf der Hacienda (einem Landgut, auch mit dörflicher Struktur) gerieten Bauern durch Lohnvorschüsse in Abhängigkeit. Eine weitere Ungerechtigkeit war, dass sie zwar kleine Parzellen zur Bebauung erhielten, aber als Gegenleistung für den Großgrundbesitzer (Patrón) schwere Arbeiten verrichten mussten, was de facto eine Leibeigenschaft war.

Die Geschichte Südamerikas ist zugleich eine Geschichte der Versklavung von Menschen durch die Europäer. 20 Jahre nach Kolumbus erster Fahrt begann ein blühender Sklavenhandel zwischen Europa, Afrika und der Neuen Welt, ein frühes „globalisiertes" Wirtschaftssystem, das bis ins 19. Jahrhundert Bestand hatte.[34] Die Europäer teil-

Claude W. Sui

ten ohne Rücksicht auf ethnische und religiöse Strukturen die Erdteile unter sich auf und schufen damit bis heute andauernde Konflikte. Ein weiteres Problem waren die im Laufe der Zeit sich verändernden wissenschaftlichen Betrachtungs- und Vorgehensweisen. Manche Forschungen arbeiteten lediglich reduziert mit Biologismus, Rassenlehre und Klassensystem. Die Grenzen zerflossen zwischen mechanistischem, seelenlosem Forschen und einem tiefgehenden ethnokulturellen Verständnis für andere Völker (siehe Abschnitt „Wissenschaftliche Methoden in ihrer Zeit und in ihrem Wandel").

Die Versklavung in Brasilien

Die meisten späteren Sklaven wurden bereits in ihrem Heimatland von anderen Afrikanern versklavt und an die Europäer gewinnbringend verkauft. Die menschliche „Fracht" wurde in enge Schiffsdecks gepfercht (Abb. 5). Ein Überlebender gibt den Millionen Menschen, die diese Tortur durchgestanden haben, eine Stimme. Mahommah Gardo Baquaqua (ca. 1824 - nach 1857) wurde im Nigerdelta als Sklave nach Brasilien verkauft und kam in den 1840er Jahren in Pernambuco an. Mit Hilfe von Abolitionisten erreichte er später New York City, wo er als freier

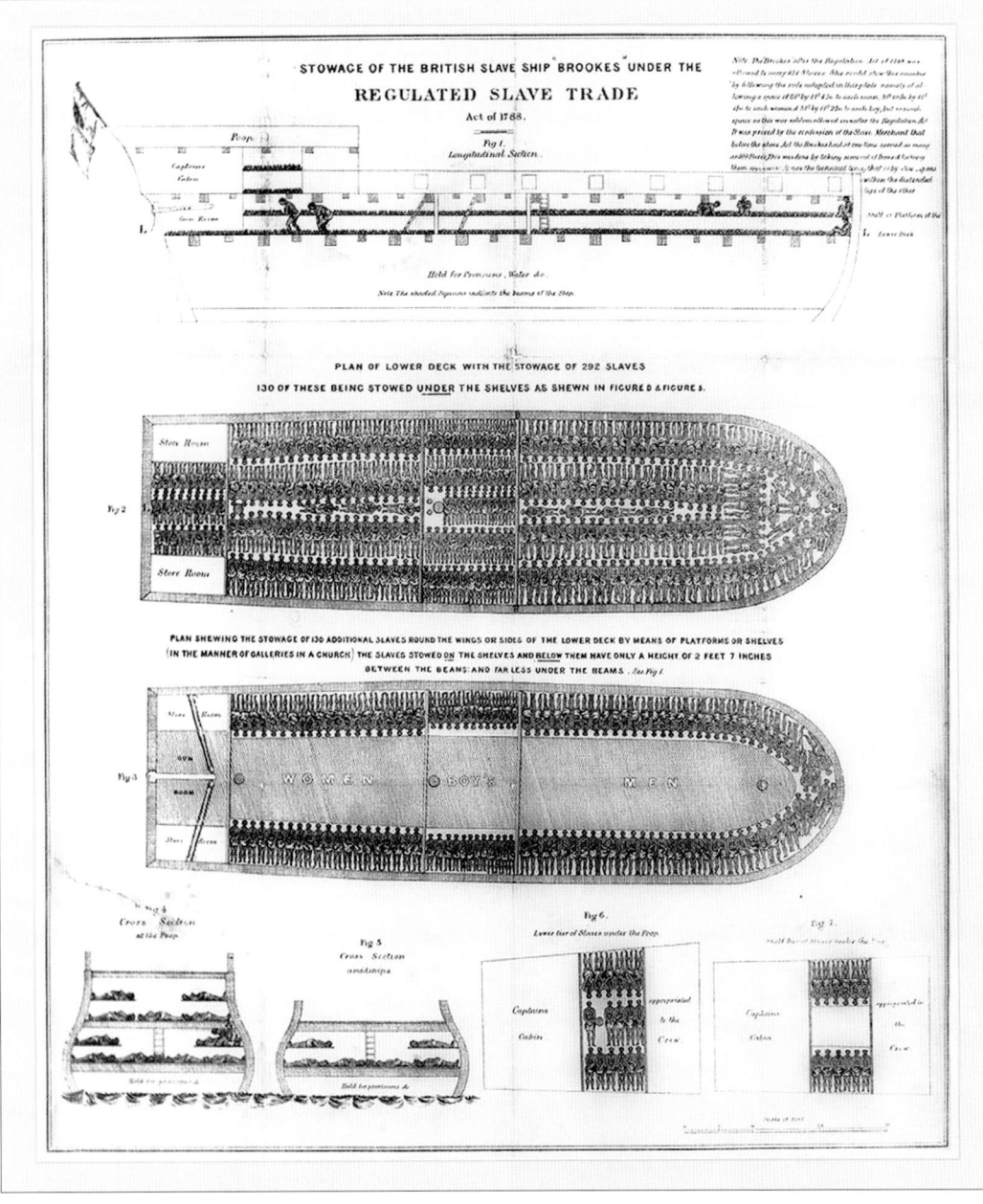

Abb. 5
Pläne des britischen Sklavenschiffs „Brookes" mit seiner „optimalen" Platzausnutzung für die Einpferchung während des Transports nach Amerika
1788
Erlaubt waren 454 Sklaven, tatsächlich wurden mitunter bis zu 744 Personen im Unter-, Mittel und Seitendeck „verladen".
Jedem Mann standen 1,80 x 0,41 m zur Verfügung, jeder Frau 1,78 x 0,41 m und jedem Kind 1,50 x 0,36 m.
https://en.wikipedia.org/wiki/Brookes_(ship)#/media/File:Slaveshipposter.jpg

Südamerika – Ein Kontinent der Kolonialisierung

Abb. 6 (rechts)
Angekettete Indios am Rio Putumayo an der Grenze von Peru und Kolumbien
1912
Foto: W. Hardenburg
Der Kautschukboom von der Mitte des 19. bis Anfang des 20. Jahrhunderts im Amazonasgebiet war mit vielen Opfern für die versklavte indigene Bevölkerung verbunden. Wer nicht genug Kautschuk pro Tag ablieferte, wurde gefoltert oder erschossen.

Abb. 7 (unten)
Auch im 21. Jahrhundert werden Menschen versklavt. Ob es nun Arbeitssklaven oder Gefangene sind: Sie sind dunkel, der stehende, freie Mann weiß. Arbeitssklaverei gibt es zum Beispiel im Amazonasgebiet, wo Arbeiter für einen Hungerlohn in der illegalen Abholzung der Wälder oder in der Agrarwirtschaft eingesetzt werden.
Dies wird von Seiten der Regierung toleriert, um die Lobby von Großgrundbesitzern und Ruralisten nicht zu verärgern.[33]
Foto: Luiz Morier/CPDoc/Jornal do Brasil, Rio de Janeiro, 1983

Mann seine traumatische Lebensgeschichte niederschrieb. Die Überfahrt erlebte er so: „Wir waren nackt auf dem Boden im Laderaum des Schiffes ausgestreckt, die Männer lagen auf einer Seite hin im überfüllten Schiffsrumpf, und die Frauen auf der anderen Seite. Der Laderaum war so tief, dass wir nicht stehen konnten, so dass wir auf dem Boden kriechen oder in der Hocke sitzen mussten. Tag und Nacht waren für uns kein Unterschied. Schlaf war in dieser beschränkten Körperhaltung nicht möglich und wir waren verzweifelt durch das Leiden und die Müdigkeit."[35]

Ein anderer, Augustino, berichtete über ebensolche menschunwürdigen Zustände auf einem Sklavenschiff nach Brasilien im Jahre 1849: „Als man zuerst aufs Schiff gebracht wurde, waren wir so dicht zusammengedrängt, dass sehr viele jeden Tag starben; fünf, sechs, zehn, manchmal starben auch ein Dutzend am Tag aufgrund der extremen stickigen Hitze und dem Bedürfnis Wasser zu trinken. Essen wie Pökelfleisch gab es zweimal die Woche und für das allgemeine tägliche Essen gab es Mehl, eine Art gebackenes Sägemehl. Da wir so gut wie kein Wasser bekamen [etwa einen halben Liter], wurde der Durst so unerträglich, dass viele an einem Erstickungstod starben."[36]

Andere berichteten, dass unter Deck auch wegen der dichtgedrängten Menschenmassen Temperaturen zwischen 48 und 54 Grad Celsius herrschten.[37] Dazu kamen die schlechte Luft, der Geruch von Schweiß, Erbrochenem und Ausscheidungen aufgrund der fürchterlichen hygienischen Bedingungen, das Stöhnen der vielen Kranken und Sterbenden, das nach wenigen Tagen verunreinigte und somit nicht mehr trinkbare Wasser, all dies schuf ein traumatisierendes Horrorszenario.[38]

Durch die einseitige Ernährung machte sich Vitaminmangel (Skorbut) breit, dazu kamen Infektions- und Augenkrankheiten (Ophthalmia) bis zur totalen Erblindung. Die Verschleppten auf den Sklavenschiffen von Afrika nach Brasilien wurden „tumbeiros" genannt nach portugiesisch „tumba", Grab oder Gruft, sie waren wie bereits Gestorbene, weil auf der Überfahrt so viele umkamen.

Die Sklaven (Abb. 6 und 7) kamen hauptsächlich aus drei Regionen: aus dem heutigen Sudan, aus dem Gebiet nördlich von Nigeria, wo die meisten unter ihnen Muslime waren, und aus dem Gebiet der Bantu-Volksgruppe, wo sie im 19. Jahrhundert in den portugiesischen Kolonien von Angola und Mosambik verkauft wurden.[39]

Die Arbeit der Sklaven auf den Zuckerrohr- und Kaffeeplantagen (Abb. 8) war körperlich schwer. Andere wurden als Straßenverkäufer eingesetzt, meist Sklavinnen, die eine besondere Erlaubnis

hatten, Lebensmittel anzubieten, wie Gemüse, Obst, Geflügel, Eier, Brot, Gebäck (Abb. 9, 10 und 11). Sie mussten einen Teil des Verkaufserlöses an ihren Herrn abführen. Auch Frauenbekleidung, Kinderschuhe, Schals usw. wurden verkauft. In den Straßen, Gassen oder auf den Marktplätzen wurde die Ware marktschreierisch von Sklaven feilgeboten.[40] Für den Transport von Silber oder Seide wurden Sklaven als Lastenträger eingesetzt, Lasten wurden auf dem Kopf oder in Taschen transportiert.

Frisch vom Schiff gekommene Sklaven hießen „Stückchen" (peça), die auf dem öffentlichen Sklavenmarkt (leilões públicos) versteigert wurden. Dafür wurden ihnen die Zähne sauber poliert, ihre

Claude W. Sui

Abb. 8
Sklaven auf einer Kaffeeplantage im Tal von Paraiba, São Paulo
1882
Foto: Marc Ferrez, Moreira Salles Institute

Links steht der Vorarbeiter und gibt Kommandos. Er ist der einzige, der Jacke und Schuhe trägt. Denn den Sklaven selbst war es verboten, Schuhe zu tragen, um ihnen das Weglaufen zu erschweren.

Haare rasiert und ihre Körper eingeölt, um Krankheiten zu verbergen und sie fetter aussehen zu lassen. So hoffte man auf einen besseren Verkaufspreis. Einen guten Marktwert hatte etwa ein Mann im Alter zwischen zwölf und 30 Jahren, den man täglich von 6 Uhr früh bis 22 Uhr abends arbeiten lassen konnte, am besten ohne Unterbrechung. Die Strapazen zerstörten die Gesundheit, mit 35 Jahren hatten die meisten Versklavten bereits weiße Haare und keine Zähne mehr im Mund.

Einmal am Tag erhielten die Gefangenen einen Bohnenbrei, angereichert mit den Teilen vom Schwein, die die Weißen verschmähten, wie Zunge, Schwanz, Füße, Ohren."[41]

Zeitungsannoncen künden von Angebot und Nachfrage auf dem Arbeitssklavenmarkt und belegen den Status dieser Menschen als Ware. Im „O Diario do Rio de Janeiro" vom 17. Dezember 1821 findet sich zum Beispiel:

Zum Verkauf: „Wer möchte drei gebürtige Frauensklaven aus Angola kaufen, die kürzlich von dort kamen? Eine kann bügeln und Wäsche machen, die andere backen und Waschfrau sein, alle haben eine sehr gute Figur und sind fähig, jede Art von Haushalt zu verrichten. Bei Interesse kontaktieren Sie Manoel do Nascimento da Mata, Rua Direita Nr. 54, 1. OG."[42]

Gesucht: „Suche Kreolin gut geraten zwischen sechs bis acht Jahre. Wer sie verkauft, möge Kontakt aufnehmen bei Manoel do Nascimento da Mata, Rua Direita Nr. 54, 1. OG. Er [der Annoncierende] wünscht sich, diese zu kaufen, um mit ihr das Land zu verlassen [...]"

Zum Verleihen: „Wer ist interessiert, Sklaven, die im Backhandwerk gut ausgebildet sind, zu verleihen und die jegliche Arbeit im Haushalt verrichten können? Nehmen Sie bitte Kontakt auf in der Rua dos Latoeiros, Hausnr. 14, oder mit dem Textilladen in der Rua do Cano."

Gesucht waren auch Säugammen, ganze Generationen von weißen Babys wurden mit deren Muttermilch großgezogen. In der aristokratischen Gesellschaft schickte es sich nicht, die Kinder selbst zu stillen. Diese Gepflogenheiten wurden im Großbürgertum und auch im Bürgertum kopiert. Schwarze Sklavinnen mussten ihre eigenen Kinder abgeben, damit die Milch den weißen Familien zur Verfügung stand. Die Säugammen waren für die Aufzucht der Kinder und auch den Haushalt mitverantwortlich, wie folgende Zeitungsannonce zeigt: „Wer möchte eine schwarze Frau mit Milch kaufen, die auch noch Kochen und waschen kann, er soll in die Rua do Senhor dos Passos, Nr. 35 gehen [...]".[43]

ABENTEUER ANDEN UND AMAZONAS

Mannheimer Geschichtsblätter

Südamerika – Ein Kontinent der Kolonialisierung

Abb. 9 bis 11
Studioaufnahmen von Sklavinnen, die Obst und Gemüse verkaufen.
Um 1876
Alberto Henschel
rem Sammlung Wilhelm Reiß
Sm 14/08.5 (links)
Sm 14/04.5 (Mitte)
Sm 13/13.1 (rechts)

Abb. 12 (links)
Säugamme beim Stillen
Um 1880
Anonym
Quelle: https://bluemilk.files.wordpress.com/2012/07/580828_372264992840797_1336160827_n.jpg

Abb. 13 (rechts)
Säugamme mit weißem Kind
1870
Foto: João Goston, Moreira Salles Institute

„Zum Verleihen eine Säugamme mit sehr guter Milch von ihrer ersten Schwangerschaft, die sechs Tage zuvor ein Kind geboren hat. Nehmen Sie Kontakt auf in der Rua dos Pescadores, Nr. 64. Sie empfiehlt sich, da sie kein Kind hat."
(Jornal do Comercio, Rio de Janeiro, December 1827)

Eine dunkelhäutige Säugamme zu haben, war auch ein Statussymbol.[44] Für die betroffenen Frauen brachte diese Position oft großes Leid mit sich, denn die Milch gehörte dem weißen Kind (Abb. 12 und 13), für das eigene, so sie es denn behalten durfte, reichte sie oft nicht mehr, sodass dieses schlecht ernährt wurde oder gar starb.

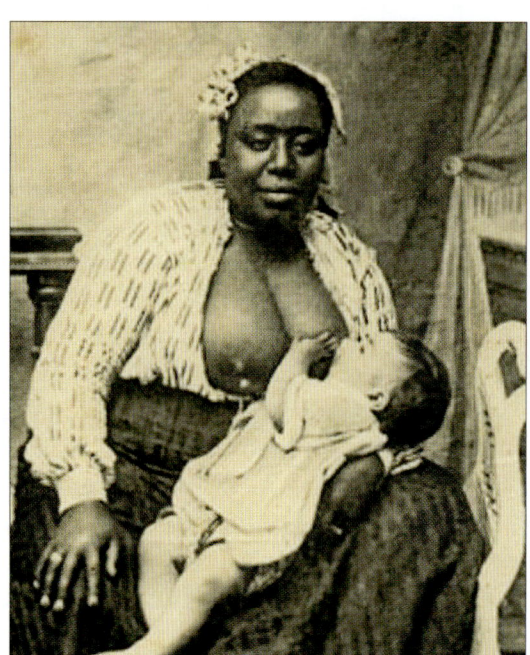 

Claude W. Sui

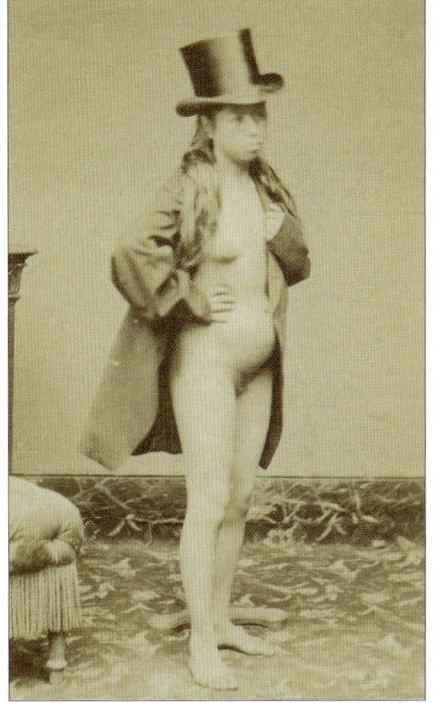 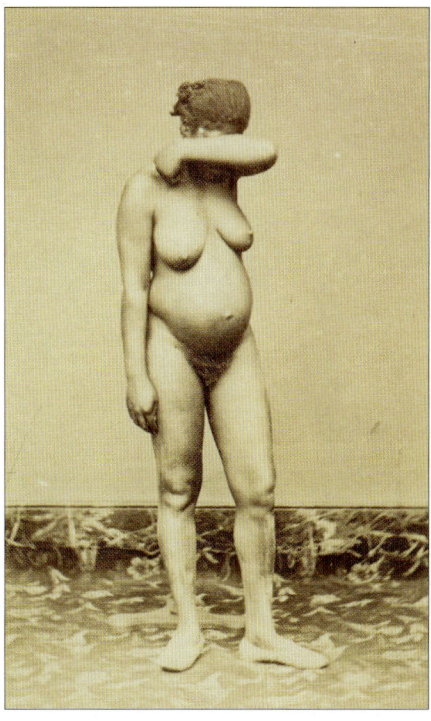 

Die Kindermädchen in reichen Haushalten trugen weiße und weitgehend uniformierte Kleider. Dieser Dresscode war wichtig. Nur im weißen Kleid wurden sie in Clubs mit den behüteten Kindern zugelassen.[45]

Sklavinnen in privaten Haushalten waren oft häuslicher Gewalt ausgesetzt oder mussten mit sexuellen Übergriffen von Seiten ihres Herrn rechnen. Viele wurden davon schwanger und zogen das Kind dann innerhalb des Hauses mit auf. Auch als die Sklaverei abgeschafft war, wurden solche Praktiken fortgeführt.[46]

Fotografien belegen, dass versklavte Frauen als Sexobjekt galten und in entsprechenden Szenen abgelichtet wurden (Abb. 14, 15 und 16).

Die Frauen wurden genötigt, vor der Kamera nackt zu posieren. Die Kostümierung mit Frack und Zylinder soll wohl die erotische Vorliebe für die Travestie bedienen. Eines der unfreiwilligen Modelle verbirgt voller Scham sein Gesicht, ein anderes erstarrt auf dem Sessel in einer stereotypen Haltung wie auf einem Peepshow-Foto. Der nackte Frauenkörper wird in voyeuristisch-sexistischem Kontext inszeniert, wobei auch mit dem Kontrast zwischen den „exotischen" Frauen und dem kolonial-europäischen Einrichtungsstil gespielt wird. Diese Bilder wurden ganz diskret sicher auch Touristen angeboten.

Andere Aufnahmen lassen die Möglichkeit eines sozialen Aufstiegs von Sklavinnen oder einstigen Sklavinnen erahnen (Abb. 17, 18 und 19). Denn ihre Aufmachung wirkt europäisiert: kostbare Kleider, Ohrringe, Armbänder, Halsketten. Eine Frau trägt eine Halskette mit Kreuz, ein Hinweis darauf, dass der christliche Glaube auch von einem Teil der schwarzen Bevölkerung angenommen wurde. Die einstigen Sklavinnen wirken durch Körperhaltung und Gesichtsausdruck selbstbewusst, entspannt, als ob sie um ihre Privilegien wüssten, besonders im Vergleich zu den Sklavinnen auf den Zuckerrohrplantagen. Sklavinnen konnten unterschiedliche Positionen innerhalb einer Familienstruktur einnehmen. Sie waren Freundinnen, Geliebte, Vertraute. Einige führten sogar ein luxuriöses Leben, wobei ihre Extravaganzen vor allem den Reichtum ihres Besitzers widerspiegelten. In einigen Fällen diente der nach außen inszenierte Reichtum zur Verschleierung einer finanziellen Misere oder eines Bankrotts. Aufgeputzte Sklavinnen sollten den Anschein erwecken, dass die Geschäfte ihrer Besitzer gut florieren.

1871 konnten die Abolitionisten mit einem Parlamentsbeschluss einen Sieg erringen: Alle von Sklavinnen geborenen Kinder sollten selbst

Abb. 14 bis 16
Studioaufnahmen
Um 1870
Anonym
rem Sammlung
Wilhelm Reiß
Sm 13/07.2 (links)
Sm 13/07.1 (Mitte)
Sm 13/07.3 (rechts)

Südamerika – Ein Kontinent der Kolonialisierung

Abb. 17 bis 19
Sklavinnen oder Freigelassene in sozial höheren Positionen
Studioaufnahmen
Um 1876
Alberto Henschel
rem Sammlung Wilhelm Reiß
Sm 13/13.7 (links)
Sm 14/08.6 (Mitte)
Sm 13/13.8 (rechts)

frei sein. 1885 folgte die Freiheit für alle Sklaven, die älter als 60 Jahre waren, und 1888 gelang schließlich die endgültige Abschaffung der Sklaverei. Allerdings standen die freigelassenen oder freigeborenen Sklaven nun ohne Versorgung da, hatten sie einen Broterwerb, wurden sie mit Niedriglöhnen abgespeist, sodass sich ein ökonomisches Sklaventum etablierte.[47]

Zur Typologie anthropologischer und ethnologischer Fotografien im 19. Jahrhundert

Wilhelm Reiß brachte von seiner Südamerika-Expedition neben vielen Gesteinsproben auch zahlreiche Albumin-Abzüge mit: Städteansichten, Landschaftsporträts, geologische und botanische Motive, Bilder von Vulkanformationen und -gesteinen sowie Porträts von Einheimischen, die damals unter dem Sammelbegriff „Typen" zusammengefasst wurden.

Mit dieser Fotosammlung dokumentierte Reiß den Reiseverlauf, sie war wie ein visuelles Reisetagebuch. Er kaufte die Aufnahmen vor Ort, systematisch nach bestimmten Bildkategorien bzw. den oben genannten Bildmotiven.

Einen Schwerpunkt bilden die Porträtfotografien in der Größe von Cartes de Visite (CdV, ca. 54 × 89 mm) wie auch von Cabinetkarten (110 × 170 mm). Er ordnete sie nach seiner Rückkunft nach Ländern und ließ sie auf große Kartonbögen aufziehen. Sie beleuchten verschiedene Aspekte sozio-kultureller und politisch-historischer Art.

Porträts zwischen „Typenbildern" und „Individuen"

Die Abgebildeten lassen sich in wenige Kategorien unterteilen:
1. Europäischstämmige Personen aus dem Königshaus, aus Kirche, Politik, Militär, Gesellschaft
2. Studioaufnahmen mit Berufsständen und Menschen in ihrer Landestracht
3. Porträts von Indios
4. Porträts von chinesischen Einwanderern
5. Porträts von Afrikanern in ihren unterschiedlichen sozialen Rängen

Einige CdV-Porträts spiegeln die hierarchische Ordnung der brasilianischen Gesellschaft wider, sie tragen zum Teil die von Hand geschriebenen Namen der Abgelichteten: Dom Pedro II. (1825 Rio de Janeiro, Brasilien - 1891 Paris, Frankreich) von 1831 bis 1889 Kaiser von Brasilien, seine Gattin Teresa Maria Cristina von Neapel-Sizilien (1822-1889), dazu Familienmitglieder und Würdenträger des Königshauses, Aristokratinnen und vornehme Damen der feinen Gesellschaft,

Claude W. Sui

Persönlichkeiten aus Politik, Kirche, Militär und Wissenschaft.

Ein zweiter Teil der Porträtsammlung umfasst im Studio vor einer neutralen Wand in sachlichem Stil aufgenommene Vertreter von Berufsständen: Blumen-, Obst- oder Gemüseverkäufer, Sattel-, Kordel-, Tuch-, Hut- und Ponchohersteller. Folklore und soziale Eigenarten des Landes mischen sich hier. Die fremdartige Bevölkerung und ihr Brauchtum wurden sowohl von den Reisefotografen als auch von den bereits in diesen Ländern etablierten Fotografen dargestellt. So werden hier Berufsstände in einer gleichsam „sozialständischen Katalogisierung" festgehalten, die den Menschen mit seinen Verkaufsprodukten und Arbeitsutensilien in einem Atelier zeigt.

Ein dritter Teil der Sammlung zeigt die indigene Bevölkerung, die „Indios", erfasst in Porträts und Ganzkörperaufnahmen in einem Studio vor einem aufgespannten Tuch. Es gibt auch Bilder von Zweier- und Dreiergruppen: Mutter mit Kind, Indios mit Lama. Es sollte ein authentischer Eindruck entstehen, doch die Menschen wirken eher starr und die Umgebung leblos. Die Porträts erinnern an eine ethnologische Bestandsaufnahme im Stil einer gewissenhaften objektiven Typenerfassung, einer umfassenden Sammlung, wie sie die Wissenschaft im 19. Jahrhundert anstrebte. Im Kontrast zu den anonymen Typenporträts stehen Aufnahmen wie die von Alberto Henschel (1827-1882), der die Indios im Dschungel oder in ihrem Umfeld außerhalb des Studios porträtiert hat. Man merkt diesen Fotos an, auch wenn der Bildaufbau arrangiert war, dass der Fotograf ein Vertrauensverhältnis zwischen sich und den Porträtierten aufgebaut hatte (allein schon aufgrund der damals notwendigen langen Belichtungszeiten). Der Mensch in seiner Umgebung stand hier im Vordergrund, die Bilder zeugen von einem sensiblen Blick auf die Lebensräume der Ureinwohner.

In den sogenannten „Typenbildern" (Alfons Stübel spricht auch von „Volks-Typen"), spiegelt sich in der Zentrierung auf die physischen wie physiognomischen Merkmale zwangsläufig die europäische, ethnologische Sichtweise des 19. Jahrhunderts: Man klassifiziert und analysiert „Rassenunterschiede", zumeist losgelöst vom jeweiligen historischen oder religiösen Kontext.

Die Fotografie steigerte das Interesse am „Exotischen", am „Fremden". Der romantische Gedanke vom „edlen Wilden" (le bon sauvage) mit seiner

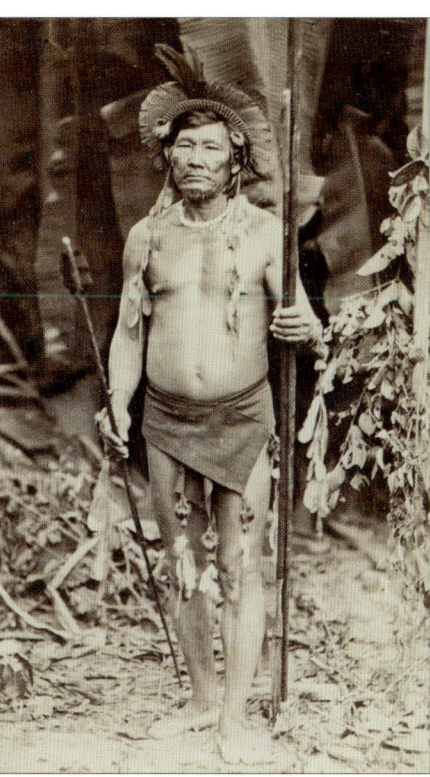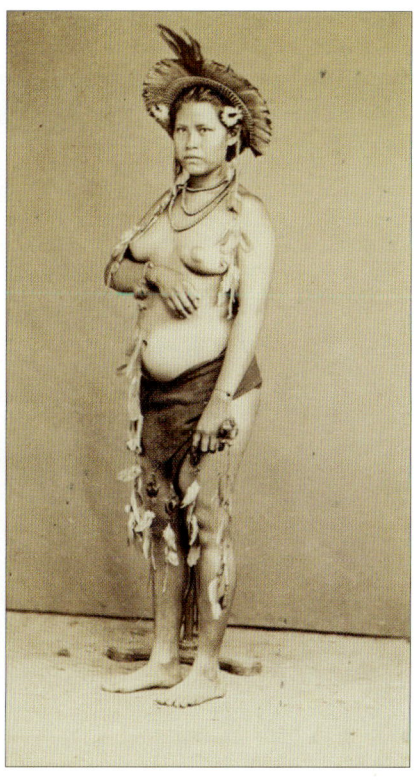

Abb. 20 bis 22
Peru
Indianer des Amazonas-Gebietes
Indianer bei Cuzco
1874
rem Sammlung Wilhelm Reiß
Sm 13/15.2 (links)
Sm 13/15.6 (Mitte)
Sm 13/15.7 (rechts)

Südamerika – Ein Kontinent der Kolonialisierung

bewahrten Unschuld und Ursprünglichkeit, wie ihn Jean-Jacques Rousseau (1712-1778) proklamierte oder der Dichter François-René de Chateaubriand (1768-1848) in seiner romantischen Ethno-Novelle „Atala" (siehe Abschnitt „Wissenschaftliche Methoden in ihrer Zeit und in ihrem Wandel"), drückt sich in vielen dieser Fotos aus, wie auch die Sehnsucht nach fernen, unbekannten Kontinenten, die dem Wunschbild einer heilen Welt fern von zivilisatorischen Einflüssen entsprechen sollten.

Die romantische Vorstellung von den „primitiven Naturkindern", die im Einklang mit der Natur leben, trog jedoch (Abb. 20, 21 und 22). Wie sehr der „exotisch-edle Wilde" schon damals nur ein Klischee war, belegt ein Tagebucheintrag von Wilhelm Reiß vom 16. Juni 1870, in dem er die Situation der Indianer in Ecuador beschreibt: „Man sagt, die Indianer seien freier geworden. In Wirklichkeit aber stehen sie jetzt schlechter da denn früher, obgleich sie es waren, welche den eigentlichen Kampf durchfochten.

Jeder Weiße oder selbst Nigger maßt sich Befehlshaberrechte über sie an. Braucht man einen Lastträger, so zwingt die Polizei den ersten besten von ihnen, Dienst zu tun, einerlei ob er will oder nicht und unbekümmert um den daraus ihm erwachsenen Nachteil. Für alle Regierungsbauten und öffentlichen Arbeiten werden sie durch Bewaffnete zusammengetrieben und, mit Stricken untereinander verbunden, in langen Reihen zur Arbeit geschleppt.

Über 300 Jahre waren diese armen Menschen jetzt solchen Misshandlungen ausgesetzt.

Und bedenkt man gar noch, welches Gesindel diese abscheuliche Herrschaft ausübt, so kann man nur wünschen, dass Katastrophen den Indianern die Mittel an die Hand geben möchten, die Erde von dem Ungeziefer zu reinigen, das leider Gottes eine weiße Haut trägt und sich Abkömmlinge Europas nennt." (Wilhelm Reiß, Reisebriefe aus Südamerika 1868-1876, aus dem Nachlasse herausgegeben und bearbeitet von Karl Heinrich Dietzel, München und Leipzig 1921)

Ein vierter Teil des Porträtkonvoluts erlaubt Einblicke in die Geschichte der Zuwanderung aus asiatischen Ländern (Abb. 23, 24 und 25). Auf der Manila-Galeone (1565-1815) kamen die ersten Filipinos, Chinesen, Japaner und Inder in Amerika an. Anfänglich kamen sie, wurden wie Sklaven gehalten und mussten für einen sehr geringen Lohn schuften. Viele Chinesen schlossen einen Vertrag zum Beispiel für acht Jahre ab und arbeiteten hart auf einer Hacienda. Später kamen sie freiwillig als Zimmerleute, Steinmetze, Architekten

Abb. 23 bis 25
Chinesische Einwanderer
Um 1865
rem Sammlung Wilhelm Reiß
Sm 13/05.2 (links)
Sm 13/05.4 (Mitte)
Sm 13/05.5 (rechts)

Claude W. Sui

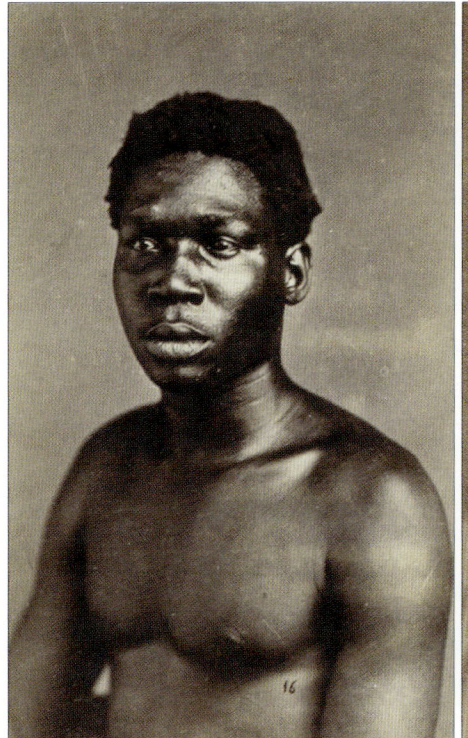

oder Buchdrucker. Sie wollten vom wirtschaftlichen Aufschwung profitieren.[48]

Einige Aufnahmen zeigen Chinesen in ihrer traditionellen Kleidung wie dem langärmeligen Gewand mit Hochkragen. Andere tragen vornehme europäische Anzüge mit Hemd, Fliege, Jacke und Weste mit Uhrentasche.

Die fünfte Kategorie zeigt die afro-lateinamerikanische Bevölkerung (Abb. 26, 27 und 28) und ist ein Zeugnis für die Sklaverei. Viele Menschen wurden per Schiff aus Afrika nach Südamerika verschleppt, wie oben beschrieben. Hinter den porträtierten Gesichtern stecken größtenteils furchtbare Schicksale. Neben den Indios waren sie die Ausgebeuteten und Rechtlosen in einem brutalen, menschenverachtenden System, das „Rassen" definierte und klassifizierte und das Menschen zu bloßer Ware im Dienste von Effizienz und Gewinnmaximierung degradierte. Die Porträts werfen Fragen nach dem Leben in der Zeit auf, in der diese Bilder entstanden sind.

Alberto Henschel hat viele Porträts in seinem Atelier angefertigt. Die Dargestellten sind laut dem Reisebegleiter von Wilhelm Reiß, Alfons Stübel, „Negertypen, die als Sklaven zumeist in Afrika geboren wurden".

Fotografische Dokumente von Architektur und Städtebau in den südamerikanischen Kolonien

In der Südamerika-Fotosammlung von Wilhelm Reiß erlaubt ein nicht unerheblicher Teil der Bilder den Blick auf Landschaften und Städte. Sie sind Dokumente der damaligen ökologischen, urbanen Situation und des Städtebaus in Lateinamerika und geben Aufschluss über die Verhältnisse und Lebensweisen in den Kolonialreichen.

Denn ein wichtiges Mittel zur Kolonialisierung im 16. Jahrhundert war die Gründung von Städten. Sie dienten den Konquistadoren zur Festigung ihrer Machtansprüche. Zuerst nur als Machtdemonstration für die indianische Bevölkerung gedacht, verteidigten sie später ihre Ansprüche auch gegenüber den anderen europäischen Mächten. Jede Gründung wurde von der Krone genau kontrolliert. Verwaltet wurde sie von einem Stadtrat aus zwei Stadtrichtern und Ratsmännern. Darüber hinaus setzte der spanische König jeweils eine Person ein, die ihm direkt unterstellt war, um Ordnung zu halten und königliche Autorität zu vertreten. Im Schachbrett-Grundriss der Städte spiegelten sich der absolutistische Anspruch auf politische und ökonomische Kontrolle und der der

Abb. 26 bis 28
Sklaven
Um 1876
Alberto Henschel
rem Sammlung Wilhelm Reiß
Sm 14/05.4 (links)
Sm 14/05.9 (Mitte)
Sm 14/05.5 (rechts)

Südamerika – Ein Kontinent der Kolonialisierung

kirchlichen Autorität in Bezug auf die Christianisierung der indigenen Bevölkerung wider.

Ein wichtiges Kriterium bei der Stadtgründung war die Lage, sie sollte den Ausbau eines Hafens ermöglichen. Eine geschützte Bucht war günstig, dazu trockener Untergrund, sauberes Wasser, gemäßigtes Klima, frische Luft und fruchtbarer Ackerboden.[49] Die städtebauliche Konzeption orientierte sich am antiken Schachbrettplan, wie er von dem Baumeister Hippodamus von Milet im 5. Jahrhundert v. Chr. dort verwirklicht wurde. Der römische Stadt- und Kriegsbaumeister Vitruvius Pollio, der unter Cäsar und Augustus seine Lehrbücher schrieb und noch im Städtebau von Kolonialspanien nachwirkte, orientierte sich an dem griechischen Vorbild. In einem königlichen Erlass in der „General-Instruktion" von 1521 und seit 1523 in den „Leys de Indias" wurde der Schachbrettplan als verbindliches Stadtplanmuster für die Konquistadoren zugrunde gelegt.[50] Deshalb ähneln sich die Städte alle in Planung und Aufbau. Eine regelmäßige Straßenführung mit geraden oder diagonal verlaufenden Straßen prägt das Zentrum, die Vororte dagegen weichen vom Schachbrettplan ab und verlaufen in Kurvaturen. Die Kernzelle bildet analog zum „Kasernenhof" im altrömischen Castrum die „Plaza Mayor" mit ihren befestigten Gebäuden. Diese „Plaza de Armas" war in friedlichen Zeiten der Markt- und Festplatz, der wichtigste Treffpunkt für gesellschaftlich-öffentliche Veranstaltungen und Kundgebungen (Abb. 29). Es fanden Feierlichkeiten und große Empfänge dort statt, aber auch Ketzerverbrennungen während der Zeit der Inquisition. An den vier Seiten wurde die Plaza mit Gartenanlagen geschmückt, dahinter erhoben sich die repräsentativen städtischen und staatlichen Bauten, wie Kathedrale, Rathaus, Regierungsgebäude, Gericht, Schule, Klöster, Banken, Klubs und die Häuser der wohlhabenden Oberschicht. Gerichtsgebäude dienten während der Kolonialzeit auch als Gefängnis, nicht weit davon stand der Schandpfahl. Benachbart zur Plaza befanden sich Arsenal, Zollamt und Proviantamt. In den Provinzstädten bildeten die wichtigsten Kernzellen die Kirche und der Palast des Vizekönigs oder Gouverneurs, vorausgesetzt

Abb. 29
Peru
Lima, Westseite der Plaza de Armas mit Rathaus und Präsidentenpalast
Um 1870
Anonym
rem Sammlung Wilhelm Reiß
Sm 03/08.1

Claude W. Sui

es gab einen solchen, und zumindest ein Rathaus und ein Gerichtshof.[51]

In den großen Städten verliefen die Straßen von den Ecken der Plaza aus rechtwinklig in jede Himmelsrichtung und bildeten das Raster für die Häuserblöcke der Stadt. Hatte der Stadtkern ursprünglich enge Straßen, wurden diese erweitert. In den modernen Villenvororten gab es im Stile der Pariser Boulevards die breiten Avenidas, teilweise mit Baumalleen. Die Straßen der Kolonialstadt waren vorerst ungepflastert, also in der Trockenzeit sehr staubig, in der Regenzeit versank man im Schlamm.[52] Die südamerikanische Stadtplanung und die Bauweise ähnelten denen europäischer Städte. Im Gegensatz zum europäischen Barock herrschte in Lateinamerika ein vegetativblütenreicher Barock, der die Kirchenfassaden mit überreichen Ornamenten schmückte. Es verschmolzen hier Elemente der Renaissance und des italienisch-spanischen Barocks mit altindianischer Ornamentik und bildeten den äußerst produktiven Jesuitenstil der spanischen Kolonialzeit.[53]

Unabhängigkeitskriege bis zur Entkolonialisierung in Südamerika

1717 lösten sich Ecuador, Kolumbien und Venezuela aus dem Vizekönigreich Peru und bildeten das Vizekönigreich Neugranada. Bolivien, Chile, Argentinien und Paraguay folgten 1776 diesem Beispiel und schufen das neue Vizekönigreich des Rio de la Plata. Mehrere Faktoren lösten die Rebellion gegen das spanische Mutterland aus, dazu gehörten die Französische Revolution, die Unabhängigkeit der britischen Kolonien in Nordamerika wie auch die zunehmenden wirtschaftlichen Schwierigkeiten im spanischen Kolonialsystem und dem spanischen Handelsmonopol. Eine entscheidende Rolle spielte die kreolische Oberschicht der in Amerika geborenen Weißen, die sich im Streben nach wirtschaftlicher Macht zunehmend gegen die spanischen Enteignungsmaßnahmen stellte. Dies alles initiierte eine Unabhängigkeitsbewegung, die sich wie ein Flächenbrand auf die Nachbarländer ausbreitete. Durch die Forderung nach Unabhängigkeit kam es 1809 in den Real Audiencias Chacras (heute Bolivien) und Quito zu ersten Aufständen, denen sich im folgenden Jahr die restlichen Staaten in Spanisch-Amerika anschlossen. Eine weitere Schwächung erfuhr Spanien durch die vorübergehende französische Besetzung unter Napoleon Bonaparte 1807/08.

Simón Bolívar führte die Unabhängigkeitskriege gegen die spanische Kolonialherrschaft in Venezuela, Kolumbien, Panama und Ecuador. Auch in die Unabhängigkeitsprozesse in Peru und Bolivien griff er entscheidend ein. Mit der Hilfe von General Antonio José de Sucre und des Deutschen Otto Philipp Braun siegte er in der Schlacht von Junín am 6. August 1824 über die spanische Kavallerie. In der Schlacht bei Ayacucho (Peru) am 9. Dezember desselben Jahres schlug Sucre die verbliebenen – aber dennoch zahlenmäßig überlegenen – spanischen Streitkräfte (in Abwesenheit Bolívars) und zwang damit die Spanier endgültig, den südamerikanischen Kontinent zu verlassen.

Uruguay, das Teil des Vizekönigreichs La Plata[54] gewesen war, wurde nach Kämpfen von den Vereinigten Provinzen von Rio de la Plata (dem heutigen Argentinien) unabhängig. Die Unabhängigkeit erlangte Argentinien schließlich 1816, und wie zuvor Paraguay im Jahre 1811 unabhängig wurde, spalteten sich dann auch 1825 Bolivien und 1828 Uruguay von den damaligen Vereinigten Provinzen des Rio de la Plata ab.

Portugal entließ 1822 Brasilien offiziell in die Unabhängigkeit, jedoch blieb mit Kaiser Pedro I. ein Sohn des portugiesischen Königs an der Macht. Nach dem Tilsiter Frieden im August 1807 zwang Napoleon Portugal, sich an der Kontinentalsperre zu beteiligen und somit die Beziehungen zu England abzubrechen. Portugal wurde durch den britisch-französischen Konflikt vor eine schwere Wahl gestellt: entweder sich mit einem übermächtigen, kontinentalen Gegner zu messen oder seinen Kolonialbesitz gegen eine führende Seemacht zu verteidigen. Portugal lehnte die Forderungen ab und provozierte damit den Einmarsch Frankreichs zusammen mit dessen damaligem Bündnispartner Spanien. Kurz vor dem Einmarsch französisch-spanischer Truppen in die Hauptstadt Lissabon flohen die königliche Familie, der Hofstaat, ein großer Teil des portugiesischen Adels sowie führende Beamte unter dem Schutz britischer Kriegsschiffe nach Brasilien. Am 7. März 1808 landeten sie in Rio de Janeiro und erwählten die Stadt sogleich als ihre Residenz. Zum ersten Mal in der europäischen Kolonialgeschichte wurde die politische Zentrale einer

Südamerika – Ein Kontinent der Kolonialisierung

großen europäischen Kolonialmacht aus der Alten in die Neue Welt verlagert. Als schließlich 1889 die Monarchie in Brasilien abgeschafft wurde, nachdem Kaiser Dom Pedro II. (siehe Seite 144) vom Militär gestürzt worden war, begann die republikanische Bewegung, die mit der Abschaffung der Sklaverei immer mehr Zulauf bekam.[55]

Guayana wurde 1966 von England in die Unabhängigkeit entlassen, Surinam von den Niederländern 1976. Französisch-Guayana ist bis heute Übersee-Departement geblieben.

Nach Erlangung der Unabhängigkeit konnten im Laufe der Zeit Demokratien in Südamerika aufgebaut werden. Nach dem Zweiten Weltkrieg regierten besonders in den 1970er- und 1980er Jahren rechtsgerichtete Militärdiktaturen (Junta). Hier kam es in fast allen betroffenen Ländern zu gravierenden Menschenrechtsverletzungen im Rahmen sogenannter „Schmutziger Kriege" gegen politische Gegner aller Art. Diese Zeit des Schreckens war geprägt durch Entführungen, das heimliche Verschwindenlassen und Ermorden von zehntausenden Menschen (Desaparecidos) mit dem Wissen staatlicher Organe. Seit 1990 haben zwar alle Länder Südamerikas eine demokratische Verfassung, aber Korruption, Gesellschaft und Politik sind bis heute eng miteinander verflochten.

Fotografie auf Expeditionen im Dienste der Wissenschaft und der Wirtschaft

Im ersten Drittel des 19. Jahrhunderts kamen zuerst europäische Forschungsreisende und Geographen nach Südamerika, um Land, Fauna und Flora wissenschaftlich zu erforschen und Erkenntnisse nach Europa zu bringen. Ansonsten verboten die spanische und die portugiesische Regierung aus politisch-wirtschaftlichen Interessen ausländischen Touristen die Einreise in ihre südamerikanischen Kolonien.

Nur mit besonderer Erlaubnis erhielten in der Regel Forschungsexpeditionen einen Zugang. Es kam aber auch vor, dass Forschenden die Einreise verboten wurde. Dies musste auch Alexander von Humboldt (1769-1859) erleben, als ihm die portugiesische Regierung die Einreise nach Brasilien verweigerte.[56]

Weitere Forschungsreisende waren Maximilian Prinz zu Wied-Neuwied (1782-1867) und Georg Heinrich Freiherr von Langsdorff (1774-1852)[57], die unter anderem von der wissenschaftlichen Methodik der Enzyklopädisten beeinflusst waren. Diderot und d'Alembert versuchten in ihrer „Encyclopédie" das gesamte Wissen ihrer Zeit anschaulich und streng geordnet systematisch zu erfassen. Der französische Naturforscher Georges Cuvier (1769-1832), der als wissenschaftlicher Begründer der Paläontologie gilt, machte die vergleichende Anatomie zu einer Forschungsdisziplin. Der Schwede Carl von Linné (1707-1778), der die Grundlagen der modernen botanischen und zoologischen Taxonomie schuf, klassifizierte die Pflanzenwelt in Art und Gattung. Ganz in der Tradition systematischer Erfassung hatten die Forschungsexpeditionen das Ziel, den neuen Kontinent zu vermessen, zu sezieren und im Dienste der Wissenschaft detaillierte Zeichnungen möglichst naturgetreu und präzise vom Tier- und Pflanzenreich, dem Naturraum und von den Angehörigen indigener Stämme zu erstellen.

Schon im 16. Jahrhundert gab es für Adlige Reiseinformationen, die sogenannten Apodemiken, die praktische Instruktionen und Verhaltensregeln enthielten.[58] Sie hatten die Funktion eines Reiseführers wie später etwa der Baedeker. Apodemiken waren auch Forschungsreisenden eine große Hilfe. Der französische Anthropologe, Historiker und Dichter Louis-François Jauffret (1770-1840) veröffentlichte für Forschungsreisende wie auch für die Reisenden aus dem Adel Anleitungen zum richtigen Reisen. Er gründete 1799 mit einer Gruppe von Freunden die „Société des Observateurs de l'homme" (Gesellschaft der Menschenbeobachter), die als Gründungsinstitution der französischen Anthropologie gelten kann. Ihre Themen waren unter anderem Sprachwissenschaft, Medizin, Lebensweisen und Kulturformen. Der Mensch sollte in seinen verschiedenen sozial-kulturhistorischen Äußerungen untersucht und in einer wissenschaftlichen Gesamtsystematik erfasst werden.

Jauffet beschrieb in seinen Memoiren das Sammeln und Beobachten von Fakten, wobei jede Spekulation außer Acht gelassen werden sollte: „Tiere, Pflanzen, Mineralien aus den fernen Ländern mitzubringen, war der einzige Beweggrund aller wissenschaftlichen Reisen. Die Handelsreisen hingegen hatten kein anderes Ziel, als sich weit

Wilhelm Reiß´Südamerika-Expedition in historischen Fotografien

Claude W. Sui

Abb. 30
Comte Frédéric de Clarac (1777-1847)
Urwald in Brasilien
1819
Quelle: wikimedia.org/wikipedia/commons
Jean-Baptiste de Clarac

von uns zu entfernen, um unsere Laster zu verbreiten und die Menschheit zu entwürdigen. [...] Nach dem Beispiel Cooks und jenes nicht weniger berühmten Reisenden, den die Gesellschaft zu ihren Mitgliedern zählt [Bougainville], haben sich eifrige Beobachter, Korrespondenzen der Gesellschaft auf den Weg gemacht, den Menschen im großen Theater der Welt zu erforschen."[59]

Zeichnungen vermittelten zusammen mit den Reisebeschreibungen den Europäern eine exotische Welt zwischen romantisierenden Tropendarstellungen und „Grüner Hölle".

História Natural da Amazônia – Der Urwald als „tropischer Romantizismus"

Das Gemälde „Forêt vierge du Brésil" (1819)[60] von Comte Frédéric de Clarac (1777-1847), (Abb. 30) das später als Kupferstich große Verbreitung fand, prägte die Vorstellung von einer üppig wuchernden und übermächtigen Natur, worin der Mensch winzig klein und hilflos erscheint. Charles Darwin (1809-1882) war überwältigt und sprachlos, nachdem er den tropischen Regenwald zum ersten Mal selbst erlebt hatte. Claracs Darstellung[61] des Urwalds beeindruckte Darwin, wie er in einem Brief an seine Schwester schrieb. Das Bild zeigt wuchernden Dschungel, in den kaum Licht dringt, Darwin fand die Darstellung „most true & clever".[62]

Clarac hatte sich für sein Bild von vor Ort angefertigten Skizzen in Brasilien sowie von Pflanzenstudien aus den Gewächshäusern des Schlossparks von Maximilian zu Wied-Neuwied anregen

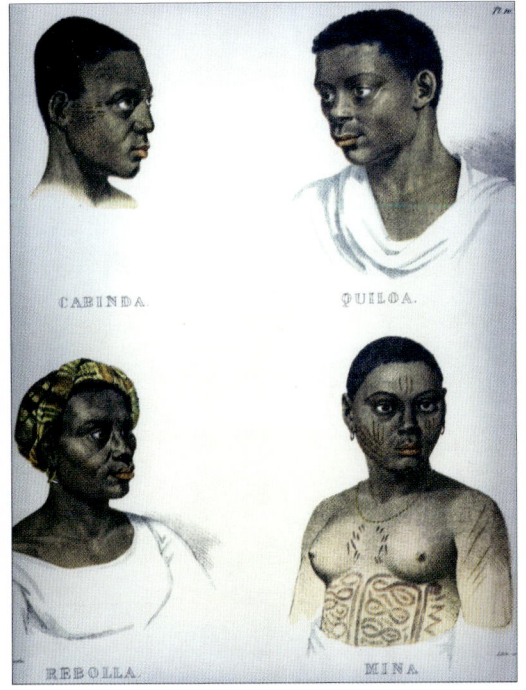

Abb. 31
Johann Moritz Rugendas (1802-1858)
Sklaven von Cabinda, Quiloa, Rebola und Mina
Aus: Johann Moritz Rugendas: Voyage Pittoresque dans le Bresil, Paris 1835

Südamerika – Ein Kontinent der Kolonialisierung

Abb. 32
Johann Moritz Rugendas
(1802-1858)
Öffentliche Bestrafung auf dem Platz St. Anna
(nach 1827 - vor 1835)
Quelle: https://de.m.wikipedia.org/wiki/Datei:Johann_Moritz_Rugendas_in_Brazil.jpg

lassen. Die Kombination erschuf zusammen mit Imaginationskraft diese Bildkomposition, die einen großen Bekanntheitsgrad durch den später angefertigten Kupferstich von Fortier aus dem Jahr 1822 erlangte.[63]

Abb. 33
Johann Moritz Rugendas
(1802-1858)
Urwald in der Nähe von Manqueritipa, Provinz von Rio de Janeiro
Aus: Malerische Reise in Brasilien, 1835
Quelle: https://i.pinimg.com/originals/e6/23/b2/e623b240d-f404d61b9d39d-3160f6d5b4.jpg

Claude W. Sui

Die etwa 500 Zeichnungen von Johann Moritz Rugendas[64], die dieser als Dokumentarist auf der Langsdorff-Expedition 1822 in Brasilien angefertigt und 1825 nach Europa gebracht hatte, zeigen Darstellungen, die teils auf Einbildungskraft zurückgehen, teils realistische Typen-Porträts von Indios und schwarzen Sklaven waren, eine Art Vorläufer der Porträtfotografie (Abb. 31 und 32). Neben Szenen mit der öffentlichen Auspeitschung von Sklaven präsentierte Rugendas den Urwald als paradiesischen Ort (Abb. 33) und wurde so zu einem Vertreter des „tropischen Romantizismus". Die Natur wurde malerisch „pittoresk" aufgefasst und idealisiert. Um 1800 setzte sich der Begriff Krokodil und einen Tiger mit Pfeil und Bogen jagen. So wird die Natur in Bildern gezähmt und findet Eingang in die Prachtvillen einer Elite. Die brutale Versklavung der Einheimischen wird nicht illustriert, die Panoramatapete, eine Art Breitwandkino, bedient einen romantischen, idealisierten Exotismus im biedermeierlichen Ambiente. Der Urwald ist gezähmt, Konflikte zwischen Indios und Weißen sind ausgeklammert, die Bildimpressionen bewegen sich fern der realen Zustände.

Urwald und Tropen wurden in der europäischen Bildkunst romantisch verklärt. In illustrierten Büchern und Zeitschriften wurde dieser Topos in Holzschnitten, Lithographien und Kupferstichen

„Voyage pittoresque" als feststehender Ausdruck in der Reiseliteratur durch. Rugendas´ Zeichnungen wurden als Lithographien in „Voyage Pittoresque au Brésil", Paris 1827-1835, veröffentlicht.[65] Für betuchte Familien war es sogar en vogue, sich Panoramatapeten mit Ansichten von Brasilien in ihren Salons anbringen zu lassen.

Berühmt war die elsässische Tapetenfabrik Jean Zuber & Cie in Rixheim für ihre farbigen Panoramen unter anderem aus Brasilien (Abb. 34). Sie zeigen gerne Einheimische, die in der wilden Natur auf Weiße treffen, die Hierarchie ist nicht zu übersehen: Die Europäer schauen hier hoch aus dem Sattel auf die nackten Indigenen herab.

Weitere Details können entdeckt werden: eine herantrabende Rinderherde oder Indios, die ein aufrechterhalten, auch noch, als die Fotografie längst existierte. Es sollte noch sehr lange dauern, bis die Drucktechnik so weit ausgereift war, dass nun auch fotografische Vorlagen abgedruckt werden konnten, ohne dass bestimmte Hell-Dunkel-Partien unscharf wurden, „absoffen" oder überbelichtet waren.

Die Fotografie mit ihrem dokumentarischen Character brachte eine Ernüchterung und Entromantisierung mit sich. Im Fotobestand von Wilhelm Reiß befinden sich viele Aufnahmen von Palmen, Bäumen, Sträuchern, als ob er sich eine botanische Bildsammlung, wissenschaftlich und allumfassend, hätte anlegen wollen, so wie es zuvor Humboldt mit realen Pflanzen und Rugendas mit seinen Aquarellen tat.

Abb. 34
Jean Julien Deltil
(1791-1863)
Les Vues du Brésil
Panoramatapete
(Ausschnitt)
1829
Hersteller: Jean Zuber & Cie in Rixheim
Material und Technik: Farbiger Handdruck auf Rollenpapier mit Leimfarben auf irisierendem Fond
Quelle: https://commons.wikimedia.org/wiki/File:Jean_Julien_Deltil_-_Vistas_do_Brasil.JPG

ABENTEUER ANDEN UND AMAZONAS

Südamerika – Ein Kontinent der Kolonialisierung

Abb. 35
Alexander von Humboldt
(1769-1859)
Bibliothek Bogotá
rem Sammlung
Wilhelm Reiß
Sm 10/12.1

Wissenschaftliche Methoden in ihrer Zeit und ihrem Wandel

Alexander von Humboldt (1769-1859; Abb. 35) erkundete von 1799 bis 1804 gemeinsam mit dem französischen Botaniker Aimé Bonpland das Innere des Kontinents und dessen bis dahin unzugängliche Regionen von der Bergwelt der Anden bis zu den tropischen Tieflandgebieten. Er folgte in einer 75-tägigen Flussfahrt dem Orinoco und dem Rio Negro und bereiste anschließend unter anderem das heutige Kolumbien, Ecuador und Peru bis nach Lima. Humboldt forschte systematisch und methodisch in Bereichen der Ethnologie, Botanik, Zoologie, Geographie, Geologie, Mineralogie, Vulkanologie, Klimatologie, Ozeanographie und Astronomie. Der Aufbruch zu seiner ersten Expedition mit der spanischen Fregatte „Pizarro" von La Coruña aus geschah am 5. Juni 1799. Am selben Tag beschrieb Humboldt in einem Brief sein wissenschaftliches Vorhaben: „Ich werde Pflanzen und Fossilien sammeln, mit vortrefflichen Instrumenten astronomische Beobachtungen machen können [...]. Das alles ist aber nicht Hauptzweck meiner Reise. Und auf das Zusammenwirken der Kräfte, den Einfluss der unbelebten Schöpfung auf die belebte Tier- und Pflanzenwelt, auf diese Harmonie sollen stets meine Augen gerichtet sein!"

Das 19. Jahrhundert erlebte eine emsige wissenschaftliche Betriebsamkeit, die viele völkerkundliche Sammlungen mit einer enormen Fülle von ethnologischen und naturkundlichen Objekten und Schriften anreicherte. Die neuen „Wunderkammern" mit dem Reiz des Exotischen lösten in europäischen Völkerkunde- und Naturkundemuseen geradezu eine Sammelwut aus und führten zu einem Wettstreit zwischen Museen, vergleichbar mit der Sammelfreude in den Fürstenhäusern während der Renaissance und im Barock. Nachdem sich die neuen lateinamerikanischen Republiken von den europäischen Mutterländern Spanien und Portugal losgesagt hatten, wurde das einstige Einreiseverbot aufgehoben. Damit wurde der Weg für Geographen, Geologen, Zoologen und Botaniker in den bis dahin unzugänglichen Erdteil frei. Besonders für die Ethnologen, vor allem deutsche, war das Ziel eine Gesamterfassung der indigenen Bevölkerung und ihrer Geschichte von der Prähistorie bis in die Gegenwart. Es sollte eine ursprüngliche Kultur vor dem Kontakt mit der europäischen Zivilisation erforscht werden. Wie weit dies noch möglich war, ist fraglich, denn nach 200-jähriger Kolonisation waren ganze Indiostämme bereits verschwunden, andere hatten engeren Kontakt mit den Kolonisten gehabt.

Ethnologische Forschung war von der zweiten Hälfte des 19. Jahrhunderts bis zum Ersten Weltkrieg stark vom Sozialdarwinismus geprägt, von der Vorstellung einer natürlichen Auslese in der Natur: Nur starke und genetisch optimierte Spezies könnten den Kampf ums Dasein in sozialer, ökonomischer und moralischer Hinsicht überstehen. Die indigene Bevölkerung wurde entweder als die edlen, unschuldigen Wilden romantisiert oder aber als primitive „minderwertige Rasse" angesehen. An der Romantisierung war François-René de Chateaubriands mit seinen Romanen „René" und „Atala"[66] nicht unbeteiligt, er initiierte die französische Romantik in der Literatur. Dagegen war in der Wissenschaft ein Gefühl der Überlegenheit über die „Naturvölker" vorherrschend. Eurozentrisches und geringschätzendes Denken beherrschte die Erforschung der sogenannten Primitiven, was nicht selten zur Zerstörung dieser Kulturen mit ihrem Jahrtausende alten Wissen führte. Forschen, Sammeln, Bewahren wurde die

Claude W. Sui

Maxime, im Dienste der Wissenschaft wurde eine Fülle von Objekten gesammelt und geraubt. Sie wurden in unsere Museen transportiert und fanden dort ihre letzte Ruhestätte, dauerhaft konserviert mit Pestiziden und Lindan, gleichnishaft für immer vergiftet wie die zum Teil ausgerotteten Stammeskulturen. Der direkte Umgang mit solch chemisch kontaminierten Objekten stellt heute für Konservatoren und Sammlungsleiter ein gesundheitliches Problem dar. Die Wunderkammern wurden zu Giftkammern. Die Zeugnisse untergegangener Kulturen, die man für immer erhalten wollte, versinken in Depotkatakomben oder werden losgelöst und fern von ihrem angestammten Ort in Vitrinen zur Schau gestellt, gleich einem memento mori.

Fotografie als Instrument der Forschung und der Dokumentation

Die Aufzeichnungen von Expeditionen belegen immer wieder die großen klimatischen Strapazen beim Aufenthalt in der tropischen Natur so wie auch die Herausforderungen durch die neuesten technischen Instrumente, zu denen auch die Gerätschaften der frühen Fotografen gehörten.

Die Gründungsväter der Fotografie legten den Grundstein für verschiedene fotografische Reproduktionsmöglichkeiten, sei es ein Positiv- oder Negativ-Verfahren. Meist unabhängig von den einzelnen Entwicklungen erfanden Fotografen zeitgleich Techniken, um flüchtige Bilder festzuhalten. Fern und isoliert vom europäischen Kontinent entwickelte Antoine Hercule Romuald Florence (1804-1879), ein französisch-brasilianischer Maler, Erfinder und Fotopionier, um 1832 sein Verfahren (Abb. 36 und 37). Dies geschah mitten im brasilianischen Urwald noch vor der öffentlichen Vorstellung von Daguerres Methode, die durch die Vermittlung des prominenten Physikers, Astronomen und Politikers François Arago (1786-1853) am 7. Januar 1839 in der französischen Akademie der Wissenschaften vorgestellt und am 19. August 1839 offiziell bekanntgemacht wurde.

Florence bewarb sich 1825 für die Teilnahme an der Brasilien-Expedition von Georg Heinrich von Langsdorff (1774-1852), er wurde unter anderem mit der Aufgabe betraut, Karten zu entwerfen sowie Zeichnungen und Aquarelle von den Einheimischen und ihrer natürlichen Umgebung samt der Pflanzen-und Tierwelt dort anzufertigen. Er begann mit der Unterstützung des Apothekers und späteren Botanikers Joaquim Correia de Melo (1816-1877) um 1832, Projektionen einer camera obscura zu fixieren. Er nannte bereits dieses Verfahren „Photographia". 1833 experimentierten sie mit einem mit Silbernitrat bestrichenen Papier, basierend auf Thomas Wedgwoods Verfahren, das dieser 1802 veröffentlicht hatte. Im Gegensatz zu Wedgwood, dem es trotz vieler Versuche nicht gelang, ein Bild dauerhaft zu fixieren, schafften dies Florence und sein Mitarbeiter. Florence´ Aufzeichnungen zu seiner Erfindung

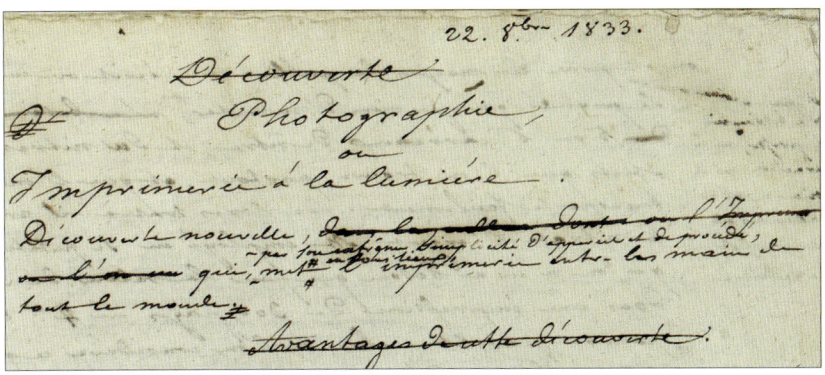

Abb. 36 (links) und 37 (rechts unten) Antoine Hercule Romuald Florence (1804-1879) und seine Notizen mit Datum zu dem Verfahren, das er „Photographia" nannte. Quelle: https://de.wikipedia.org/wiki/Hercule_Florence#/media/File:H%C3%A9rcules_Florence.jpg

ABENTEUER ANDEN UND AMAZONAS

Mannheimer Geschichtsblätter

Südamerika – Ein Kontinent der Kolonialisierung

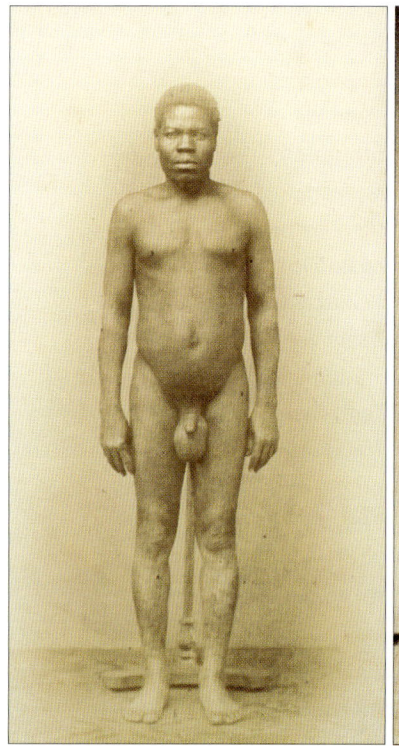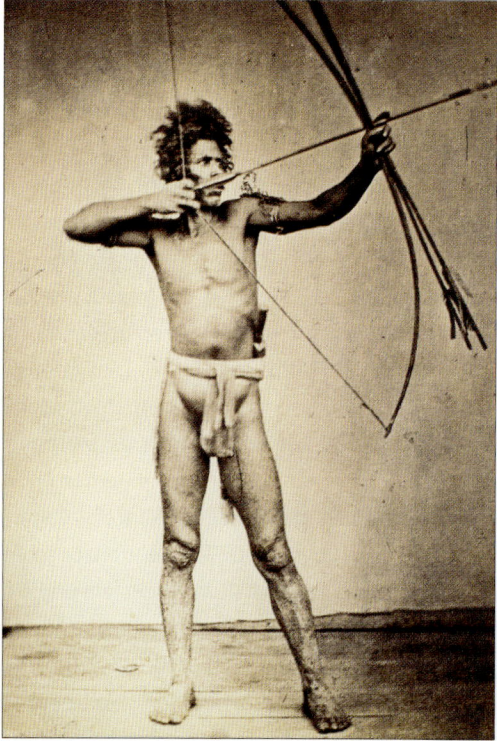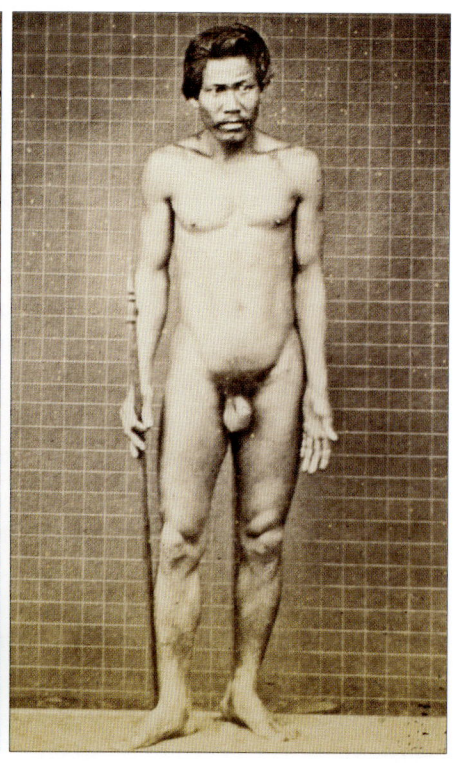

Abb. 38, 39 und 40
Fotografien aus den Mappenwerken von Carl Dammann
1873/1874

Menschen sollten unter anthropologischen Gesichtspunkten vermessen, die Körperproportionen möglichst „objektiv" erfasst werden. Dazu dienten gerasterte Hintergründe wie auf dem rechten Bild. Nackenstützen verhinderten Bewegungen während der langen Belichtungszeiten, auf dem linken Bild ist der Fuß einer solchen Stütze sichtbar.

finden sich in seinem „Livre d'Annotations et de Premier Matériaux", das von Presse und Wissenschaftsbetrieb isoliert blieb. So war es ihm nicht vergönnt, seine Erfindung zu publizieren oder gar patentieren zu lassen.[67]

Die Fotografie löste die bisherigen Dokumentationsmittel Zeichnung und Aquarell ab. Der Aufwand war geringer, obwohl Reisefotografen damals noch großen Strapazen ausgesetzt waren.

Sie sollte bis etwa in die 1880er Jahre als das probate Mittel gelten, um Menschen und Kulturgüter „objektiv" für Anthropologie und Ethnologie festzuhalten (Abb. 38, 39 und 40). Der Präsident der französischen Akademie der Wissenschaften Etienne-Renaud-Augustin Serres forderte am 21. Juli 1845 in seinem Vortrag über die „Anwendung der Photographie zum Studium der Menschenraçen", Menschen aus unterschiedlichen Erdteilen und Kulturen in ihrer besonderen Erscheinungsform und Physiognomie darzustellen und in ihren Unterschieden miteinander zu vergleichen. Serres hegte die Vorstellung von einem „fotografischen Museum der Menschenraçen". Es ging ihm um eine enzyklopädische Erfassung aller „Rassen" der gesamten Menschheit. Serres erläuterte seine Idee zur Rolle der Fotografie dabei: „Die Entdeckung von Monsieur Daguerre ist eine der kostbarsten für den Fortschritt der Wissenschaft vom Menschen, weil sie uns das Mittel dazu gibt, ein photographisches Museum zu gründen, in dem sowohl die Charaktere, die Modifikationen, als auch ihre Übergänge wiedergegeben werden können."[68]

Die Einteilung in menschliche „Rassen" mit all ihren Unterschieden und Eigenarten führte zu einer schematischen Klassifikation. Bis weit ins 19. Jahrhundert hinein wurden Versuche unternommen, Menschen etwa in die fünf Hauptrassen einzuteilen, die auf den Göttinger Naturforscher und Begründer der physischen Anthropologie Johann Friedrich Blumenbach zurückgehen: „I. Die Caucasische Rasse, II. Die Mongolische, III. Die Aethiopische, IV. Die Americanische, V. Die Malayische."[69]

Carl Dammann

Carl Dammann (Karl Viktor Dammann, 1819-1874), ein deutscher Fotograf, versuchte genau dieses Konzept von Serres und Blumenbach fotografisch umzusetzen und verlegte dafür zwischen 1873 bis 1874 anthropologisch-ethnologische Fotomappen (Abb. 41 und 42) in Hamburg. Dammann wollte in einem großangelegten universellen

Claude W. Sui

Abb. 41
Kartonpappe mit Fotografien zu „Peru" aus Dammanns Mappenwerk 1873/1874

Abb. 42
Kartonpappe mit Fotografien zum „Amazonenstrom-Gebiet" aus Dammanns Mappenwerk 1873/1874

Südamerika – Ein Kontinent der Kolonialisierung

Fotoprojekt die gesamte Menschheit enzyklopädisch erfassen. Insgesamt wurden 642 Fotos auf 50 großformatigen und beschrifteten Kartonpappen aufgezogen. Auf einem Karton sind jeweils fünf bis 18 Albumin-Abzüge, die Personen zeigen, dazu Angaben zur geographischen Region, zur ethnischen Zugehörigkeit und zum Geschlecht, manchmal sind auch Namen und Altersangaben in Fußnoten festgehalten. Die Bilder in unterschiedlichem Format wurden sowohl von Dammann selbst als auch von anderen Fotografen angefertigt. Sie zeigen Indigene aus allen Kontinenten gleichsam wie in einem ethnologischen Lexikon: Porträts en face, in Dreiviertelansicht, im Profil, in Ganzkörperansicht, aufgenommen im Studio, im Freien oder in ihrem Lebensumfeld. Manche Menschen wurden mit Messlatten vor einem weißen oder gerasterten Hintergrund abgelichtet, um die Maße der Körperglieder festzuhalten, ganz im Sinne der anthropologischen Vermessungsmethode. Einige Aufnahmen wirken gestellt, in Szene gesetzt. Andere zeigen stereotype Posen. Sie erinnern an das von Alphonse Bertillons (1853-1914) entwickelte anthropometrische System zur Personenidentifizierung in der Kriminalistik oder auch zuweilen an die Aufnahmen von psychisch Kranken des französischen Pathologen und Neurologen Jean Martin Charcot (1825-1893).

Das Mappenwerk von Dammann war sehr gefragt, besonders im letzten Drittel des 19. Jahrhunderts, da es Einblicke in fremde Lebenswelten und Kulturen dank der Fotografie ermöglichte. Es wurde von der Berliner Gesellschaft für Anthropologie, Ethnologie und Urgeschichte herausgebracht und unterstrich deren wissenschaftlichen Anspruch.[70]

Die Fotografie verdrängte als schnelles und zuverlässiges Mittel auf Reisen und für die Feldforschungen die Handzeichnung. Der Genfer Zoologe und Anthropologe Carl Vogt beschrieb 1863 den Gewinn der Erfindung: „Man reitet, segelt und dampft umher – sieht heute eine Rasse, einen Stamm, erst Wochen oder Monate später einen anderen und soll nun aus der Erinnerung, aus Notizen und Handzeichnungen heraus Vergleichungen anstellen, die Aehnlichkeiten zusammenfinden, die Verschiedenheiten unterscheiden! [...] Ohne die Photographie gibt nur subjective Auffassung in Zeichnung oder Erinnerung uns das Mittel der Vergleichung."[70]

Vor der Fotografie wurden die „Menschenrassen" nicht nur in Zeichnungen oder Gemälden, sondern auch als Gips- oder Wachsbüsten wiedergegeben. Mit der Fotografie konnte man unabhängig von Raum und Zeit Studien und Auswertungen vornehmen. Aufgrund der noch langen Belichtungszeiten erschienen die Personen distanziert und starr auf den Bildern, das entsprach auch den Bedürfnissen der Wissenschaft. Für die Abgelichteten war die Kamera eine Bedrohung, da sie oft glaubten, dass mit einem abfotografierten Bild ihre Seele geraubt werden könne oder dass es einer anderen Person Einfluss auf sie erlauben würde.

Die meisten Fotografien der Indigenen wurden im Cartes-de-visite-Format von lokalen Fotostudios in Umlauf gebracht. Diese kleinen Porträts fanden reißenden Absatz. Besonders Aktfotos waren äußerst beliebt wie auch besonders arrangierte Bilder: Einheimische in einer Phantasieumgebung mit Waffen und Federschmuck, die nicht unbedingt der wirklichen Stammeszugehörigkeit entsprachen. Die Motive mussten nur exotisch genug sein, beliebte Souvenirs für die Touristen. Als die Wirtschaft in Südamerika florierte, ent-

Abb. 43
Titelblatt des Fotobandes „Vaniní"
1960

Claude W. Sui

standen auch viele Fotostudios, die die zunehmende Urbanisierung mit ihren städtebaulichen Prozessen und das Alltagsleben auf den Straßen dokumentarisch festhielten.

Die technische Weiterentwicklung der Kameras ermöglichte kürzere Belichtungszeiten und damit die Abkehr von den erstarrten Posen, es gab jetzt lebendigere Abbildungen: tägliche Verrichtungen, Bau der traditionellen Häuser, rituelle Handlungen, Herstellen von Masken und Gebrauchsgegenständen, Umzüge, Tänze.

Im 20. Jahrhundert gab es eindringliche Beispiele für direkte und sensible Aufnahmen von indigenen Stämmen im Amazonas-Gebiet jenseits der anthropologisch-ethnologischen Dokumentation. Einer der ganz Großen in diesem Genre war Erwin von Dessauer (1907-1976), von deutscher Herkunft, in Südamerika geboren, war er als Bildjournalist und Filmdokumentarist tätig. Beeindruckend sind seine Nahansichten von Ureinwohnern Brasiliens in ihrer gewohnten Umgebung, sie zeigen sie mit ihren Körperbemalungen, beim Ausüben eines Handwerks, bei ihren rituellen Zeremonien bis hin zu ihren Begräbnisriten. Ohne Voyeurismus hielt er die Indios als Menschen, als Individuen fest. Die angeblich primitiven Völker bekommen in Dessauers Bildern Würde. In seinem 1960 erschienenen Buch „Vaniní. Tage im Urwald" (Abb. 43) wird die Welt einiger Indiostämme dem europäischen Publikum so nahe gebracht, dass die Scheu vor dem Unbekannten sich verliert.

1 Eanes, dessen Lebensdaten unbekannt sind, gilt als derjenige Seefahrer, der den Europäern die Tür zum Weg nach Indien um Afrika herum öffnete.

2 Reinhard Wendt: Vom Kolonialismus zur Globalisierung. Europa und die Welt seit 1500, Paderborn, München, Wien, Zürich 2007, S. 31f.

3 Im Mai 1493 legte Papst Alexander VI. (Rodrigo Borgia) in der Bulle „Inter caetera" eine Grenze zwischen dem portugiesischen und dem spanischen Herrschaftsbereich fest. Die Trennlinie verlief vom Nord- zum Südpol, 100 Leguas (etwa 480 Kilometer) westlich der Kapverdischen Inseln, das heißt bei etwa 38° West. Alle Territorien westlich dieser Linie (Amerika) wurden den spanischen Königen und ihren Erben zugesprochen, alle Gebiete östlich davon (Afrika und Asien) fielen an die Portugiesen. In zähen Verhandlungen gelang es den Portugiesen unter ihrem Verhandlungsführer, dem Geographen, Astronomen und Seefahrer Duarte Pacheco Pereira, die Demarkationslinie auf 370 spanische Leguas (ca. 1770 km) westlich der Kapverdischen Inseln zu verschieben. Diese neue Grenzlinie entsprach einer Länge von 46° 37' West. Sie erlaubte es später den Portugiesen, die östlich dieser Linie gelegenen Gebiete Brasiliens zu kolonisieren. Der Vertrag von Tordesillas wurde am 7. Juni 1494 geschlossen und sehr zügig am 2. Juli von Spanien und am 5. September von Portugal ratifiziert.

4 Andreas Venzke: Christoph Kolumbus, Hamburg 1992, S. 84f.

5 „Neue Welt" ist eine historische, europäische Bezeichnung für das von den Spaniern unter Christoph Kolumbus 1492 wiederentdeckte Amerika. Die Neue Welt wurde der bis dahin bekannten Alten Welt, bestehend aus Europa, Asien und Afrika, gegenübergestellt.

6 Die einheimischen Taínos nannten die Insel Kiskeya (übersetzt etwa „wunderbares Land") oder auch Ayití (übersetzt „gebirgiges Land"), woraus die heutigen Bezeichnungen „Quisqueya" und „Haiti" entstanden. Haiti bezeichnete also ursprünglich die gesamte Insel. Christoph Kolumbus nannte die Insel La Isla Española („die spanische Insel"). La Isla Española, latinisiert zu Hispaniola, wurde die erste Kolonie des Königreichs in der Neuen Welt und Kolumbus ihr Gouverneur und Vizekönig. Er ließ dort die erste spanische Festung in der Neuen Welt errichten und nannte sie „La Navidad" (spanisch „Weihnachten"). Hispaniola wurde in der Kolonialzeit politisch in einen spanischen Ostteil, Santo Domingo (oder San Domingo) genannt (nach der gleichnamigen Stadt), und einen französischen Westteil, Saint Domingue (oder Saint-Domingue), getrennt. Aus dem Ostteil wurde die Dominikanische Republik, aus dem Westteil Haiti, das zeitweise in Nord-Haiti und die südliche Mulatten-Republik geteilt war.

7 Georg Friederici: Der Charakter der Entdeckung und Eroberung Amerikas durch die Europäer, 1. Band, Stuttgart-Gotha 1925, S. 313-316. Friederici verwendet den spanischen Namen: Cristóbal Colón.

8 Erst 1507 wurde Amerika von dem Italiener Amerigo Vespucci als eigenständiger Kontinent erkannt, im selben Jahr nannte Martin Waldseemüller den neuen Erdteil „America", nach Amerigo Vespucci. Zur besseren Unterscheidung werden die Ureinwohner in Nordamerika als „Rot-Indianer" und die Urbevölkerung von Mittel- und Südamerika „Indios" bezeichnet.

9 Venzke, wie Anm. 4, S. 66: „Viele Männer und Frauen kamen herbei, die jeder etwas mit sich trugen."

10 Ebd.: [...] andere riefen mit lauter Stimme jedem auf dem Strand zu: „Seht euch die vom Himmel herniedergestiegenen Männer an! Bringt ihnen zu essen und zu trinken!".

Südamerika – Ein Kontinent der Kolonialisierung

11 Venzke, wie Anm. 4, S. 91-93 und 96.

12 Venzke, wie Anm. 4, S. 97-106.

13 Venzke, wie Anm. 4, S. 68.

14 Friederici, wie Anm. 7, S. 316.

15 online-Recherche: https://www.lai.fu-berlin.de/e-learning/projekte/caminos/lexikon/encomienda.html.

16 Wolfgang Reinhard: Kleine Geschichte des Kolonialismus, Stuttgart 2008, S. 81.

17 Venzke, wie Anm. 4, Bericht von Las Casas, S. 105f.

18 http://www.nativeweb.org/pages/legal/indig-romanus-pontifex.html. Die Bulle würdigte die Verdienste Heinrichs des Seefahrers im Kampf gegen die Sarazenen und bei der Ausbreitung des Christentums. In Ergänzung zur Bulle „Dum diversas" wurde dem portugiesischen König Alfonso V., seinen Nachfolgern und dem Infanten Heinrich das Recht zugesprochen, die Sarazenen, Heiden und anderen Feinde des Christentums zu bekämpfen, sie auf ewig zu versklaven und ihren Besitz zu rauben. Den Portugiesen wurden das Monopolrecht für die bisher erworbenen Gebiete und die neuen Eroberungen hinter Kap Bojador zugesprochen. Der Deal war, dass im Gegenzug in den neuen Kolonien Kirchen und Klöster gebaut werden sollten und Priester die Sakramente spenden durften. König Alfonso V. ließ am 5. Oktober 1455 in der Kathedrale von Lissabon den Vertretern aller ausländischen Handelsgruppen (Franzosen, Engländer, Kastilier, Basken, Flamen) die Bulle verlesen. Durch sie und den Segen der Kirche erhielt Portugal ein Monopol für den Seehandel in Asien und eine „rechtliche Grundlage", fremde Schiffe gegebenenfalls anzugreifen und zu zerstören. Trotzdem gelang es im Jahr 1600 den Holländern, eine portugiesische Karacke in der Straße von Malakka zu entern und unversehrt nach Amsterdam zu überführen. Nachdem das Schiff samt Ladung dort für einen Gewinn von 13 Tonnen Gold versteigert worden war, erkannten die Holländer, welche Werte es in Asien zu holen gab. Im Auftrag der 1602 gegründeten Niederländischen Ostindien-Kompanie erstellte der Völkerrechtler Hugo Grotius 1604/05 das Rechtsgutachten „De jure praedae" (Über das Prisenrecht). Ein Kapitel daraus wurde 1609 unter dem Titel „Mare liberum" (Das freie Meer) veröffentlicht. Die katholische Kirche indizierte „Mare liberum" umgehend, da es es den Vertrag von Tordesillas untergrub. Dies hinderte die calvinistischen Niederländer aber nicht daran, Portugiesisch-Asien anzugreifen.

19 online: http://www.genocide-alert.de/sexuelle-gewalt-als-kriegswaffe-darfur/. In diesem Artikel wird sexuelle Gewalt als Machtinstrument beschrieben, eingesetzt, um Menschen zu entwürdigen, Macht und Kontrolle über sie auszuüben. Auch wenn der Artikel sich auf Darfur bezieht, haben sexuelle Demütigung und Versklavung besonders in Krisenherd- und Kriegsgebieten etwas Prototypisches im menschlich-destruktiven Verhalten, unabhängig von der historischen Epoche.

20 Las Casas schildert die Gräueltaten der Konquistadoren ungeschminkt, drastisch und gelegentlich überzeichnet, um Veränderungen in der Lebenssituation der Indios zu erreichen und Druck auf die spanische Politik aufzubauen. Seine Berichte wurden zwischen dem 16. und dem 20. Jahrhundert in 117 Ausgaben in zahlreichen europäischen Sprachen herausgebracht. Seine Bücher wurden vom Gegner Spaniens, den Niederlanden, gerne propagandistisch eingesetzt, um die Grausamkeit der Konquistadoren anzuprangern, sie wurden als antispanische und antikatholische Kampfschrift instrumentalisiert. Zu den Berichten wurden Stiche aus der Werkstatt Theodor de Brys, Protestant aus Lüttich in den spanischen Niederlanden, angefertigt, de Brys floh später nach Frankfurt am Main. Durch seine Stiche, die die Grausamkeit gegen die Indios illustrierten, wurden nun Wort und Bild zu einem nachhaltigen Instrument. S. Wendt, wie Anm. 2, S. 117f., ebenso Henry Keazor: Theodore De Bry's Images for Americ, in: Print Quarterly 15 (1998), Nr. 2, S. 149. https://archiv.ub.uni-heidelberg.de/artdok/2307/1/Keazor_Theodore_De_Brys_images_for_-America_1998.pdf.

21 Venzke, wie Anm. 4, S. 103f.

22 „De Orbe Novo Decades" ist eine umfassende Beschreibung der Entdeckung Amerikas durch die Spanier. Die erste Dekade wurde ohne Martyrs Einvernehmen bereits 1511 in Sevilla gedruckt, die erste autorisierte Fassung erschien hingegen erst 1516 in Alcalá.

23 Online: http://www.milger.de/ausgerottet.htm. Die Kongogräuel lassen sich gleichfalls unter die größten Verbrechen der modernen Kolonialgeschichte einreihen. Der belgische König Leopold II. besaß einen Teil des Kongogebietes, der so groß wie Europa war, und führte dort ein brutales Regime von Ausbeutung und Versklavung ein. War am Ende des Tages nach Meinung der Sklavenhalter nicht genug Kautschuk zusammen gekommen, gab es brutale Möglichkeiten, das Missfallen zu äußern: Etwa 100 Peitschenhiebe, die die Gefolterten umbrachten. Geisel- und Sippenhaft wurden ebenso eingesetzt: Frauen wurden vergewaltigt, Kindern Füße und Hände abgehackt (belegt durch Fotografien). Bei einer Rebellion wurde das ganze Dorf samt Bewohnern einfach angezündet. Dieser Genozid im Kongo zog sich fast über 20 Jahre hin (1890-1908) und kostete geschätzt zehn Millionen Menschen das Leben.

24 Online: http://www.faz.net/aktuell/wissen/wissenschaft/grausamkeit-geldgier-und-verlogenheit-des-eroberers-1386427-p2.html.

25 http://www.milger.de/ausgerottet.htm.

26 Reinhard, wie Anm. 16, S. 72.

Claude W. Sui

27　Reinhard, wie Anm. 16, S. 82 und 91.

28　Venzke, wie Anm. 4, S. 102f.

29　Die Eroberung Südamerikas wurde nicht nur durch eingeschleppte Krankheiten, sondern auch durch Thronstreitigkeiten innerhalb der indigenen Dynastien begünstigt, ebenso wie durch die Unterwerfung anderer Völker durch die Inkas. Deshalb konnte die indigene Bevölkerung keine gemeinsame militärische Durchschlagskraft gegen die Spanier entwickeln, die auch dank ihrer Kriegswaffen und ihrer rücksichtslosen Entschlossenheit im Vorteil waren. Weitere Vorteile auf Seiten der Konquistadoren waren der Einsatz von Zugtieren, Pferden und Bluthunden sowie der Gebrauch von Pflug oder Rad. Dies alles kannten die Indios nicht. Dazu kamen Prophezeiungen wie die von der Ankunft der ersehnten „Sonnengötter", die die Spanier für ihre Zwecke gnadenlos ausnutzen konnten. Reinhard, wie Anm. 16, S. 47.

30　Von der Entdeckung Amerikas 1492 bis ins Jahr 1870 wurden mehr als elf Millionen afrikanische Sklaven nach Amerika verkauft. Die meisten davon (4,1 Mio.) gelangten über den transatlantischen Dreieckshandel in die britischen, französischen, holländischen und dänischen Kolonien in der Karibik. Fast ähnlich viele Afrikaner (vier Millionen) wurden von portugiesischen Händlern nach Brasilien gebracht. 2,5 Mio. wurden in die spanischen Kolonien in Südamerika verkauft. Die kleinste Gruppe bilden die ca. 500.000 afrikanischen Sklaven, die in die 13 britischen Kolonien auf dem nordamerikanischen Festland und in die 1776 gegründeten Vereinigten Staaten gelangten.

31　Reinhard, wie Anm. 16, S. 85.

32　Nachdem im Zuge der ersten Entdeckungsfahrten in der zweiten Hälfte des 15. Jahrhunderts Päpste die Versklavung von Heiden erlaubt hatten, sprach sich Papst Paul III. 1537 mit der Bulle „Sublimis Deus" gegen die Sklaverei aus, ihr folgten zahlreiche weitere Verurteilungen, zuletzt 1839 durch Gregor XVI. mit der Bulle „In supremo" und 1888 durch Leo XIII. in einer Enzyklika an die brasilianischen Bischöfe zur Bekämpfung der Sklaverei.

33　S. dazu die Recherche von Sue Branford und Maurício Torres vom 23. Oktober 2017, „Temer guts Brazil's slavery law, to the applause of elite ruralists" (Temer weitet Brasiliens Sklavengesetz aus unter dem Applaus der Elite-Ruralisten). https://news.mongabay.com/2017/10/temer-guts-brazils-slavery-law-to-the-applause-of-elite-ruralists/.

34　Europäische Erinnerungsorte 3, hrsg. von Pim den Boer, Heinz Duchhardt, Georg Kreis, Wolfgang Schmale, München 2012, S. 48.

35　Robert Edgar Conrad (Hrsg.): Children of God's Fire. A Documentary History of Black Slavery in Brazil University Park, Pennsylvania, 3. Aufl., 2006, S. 27. S. auch: https://library.brown.edu/create/fivecenturiesofchange/chapters/chapter-2/african-slavery/.

36　Ebd. S. 38.

37　Ebd. S. 32.

38　Ebd. S. 44, der Bericht des britischen Arztes Thomas Nelson von einem Sklavenschiff.

39　https://blackwomenofbrazil.co/2013/12/29/25-curious-facts-about-slavery-in-brazil/.

40　Conrad, wie Anm. 36, S. 117f.

41　https://blackwomenofbrazil.co/2013/12/29/25-curious-facts-about-slavery-in-brazil/.

42　Conrad, wie Anm. 36, S. 111.

43　Ein ähnliches Phänomen gibt es auch heute, wenn kinderlose Paare sich zum Beispiel indischer Leihmütter bedienen. Die Leihmutter „verleiht" ihren Bauch, um anstelle der genetischen Mutter deren Kind zur Welt zu bringen. Mit dem starken Wachstum der Branche wuchs auch die Kritik an der Ausbeutung meist mittelloser Frauen als „gemietete Bäuche".

44　Conrad, wie Anm. 16, S. 139f.

45　https://www.npr.org/2015/09/12/439257489/brazil-enslaved.

46　https://www.npr.org/2015/09/12/439257489/brazil-enslaved.

47　Auch im 21. Jahrhundert werden in asiatischen Ländern in der Kleider- und Textilindustrie Näherinnen zu einem Dumpinglohn ausgebeutet.

48　Wendt, wie Anm. 2, S. 85.

49　Herbert Wilhelmy: Die spanische Kolonialstadt in Südamerika. Grundzüge ihrer baulichen Gestaltung. S. 20. https://www.geogr-helv.net/5/18/1950/gh-5-18-1950.pdf.

50　Ebd. S. 21.

51　Wendt, wie Anm. 2, S. 75.

52　Ebd. S. 27-29.

53　Ebd. S. 30.

Südamerika – Ein Kontinent der Kolonialisierung

54 Das Vizekönigreich des Río de la Plata (spanisch Virreinato del Río de la Plata) war das südlichste der spanischen Vizekönigreiche in Lateinamerika. Es umfasste grob die heutigen Staaten Argentinien, Bolivien, Paraguay, Uruguay und einen Streifen im Norden des heutigen Chile.

55 Reinhard, wie Anm. 16, S. 109f.

56 Alexander von Humboldt wollte Forschungsergebnisse des Arztes Willem Piso und des Naturwissenschaftlers Georg Markgraf, die in der 1648 in Amsterdam erschienenen „Historia naturalis Brasiliae" zusammengetragen worden waren, durch eigene ergänzen. S. Anneli Partenheimer-Bein: Die wissenschaftliche Entdeckung Brasiliens, in: Europäische Erinnerungsorte 3, hrsg. von Pim den Boer, Heinz Duchhardt, Georg Kreis, Wolfgang Schmale, München 2012, S. 143. https://books.google.de/books?id=vEAbQiYGA_QC&pg=PA143&lpg=PA143&dq=alexander+von+humboldt+einreise+verwehrt&source=bl&ots=Xbif1N_5cq&sig=a-X6org479Ka7iCHXFtdWtu5cPg&hl=en&sa=X&ved=0ahUKEwjpivTKy7fSAhWlZpoKHWvUDb4Q6AEIMzAC#v=onepage&q=alexander%20von%20humboldt%20einreise%20verwehrt&f=false.

57 Georg Heinrich von Langsdorff (1774-1852) war ein deutsch-russischer Arzt, Naturforscher und Forschungsreisender.

58 Das Wort „Apodemik" leitet sich aus dem griechischen apothimeo (verreisen) ab. Die Kunst des Reisens – ars apodemica – beinhaltete ein planmäßiges Vorgehen, in der frühen Neuzeit war es die Reiseart für eine Elite. Durch den im 19. Jahrhundert aufkommenden Massentourismus wurden Reiseführer wie Baedeker oder Murray auf dem Markt vorherrschend.

59 Aus Beatrice Kümin: Expedition Brasilien, Von der Forschungszeichnung zur ethnografischen Fotografie, Bern 2007, S. 20f. (Fußnote: in: Moravia 1989: 213).

60 Das Werk befindet sich im Louvre, Paris.

61 Die Aquarellskizze „Forêt vierge du Brésil" (Urwald von Brasilien) wurde von Jean-Baptiste Comte de Clarac, bekannt als Le Comte de Clarac, (1777-1847) angefertigt. Er war ein französischer Archäologe, Wissenschaftler und Zeichner, der sich 1816 mit anderen Wissenschaftlern für eine Expedition in den brasilianischen Urwald zusammenschloss.

62 Zit. aus Kümin, wie Anm. 59, S. 29.

63 Claude François Fortier (1775-1835), französischer Kupferstecher.

64 Johann Moritz Rugendas (1802-1858) gehörte zu einer berühmten Augsburger Malerfamilie. In virtuoser Weise hält er mit wissenschaftlicher Genauigkeit – was die Fotografie später übernehmen wird – die typischen Landschaften, den Urwald, die Städte, Sitten und Gebräuche der Einheimischen Südamerikas fest, in Brasilien, Mexiko, Chile, Peru, Argentinien und Uruguay. Rugendas kehrte 1825 nach einem Streit mit Langsdorf nach Europa zurück, wo er Alexander von Humboldt in Paris traf. Dieser war von seinen Werken begeistert und sollte zeitlebens sein Freund, Mentor und Förderer sein. Mit Humboldts Hilfe brachte Rugendas das Buch „Voyage pittoresque dans le Brésil" mit 100 von ihm angefertigten Lithographien heraus.

65 Rugendas veröffentlichte seine 100 Farblithographien 1835 in drei Versionen: „Viagem Pitoresca através do Brazil," in portugiesischer, „Voyage Pittoresque dans le Brésil", in französischer und „Malerische Reise in Brasilien" in deutscher Sprache.

66 „Atala" ist die tragische Geschichte einer jungen Halbindianerin im Konflikt zwischen Liebe und Jungfräulichkeit, die sie ihrer frommen französischen Mutter gelobt hat. Der unlösbare Konflikt zwingt sie schließlich zum Selbstmord. In die Handlung sind immer wieder stimmungsvolle Naturschilderungen eingestreut. Der Titelheld von „René", ein unglücklicher und desillusionierter Franzose, steht für den Typ des zerrissenen romantischen Künstlers und Intellektuellen, wie er zahlreich und über lange Zeit in der europäischen Literatur vertreten ist. Er leidet am „mal du siècle", am „Weltschmerz". Gleich zu Beginn vertraut René seine traurige Lebensgeschichte einem Mönch und dem greisen Indianer Chactas vom Natchez-Stamm in Louisiana (USA) an, die ihn sozusagen adoptiert haben. Eine Umkehrung findet statt: der zivilisierte René sucht Zuflucht und Erneuerung bei den „Wilden". Der alte Indianer lebte lange in Europa und entschloss sich ebenfalls, wieder in die Wildnis zurückzukehren. In Chateaubriands Novellen werden die Indianer als Repräsentanten einer noch unschuldigen, unverfälschten, unkorrumpierbaren Gesellschaftsordnung angesehen.

67 Seine Schrift wurde erst 150 Jahre später von dem brasilianischen Fotografen und Fotohistoriker Boris Kossoy herausgegeben.

68 Zitiert aus Thomas Theye (Hrsg.): Der geraubte Schatten. Eine Weltreise im Spiegel der ethnographischen Photographie, München, Luzern 1989, S. 61.

69 Egon Freiherr von Eickstedt: Geschichte der anthropologischen Namensgebung und Klassifikation […]. I. Teil: Beginn und erste Blütezeit, in: Zeitschrift für Rassenkunde und die gesamte Forschung am Menschen. 5/1937. S. 230. S. auch Theye, wie Anm. 68, S. 113.

70 http://expositions.bnf.fr/socgeo/arret/25.htm; http://expositions.bnf.fr/socgeo/grand/201.htm; https://artsandculture.google.com/asset/photography-album-on-anthropology-ethnology-by-c-dammann-made-in-hamburg-1873-1874/nwHdJ50G3bj2zA

71 Theye, wie Anm. 68, S. 62.

Franz Waller

Etwas zu den Fotografen und ihrer Technik

Obwohl im Januar 1868 die Fotografie schon fast 30 Jahre bekannt und zu dieser Zeit auch ein durchaus praktikables Verfahren verbreitet war, scheinen die beiden Forscher Wilhelm Reiß und Alphons Stübel keine fotografische Ausrüstung in ihrem Gepäck gehabt zu haben, als sie im Norden Kolumbiens, damals das Vizekönigreich Neu-Granada, bei Cartagena für einen kurzen spontanen Ausflug von Bord gingen. Alphons Stübel verließ sich ganz auf seine zeichnerischen Fähigkeiten, Reiß wollte messen und sammeln, um daraus seine Schlüsse zu ziehen und so eine umfassende Beschreibung der bereisten Gegend zu gewinnen.

Zwar war die Zeit der Daguerreotypie, des ersten praktikablen fotografischen Verfahrens, Bilder nach der Natur zu erzeugen, im Abklingen begriffen, aber das derzeit allgemein angewandte „Nasse Kollodium-Verfahren" war für die Reisefotografie auch nicht geeignet, besonders in einem mit Urwald bedeckten Gelände ohne Wege, wo das Waten durch ein Flussbett noch die bequemste Art der Fortbewegung war und man dabei auf die Geschicklichkeit der einheimischen Indios mit ihren Maultieren angewiesen war. Dieses „Nasse Kollodium-Verfahren" erforderte eine Dunkelkammer oder zumindest ein relativ lichtdichtes Zelt, in dem die Glasplatte präpariert werden konnte. Dazu musste sie mit Kollodium, einer Lösung von Nitrocellulose – Schießbaumwolle – in Alkohol und Ether, gemischt mit Kaliumbromid, übergossen und danach noch „gesilbert", also in ein Bad von Silbernitrat getaucht, werden. So entsteht in der klebrigen Kollodiumhaut feinstverteilt das lichtempfindliche Silberbromid, das durch die Einwirkung von Licht in der Kamera mehr oder weniger geschwärzt wurde. Danach musste nach einem Zwischenbad das überschüssige Silbersalz mit Natriumthiosulfat-Lösung entfernt werden. All das wäre unter den Umständen im südamerikanischen Urwald praktisch unmöglich gewesen. Trotzdem hatten die beiden Forscher bei ihrer Rückkehr mehrere Hundert Fotografien im Gepäck.

Auch in den bereisten Ländern Kolumbien, Ecuador, Peru und Brasilien hatten sich inzwischen schon sesshafte Fotostudios etabliert, oftmals gegründet von europäischen Einwanderern. Diese stillten das Bedürfnis der einheimischen Bevölkerung nach preiswerten Porträts, aber auch den Wunsch der Touristen nach Souvenirs, nach Abbildungen der bekanntesten Sehenswürdigkeiten, wie es zum Beispiel die Plaza Bolívar mit der Kathedrale von Bogotá (Abb. 1) war.

Abb. 1
Bogotá
Die Kathedrale
rem Sammlung
Wilhelm Reiß
Sm 01/11.5

ABENTEUER ANDEN UND AMAZONAS

Mannheimer Geschichtsblätter

Etwas zu den Fotografen und ihrer Technik

Abb. 2
Der Krater des Pichincha, im Vordergrund das Zeltlager von Reiß und Stübel
Fotografie eines Gemäldes von Raphael Troja mit den beiden Forschern
rem Sammlung Wilhelm Reiß
Sm 02/01

Dazu gehörte aber sicher nicht der Krater des Pichincha, des Hausberges der ecuadorianischen Hauptstadt Quito, mit dem Zeltlager von Reiß und Stübel darin (Abb. 2). Um solche Szenen festzuhalten, bedienten sich die beiden einheimischer Maler, vor allem Raphael Trojas, dessen Gemälde dann fotografisch vervielfältigt wurde, damit beide Forscher es am Ende in ihrem Bestand hatten, natürlich nur in Schwarz-Weiß. Zu den für Touristen interessanten Motiven gehörte sicher auch nicht „Halt im Wald von Bogotá nach Ambalema" (Abb. 3) oder „Ambalema: Mädchen Taback sortirend und verpackend" (Abb. 4). Für diese und ähnliche Aufnahmen aus der Umgebung von

Abb. 3
Halt im Wald von Bogotá nach Ambalema
rem Sammlung Wilhelm Reiß
Sm 01/14.1

Wilhelm Reiß´ Südamerika-Expedition in historischen Fotografien

Franz Waller

Bogotá scheinen die beiden einen einheimischen Fotografen engagiert zu haben, dessen Werke sich durch eine gewisse Unvollkommenheit „auszeichnen" und so einer Person zuordnen lassen. Dafür besitzen diese Bilder aber einen ganz eigenen exotischen Charme wie zum Beispiel „Bogotá: Casa del Conquistador Jimenez G. de Quesada" (Abb. 5). Zum Glück hat Wilhelm Reiß jede Fotografie auf Karton im Format 65 x 48 cm aufziehen lassen, je nach Größe einzeln oder zu mehreren, und sie genau beschriftet, oft auch datiert mit dem Jahr, in dem er sie erworben hat oder sich an diesem Ort aufhielt. Die Namen der Fotografen dagegen sind zum größten Teil unbekannt, wie zum Beispiel der des „Ambalema-Fotografen", von dem es nach Stilvergleich mehr als 30 Aufnahmen gibt. Er scheint die Forscher durch das ganze nördliche Kolumbien begleitet zu haben. Die Qualität der Aufnahmen in Ecuador, zum Beispiel aus Quito, ist wesentlich besser als die der aus Bogotá. Wir finden sogar ein Panorama aus zwei Aufnahmen mit dem Titel „Quito, Plaza mit Regierungsgebäude u. Catedrale, Abhänge des Pichincha im Hintergrund" (Abb. 6). Auf dem ganzen riesigen Areal sind lediglich drei Personen und ein Hund zu sehen. Wenn man bedenkt, dass Quito jetzt knapp 2,5 Millionen Einwohner hat, ist dies sicher ein krasser Gegensatz zu heute, ein zeitnahes Vergleichsfoto vom gleichen Aufnahmestandpunkt wäre sicher sehr reizvoll. Ein Autor des Bildes ist auch hier nicht festzustellen. In Europa war es zu dieser Zeit schon allgemein üblich, zumindest in größeren Fotoateliers, die Fotografien im Bild zu signieren oder mit einem Prägestempel auf dem Karton zu kennzeichnen. In der Reiß'schen Sammlung findet man kein einziges signiertes Exemplar, und doch kann dank neuerer fotohistorischer Forschungen so manches Bild einem bestimmten Fotografen zugeordnet werden. Das liegt auch daran, dass Touristen sich in bestimmten Ateliers individuelle Erinnerungsalben zusammenstellen ließen mit Nennung des Autors. So findet man zum Beispiel „Rays of Sunlight from South America" von Alexander Gardner oder „Recuerdos del Peru" von Eugenio Courret.

Die Wilhelm Reiß und Alphons Stübel interessierenden Aufnahmen fanden sich aber nur bei speziellen Fotografen und ließen sich nicht zu touristischen Alben zusammenstellen. Dazu gehörten

Abb. 4 (oben)
Ambalema: Mädchen beim Tabak sortieren und verpacken
1868
rem Sammlung
Wilhelm Reiß
Sm 01/14.6

Abb. 5 (links)
Bogotá: Casa del Conquistador Jimenez G. de Quesada
rem Sammlung
Wilhelm Reiß
Sm 01/11.6

Etwas zu den Fotografen und ihrer Technik

Abb. 6
Blick auf Quito
rem Sammlung
Wilhelm Reiß
Sm 02/05.2

Abb. 7 (unten links)
Erdbebenschäden in Quito: Turm der Kathedrale
rem Sammlung
Wilhelm Reiß
Sm 02/16.2

Abb. 8 (unten rechts)
Erdbebenschäden in Quito: das Innere der Kirche Carmen bajo
rem Sammlung
Wilhelm Reiß
Sm 02/15.3

zum Beispiel Dokumentationen von Erdbebenschäden. An denen waren die beiden Geologen, die sich ja durch das Studium von Vulkanausbrüchen und deren Folgen kennen gelernt hatten, besonders interessiert. Kaum waren sie in Südamerika angekommen, erschütterte im August 1868 ein schweres Beben besonders Ecuador und Peru, für die beiden ein „Glücksfall", aber eine Katastrophe für die einheimische Bevölkerung. Allein in Ibarra nördlich von Quito soll das Beben 7.000 Opfer gefordert und verheerende Gebäudeschäden angerichtet haben. In Arica im Süden von Peru gab es 25.000 Tote und dazu einen Tsunami an der Küste, nur zwei Beispiele. Natürlich

Franz Waller

haben die einheimischen Fotografen diese Ereignisse festgehalten, und so finden wir eine größere Anzahl „Erdbeben-Bilder" in der Sammlung, allein von Quito ca. 20 Exemplare, sie zeigen etwa den Einsturz des Turms der Kathedrale in verschiedenen Stadien (Abb. 7), das Innere der Kirche Carmen bajo (Abb. 8) und auch die Einwohner in Notunterkünften auf der Plaza de St. Domingo, von Reiß als „Erdbeben-Chozen" bezeichnet (Abb. 9 und 10). Einige der Aufnahmen können nach Vergleichen mit Erinnerungsalben dem Fotografen Eugenio Courret zugeschrieben werden. Auch der in Arequipa ansässige Fotograf Ricardo Villaalba hat wohl Aufnahmen aus dieser Stadt hinterlassen, die es im August 1868 besonders stark getroffen zu haben scheint, zum Beispiel „La Matriz nach dem Erdbeben August 1868" (Abb. 11). Etwa 70.000 Tote nach modernen Schätzungen und ein riesiger Tsunami waren die Folgen dieser Naturkatastrophe. Die Häufigkeit der Erdbeben in den Andenregionen rührt daher, dass längs der Westküste Südamerikas zwei Erdplatten, die Nazca-Platte und die Südamerikanische Platte, aneinander stoßen, was ungeheure Kräfte und Spannungen hervorruft und auch den Vulkanismus verursacht. Für Reiß und Stübel war diese Gegend also das ideale Forschungsgebiet. Eine andere geologische Besonderheit bilden die Chincha-Inseln, drei kleine Inseln vor der peruanischen Süd-West-Küste in der Höhe von Pisco, bedeckt mit Millionen Tonnen von verhärtetem, versteinertem Vogelkot, dem Guano. Er wurde im Laufe von Jahrhunderten von den unzähligen Seevögeln dort abgelagert, die die Inseln vor allem wegen des Fischreichtums im vorbeifließenden, kühleren Humboldt-Strom als äußerst beliebten Ruhe- und Brutplatz ausgewählt haben. Diese Guanovorkommen, ein Gemenge aus Calciumnitrat und -phosphaten, hatten teilweise eine Mächtigkeit von über 30 m und waren seit Beginn des 19. Jahrhunderts nicht nur als Düngemittel sehr begehrt, sondern man hatte auch gelernt, sie als Rohstoff für die Sprengstoffherstellung zu nutzen, ähnlich wie den Salpeter aus der benachbarten chilenischen Atacama-Wüste. Es kam zu einem regelrechten Guano-Krieg mit der Besetzung der Inseln 1864 durch die Spanier, wodurch der Guano-Export zusammenbrach. Dabei war er in dieser Zeit die Haupteinnahmequelle für den peruanischen Staat, der damit zum Beispiel seine immens teuren Eisenbahnprojekte finanzierte. Acht Fotos mit Motiven von den Chincha-Inseln

Abb. 9
Erdbebenschäden in Quito: Notunterkünfte auf der Plaza de St. Domingo
rem Sammlung Wilhelm Reiß
Sm 02/13.10

Etwas zu den Fotografen und ihrer Technik

Abb. 10
Erdbebenschäden in Quito: Notunterkünfte auf der Plaza de St. Domingo
rem Sammlung Wilhelm Reiß
Sm 02/18.1

Abb. 11
Arequipa: La Matriz nach dem Erdbeben im August 1868
rem Sammlung Wilhelm Reiß
Sm 04/24.3

Franz Waller

befinden sich in der Sammlung von Wilhelm Reiß. Sie vermitteln uns eine Vorstellung von der Abbaumethode (Abb. 12), von der Verladung des Rohstoffs und seiner Verschiffung mit großen Dreimast-Seglern, die ihn rings um Kap Horn nach Europa transportierten. Auch vom Leben der Arbeitersklaven, bewacht von Soldaten, von ihren Wohnhütten und ihrer Holzkirche im neugotischen Stil (Abb. 13) erhält man einen Eindruck. Alexander Gardner hat die Fotografien, die Positive, in seinem Album „Rays of Sunlight of South America" veröffentlicht. Die Negative, also die Aufnahmen selbst, stammen von Henry de Witt Moulton, einem abenteuerlustigen Amerikaner, der aber als begabter Fotograf bekannt war. Er kam 1859 nach Lima, eröffnete 1862 dort ein Studio zusammen mit Villroy L. Richardson, einem weiteren Amerikaner, der aber 1865 wieder in die USA zurückkehrte. Da die Aufnahmen weder signiert noch datiert sind, ist es auch möglich, dass einige der Guano-Motive von Richardson stammen, zumal das Guano-Vorkommen ab 1874 weitgehend erschöpft war und der Handel zurückging. Um diese Zeit muss Wilhelm Reiß die Bilder erstanden haben, als er im Oktober 1874 in Peru eintraf.

Auch in Lima gab es zu dieser Zeit schon bekannte und sehr erfolgreiche Fotografen. Eugenio Courret, geboren in Frankreich, kam 1861 nach Peru. Mit seinem Bruder Aquiles betrieb er ein ausgedehntes Studio und bereiste auch das ganze Land. Eine große Zahl seiner Fotografien ist noch vorhanden und zuzuordnen. Darunter sind zahlreiche Porträtaufnahmen im sogenannten Carte-de-Visite-Format (CdV). Sie hatten eine Größe von ca. sechs mal neun Zentimetern und wurden mit einer speziellen Kamera mit mehreren Objektiven auf einer einzigen Platte aufgenommen. Dieses Negativ wurde dann auf ein Albumin-Papier kopiert, die einzelnen Bildchen ausgeschnitten und auf einen festen Karton aufgeklebt, der üblicherweise auf der Rückseite mit dem Logo des Fotografen bedruckt war.

Albumin-Papier war noch nach 1900 das allgemein übliche Material, um von einem Glasnegativ

Abb. 12
Chincha-Inseln
rem Sammlung
Wilhelm Reiß
Sm 04/06.2

ABENTEUER ANDEN UND AMAZONAS

Mannheimer Geschichtsblätter

Etwas zu den Fotografen und ihrer Technik

Abb. 13
Chincha-Inseln
1868
rem Sammlung
Wilhelm Reiß
Sm 04/05.2

Abb. 14
CdV-Bildchen
Indio von Alto frio
Studioaufnahme
rem Sammlung
Wilhelm Reiß
Sm 11/04.8

Unten im Hintergrund ist die Kopfstütze sichtbar.

ein positives Bild herzustellen. Dazu wurde das Papier mit einer Suspension aus lichtempfindlichen Silbersalzen in Hühnereiweiß (Albumin) beschichtet und getrocknet, danach im Kontakt mit dem Glasnegativ belichtet und entwickelt (verstärkt) mit Pyrogallussäure. Nach einem Wasserbad wurde es mit Natriumthiosulfat fixiert, nochmals gewässert und dann getrocknet.

CdV-Bildchen, gesammelt in speziellen Einsteckalben, haben sich zu Tausenden erhalten. Auch in der Fotosammlung des Wilhelm Reiß gibt es eine große Anzahl solcher Bilder, aber noch im „Rohzustand", ohne die Namen der Fotostudios. Sie sind geordnet, einmal nach dem Herkunftsland, dann nach Themen wie „europäische Bekannte", „unsere Diener" oder auch „Tipos" (Typen), das sind einheimische Handwerker, Indios oder Sklaven, die im Studio des Fotografen mit meist unpassenden Requisiten abgelichtet wurden. Oftmals erkennt man bei ihnen noch die Kopfstützen zur „Ruhigstellung" während der sekundenlangen Belichtungszeit (Abb. 14).

Nach dem Aufkommen der preiswerten CdV-Fotografie war es jetzt auch möglich geworden, alte Daguerreotypien, die ja Unikate auf versilberten Kupferplatten waren, zu reproduzieren und dann beliebig oft als Papierbilder zu verkaufen oder zu verschenken. Auch dafür finden wir ein Beispiel in der Reiß'schen Sammlung (Abb.

Franz Waller

15). Es ist ein Porträt, beschriftet mit „Codazzi. Bogotá". Agustin Codazzi war Geograph und Kartograph und daher für Wilhelm Reiß von so großem Interesse, dass er dessen Bildnis zusammen mit denen von acht anderen bedeutenden Brasilianern wie zum Beispiel Kaiser Dom Pedro II. und dessen Frau Teresa Maria von Neapel-Sizilien, Kaiserin von Brasilien, auf einer Tafel aufkleben ließ. Deutlich sieht man, dass Codazzi ursprünglich auf einer Silberplatte fotografiert worden war. Denn er starb 1859 an Malaria, und Mitte der 1850er Jahre existierte das CdV-Verfahren noch nicht. Bei der Reproduktion sind die Spuren des Polierens der Silberplatte sichtbar geblieben. Wer die Reproduktion anfertigte und die CdV-Fotos in Umlauf brachte, ist wiederum unbekannt.

Wilhelm Reiß erwarb seine zahlreichen CdV-Bildchen ohne Karton-Untergrund, um sie unmittelbar auf die Pappen seiner eigenen Tafeln kaschieren zu können, der Tafeln, mit denen er seine Mappen füllte, nachdem er sie sorgfältig beschriftet hatte. Die ganze Sammlung bestand ursprünglich aus etwa 100 Mappen (es gab Kriegsverluste), die die Witwe von Wilhelm Reiß in den 1930er Jahren dem Mannheimer Verein für Naturkunde vermachte. Darin befanden sich etwa 1.700 Tafeln (Kriegsverluste), auf die ca. 2.900 Fotografien kaschiert waren, teilweise einzeln, teilweise – je nach Größe – bis zu neun Exemplare pro Tafel. Der größte Teil der Aufnahmen zeigt Motive aus Italien (ca. 1.000), dann gibt es etwa 800 Fotografien aus Ländern rings um das Mittelmeer, ca. 400 aus Ägypten und etwa 600 aus Südamerika. Die Zusammenführung der ganzen Sammlung, die den Zweiten Weltkrieg an unterschiedlichen Orten und mit Verlusten überstanden hat, ist noch nicht abgeschlossen.

Eine der bekannteren Personen, die es in die Sammlung des Wilhelm Reiß geschafft hat, ist der amerikanische Unternehmer Henry Meiggs (1811-1877), der im Internet als „betrügerischer Finanzjongleur" bezeichnet wird. Er kam 1854 nach Südamerika und baute vor allem Eisenbahnlinien, in Peru zum Beispiel die „Ferrocarril Central Andino", die peruanische Zentralbahn. Sie beginnt in Callao an der Küste bei Lima, führt über Oroya, wo sich die Strecke teilt, nach Norden bis Cerro de Pasco und nach Süden, nach Huancayo, heute insgesamt 591 km. In der Sammlung von Wilhelm Reiß befinden sich etwa 20 Aufnahmen vom Bau dieser

Abb. 15
CdV-Bildchen
Porträt von Agustin Codazzi
rem Sammlung Wilhelm Reiß
Sm 10/10.4.

Abb. 16
CdV-Bildchen:
Porträt von Henry Meiggs
rem Sammlung Wilhelm Reiß
Sm 10/9.7

Etwas zu den Fotografen und ihrer Technik

die Verbindung zu den ausführenden Ingenieuren herstellte, sodass sie die gesamten Baustellen mit den Sprengungen und Tunnelbauten besichtigen konnten. So finden wir auch die Porträts von Henry Meiggs (Abb. 16) und seinem Bruder John, natürlich im modernen CdV-Format, und eine Ansicht der palastartigen „Villa Meiggs" (Abb. 17) in Lima.

Das spektakulärste Bauwerk der Strecke ist auch heute noch die „Puente de Veraguas", eine Weitwinkel-Aufnahme mit starker Vignettierung in den Ecken in der Wilhelm-Reiß-Sammlung zeigt sie.

1889 stürzte das kühne Bauwerk bei einer Überschwemmung des Flusses Rimac, der auch durch Lima fließt, prompt ein, wurde aber bis 1891 wieder aufgebaut, jetzt mit nur noch drei Bögen. Der Bau der ganzen Strecke forderte etwa 7.000 Menschenleben (Brockhaus 1895). Auch eine spektakuläre Panoramaaufnahme, zusammengesetzt aus drei Fotografien vom höchsten Scheitelpunkt der Strecke „La Galera" in 4.781 m Höhe (Abb. 18) befindet sich in der Sammlung des Wilhelm Reiß. Wahrscheinlich faszinierte ihn die Tatsache, dass dieser Ort zugleich die Wasserscheide zwischen dem Atlantik und dem Pazifischen Ozean darstellt. Im Hintergrund erkennt man den auf einem anderen Bild so bezeichneten Monte Meiggs. Im allgemeinen Eisenbahnrausch baute man damals auch die Strecke von Lima in das beliebte Seebad Ancón, 40 km nördlich von Lima gelegen. Heute längst stillgelegt, verdanken wir ihr doch die wunderbare Aufnahme „Bahn von Lima nach Ancón: Puente de Piedra Gorda".

Abb. 17
Die Villa Meiggs in Lima
rem Sammlung
Wilhelm Reiß
Sm 03/10

Bahn, zum größten Teil hergestellt von Eugenio Courret. Offensichtlich haben die beiden Geologen die Bekanntschaft von Meiggs gemacht, der

Wilhelm Reiß´ Südamerika-Expedition in historischen Fotografien

Franz Waller

Sie zeigt den wüstenähnlichen Charakter der Landschaft unmittelbar neben dem Ozean. Außerdem wurde bei dem Bau ein großes Gräberfeld aus der Zeit der Inka angeschnitten, dessen intensive Erforschung den beiden Forschern Beschäftigung bot, da sie auf Grund politischer Unruhen am Reisen gehindert und gezwungen waren, im Land zu bleiben. Das Ergebnis war der Prachtband „Das Todtenfeld von Ancon in Peru" mit 141 Farbtafeln, aber ohne Fotografien.

Auch vom Bau der ersten ecuadorianischen Eisenbahn finden sich einige Aufnahmen in der Sammlung, leider ist auch hier der Fotograf unbekannt. Die „Ferrocarril del Sur" wurde zwischen 1873 und 1908 erbaut und verbindet auch heute noch die beiden größten Städte des Landes, Guayaquil an der Küste im Süden und die Hauptstadt Quito in den Anden. Es sind sehr archaische Aufnahmen (Abb. 19), die uns den Bau der Teilstrecke von Yaguachi nach Milagro zeigen, die 1874 eröffnet wurde. Dabei sind nicht nur die vorsintflutlichen Lokomotiven inmitten gefällter Urwaldbäume zu sehen, sondern auch „Stadtansichten" von Milagro und die Unterkünfte der Bahnarbeiter (Abb. 20). Es müssen die allerersten Bilder von der Strecke und ihrer Umgebung sein, denn im Oktober 1874 verließen Reiß und Stübel nach fast fünf Jahren in Ecuador das Land in Richtung Peru. Vom „Bahnhof" von Milagro auf dem Platz, wo vorerst die Wäsche trocknet, ist noch nichts zu sehen, erst im Juni 1908 wurde die Gesamtstrecke von Guayaquil über Alausi nach Quito eingeweiht.

Einen weiteren Schwerpunkt in der Sammlung des Geologen und Vulkanologen Wilhelm Reiß bilden Szenen aus dem brasilianischen Urwaldgebiet längs des Amazonas, Bilder von besonders herausragenden Bäumen und Pflanzen, aber auch von einzelnen Bewohnern, Eingeborenen etwa und Kautschuksammlern. Hier lässt sich der Fotograf genau bestimmen: Albert Frisch, 1840 in Augsburg geboren. Er gelangte Anfang der 1860er Jahre über Argentinien und Paraguay nach Brasilien. In einem bekannten Atelier, der „Officina Fotografica" des Schweizers Georg Leuzinger, vervollkommnete er seine fotografischen Kenntnisse und befuhr um 1867 herum zwei Jahre lang den Amazonas und dessen Umgebung von Manaos bis Tabatinga an der peruanischen Grenze. Dabei benutzte er ein Ruderboot, das ihm zugleich als Behausung und als Fotolabor diente (Abb. 21).

Besonders alleinstehende Urwaldriesen hatten es ihm angetan. Auf einem der Bilder ist auch sein Dunkelkammer-Zelt zu erkennen, in dem er unmittelbar vor der Aufnahme im Dunkeln die Platte goss und dann gleich nach der Aufnahme auch entwickelte. Natürlich bevorzugte er bei dieser Tätigkeit einen kühlen Ort im Schatten, und so fand Albert Frisch hier den geeigneten Platz für die Aufnahme eines „Seringueira" (Abb. 22), eines Kautschukbaums, dessen lateinischen Namen „Siphonia elastica" Wilhelm Reiß gewissenhaft vermerkt, ebenso wie seinen Standort: „Amazonas - Brasilien".

All diese Angaben findet man in einem Album mit dem Titel „Amazonas", das im kulturhisto-

Abb. 18
Panorama des Bergüberganges „La Galera", aus vier Einzelteilen zusammengesetzt
rem Sammlung Wilhelm Reiß
Sm 04/22

ABENTEUER ANDEN UND AMAZONAS

Mannheimer Geschichtsblätter

Etwas zu den Fotografen und ihrer Technik

Abb. 19
Ecuador 1870-74
Eisenbahn von Yaguachi und Milagro nach Alausi
1874
rem Sammlung Wilhelm Reiß
Sm 02/27a

rischen Museum in Wien aufbewahrt wird. Auf der ersten Seite steht „Weltreise 1870/71, Ihrer Kaiserl. Hoheit Prinzessin Caroline und Se. Königl. Hoheit Prinz Philipp von Sachsen-Coburg-Gotha". Jede der insgesamt 98 Aufnahmen ist aufwendig beschriftet mit der Bezeichnung des abgebildeten Objekts (in französischer Sprache) und dem Namen des Fotografen Albert Frisch. Auch in der Sammlung Wilhelm Reiß befinden sich 37 Abzüge aus diesem Konvolut, das Albert Frisch auf seiner zweijährigen

Abb. 20
Calle del Milagro
Ca. 1874
rem Sammlung Wilhelm Reiß
Sm 02/28.1

Franz Waller

Abb. 21
Amazonas - Brasilien
Tonantins, am See gleichen Namens,
60 Häuser, 200 Einwohner
Im Vordergrund das Boot des Fotografen mit Dunkelkammer
1875/76
rem Sammlung Wilhelm Reiß
Sm 08/07.1

Expeditionsreise aufgenommen und anschließend durch das Atelier Leuzinger vertrieben hat. Unter den Motiven finden sich nicht nur herausragende Urwaldbäume, von den einheimischen Siedlern zur weiteren Nutzung stehen gelassen, sondern auch Hütten von Kautschuksammlern, erste Ansichten von Manaos und einige Ureinwohner mit furchterregenden Bezeichnungen wie „Miranhas, Indiens Antropophages à la chasse" oder „Amaúas, Indiens Antropophages, debout, avec massue et lance", von Wilhelm Reiß dagegen lapidar mit „Amauas Indianer im Kriegskostüm" bezeichnet. Trotz dieser „Menschenfresser" scheint Albert Frisch die Expedition unbeschadet überstanden zu haben. Zurück in Rio de Janeiro hat er seine fotografische Ausbeute noch teilweise aufwendig bearbeitet, etwa die „Indianer im Kriegskostüm" „freigestellt", den bewaldeten Hintergrund ganz entfernt oder Personen mit einem geeigneteren Hintergrund versehen, wie der Vergleich mit anderen Aufnahmen von seiner Hand zeigt, dies noch ganz ohne Bildbearbeitungsprogramm. Nach weiteren Aufnahmen zum Beispiel in der kaiserlichen Sommerresidenz Petropolis und Teresopolis kehrte er um 1870 wieder nach Deutschland zurück, erlernte den modernen Lichtdruck bei Joseph Albert in München und eröffnete seine eigene, sehr erfolgreiche „Kunstanstalt Albert Frisch" in Berlin, wo er 1918 starb.

Einen weiteren Schwerpunkt in der Sammlung bilden die acht Bilder vom Riff vor Recife. Der

Abb. 22
Kautschukbaum in Brasilien
Links unten ist das Dunkelkammer-Zelt des Fotografen zu sehen.
rem Sammlung Wilhelm Reiß
Sm 09/07.1

ABENTEUER ANDEN UND AMAZONAS

Mannheimer Geschichtsblätter

Etwas zu den Fotografen und ihrer Technik

Name der Stadt, von Wilhelm Reiß noch Pernambuco genannt, ist eine Anspielung auf die Felsenriffe und Muschelbänke, die dem Strand vorgelagert sind und die Stadt schützen. Auch hier ist der Fotograf nicht genannt, hat vielleicht im Auftrag der beiden Geologen Wilhelm Reiß und Alphons Stübel gearbeitet, da die Motivauswahl doch sehr speziell ist und nicht im Interesse durchreisender Touristen gelegen sein konnte (Abb. 23). Dazu gehört auch das arrangierte Stillleben „Seeigel in ihren Bohrlöchern im Korallenkalk vom Riff" (Abb. 24). Pernambuco war zu dieser Zeit auch ein Zentrum der Zuckergewinnung, eine Industrie, die nur mit Hilfe zahlloser Sklaven aus Westafrika funktionierte. Zwar war der Import von Sklaven seit 1850 verboten, doch die schwarzen Menschen und ihre Nachkommen bevölkerten noch immer das Stadtbild. Der Fotograf Alberto Henschel, 1827 in Berlin geboren, hatte in seinem Angebot zahlreiche CdV-Bilder von solchen männlichen und weiblichen Arbeitern, die auch Wilhelm Reiß in seine Sammlung aufnahm. Zwar sind auch diese Bilder nicht signiert, aber teilweise ist der Name Henschel beim Kaschieren nach vorne durchgedrungen und kann so entziffert werden. Außerdem sind die Porträts im Negativ mit einer Nummer versehen und so Henschel zuzuordnen. Wilhelm Reiß hat diese Bilder unter dem Begriff „Negertypen" oder auch „Negertypen aus Pernambuco" geführt und dann noch mit „Matuto mit Lederhut", „vom Congo" oder „von Mocambique" oder aber mit „Negerinen (sic) von Bahia" näher bezeichnet. Seine Kritik drückte er vielleicht dadurch aus, dass er auch das Bild „Bahia, Tragsessel" (Seite 7 in diesem Band) in seine Sammlung aufnahm.

Auf ihrer Seereise von Pará nach Süden berührten die Forscher als Nächstes Salvador da Bahia, wo vor allem der Blick vom Wasser aus auf die Stadt ihre Aufmerksamkeit erregte. Die Stadt hatte sich stark verändert durch die Aufschüttung für den Hafenbau und das Errichten

Abb. 23 (links)
Riffoberfläche
rem Sammlung
Wilhelm Reiß
Sm 07/09.2

Abb. 24 (rechts)
Pernambuco
Seeigel in ihren Bohrlöchern im Korallenkalk
vom Riff 1875
rem Sammlung
Wilhelm Reiß
Sm 07/10

Franz Waller

Abb. 25
Panorama de São Salvador da Bahia vom Forte do Mar aus gesehen
1875
Rodolphe Lindemann
rem Sammlung Wilhelm Reiß
Sm 07/01

moderner Häuserblöcke. Diese neue Wasserfront hat der deutschstämmige Fotograf Rodolphe Lindemann in einem sechsteiligen Panorama festgehalten, insgesamt ist es 1,20 m breit (Abb. 25), die wichtigsten Gebäude darin sind von Wilhelm Reiß genau beschriftet. Auf weiteren Aufnahmen findet man unter anderem den berühmten, erst 1873 fertiggestellten Lift „Elevador Lacerda" von der Unterstadt in die Oberstadt, den Riachuvelo-Platz mit dem Monument des Paraguay-Krieges (Abb. 32) oder die neuen „Cais Dourado". Nach 1910 verliert sich Lindemanns Spur in Salvador. Ausgerechnet die Mappe „Südamerika 5: Brasilien I" mit den Aufnahmen von „Rio de Janeiro: Stadt" ist leider im Krieg oder später abhanden gekommen, sodass wir diese Stadtansichten, die wohl auch von Albert Frisch stammten, nicht mit heutigen Ansichten vergleichen können.

Rio war für Wilhelm Reiß die letzte Station der mehr als acht Jahre dauernden Forschungsreise. Im April 1876 kehrte er mit Unmengen an Material und ca. 700 Fotografien aus Südamerika im Gepäck nach Mannheim zurück.

Sein Resümee: „Für keinen Preis der Erde würde ich zum zweiten Mal die jetzt abgeschlossene Reise zurück machen."

Literatur

Allgemein: H. L. Hoffenberg: Nineteenth-Century South America in Fotografs, New York 1982

Erika Billeter: Fotografie Lateinamerika von 1860 bis Heute, Bern 1981

Bernd Wiese: Weltansichten, Illustrationen von Forschungsreisen deutscher Geographen im 19. und frühen 20. Jahrhundert, Köln 2011

Kolumbien: Taller la Huella: Crónica de la Fotografía en Colombia, Bogotá 1983

Eduardo Serrano: Historia de la Fotografia en Colombia, Museo de Arte Moderno de Bogotá 1983

Peru: Natalia Majluf y Luis Eduardo Wuffarden (Hrsg.): La recuperación de la memoria, museo de arte de lima, 2001

Keith McElroy: Early Peruvian Fotografy, Ann Arbor 1985

Brasilien: Pedro Vasquez: Dom Pedro II e a Fotografia no Brasil, o. J. (ca. 1985)

Pedro Karp Vasquez: Deutsche Fotografen des 19. Jahrhunderts in Brasilien, Sao Paulo 2000

Gilberto Ferrez: Fotografy in Brazil 1840-1900, Albuquerque 1984

Frank Stephan Kohl: Amazonasbilder 1868, Produktion und Zirkulation von Tropenfotografien aus dem kaiserlichen Brasilien, Dissertation Marburg 2012

W. Reiß/ A. Stübel: Andreas Krase: „Von der Wildheit der Scenerie eine deutliche Vorstellung", Fotografien von einer Südamerika-expedition in den Jahren 1868-1877, Diplomarbeit Humboldt-Universität Berlin 1985

Franz Waller: „Bilder aus Südamerika 1868-1877, Wilhelm Reiß zum 150. Geburtstag", in: Verein für Naturkunde Mannheim, Jahresbericht N.F. Nr. 2, 1987/1989

A. Brockmann, M. Süttgen: Spurensuche. Zwei Erdwissenschaftler im Südamerika des 19. Jahrhunderts, Katalog Unna 1994

Kathrin Reinert: Fotografische Quellen zur Geschichte Lateinamerikas. Die Sammlungsbestände von A. Stübel und W. Reiß, Diplomarbeit Universität Köln 2007

Peter Rothe

Wilhelm Reiß –

Bei der Vorbereitung zu einem geologischen Führer über die Kanarischen Inseln war mir seinerzeit eine Publikation zur Insel La Palma wieder in die Hände gekommen, die ich schon in der Dissertation zitiert hatte. Es ging um das Alter der Inseln. Der Titel der von Wilhelm Reiß verfassten Studie war „Die Diabas- und Lavenformation der Insel Palma" (1861). Unter „Diabas" verstand man paläozoische Basalte, die ihre oft grünlichen Farben mineralogischen Umbildungsprozessen verdanken. Reiß' „Diabasformation" legte so auch einen Vergleich mit sehr alten, paläozoischen Gesteinen nahe, wie sie ähnlich in den deutschen Mittelgebirgen zu finden sind. Reiß stellte diese Diabase „vorerst mit den europäischen Diabasdurchbrüchen in eine Reihe" und trennte davon die jüngeren Gesteinsserien Palmas als „Lavenformation" ab, die diesen relativ älteren Diabasen diskordant auflagern, und beschrieb die entsprechenden geologischen Verhältnisse, die er auf Wanderungen über die Insel beobachten konnte. Das hatten aber grundsätzlich bereits v. Buch und Lyell vor ihm getan, auf deren Beobachtungen er an einigen Lokalitäten auch zurückkommt.

Diese kanarischen „Diabase" waren mangels Fossilien altersmäßig nicht einstufbar, sind aber aufgrund der Lagerung eindeutig älter als die darüber liegenden jüngeren Basalte der „Lavenformation".

Reiß bereiste La Palma vom 14. bis zum 28. April 1860, dankt dem Geologen Georg Hartung, der ihn „während der Reise unterstützt" habe, zitiert ihn und referiert ausführlich dessen Studie zu Fuerteventura und Lanzarote (Hartung 1857), wobei er ganze Komplexe parallel zueinander gelagerter Ganggesteine auf Fuerteventura mit ähnlichen Bildungen auf Palma vergleicht. Seitenblicke wirft er auch auf Tenerife; zu dieser Insel hat er zusammen mit Karl v. Fritsch 1868 eine umfangreiche Monographie verfasst.

Zur Situation auf La Palma gab es, wie gesagt, schon frühere Studien von Charles Lyell, der auch manche der Lokalitäten und die genannten „Formationen" erwähnt hatte; der Begriff „Lavenformation" stammt allerdings von Reiß selbst. Auch Leopold v. Buch ist hier zu nennen, der La Palma schon besucht hatte, was seinen Niederschlag in seiner „Physikalischen Beschreibung der Canarischen Inseln" von 1825 gefunden hat. Auch zur inneren Struktur solcher Vulkaninseln verweist Reiß auf Vorarbeiten von Lyell und Hartung, „deshalb sei weiteres Eingehen darauf überflüssig"(!).

Die auf der Palma-Reise gesammelten Gesteine hatte ihm sein Lehrer Professor Blum bestimmt, die er dann in der Monographie publiziert.

Diese Schrift ist im Prinzip ein Bericht über seine Wanderungen über die Insel. An vielen Orten bezieht er sich bei der geologischen Deutung der Befunde auf den zuvor dort gereisten Lyell und dankt auch Hartung für Unterstützung. Auch in Bezug auf die innere Struktur solcher Vulkaninseln verweist er auf die Vorarbeiten dieser Autoren, besonders auf Hartungs Abhandlung über Lanzarote und Fuerteventura, die er seitenweise ausführlich referiert, was einen beträchtlichen Anteil am Gesamttext ausmacht.

Die Insel La Palma ist mit der Caldera de Taburiente die Typuslokalität dieses vulkanologischen Begriffs (v. Buch 1825); „Caldera" in diesem Sinne meint allerdings eine vulkanisch bedingte Einsturzform. Die Caldera de Taburiente ist aber weitgehend eine durch Erosion entstandene Hohlform, also gerade keine Caldera sensu stricto. Die letztlich durch exogene Kräfte verursachte Entstehung beschreibt so auch Reiß, indem er sie als durch rückschreitende Erosion deutet, die durch die heute noch dort wirkenden Wasserkräfte bewirkt wird. Das ist eine aktualistische Betrachtungsweise, wie sie durch Lyell für die Deutung geologischer Phänomene allgemein begründet wurde: „The present is the key to the past."

Reiß beschreibt sehr anschaulich die dortigen Verhältnisse und geht ausführlich auf die Entstehung der Täler in diesem Bereich der Insel ein. Das und auch seine bezüglich der Landschaft

Peter Rothe

Ein Vulkanologe?

sehr informativen Texte zu Tenerife (s. u.) lässt ihn aber wesentlich als Geographen erscheinen.

Der ganze Stil dieser Arbeit ist nämlich wesentlich eine Reisebeschreibung, und das gilt auch für das Buch, das er zusammen mit Karl v. Fritsch über Tenerife geschrieben hat (Fritsch & Reiß 1868). Die gemeinsame Publikation suggeriert zunächst auch, dass sie das Ergebnis einer gemeinsamen Forschungsreise bildet. Bei der Lektüre wird aber bald deutlich, dass beide Autoren gar nicht zusammen gereist sind. Reiß beschreibt darin die Landschaften – ähnlich wie im Fall La Palma – die durch v. Fritsch geologisch analysiert und gedeutet worden waren. Auch das ist also wesentlich Geographie. Es bleibt aber schwierig, den Anteil von Reiß an dieser Monographie zu ermitteln, die auf 495 Seiten eine „Geologische Beschreibung der Insel Tenerife" bringt und zugleich als „Ein Beitrag zur Kenntnis vulkanischer Gebirge" firmiert. Das Buch ist in zwei Großkapitel gegliedert: Im ersten, als „Geologisch-topographischer Theil" bezeichneten Teil werden die Landschaften beschrieben, wobei jeweils auch die in deren Teilbereichen vorkommenden Gesteine behandelt sind. In der Einleitung danken beide Autoren summarisch einer ganzen Reihe von Wissenschaftlern, die ihnen die gesammelten Gesteine „im Heidelberger Laboratorium" analysiert hatten, unter anderem sogar Bunsen und dem schon erwähnten Blum. Dort sind auch Hartung und Stübel erwähnt, die ihnen eigene, „einzelne Beobachtungen" mitgeteilt und „zweifelhafte Punkte" mit ihnen diskutiert hatten.

Es bleibt also weitgehend Spekulation, den jeweiligen Anteil der beiden Autoren zuzuordnen. Nach allem, was sich aus der La Palma-Monographie ablesen lässt, ist es aber wahrscheinlich, dass es gerade auch im Falle von Tenerife die im eigentlichen Sinne vulkanologischen Passagen sind, die von v. Fritsch stammen, die sehr anschaulichen Landschaftsbeschreibungen dagegen von Reiß.

Dennoch soll zu seiner Ehrenrettung erwähnt werden, dass er sich auch um die Beschreibung und Deutung von Gesteinen bemüht hatte: Ein besonderes Beispiel dafür ist das für Tenerife erstmals erwähnte Gestein, das v. Fritsch als Eutaxit bezeichnet hatte. Dem ist ein zweieinhalb Seiten langer Extrapassus gewidmet, der mit einer Zwischenüberschrift versehen ist, die lautet: „Über Eutaxit, Bemerkung von W. Reiß." Mag sein, dass sich v. Fritsch hier bezüglich der Deutung von seinem Ko-Autor distanzieren wollte …

Der Begriff wird heute allenfalls noch im Sinne der Gesteinstextur verwendet, die entsprechenden Gesteine werden aber als Ignimbrite bezeichnet, die überwiegend Produkte vulkanischer Glutwolkenabsätze sind.

So bleibt in beiden Fällen, sowohl für La Palma als auch für Tenerife, die Frage nach der Eigenleistung und vor allem die, ob Reiß als Vulkanologe gelten kann.

Parallel zu dieser Frage steht seine Beziehung zu Alfons Stübel, der sich recht ausführlich zu Fragen des Vulkanismus geäußert hatte.

Im frühen 19. Jahrhundert standen sich im Wesentlichen zwei Hypothesen zur Entstehung von Vulkanen bzw. Vulkaninseln gegenüber: einmal Leopold von Buchs Theorie der „Erhebungskrater" und zum anderen die Aufschüttungstheorie, die vor allem durch Charles Lyell vertreten wurde.

Leopold von Buchs schon 1820 entwickelte Hypothese der Erhebungskrater ist in seiner „Physikalischen Beschreibung der Canarischen Inseln" (1825) näher erläutert:

Seite 5: „Es scheint jedoch noch eine größere Bestimmtheit in der Zusammensetzung einer basaltischen Insel zu liegen, durch welche eine jede unmittelbar zu einem für sich bestehenden Ganzen erhoben und jede Meinung widerlegt wird, welche solche Inseln für Überreste eines Continents halten oder zwischen ihnen einen ehemaligen, nun aufgehobenen Zusammenhang muthmassen wollte. Sie geht hervor durch die Zusammensetzung aus Schichten übereinander, welche sich von allen Seiten gegen die Mitte heraufheben, und aus der großen Kessel-Umge-

Wilhelm Reiß – Ein Vulkanologe?

bung des Inneren, die ich den Erhebungs-Krater, Cratère de soulèvement, zu nennen gewohnt bin."

Seite 9, zu La Palma: „ [...] wie hier nicht Laven-Ströme, sondern Schichten gleichförmig vom Meere bis zur größten Höhe sich erheben, sieht man gleichsam von selbst die ganze Insel aus dem Boden der See heraufsteigen, die Schichten werden von der hebenden Ursache, von den elastischen Mächten des Inneren selbst mit erhoben, und in der Mitte brechen diese Dämpfe hervor und eröffnen das Innere. Dieser Krater wäre dann eine Wirkung der Erhebung der Insel, und deswegen nenne ich ihn Erhebungs-Krater, um ihn nie mit Ausbruchs-Eruptions-Kratern zu verwechslen, durch welche wahre Vulkane mit der Atmosphäre in Verbindung stehen. [...] Barrancos scheinen eine unmittelbare Folge dieser Erhebung."

Er ging also davon aus, dass die Erdkruste zunächst durch eindringendes Magma aufgewölbt wurde, dadurch aufriss und erst danach vulkanische Produkte freizusetzen begann.

Lyell dagegen argumentierte mit einem Nacheinander von Eruptionen, deren Produkte übereinander gestapelt die Vulkanbauten geschaffen hatten. Diese Vorstellung war damals schon modern und sie hat bis heute Bestand.

Stübel dagegen ging von der Beobachtung aus, dass es sowohl Einzelvulkane gibt als auch riesige plateauartige Landschaften aus übereinander geschichteten Lavaströmen: dass es also zwei unterschiedliche Arten der Förderung geben müsse. In einem Vortrag über „die Verschiedenheit der vulkanischen Berge" thematisiert er das, indem er einzelne Kegel mit Kratern den großflächigen Plateaus (wie dem nach amerikanischen Autoren zitierten Gebiet der Columbia-Basalte bzw. des Dekkan-Trapps in Indien) gegenüberstellt. Daraus resultierte ein theoretischer Ansatz, der zu Spekulationen über den Aufbau der Erde und zur Herkunft der Magmen führt. Die Aufbeulung des Untergrunds – hier zeigen sich Parallelen zu Leopold von Buchs „Erhebungskratern" – versucht er mit dem Erkalten/Kristallisieren der magmatischen Schmelze zu erklären, die sich dadurch ausdehnen sollte. Aber der Fehler ist grundsätzlich und für seine Theorie verhängnisvoll, denn eine kristallisierende Schmelze dehnt sich nicht aus, sondern schrumpft beim Übergang in den Festzustand!

In dem Zusammenhang ist auch ein Blick in Reiß „Reisebriefe aus Südamerika 1868-1876" aufschlussreich.

Die darin geäußerten Gedanken sollen hier nicht weiter verfolgt werden, es findet sich darin aber ein Satz, der ein beispielloses Maß an Selbstüberschätzung sichtbar macht, und der in einem krassen Missverhältnis zu seinen Leistungen in Bezug auf vulkanologische Phänomene steht.

S. 15: „Nach uns kann, auf lange, lange Zeit hinaus, kaum irgendein anderer etwas Ernsthaftes in Beziehung auf Vulkane leisten", denn „kein lebender Geologe kann es uns im Studium des gewählten Spezialfaches gleich tun."

Das ist starker Tobak, zumal er im Folgesatz gleich auch noch einen Vergleich seiner Arbeiten mit denen Humboldts abtut.

Allerdings sind Wilhelms Reisebeschreibungen ein wichtiges Zeitdokument und geben uns hervorragende Einblicke in Landschaftsräume und Städte. Der Reiseverlauf dokumentiert eindringlich die unglaublichen Strapazen einer solchen Expedition auf einem Kontinent, der touristisch bei weitem noch nicht erschlossen war. Hier hat Reiß neben seiner Erstbesteigung zum Cotopaxi Pionierarbeit geleistet.

Literatur

Buch, Leopold von: Physikalische Beschreibung der Canarischen Inseln. 201 S. Koenigl. Acad. Wiss. Berlin 1825

Hartung, Georg: Die geologischen Verhältnisse der Inseln Lanzarote und Fuertaventura. N. Denkschr. Schweiz. Ges. Natw., 15, 1-168, Zürich 1857

Lyell, Charles: A Manual of Elementary Geology, 5 th. Ed., (John Murray), 498 S., London 1855

Reiß, Wilhelm: Die Diabas- und Lavenformation der Insel Palma, 75 S., Kreidel, Wiesbaden 1861

Fritsch, Karl von & Reiß, Wilhelm: Geologische Beschreibung der Insel Tenerife. Ein Beitrag zur Kenntnis vulkanischer Gebirge. 496 S. Wurster & Co, Winterthur 1868

Stephanie Herrmann

Im Bann der Andenvulkane
Die Südamerika-Expedition von Wilhelm Reiß in den Jahren 1868-1876

Vor 150 Jahren, genauer in den ersten Tagen des Jahres 1868, brachen die beiden deutschen Forscher Wilhelm Reiß und Alphons Stübel zu dem wohl größten Abenteuer ihres Lebens auf. Ihr eigentliches Ziel waren die Sandwichinseln – das heutige Hawaii –, deren Vulkane sie erforschen wollten.[1]

Doch es kam anders. Der für die Hinreise geplante Abstecher nach Südamerika, und hier vor allem in die Gebirgsketten der Anden, zog die beiden jungen Wissenschaftler dermaßen in seinen Bann, dass sie ihre ursprünglichen Reisepläne ganz vergaßen. Hawaii erreichten sie nie. Vielmehr wurde aus dem auf wenige Monate angelegten Zwischenstopp die gründlichste, ergebnisreichste und vielleicht auch entbehrungsreichste Forschungsexpedition in der ganzen südamerikanischen Entdeckungsgeschichte[2] (Abb. 1). So verdankt die Wissenschaft dem Mannheimer Wilhelm Reiß (1838-1908) und seinem Leipziger Mitstreiter Alphons Stübel (1835-1904) einen ungeheuren Kenntnisschatz über einen Erdteil, der überhaupt erst zum Ende des 15. Jahrhunderts in den europäischen Blick geraten war.

Unmittelbar nach der Entdeckung der sogenannten Neuen Welt hatten sich Spanien und Portugal mit Verve an die Erforschung der Küstenregionen und von Teilen des Landesinneren von Südamerika gemacht. Neben den großen Lebensadern, den Stromsystemen des Amazonas, des Orinoco und des La Plata, interessierten sich die Kolonialmächte vor allem für die wirtschaftlichen Ressourcen ihrer neuen überseeischen Territorien, namentlich für die Silber-, Gold- und Diamantvorkommen in Peru, Mexiko und Brasilien. Den anderen Ländern des ibero-amerikanischen Subkontinents schenkten sie weitaus weniger Beachtung. Und auch für die übrige Welt blieb Südamerika weiterhin eine terra incognita, über die nur vereinzelt Wissen nach außen gelangte.

Ein früher Augenzeuge, der Kurioses zu berichten hatte, war der in portugiesischen Diensten stehende deutsche Landsknecht Hans Staden (um 1525-1576). Im Jahre nach seinem Tod wurde seine „Wahrhaftige Historia und Beschreibung einer Landschaft der Wilden, Nackten, Grimmigen Menschenfresser in der neuen Welt Amerika" veröffentlicht. Die Schilderungen seiner zwei Reisen nach Brasilien waren nicht nur das erste Buch über Brasilien für den deutschen Sprachraum, sondern gleichzeitig ein unerwartet großer Erfolg. Stadens Beschreibungen der exotischen Tropenlandschaften und ihrer „wilden Bewohner" erregten und faszinierten die heimische Leserschaft gleichermaßen und weckten erstmalig auch in Deutschland das

Abb. 1
Westseite des Cotopaxi von Santa Ana de Tiupullo aus gesehen
Fotografie einer Zeichnung von Alphons Stübel
1873
rem Sammlung Wilhelm Reiß
Sm 02/29.1

Im Bann der Andenvulkane

Interesse für diesen Neuzugang auf der Weltkarte. Es dauerte allerdings noch mehr als drei Jahrhunderte, bis zunehmend auch Deutsche Südamerika bereisten. Neben der großen Entfernung und der Beschwerlichkeit einer solchen Reise lag dies auch in der von Spanien und Portugal bis zum Ende ihrer Kolonialherrschaften im ersten Viertel des 19. Jahrhundert streng verfolgten Politik der Abschottung begründet. Der Handel dort blieb im Sinne der kolonial-merkantilistischen Doktrin ein ausschließliches Vorrecht der Mutterländer[3], Fremden blieben die lateinamerikanischen Territorien bis auf wenige Ausnahmen weitestgehend verschlossen.[4]

Der große Forschungsreisende und Geograph Alexander von Humboldt (1769-1859) stellte eine erste Brücke zwischen dem zu Ende gehenden Zeitalter der Kolonien und den Jahrzehnten wissenschaftlichen Reisens in die unabhängigen Länder Südamerikas dar. Seine Expedition von 1799 bis 1804 durch die südamerikanischen Tropen setzte im Kanon der Forschungsreisen völlig neue Maßstäbe. Doch selbst ihm blieb eine Reise durch Brasilien unter Androhung von Inhaftierung und sofortiger Ausweisung noch verwehrt.

Humboldts Reise, bekannt gemacht durch seine rege Vortragstätigkeit, übte eine große Faszination auf die nachfolgende Wissenschaftlergeneration aus. Neben britischen und französischen Forschern begannen seit Anfang des 19. Jahrhunderts auch deutsche Wissenschaftler, den exotischen Subkontinent mit seinen unbekannten Kulturen, Landschaften und Lebensweisen zu erkunden. Vor dem Hintergrund ihrer eigenen sozial-kulturellen Erfahrungswelt und geleitet von ganz unterschiedlichen Erkenntnisinteressen erfuhren sie im wahrsten Wortsinn eine völlig neue Realität.[5] Unter ihnen waren Thaddäus Haenke (1761-1816), der als erster Europäer 1804 den Chimborazo bestieg, und der Leipziger Mediziner Eduard Poeppig (1798-1868), der von 1822 bis 1832 in Nord- und Südamerika forschte, die Anden überquerte und den Amazonas in seiner gesamten Länge im Alleingang befuhr. Zu den frühen deutschen Forschungsreisenden, die beide auch persönlich mit Humboldt befreundet waren, kamen noch Rudolph Amandus Philippi (1808-1904), den seine während 40 Jahren erstellte Sammlung zur Fauna und Flora Chiles zu einem der Väter der modernen Wissenschaft des Landes macht, und Hermann Burmeister (1807-1892) hinzu, dessen exakte zoologische Zeichnungen ihm ähnliche Anerkennung wie einst seinem Mentor einbrachten.[6]

Doch auch nach der Unabhängigkeit der südamerikanischen Staaten und der damit einhergehenden Öffnung blieb der Kreis derjenigen, die sich von der deutschen Heimat nach Südamerika aufmachten, auf einen ausgewählte Gruppe von Reisenden beschränkt: Neben den Wissenschaftlern der unterschiedlichen Disziplinen waren es jetzt vor allem Geschäftsleute, Ansiedlungsagenten, Pflanzer und Viehzüchter, die die Aussicht auf lukrative Geschäfte lockte, und die aus rein wirtschaftlichen Interessen die lange Reise auf sich nahmen. Zu den ökonomisch motivierten Reisenden müssen auch die Auswanderer gerechnet werden. In drei Wellen, die jeweils 1824, 1846 und 1860 einsetzten, siedelten vor allem Menschen aus dem Südwesten Deutschlands nach Südamerika über, ein jeder in der Hoffnung, sich in dem riesigen, teils noch menschenleeren Kolonisationsgebiet eine wirtschaftlich bessere Situation aufbauen zu können.[7]

Bis sich vermehrt auch Touristen nach Südamerika wagten, sollte es noch einige Zeit dauern. Daran änderten auch die seit der zweiten Hälfte des 19. Jahrhunderts rasanten technischen Entwicklungen der Transportmodalitäten, die den Reiseverkehr zu Lande und zu Wasser innerhalb weniger Jahrzehnte revolutionierten, zunächst wenig. Während andere überseeische Gebiete wie der Orient innerhalb weniger Jahre zu beliebten Reisedestinationen wurden, lag der südamerikanische Kontinent bis zum ausgehenden 19. Jahrhundert und noch darüber hinaus abseits der stark frequentierten touristischen Routen.

Wilhelm Reiß und Alphons Stübel – Zwei Forscherpersönlichkeiten, ein Interesse

„Was hat mein Streben mit dem Humboldts gemein? Sie sind verschieden wie Tag und Nacht. Es sei ferne von mir, Humboldt verkleinern zu wollen, noch ferner aber liegt es mir, zu gestatten, daß man mich betrachtet, wie auch ‚so einen'."
(Wilhelm Reiß in einem Brief vom 4. Juli 1873, zit. nach Dietzel 1921, S. 15)[8]

Stephanie Herrmann

Die unmissverständlichen Worte, mit denen Wilhelm Reiß seine Arbeit von derjenigen des großen Vorgängers Alexander von Humboldt abgrenzt, sind zum einen beispielhaft für das unerschütterliche Selbstvertrauen Wilhelm Reiß' in seine eigene Forschungsleistung, zum anderen zeugen sie davon, dass sowohl er als auch Alphons Stübel jener neuen Generation von Naturwissenschaftlern angehörten, die das Ideal ihrer Arbeit nicht in einer dem Totalitätsgedanken des deutschen Klassizismus verhafteten Universalität, sondern in der Spezialisierung und der empirischen Feststellung des Tatsächlichen sahen.[9] So lehnten beide die Humboldt'sche Theorie der Erhebungskrater bei Vulkanen ab. Vielmehr war es ihr beider Anliegen, ohne Rücksicht auf bestehende Theorien und Lehrmeinungen vor Ort, in „unmittelbarer Berührung mit dem Urmaterial"[10] neue umfangreiche Erkenntnisse objektiv zusammenzutragen, um die schmale Basis der bisherigen herrschenden Forschungsmeinungen zu verbreitern und falls nötig zu revidieren.[11]

Dass Wilhelm Reiß sein ganzes Leben der Naturwissenschaft im Allgemeinen und der Vulkanologie im Speziellen widmen würde, war zunächst nicht absehbar (Abb. 2).

Mit seiner Geburt am 13. Juni 1838 in Mannheim als erstgeborener Sohn des Kaufmanns und zeitweiligen ersten Mannheimer Bürgermeisters Friedrich Reiß (1802-1881) und seiner Frau Wilhelmine (1809-1868), einer Enkelin des vormaligen Mannheimer Oberbürgermeisters Johann Wilhelm Reinhardt (1752-1826), schien sein Lebensweg vorgezeichnet. Es wäre an ihm gewesen, in die Fußstapfen seines Vaters zu treten und auf den Bühnen von Wirtschaft und Politik Karriere zu machen. Dass der junge Wilhelm zunächst die renommierte Bendersche Knabenschule in Weinheim, 1851 die Höhere Bürgerschule in seiner Heimatstadt und ab 1855 eine kaufmännische Vorbereitungsschule in Antwerpen für die Aufnahme an einem Handelsinstitut besuchte, war noch ganz diesem Lebensplan geschuldet. Doch es kam anders. Zum einen fand Wilhelm bereits als Schüler „die Theorien des Handelns schauderhaft langweilig"[12], zum anderen zwang ihn ein chronisches Augenleiden (Iritis) zu häufigen Klimawechseln und längeren Aufenthalten in milderen Gefilden. Die wiederholten Versuche, das Leiden zu heilen, waren nur mäßig erfolgreich. Zwar sorgten die Reisen innerhalb Deutschlands und bis nach Italien vorübergehend für Linderung. Eine vollständige Genesung konnte aber nicht erreicht werden. Vielmehr verspürte Wilhelm neben aller Erholung die in ihm aufkommende Reiselust und ein unbändiges Interesse vor allem an der Geologie seiner Reiseziele. Er erwog zunächst den Plan, Bergmann zu werden, zumal sein Vater in Bernkastel zu dieser Zeit an Erzminen beteiligt war. Im April 1857 zog er nach Berlin, um an der dortigen Universität Naturwissenschaften zu studieren. Er belegte Chemie, Mathematik, Physik und Zeichnen, allerdings überforderte die Fülle an Lernstoff den ehrgeizigen, aber gerade einmal 19-jährigen Studenten. Zudem zweifelte er an seinem Berufswunsch Bergmann. Es folgten einige Jahre der Selbstfindung, in denen Wilhelm, wie er es seinem Tagebuch anvertraute, „ohne bestimmte Neigung und Geistesrichtung in der Welt herumgelaufen war". Schließlich sah auch sein Vater Handlungsbedarf und schickte seinen Sohn auf eine Erholungsreise nach Madeira, wo sich der junge Studiosus innerlich sammeln und seine Zukunftspläne bedenken sollte. Tatsächlich war sich Wilhelm nach dieser Reise, der sich wei-

Abb. 2
Wilhelm Reiß zur Zeit seines Aufenthaltes in Quito
1872
Anonym
rem Archiv der Weltkulturen und Umwelt
Sammlung Wilhelm Reiß
Iv. 439b

Im Bann der Andenvulkane

tere Aufenthalte in Portugal, auf den Azoren und den Kanarischen Inseln anschlossen, über seinen weiteren beruflichen Werdegang im Klaren, als er im Juli 1860 wieder in der Heimat eintraf. Die Befürchtungen seine Vaters, dass er „am Ende gar keine Lust am prosaischen Geschäftsleben mehr finden könne", sollten sich bewahrheiten. Von Herbst 1860 bis März 1862 besuchte Wilhelm die Universität in Heidelberg, hospitierte zwischenzeitlich an der Polytechnischen Schule in Karlsruhe, bevor er zurück in Heidelberg 1864 mit dem Doktorgrad in den Fächern Geologie, Chemie und Physik sein Studium abschloss. Unmittelbar nach seiner Promotion habilitierte er sich an der Universität, allerdings lehrte er nie, was unter anderem der Tatsache geschuldet war, dass er kurz darauf Alphons Stübel kennenlernte.

Wie Wilhelm Reiß hatte sich auch der aus Leipzig stammende, drei Jahre ältere Alphons Stübel ganz der Vulkanologie verschrieben. Moritz Alphons Stübel wurde am 26. Juli 1835 als Sohn eines Juristen und Ratsherrn geboren. Durch den frühen Tod beider Elternteile wuchs er seit seinem 14. Lebensjahr unter der Obhut eines Onkels in Dresden auf. Dieser erkannte bald das große naturwissenschaftliche Interesse seines Neffen und unterstützte ihn, als dieser sich 1854 in Leipzig für das Studium der Chemie und Mineralogie einschrieb. Bereits in seinen ersten Semestern beschäftigte den jungen Studenten vor allem die Frage nach der Entstehung der Vulkane, eine Frage, die ihn wie auch Wilhelm Reiß ein Leben lang nicht mehr loslassen sollte. Auch gesundheitlich verband die beiden späteren Weggefährten ein ähnliches Schicksal, das sich im Nachhinein als entscheidender Impuls für ihre beruflichen Werdegänge herausstellen sollte. Auch den jungen Stübel führte seine seit Kindertagen kränkelnde Konstitution schon früh für längere Genesungsaufenthalte in das milde Klima der Mittelmeerregion, so auch nach Ägypten, wo er nilaufwärts bis nach Nubien reiste. Als er Mitte 1858 aus Ägypten in die Heimat zurückkehrte, war sein Entschluss gefasst, trotz, oder vielleicht gerade wegen seiner gesundheitlichen Anfälligkeit, nach seiner Promotion an der Universität Heidelberg die Laufbahn eines Forschungsreisenden einzuschlagen und ein Leben in den milderen Klimaten dieser Erde zu verbringen.

Im Frühjahr 1865 kam es in Dresden zu einem ersten persönlichen Treffen der beiden jungen aufstrebenden Forscher Wilhelm Reiß und Alphons Stübel. Bereits bei diesem ersten Gedankenaustausch sprachen sie über ihre Faszination für die vulkanischen Landschaften Südamerikas. Als Folge ihrer intensiven Gespräche reifte erstmals der Plan zu einer gemeinsamen mehrmonatigen Expedition nach den Sandwichinseln – dem heutigen Hawaii. Fast zwei Jahre widmete sich Wilhelm Reiß der wissenschaftlichen Vorbereitung dieser Forschungsreise, er studierte die wissenschaftliche Literatur, erprobte die Messinstrumente und stellte die umfangreiche Ausrüstung zusammen. Unterbrochen wurden seine Vorbereitungen 1866 durch die Ausbrüche der Vulkane auf der Insel Santorin. Wie es der Zufall wollte, traf Reiß bei seiner Einschiffung im Hafen von Triest auf Alphons Stübel sowie einen weiteren Forscherkollegen, den Geologen Karl von Fritsch (1838-1906). Beide hatten sich ebenfalls ins Ägäische Meer aufgemacht, um vor Ort die Ereignisse der Eruptionen zu erforschen. Es war naheliegend, dass man sich zu einem Trio zusammenschloss, um von Santorin aus die vulkanischen Aktivitäten auf der vorgelagerten Insel Nea Kameni zu dokumentieren. Vor allem aber war durch diesen zweiten persönlichen Kontakt endgültig der Grundstein für die weitere kollegiale Zusammenarbeit zwischen Wilhelm Reiß und Alphons Stübel gelegt.

Nach der Rückkehr von Santorin griffen Reiß und Stübel ihre Vorbereitungen für eine Hawaii-Expedition wieder auf, zusätzlich erweiterten die beiden Vulkanologen ihre ursprünglichen Reisepläne um einen „Ausflug" auf den südamerikanischen Kontinent, der eine drei- bis viermonatige Durchquerung der Anden vorsah. Die südamerikanischen Andenländer, allen voran Ecuador, galten seit der Expedition Alexander von Humboldts als das Eldorado für die Vulkanforschung – für Reiß und Stübel sollten sie zum Schicksalsort werden.

Über die Anden zum Amazonas – Der Reiseverlauf der Reiß'schen Expedition durch Südamerika

Um eine erste Vorstellung von dem Umfang der Reiß-Stübelschen Südamerika-Expedition zu bekommen, ist es durchaus sinnvoll, sich die

Stephanie Herrmann

wesentlichen Etappen vorab in aller Kürze vor Augen zu führen: Ihr Weg führte sie zunächst von der Hafenstadt Santa Marta an der Nordküste Kolumbiens auf dem Río Magdalena stromaufwärts und in das kolumbianische Hochland, nach Bogotá. Von dort begaben sie sich zum Río Meta und der präkolumbischen Ruinenstätte von San Agustín. Von 1870 bis 1874 weilten sie in Ecuador, überquerten einen Großteil der dortigen andinen Gebirgsregionen und Vulkane bis zur Westküste. 1874 reisten die beiden nach Peru, wo sie in Ancón bei Lima eine präkolumbische Siedlung ausgruben. 1875/76 überquerten sie die Anden ein weiteres Mal und gelangten zum oberen Amazonas. Die gemeinsame Unternehmung endete schließlich in Rio de Janeiro, von wo aus Wilhelm Reiß 1876 wieder in die Heimat zurückkehrte (Abb. 3).

Die besonders emotionalen Momente wie auch die ungeheuren Strapazen dieser langjährigen Expedition kennen wir heute vor allem aus den zahlreichen persönlichen Briefen, die Wilhelm Reiß von unterwegs an seinen Vater nach Mannheim gesandt hat. Diese Briefe gaben dem Sohn die Möglichkeit, alles das auszusprechen, was ihm sein sachlicher, stolzer Forschergeist vor der Allgemeinheit preiszugeben verbot. Der wissenschaftliche Inhalt der Briefe ist zugunsten persönlicher Schilderungen auf das Wesentliche reduziert und allgemeinverständlich gehalten. Zugleich spiegeln sich in ihnen die Stimmungsschwankungen und die innere Zerrissenheit ihres Verfassers, das allmähliche Nachlassen seiner Kräfte und auch die Ohnmacht angesichts der bevorstehenden Bürde der wissenschaftlichen Aufarbeitung der Überfülle an Material. So sind diese persönlichen Briefe „[...] oftmals nicht bloße Reisebeschreibungen, sondern Besinnungspunkte, in denen er in regelmäßigen Abständen als Mensch, nicht als Gelehrter, die Ergebnisse seines Strebens zusammenfasst und in denen neben objektiver Darstellung oft erschütternde Bekenntnisse stehen".[13] (Dietzel 1921, S. 14) Darüber hinaus offenbaren uns diese Briefe die charakteristische Vielschichtigkeit von Wilhelm Reiß, der sich in vielen Situationen vermeintlich streng und unbarmherzig gebärdet, dafür aber an anderer Stelle von einem tiefen humanistischen Verständnis geprägt ist und dieses zum Maßstab seines Denken und Handels macht.

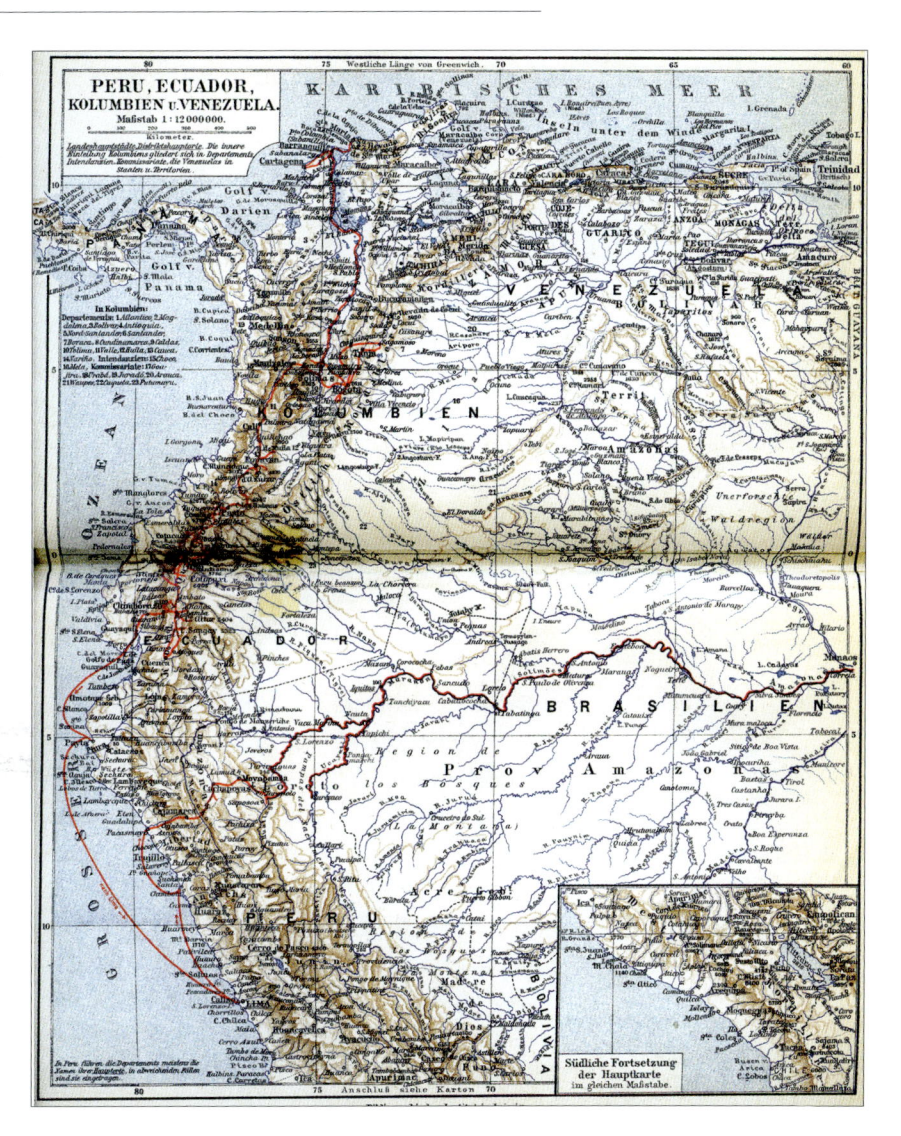

Unter Dampf zu den Andenländern – Der Postdienst der Compagnie Générale Transatlantique

Ihren Anfang nahm die Reise im Hafen von Bordeaux, dem Heimathafen der unter französischer Flagge fahrenden Postschiffe, auf einem von denen auch die beiden jungen Wissenschaftler ihre Reise an das andere Ende der Welt antraten.

Die Passagierschifffahrt vom europäischen Kontinent nach Südamerika entwickelte sich allmählich seit der Mitte des 19. Jahrhunderts und lag in ihren Anfängen vor allem in den Händen französischer und britischer Reedereien.[14] Bereits 1857 eröffnete die Reederei Messageries Maritimes einen Liniendienst zwischen Bordeaux und verschiedenen Häfen in Südamerika. 1861 erhielt die nur fünf Jahre zuvor gegründete Compagnie Générale Transatlantique (kurz: CGT) – auch French Line[15] genannt – vom französischen Staat eine

Abb. 3
Reiseroute (rot) von Wilhelm Reiß durch Südamerika 1868-1876
Aus: Dietzel (1921), Wilhelm Reiss – Reisebriefe aus Südamerika, wie Anm. 8.

Im Bann der Andenvulkane

zwanzigjährige Konzession für die Unterhaltung eines Postdampferdiensts auf der Transatlantikroute. Im Gegenzug für staatliche Subventionen verpflichtete sich die CGT zur Einrichtung regelmäßiger Liniendienste sowohl auf der Hauptroute von Le Havre nach New York als auch auf der weniger stark frequentierten Strecke von Saint-Nazaire nach Panama und Mexiko sowie zu von hier aus abgehenden Zubringerdiensten zu verschiedenen Häfen in der Karibik. Seit 1864 gab es einen monatlichen Dienst zwischen Saint-Nazaire und Aspinwall, dem heutigen Colón und damaligen Endbahnhof der Panama Railroad, mit Zwischenstopps in Martinique und Santa Marta oder Cartagena.[16] Die Postschiffe transportierten in den Anfangsjahren Fracht und Passagiere gleichermaßen, überhaupt war das Passagieraufkommen auf diesen Schiffen zu dieser Zeit noch überschaubar und beschränkte sich beinahe ausnahmslos auf Berufsreisende.

Auch Wilhelm Reiß und Alphons Stübel wählten für ihre Anreise nach Südamerika allem Anschein nach eine Passage auf einem der Postdampfer der CGT-Flotte, die seit 1867 schon über den modernen Schraubenantrieb verfügten und für die Überfahrt über den Atlantik nur noch rund 21 Tage benötigten. Am 8. Januar 1868 schifften sich die beiden Forscherkollegen in Saint-Nazaire ein, am 27. Januar betraten sie von Martinique aus kommend im Hafen von Santa Marta an der Nordküste Kolumbiens zum ersten Mal südamerikanischen Boden (Abb. 4).

Kolumbien (1868-1869) – Entlang der Kordilleren

Die meisten Kolumbien-Reisenden kamen über den etwas weiter landeinwärts, an der Mündung des Río Magdalena gelegenen Hafen von Barranquilla ins Land, nur wenige über Santa Marta. Da die Mündung aber seit der Mitte des 19. Jahrhunderts mehr und mehr versandete, übernahmen andere Küstenorte zunehmend die Seehafenfunktion für Barranquilla.[17]

Wilhelm Reiß erlebte bei seiner Ankunft in Santa Marta ein Wechselbad der Gefühle. Zahlreiche Revolutionen und Erdbeben hatten die einst große, selbstständige Provinzstadt mit ihren luxuriösen Häusern in ein „elendes Nest von vielleicht 6000 Seelen" (Reiß, S. 3) verwandelt, in dessen Stadtzentrum Schweine, wilde Hunde und Aasgeier durch die sandigen Straßen zogen. Einzig die in der Ferne aufragenden Vorgipfel der Sierra Nevada de Santa Marta, dem nördlichsten Teil der Zentralkordilleren, boten einen versöhnlichen und verheißungsvollen Ausblick. Da die Regulierung der Messinstrumente deutlich mehr Zeit als kalkuliert erforderte, wurde der Aufenthalt in Santa Marta zu einer wahren Geduldsprobe für die beiden Ankömmlinge. Erst nach drei Wochen konnten sie sich auf einem der nach Barranquilla abgehenden Flussdampfer einschiffen, um weiter in das Landesinnere vorzudringen. Die Flussfahrt selber wurde zur ersten emphatischen Begegnung mit der an den Ufern vorbeiziehenden Flora und Fauna Südamerikas, an deren herrlichem Anblick sich der ansonsten so sachliche Mannheimer Wissenschaftler nicht satt sehen konnte. Von Barranquilla, dem zu dieser Zeit zweitwichtigsten Handelsplatz Kolumbiens, aus starteten Reiß und Stübel zu ihrer ersten mehrtägigen Exkursion. Über Cartagena, die ehemalige Hauptstadt der spanischen Besitzungen, von deren einstiger Pracht wie schon in Santa Marta nur noch einige Ruinen zeugten, führte sie ein mehrtägiger Ritt zu den durch Alexander von Humboldt berühmt gewordenen Schlammvulkanen von Turbaco, wo auch Reiß und Stübel ihre ersten vulkanischen Messungen

Abb. 4
Werbeplakat der französischen Reederei Compagnie Générale Transatlantique für den transatlantischen Postdampferdienst zu den Antillen
1887
Bibliothèque nationale de France, http://catalogue.bnf.fr/ark:/12148/cb39834989n

Wilhelm Reiß´ Südamerika-Expedition in historischen Fotografien

Stephanie Herrmann

Abb. 5
Der Schaufelraddampfer „Confianza", auf dem Wilhelm Reiß und Alphons Stübel 1868 den Río Magdalena stromaufwärts gefahren sind.
rem Sammlung Wilhelm Reiß
Sm 01/01

vornahmen. Bereits dieser erste Ausflug ließ den Mannheimer erahnen, welche körperlichen Strapazen ihm das Reisen durch die Wildnis Südamerikas noch abverlangen würde. Ohne ausreichend Proviant, ausgerüstet nur mit einer Satteldecke, die während der Nacht als Hängematte fungierte, ritt er von früh bis spät durch die unbarmherzig vom Himmel brennende Sonne, bis er endlich „schwarz verbrannt wie die Indianer, beschmutzt und zerrissen" (Reiß, S. 35) wieder in Barranquilla eintraf.

Von hier aus starteten auch die beiden Forscherkollegen zu der für Kolumbienreisende – bis heute – obligatorischen Flussfahrt auf dem Río Magdalena, dem majestätischen Strom, der sich über eine Länge von über 1.500 km von der Nordküste Kolumbiens südwärts bis zu seiner Quelle im Gebirge der Zentralkordillere erstreckt, und der selbst bei niedrigstem Wasserstand noch „die doppelte Breite des Rheins bei Mannheim" hatte, wie es Reiß beeindruckt in seinen Aufzeichnungen vermerkte (Reiß, S. 36). Der Name des Stromes geht auf die Conquista zurück. Am 1. April 1501 erreichten der spanische Eroberer Rodrigo de Bastidas (um 1460-1527) und seine Männer mit ihren Schiffen die Mündung und benannten den Fluss, der mit vollem Namen Rio Grande de la Magdalena heißt, gemäß der damaligen Tradition nach dem Schutzheiligen dieses Tages, in diesem Fall nach der heiligen Maria Magdalena. Auch Alexander von Humboldt ließ es sich nicht nehmen und bereiste den Río Magdalena. Vom 6. April bis 15. Juni 1801 fuhr der deutsche Forscher mit seinem Gefolge den Fluss stromaufwärts, kartierte den Verlauf in seinem Tagebuch und erstellte so die erste qualifizierte Karte des Stromes.

Reiß und Stübel schifften sich auf dem Flussdampfer „Confianza" ein, der ursprünglich zur Flotte der Compania Unida de Navigación gehörte und nun unter der Flagge der unter englischer Leitung stehenden United Magdalena Steam Navigation Company fuhr[18] (Abb. 5 und 6). Er war ein typischer zweigeschossiger Schaufelraddampfer, auf dem oberen Deck befanden sich die wenigen Kabinen und Räumlichkeiten der Ersten und Zweiten Klasse, der Großteil der Passagiere bewohnte das nach allen Seiten offene Unterdeck, das zwar außer Hängematten kaum Komfort bot, dafür aber den klimatischen Bedingungen besser angepasst und wesentlich preiswerter war. Dank ihres nur geringen Tiefgangs von viereinhalb Fuß konnten die Raddampfer auch die seichten Flusspassagen bis auf eine kurze Periode am Ende der Trockenzeit problemlos befahren. Für die beiden deutschen Forscher wurde der Name ihres Schiffes, der in der Übersetzung „Vertrauen" bedeutete, auf den letzten Seemeilen doch noch Programm. Nachdem die eigentlichen Gefahrenstellen längst umschifft waren und sich alle an Bord in Sicherheit wiegten, kollidierte die „Confianza" mit einem im Wasser treibenden Baumstamm, wobei die Wucht des Aufpralls nicht nur den Schiffsraum, sondern

Abb. 6
Vermutlich ein Ausschnitt aus einer Broschüre oder der Fahrkarte, der von Wilhelm Reiß nachträglich auf die Kartonrückseite der Fotografie geklebt wurde.
1868
rem Sammlung Wilhelm Reiß

Im Bann der Andenvulkane

auch einen Koffer und eine Kiste von Reiß fluteten. Zwölf Tage dauerte die Fahrt gegen den Strom. Waren es in Küstennähe noch die Mangroven mit ihren verzweigten Luftwurzeln, so beeindruckten den Mannheimer Vulkanologen vor allem die hinter den Ufersäumen aufragenden Wälder, die dicht geschlossen eine grüne Wand bildeten, nur ab und zu von einigen Hütten und Anpflanzungen unterbrochen: „Tag für Tag, nichts als Wald und immer wieder Wald! Und was für ein Wald! Bäume 60, 80 und noch mehr Fuß hoch recken ihre Blätterkronen über ein undurchdringliches Unterholz. Alle möglichen Bäume stehen durcheinander, wunderbar blühend und verbunden durch üppig blühende Lianen." (Reiß, S. 37)

Der Zielhafen der Reise auf dem Río Magdalena war die Stadt Honda, am Fuße der Kordilleren gelegen. Die Stadt war der ideale Ausgangsort, um den nahegelegenen Attraktionen im Umland einen Tagesbesuch abzustatten. Vor dem Hintergrund, dass er selber einmal hatte Bergmann werden wollen, reizten Wilhelm besonders die Erzminen von Santana und die Smaragdminen von Muzo (Abb. 7). Mit der Eroberung Südamerikas gerieten auch die Smaragdvorkommen in Muzo in den Blick der spanischen Kolonialherren, fataIerweise von den Einheimischen selber initiiert, die den Spaniern noch völlig unvoreingenommen Smaragde, die als „Tränen der Götter" galten, zum Gastgeschenk gemacht hatten. Die Folgen dieser unüberlegten Großzügigkeit waren für die indigene Bevölkerung katastrophal, als Unterworfene mussten sie im Tagebau Smaragde schürfen, dabei starben viele an Anstrengung und Krankheiten. Bereits um 1640 waren viele der Minen durch falsche Bewirtschaftung erschöpft und von der Regenwaldvegetation teilweise wieder überwuchert. Während Reiß' Aufenthalt hatte man den Smaragdabbau in großem Stil wieder aufgenommen.

Von Honda aus war es noch ein rund einwöchiger Marsch bis zur Ankunft in Kolumbiens Hauptstadt Bogotá. Zaghafte touristische Anzeichen kündeten entlang des Weges von der Annäherung an die Kapitale. So gab es in dem kleinen Städtchen Facatativá neben einem Telegraphenbüro und Häuseranschriften sogar schon ein „gutes Hotel" (Reiß, S. 42) – eine absolute Rarität in diesen Tagen, in denen noch kein nennenswerter Tourismus in Südamerika existierte.

Am 29. März 1868 erreichten Reiß und Stübel die in einer Talschlucht am Fuße steil aufragender Sandsteinfelsen gelegene Metropole Bogotá mit ihren damals rund 4.000 Einwohnern (siehe S. 96). Die Zivilisation hatte die beiden Forscher wieder: „Bei sinkender Sonne einreitend, genossen wir das zauberische Bild der am Berge in die Höhe sich ziehenden Stadt mit der alles überragenden Kathedrale und den vielen Kirchen [...]. Es war ein Sonntag; der Bogotáner Philister promenierte vor der Stadt. Seit Monaten, seit unserer Abreise von St. Nazaire, sahen wir zum ersten Male wieder einen Menschen in schwarzem Zylinderhut." (Reiß, S. 43) Da sie Bogotá für die kommenden vier Monate als festes Standquartier gewählt hatten, bezogen Reiß und Stübel ein Haus mit insgesamt 20 Zimmern und zwei Innenhöfen, das ihnen und ihrer Ausrüstung sowie den schon beträchtlich angewachsenen Sammlungsbeständen ausreichend Platz bot (Abb. 8). In kolonialen Städten wie Bogotá

Abb. 7
Die Smaragdminen von Muzo
rem Sammlung Wilhelm Reiß
Sm 01/13.1

Stephanie Herrmann

griff in der Regel das weltweit gelebte Prinzip der „europäischen Gastfreundschaft", wonach überall dort, wo keine Hotels existierten, europäische Reisende umgehend in den Häusern ortsansässiger Europäer private Unterkunft fanden. Diese Form der Gastfreundschaft war wegen des Informationsaustauschs eine Win-Win-Situation für beide Parteien. Die Reisenden erfuhren Wichtiges zum Reiseland, dafür gelangten die Gastgeber an Neuigkeiten aus dem Heimatkontinent. Die europäische Einwohnerschaft von Bogotá wetteiferte geradezu um die Gunst und die Aufmerksamkeit der beiden deutschen Forscher, denn es hatte sich bereits herumgesprochen, dass die beiden mit einem Empfehlungsschreiben von Bismarck höchstpersönlich ausgestattet waren. Empfehlungsschreiben (Abb. 9 und 10) waren enorm wichtig und bescherten Wilhelm Reiß immer wieder Unterkunftsmöglichkeiten wie auch den Zugang zu den vor Ort lebenden Europäerzirkeln.

Da mit ihrer Ankunft in Bogotá die trockene Jahreszeit einsetzte, bot es sich an, das direkte Umland in einigen Tagesausflügen zu erkunden, wie zum berühmten Wasserfall von Tequendama. Die vom Río Bogotá gespeisten Wassermassen stürzten über eine Geländestufe 145 m senkrecht in die Tiefe und boten nicht nur ein großartiges Spektakel, sondern demonstrierten einmal mehr eine der in Südamerika in verschiedenen Facetten auftretenden Naturgewalten.

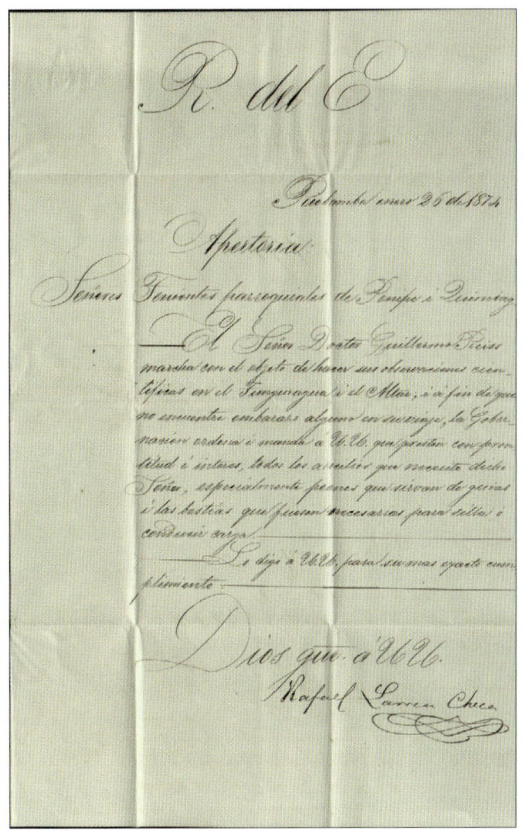

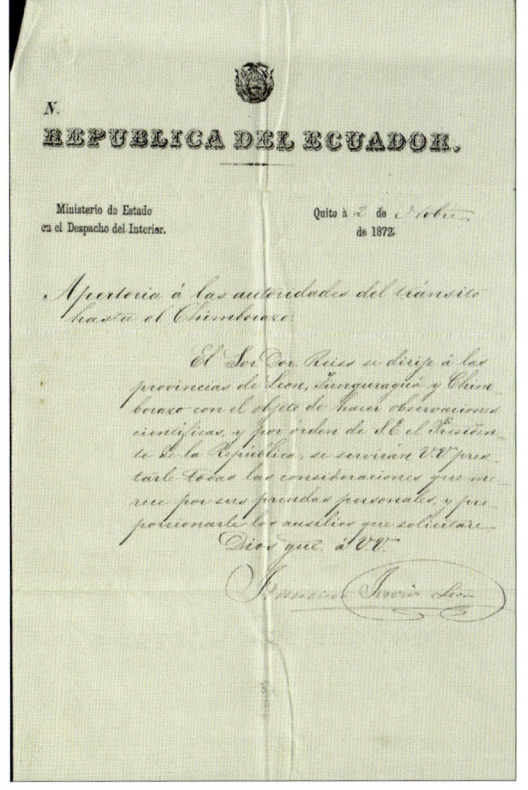

Abb. 8 (Mitte links)
Veranda und Innenhof des von Reiß und Stübel bewohnten Hauses in Bogotá
rem Sammlung Wilhelm Reiß
Sm 01/10.3

Abb. 9 (oben rechts)
Empfehlungsschreiben an Wilhelm Reiß, ausgestellt am 26. Januar 1874 in Riobamba vom Gouverneur der Provinz Chimborazo, Rafael Larrea Checa
Leibniz-Institut für Länderkunde, Archive für Geographie, Nachlass Wilhelm Reiß,
Sign.: K 131/20

Abb. 10 (unten rechts)
Empfehlungsschreiben an Wilhelm Reiß, ausgestellt vom ecuadorianischen Staatsministerium für Innere Angelegenheiten
Leibniz-Institut für Länderkunde, Archive für Geographie, Nachlass Wilhelm Reiß,
Sign.: K 131/20

Im Bann der Andenvulkane

Um weiter entfernte Ziele zu erreichen, mussten häufig die sogenannten Páramos, die unwirtlichen, vegetationsarmen Hochflächen oberhalb der Waldgrenze zwischen ca. 3.200 und 4.800 m Höhe, passiert werden. Starke Winde, dichte Wolkennebel und eine grimmige Kälte bestimmten das andine Wetter auf diesen Gebirgsebenen. Der Páramo von Pasca war eine solche Ebene, die es zu überwinden galt, um das weite, auf nur rund 1.350 m Höhe gelegene Tal von Fusagasugá zu erreichen. Der freundliche Ort genoss unter den Europäern den Ruf als das „Baden-Baden Neugranadas" und wurde dank seines milden Klimas, in dem während der Monate Juni bis August selbst Bananen und Palmen gedeihen, von allen wohlhabenden Einwohnern Bogotás wenn irgend möglich als „Sommerfrische" aufgesucht.

In den letzten Junitagen 1868 trafen Reiß und Stübel erneut in Bogotá ein. Die zurückliegenden Etappen hatten an ihren körperlichen Kräften gezehrt, Tiere wie Menschen bedurften dringend der Ruhe und Rekonvaleszenz. In dieser Zeit der Besinnung reifte unter den beiden Reisegenossen die Entscheidung, sich für die kommenden Etappen zumindest temporär zu trennen, um dann im weiteren Verlauf der Reise immer wieder zusammenzustoßen. Auch blieb man stets in brieflichem Kontakt. Die Gründe für die Trennung dürfen sowohl im wissenschaftlich-organisatorischen wie auch im persönlichen Bereich gesehen werden. In einem Brief, den Stübel an Wilhelm Reiß' Vater nach Mannheim sandte, sind die zunehmenden Missstimmungen unter den beiden Freunden zwischen den Zeilen herauszulesen: „Unsere gemeinschaftliche Reise hat, wie Ihnen nicht unbekannt geblieben sein wird, unvorhergesehenen Fügungen zufolge eine wesentliche Änderung erfahren, nicht nur insofern, als das eigentliche Ziel, die Sandwich-Inseln, nach eineinhalbjähriger Wanderung noch immer unerreicht geblieben ist, als auch darin, daß das ‚gemeinschaftlich' äußerlich seine Bedeutung verloren zu haben scheint. Sie dürfen nicht glauben, daß die freundschaftliche Zuneigung und Achtung, welche ich für Ihren Herrn Sohn stets haben werde, eine Änderung erfahren hat, als wir den Umständen Rechnung trugen und verschiedene Wege in Südamerika einschlugen, Wege, welche uns nur noch von Zeit zu Zeit zusammenführen. Für die leichtere Erreichung unserer Zwecke, da, wo dieselben etwas auseinandergehen, für die Ersparnis der Zeit, für die Wahrung individueller Auffassungen und endlich wegen der beschränkten Reisemittel, die man hierzulande trifft, war es notwendig den Reiseplan in dieser Weise zu modifizieren."[19]

Zwei Tage nachdem Stübel das gemeinsame Quartier in Bogotá verlassen hatte, brach Wilhelm Reiß am 26. August von dem ihm in den letzten Monaten „[...] so heimisch gewordenen Haus und der für uns so angenehmen Stadt [auf, S.H.], um, so Gott will, nie wieder dahin zurückzukehren" (Reiß, S. 53) (Abb. 11). Über das Tal des Río Bogotá führte ihn sein Weg Richtung Westen zurück zum Magdalenenstrom, um flussaufwärts, dieses Mal allerdings nicht auf dem Wasser, sondern dem Rücken eines Maultieres, die Stadt Ambalema zu erreichen. Hier erwartete den Mannheimer Abenteurer eine willkommene Abwechslung. Seit Beginn der 1860er Jahre betrieb das britische Handelshaus Frühling & Göschen auf der Páramo von Ruiz oberhalb von Ambalema großflächige Tabakanpflanzungen.[20]

Ambalema selber war ein kleines verschlafenes Nest, bestehend aus ein paar wenigen Hütten und ohne Straßen. Im Zuge des Tabakanbaus war am Ortsrand eine Arbeitersiedlung entstanden, die in ihrer Einförmigkeit einen merkwürdigen Kontrast zur genuinen Ortschaft bildete. Die Ernte wurde von einheimischen Arbeitern direkt vor Ort getrocknet und zu Ballen geschnürt (Abb. 12). Durch die Lage am Ufer des Río Magdalena konnten die so gepackten Tabakballen auf einfachen Flößen den Fluss stromabwärts Richtung Küste transportiert werden, um dort weiterverarbeitet und in die Welt verschifft zu werden (siehe S. 99). Das Klima rund um Ambalema brachte hervorragende Tabakqualitäten hervor, die aus ihnen produzierten Zigarren konkurrierten im 19. Jahrhundert unter Feinschmeckern mit ihren berühmten kubanischen Vettern aus Havanna. Es war eine Selbstverständlichkeit, dass Wilhelm Reiß gleich nach seiner Ankunft Quartier in der sogenannten „Casa Inglesa" von Frühling & Göschen bezog. Dass es hier am Abend neben gutem Essen auch deutsches Bier gab, war angesichts der kulinarischen Entbehrungen auf seiner Forschungsreise eine erfreuliche Abwechslung, die er eigens in

Stephanie Herrmann

Abb. 11
Blick vom Vorplatz der
Kirche La Capuchina über
die Dächer von Bogotá
rem Sammlung
Wilhelm Reiß
Sm 01/05

einem Brief an seinen Vater erwähnte. Reiß´ Plan sah vor, von Ambalema aus erste trigonometrische Messungen vorzunehmen, vor allem wollte er die Berghöhen der Zentralkordillere bestimmen. Das Wetter war anfangs vielversprechend, der Himmel klar und Wilhelm Reiß guten Mutes, als er sich in einem ausgehöhlten Baumstamm zu seinem Ausgangspunkt rudern ließ – doch wieder einmal kam es anders: „Abermals ließ ich mein Instrument durch all die Flüsse transportieren, abermals setzte

Abb. 12
Die Tabakernte des
Handelshauses Frühling
& Göschen wird für den
Transport zu den großen
Handelshäfen in Ballen
verpackt.
rem Sammlung
Wilhelm Reiß
Sm 01/14.3

Im Bann der Andenvulkane

ich mich den Bissen der Moskitos, Läusen, Ameisen, Flöhe usw. aus, und abermals kehrte ich voll Wunden und Beulen unverrichteter Sache zurück. Neun Tage hatte ich bei diesen Versuchen verloren, ohne auch nur das kleinste Resultat zu erzielen." (Reiß, S. 56)

Die ungeheuren körperlichen Strapazen, die Wilhelm Reiß unterwegs oftmals wieder erleiden musste, waren ein Hauptgrund dafür, dass der Aufenthalt in Südamerika so viel länger dauerte als ursprünglich geplant. Viele Situationen waren zeitlich einfach nicht kalkulier-, geschweige denn planbar. Das zeigte sich umso mehr in Extremsituationen wie den zahlreichen Vulkanbesteigungen, die zu diesem Zeitpunkt noch vor Wilhelm Reiß lagen.

Am 8. November 1868, und damit fast auf den Tag genau 67 Jahre später als Alexander von Humboldt, erreichte Wilhelm Reiß die Stadt Popayán, von wo aus auch er wie schon sein berühmter Vorgänger zu seiner ersten Vulkanbegehung aufbrach. Der Aufstieg auf den rund 4.700 m hohen Puracé war quasi die Ouvertüre zu allen Vulkanbesteigungen, die in den kommenden rund acht Jahren noch kommen sollten. Bis ins Detail hatte Reiß den Aufstieg zum Kraterrand geplant. Für den Gipfelanstieg und für die Errichtung eines Biwaks unterhalb des Gipfels, aber bereits oberhalb der Schneegrenze, wurde ihm eigens das Zelt des kolumbianischen Präsidenten zur Verfügung gestellt, das den Wetterkapriolen aus Eis, Schnee und Sturm allerdings nicht standhielt. Und eine weitere unvorhersehbare Schwierigkeit drohte ihm einen Strich durch die Rechnung zu machen. Die angeworbenen Träger weigerten sich, unter diesen widrigen Bedingungen ihren Dienst zu verrichten. Alle zwei Tage forderte der unbeugsame Vulkanologe neue Träger aus dem Tal an, „aber mehr denn einmal brannte die ganze Gesellschaft durch, [mich, S.H.] dem Schicksal überlassend". (Reiß, S. 63) Letztendlich kämpfte Reiß sich völlig alleine mit letzter Kraft und über vier Stunden durch den hüfthohen Schnee auf den Gipfel. Aus den wenigen Tagen, die er für die Besteigung eingeplant hatte, waren ganze vier Wochen geworden, und zum ersten Mal überfiel ihn nach dem Abstieg ein so schwerer Fieberanfall, dass der ihn zu einer siebenwöchigen Zwangspause in Popayán nötigte.

Mit der Besteigung der Vulkane von La Cruz hatte sich Reiß nach seiner Genesung ein weiteres hehres Ziel gesetzt. Von Popayán aus wanderte er auf dem sogenannten „Camino de los Pueblos" erneut durch das breite und tiefe Tal zu beiden Seiten des Patíaflusses, „[...] das West- und Zentralkordilllere in zwei Arme zu spalten scheint". (Reiß, S. 78) Dabei wurde der Transport seiner teils großen Gepäckstücke auf den schmalen Wegen und durch die tiefen Flüsse zu einer wahren Geduldsprobe. Mehrfach am Tag mussten die Kisten von den Maultieren abgeladen und von den 15 angeheuerten Lastträgern durch die Engpässe bugsiert werden. Als Standquartier für seine Erkundungen der La Cruz-Vulkane wählte er die Ortschaft Pasto, wo er wieder mit Alphons Stübel zusammentraf. Die beiden Forscher widmeten der Erkundung der Täler und Berge rund um Pasto rund zwei Monate, während denen Wilhelm, wie er seinem Vater schrieb, gerade einmal „[...] elf Tage unter Dach und Fach geschlafen" (Reiß, S. 75) hat.

Doch alle Mühen hatten sich gelohnt. Die Kordilleren-Vulkane waren ein wissenschaftliches Eldorado, das Wilhelm Reiß die Möglichkeit bot, vulkanische Aktivitäten zu beobachten, wie sie so in Europa nicht vorkamen. Seinen Ruf als federführender Vulkanologe seiner Zeit verdankte er nicht zuletzt den hier gewonnenen wissenschaftlichen Erkenntnissen. Und nicht nur die Fachwelt hat ihn gefeiert. In ganz Kolumbien und bis nach Ecuador war ihm sein Ruf vorausgeeilt. Wo immer er ankam, wurde er als „mi Doctor" begrüßt und empfangen, so auch in Pasto, wo ihm alle örtlichen Honoratioren, vom Bürgermeister bis zum Bischof, ihre Aufwartung machten und er über drei Tage von morgens bis abends von Besuchern geradezu „belagert" wurde. (Reiß, S. 71)

Dass auch die einheimischen Bewohner von Pasto große Hoffnung in die Ankunft des berühmten „Vulkanflüsterers" setzten, war vor allem dem Umstand geschuldet, dass der dicht an die Stadt grenzende Vulkan seit einiger Zeit wieder eine gesteigerte Aktivität an den Tag legte und tägliche Eruptionen von glühenden Steinen die nahegelegenen Wälder in Brand setzten. Man erhoffte sich, dass der Wissenschaftler den Vulkan untersuchen, die Gefahr einschätzen oder am besten gleich den Krater besteigen und verstopfen könnte, um den darin „wütenden Teufel [zu, S. H.] zähmen". (Reiß, S. 72) Reiß' abermals

Stephanie Herrmann

angeschlagene Gesundheit ließ jedoch weder die Beschäftigung mit dem feuerspeienden Berg noch die gewünschte „Teufelsaustreibung" zu, vielmehr fesselte ihn hartnäckiges Fieber erneut ans Bett. So darf man es als überaus glückliche Fügung für den Vulkanologen werten, dass sich just mit dem Tag seiner Ankunft in Pasto der Berg zunehmend beruhigte. Für die Einheimischen war das Beweis genug, dass alleine seine Anwesenheit die Wut des Berges in die Schranken wies.

Im Mai 1869 hatten sich Reiß und Stübel in Pasto wieder zusammengefunden, Ende September trennten sich ihre Wege ein weiteres Mal. Besonders Reiß haderte mit dem Verlust von Stübels anregender Gesellschaft und verfiel zunächst in ein „stumpfsinniges Brüten" (Reiß, S. 81), ehe er sich zu seiner letzten Etappe durch Kolumbien motivieren konnte. Ganze zwei Jahre hatte ihn das Land in seinen Bann gezogen, das er in dieser Zeit in seiner gesamten nord-südlichen Ausdehnung durchwandert hatte. Jetzt zeigte sein Kompass Richtung Ecuador, wo er ein weiteres geographisches Kapitel seiner Reise schreiben wollte.

Ecuador (1870-1874) – Faszination Vulkane

Als erste Stadt auf ecuadorianischem Boden stand Ibarra, die einst prächtige koloniale Hauptstadt der Provinz Imbabura, auf seinem Reiseplan. Als Folge des verheerenden Erdbebens kurz nach Mitternacht am 16. August 1868 lag die einst prächtige Stadt völlig in Trümmern. Mit Ausnahme einiger notdürftig errichteter Hütten und Straßen waren alle Häuser und Kirchen zerstört. Die wenigen aus ungebranntem Lehm errichteten Mauern, die stehen geblieben waren, hatte der Regen in den letzten Monaten weggewaschen, sodass bei Reiß' Eintreffen alles einem einzigen großen Erdhaufen glich. Zwar hatte der gewaltige Erdstoß selber nur eine gute Minute gedauert, doch im schrecklichen Zusammenspiel mit den wenige Augenblicke später alles überrollenden Wasser- und Schlammfluten gab es für die Provinz keine Rettung: „Erdbeben folgte auf Erdbeben; die Spalten der Oberfläche schlossen und öffneten sich bei jeder Bewegung [...]" (Reiß, S. 112), und so reichten wenige Minuten in dieser schicksalhaften Nacht, um gewaltige Klüften von rund zwei Kilometern Länge, einem halben Kilometer Breite und einer Tiefe von gut 70 m in den Erdboden und rund 70.000 Opfer auf kolumbianischer wie ecuadorianischer Seite in den Tod zu reißen[21] (Abb. 13).

Von Ibarra waren es noch gut 100 km Wegstrecke bis nach Quito. Wilhelm Reiß' Ankunft am 30. Dezember 1869 dürfte wohl kaum einem Bewohner von Ecuadors Hauptstadt verborgen geblieben sein. Nicht ganz ohne Stolz schrieb er an seinen Vater

Abb. 13
Massive Schäden an einem Schulgebäude in Ibarra infolge des verheerenden Erdbebens von 1868
rem Sammlung Wilhelm Reiß
Sm 02/02.4

Im Bann der Andenvulkane

in Mannheim: „Mit 16 Mulas [Maultieren, S.H.] und 6 Dienern rückte ich in die Stadt ein." (Reiß, S. 84)

Quito, das der Legende nach in präkolumbischer Zeit von einem Häuptling namens Quitumbe gegründet wurde, liegt unterhalb der steilen und kahlen Abhänge des Vulkans Pichincha in einem für die Anden so typischen schmalen Längstal. Es ist nicht nur die höchstgelegene Hauptstadt der Welt, sondern verdankt seiner Lage unmittelbar am Äquator auch einen wichtigen Anteil an deren Vermessung: Zwischen 1735 und 1745 gelang es hier der französisch-spanischen Geodätischen Mission unter der Leitung des Mathematikers und Astronomen Charles Marie de La Condamine (1701-1774), die genaue Lage des Äquators zu bestimmen sowie wesentliche Erkenntnisse zur Ellipsoidbestimmung und der an den Polen abgeplatteten Erdfigur zu gewinnen.[22]

Auch in Quito hatte das Erdbeben 1868 schwere Schäden hinterlassen. Viele Bewohner verloren ihre Häuser und lebten in provisorisch auf den Plätzen errichteten Zeltlagern. Selbst der in britischen Diensten stehende Diplomat Frederic Douglas-Hamilton (1815-1887), der als Minister und Generalkonsul von Ecuador in Quito ansässig war, musste anscheinend zumindest temporär mit einem Zelt auf der Plaza als Amtssitz Vorlieb nehmen, so zeigt es eine der Aufnahmen im Reißschen Fotokonvolut[23] (Abb. 14 und 15).

Wilhelm Reiß wählte die Stadt für eine längere Zeit zu seinem Standquartier, da die Metropole noch die besten Möglichkeiten bot, um sich auf seine Exkursionen zu den Vulkangipfeln Ecuadors vorzubereiten und sich mit Proviant, Trägern und Packtieren auszustatten. Von der Stadt selbst war er bei seiner Ankunft enttäuscht. Entgegen den Angaben in den geographischen Handbüchern, die er zur Vorbereitung studiert hatte, und die Quito nicht nur als "city above the clouds", sondern gar als "navel of the world" und „Stadt der Wunderdinge" titulierten, fiel die Realität eher nüchtern aus: Laut letzter, wenn auch verheim-

Abb. 14
Auf dem Kirchplatz von San Francisco errichtete Zelte dienten nach dem Erdbeben von 1868 als Notunterkünfte für die Bewohner von Quito. Die Fotografie ist aufgrund der unsachgemäßen Handhabung des Glasnegatives beschädigt.
rem Sammlung
Wilhelm Reiß
Sm 02/13.7

Stephanie Herrmann

lichter, Volkszählung war die Stadt mit ihren rund 18.000 Einwohnern deutlich kleiner als erwartet, auf den Straßen herrschte weder das märchenhafte Flair von Tausendundeiner Nacht, noch war der Glanz der Auslagen dem von Paris ebenbürtig. Alles in allem erlebte der Mannheimer Quito eher als öde Provinz denn als schillernde Metropole. Selbst der vertraute Umstand, dass Quito als spanische Stadtgründung in dem für die Kolonialstädte Südamerikas charakteristischen regelmäßigen Schachbrettschema angelegt war[24], konnte den Sohn der Quadratestadt Mannheim kaum versöhnlich stimmen (siehe S. 102).

Lediglich zwei Seiten der Stadt weckten Reiß' Interesse. Zum einen der außergewöhnliche Kirchenreichtum, obschon die im Stadtzentrum gelegene prächtige Kathedrale an der Plaza Mayor sowie auch einige der anderen Kirchen bei dem großen Erdbeben von 1868 ihre Türme eingebüßt hatten, deren Schuttberge teilweise noch immer die Straßen versperrten (Abb. 16 und 17).

Zum zweiten das besondere Straßensystem der Stadt. Die Tallage am Fuß des Pichincha führt dazu, dass das Zentrum Quitos starke Gefälle von oftmals mehr als zehn Prozent und damit verbundene steile Straßenverläufe aufweist. Neben den breiten, gepflasterten Hauptstraßen, wie der Calle de La Ronda, an der die ersten Häuser der Spanier aus dem Schutt der zerstörten Inkapaläste erbaut worden waren, führen kleine Nebengassen quer durch die Stadt und überbrücken die „Quebradas", die tiefen Schluchten, die sich durch die Stadt ziehen. Für die „Ökonomie der Stadt" befriedigten diese Schluchten noch ein ganz anderes, menschliches Bedürfnis, wie es Reiß in einem seiner Briefe so sachlich wie möglich mit folgenden Worten umschreibt: „[...] des Tags über besucht sie nur das gemeine Volk, aber gegen Abend sieht man selbst Damen in Begleitung ihrer Dienerinnen antreten, um daselbst Geschäfte zu verrichten, welche der Mangel an geeigneten Lokalitäten im Inneren der Häuser nicht abzumachen gestattet." (Reiß, S. 86) Dank des abfallenden Geländes und der täglichen starken Regenfälle wurde sämtlicher Unrat aus den Schluchten gespült, weshalb diese doch relativ unkonventionelle Angewohnheit weder zu übermäßiger Geruchsbelästigung noch zu Hygieneproblemen innerhalb der Stadt führte[25] (Abb. 18).

Das gesellschaftliche Leben Quitos reizte Wilhelm nicht, vielmehr empfand er die schreienden Farben und unvorteilhaften Schnitte der Damenmode als geschmacklos, die ausschweifenden Trinkgewohnheiten der Männer als zügellos und die allgemeinen Umgangsformen bei gesellschaftlichen Anlässen, „[...] die selbst in der feinsten Gesellschaft [...], mit Schlägereien endigen", (Reiß, S. 87) als völlig inakzeptabel.

Um dem Stadtleben zu entfliehen, begann er im März 1870 trotz Regenzeit mit seinen Untersuchungen des Pichincha. Die Expeditionen rund um den Berg unternahmen Reiß und Stübel wieder gemeinsam. Für die Vermessungen und die dafür notwendige komplette Umrundung des Vulkans, bei dem es sich nicht um einen Einzelvulkan, sondern um eine vulkanische Gebirgskette

Abb. 15
Auch der amtierende Generalkonsul von Ecuador Frederic Douglas-Hamilton musste nach dem Erdbeben von 1868 mit einem Zelt als provisorischem Amtssitz vorlieb nehmen.
rem Sammlung Wilhelm Reiß
Sm 02/16.1

Im Bann der Andenvulkane

Abb. 16
Ein Schutthaufen aus den Steinen eines eingestürztes Stadtpalais und des Turmes der Kathedrale versperrt nach dem Erdbeben von 1868 eine Straße im Stadtzentrum von Quito.
rem Sammlung Wilhelm Reiß
Sm 02/07.1

Abb. 17
Seitenansicht auf die Kathedrale mit dem geborstenen Glockenturm
rem Sammlung Wilhelm Reiß
Sm 02/07.2

Stephanie Herrmann

mit einer Vielzahl von Gipfeln und Kratern handelt, benötigten sie ganze drei Monate. Da die beiden Forscher sich zum Ziel gesetzt hatten, als erste in den Krater des tätigen(!) Vulkans hinabzusteigen, gestaltete sich die Anwerbung von einheimischen Trägern dieses Mal besonders schwierig. Der Umstand, dass der Weg über weite Strecken durch ein Flussbett führte, sprich, der ganze Tross entweder knietief durch eiskaltes Wasser waten oder über unwegsame Geröllmaßen steigen musste, erschwerte die Anwerbung zusätzlich.

die Männer dazu bewegen, ihn weiter zu begleiten. In seinen Briefen in die Heimat beschreibt Wilhelm an einigen Stellen, dass er Maßnahmen der körperlichen Züchtigung, vor allem seinen Gebirgsstock, teilweise aber auch den mitgeführten Revolver als Drohmittel, eingesetzt hat, um die Angst seiner Träger vor der Überschreitung gefährlicher Passagen wie hier am Pichincha zu brechen. Ganz generell lässt sich an dieser Stelle sagen, dass sowohl Wilhelm Reiß als auch Alphons Stübel im Umgang mit ihren Peones und Dienern

Abb. 18
Die Puente de la Paz („Friedensbrücke") führt über eine der vielen Schluchten, die sich durch das Stadtzentrum von Quito ziehen.
rem Sammlung Wilhelm Reiß
Sm 02/13.3

Erst „mit einem Regierungsbefehl bewaffnet" (Reiß, S. 93) gelang es Wilhelm Reiß schließlich, die nötigen Träger anzuheuern – allerdings nicht ohne großes Wehklagen seitens deren Ehefrauen, die ihre Männer bereits verloren und sich als Witwen glaubten. Unterwegs brach unter den Peones erneut Unmut aus, da sie wegen der Schwere der Arbeit eine höhere Bezahlung forderten. Nur mit Mühe und unter Einsatz seines Stockes konnte Reiß

keineswegs zimperlich waren und beide das zu dieser Zeit gängige eurozentrisch geprägte Überlegenheitsgefühl im Umgang mit der indigenen Bevölkerung an den Tag legten.[26] Doch lassen sich bei Reiß mit fortschreitender Reisedauer deutliche Veränderungen in seiner Haltung konstatieren. Besonders gegenüber der indigenen Bevölkerung, aus denen sich seine Träger und Diener rekrutierten, war er später nicht nur gemäßigter und milder

Im Bann der Andenvulkane

eingestellt, sondern solidarisierte sich geradezu mit ihnen und verurteilte deren Behandlung und Unterdrückung durch die europäischstämmige Bevölkerung auf das Schärfste. So äußerte er in einem Brief an seinen Vater einen ebenso hitzigen wie radikalen Gedankengang: „Daß eine so bedrückte Rasse keine Liebe für die Weißen haben kann, ist natürlich. [...] Betrachtet man diese armen Menschen jetzt, nachdem sie über 300 Jahre solchen Mißhandlungen ausgesetzt waren, so muß man staunen ob der ihnen innewohnenden guten Eigenschaften, welche sie dies alles ertragen ließen, ohne ihren Charakter völlig zu verderben. Und bedenkt man gar noch, welches Gesindel diese abscheuliche Herrschaft ausübt, so kann man nur wünschen, daß Katastrophen wie die von 1868 [das Erdbeben in Ecuador, S. H.] den Indianern die Mittel an die Hand geben möchten, die Erde von dem Ungeziefer zu reinigen, das leider Gottes eine weiße Haut trägt und sich Abkömmlinge Europas nennt." (Reiß, S. 100)

Vom Basislager der Pichincha-Besteigung existiert ein Gemälde des ecuadorianischen Malers Rafael Troya (1845-1920; siehe Abb. 2 im Beitrag Waller); zwei weitere Gemälde Troyas, die im Zuge der Südamerika-Expedition von Reiß entstanden sind, befinden sich heute im Besitz der Reiss-Engelhorn-Museen[27] (Abb. 19 und 22).

Sowohl Reiß als auch Stübel hielten das Medium der Fotografie für nur eingeschränkt geeignet, um das Charakteristische von Landschaften adäquat wiederzugeben.[28] Hinzu kam der Umstand, dass bei anspruchsvollen Gipfeltouren sowohl die Mitführung einer schweren Fotoausrüstung als auch gute Aufnahmen angesichts der klimatischen Bedingungen nicht zu bewerkstelligen gewesen wären. Zwar fiel die Expedition der beiden Forscherkollegen in die Zeit, in der in Europa das trockene Kollodium-Verfahren mit gebrauchsfertig vorproduzierten Negativmaterialien seinen Durchbruch feierte. In Südamerika war man aber von dieser fototechnischen Errungenschaft noch abgeschnitten und auf das materialintensive und unter schwierigen Klimabedingungen nur bedingt geeignete sogenannte Nasse-Kollodium-Verfahren angewiesen.[29]

Für die bildliche Dokumentation besonderer Reiseetappen griffen Reiß und Stübel daher auf andere Darstellungsarten zurück. Gerade in jenen Bereichen, die der Maßgabe strenger Wissenschaftlichkeit und absoluter Detailwiedergabe unterlagen, behauptete die wissenschaftliche Zeichnung ihren Vorrang vor der Fotografie. Beide Forscher besaßen aufgrund ihrer Ausbildungen ausgezeichnete künstlerische Fähigkeiten, die ihnen dabei halfen, die Landschaftsformen mit

Abb. 19
Rafael Troya
Expedition Wilhelm Reiß in Ecuador
1873
rem Archiv der Weltkulturen und Umwelt
Sammlung Wilhelm Reiß

Stephanie Herrmann

dem Zeichenstift detailgetreu festzuhalten. Allerdings konnten ihre Bleistiftskizzen nicht die natürliche Farbenvielfalt der Natur wiedergeben. Um die grandiosen Hochgebirgslandschaften Ecuadors in farbigen Gemälden festzuhalten, gelang es ihnen, den in Quito ansässigen Troya zu begeistern, der entweder an Hand von Skizzen oder auch direkt vor Ort die sich ihnen darbietenden Szenerien auf der Leinwand festhielt.[30] Für das perfekte Gemälde war den beiden Forschern kein Aufwand zu groß, so wissen wir, dass sie mitunter ganze Gebirgshänge roden ließen, um Troya einen freien Blick auf das jeweilige Landschaftspanorama zu ermöglichen. Die Extravaganz ihrer Vorgehensweise erfüllte die beiden durchaus mit Stolz, so schreibt Stübel in einem seiner Briefe: „Mit mehr als metergroßen Bildern auf den Anden herumzuturnen, hat vor mir wohl noch niemand unternommen."[31]

Das Gemälde vom Pichincha vermittelt uns heute einen lebendigen Eindruck von den unwirtlichen Bedingungen einer solchen Hochgebirgsexpedition, bei der einfache Firstzelte mit ein wenig eingestreutem Stroh als Unterlage nur geringen Schutz vor Wind und Kälte boten. Allerdings waren die Wetterbedingungen bei Reiß' Aufstieg auf den Pichincha ausnahmsweise einmal besser, als es zu erwarten gewesen war. Bei schönstem Sonnenschein konnte er bis auf eine Höhe von 4.400 m reiten, um hier unterhalb des Kraterrandes sein Zeltlager aufzuschlagen. Zwar sank in den Nächten das Thermometer auf empfindlich kalte minus fünf Grad Celsius. Da es aber windstill und trocken blieb, verweilte Reiß insgesamt neun Tage in seinem Lager, um die phantastische Fernsicht, die bei Wolkenlücken einen Blick bis zu den Vulkangipfeln Kolumbiens zuließ, zu genießen und auch hier trigonometrische Messungen durchzuführen.

Die kommenden zwei Jahre zog es Wilhelm Reiß noch auf zahlreiche weitere Berge und Vulkane, darunter die Gipfel des Atacazo, Imbabura, Cayambe, Pasochoa, Corazón, Rumiñahui, Antisana – allesamt Vier- und Fünftausender und damit zu den höchsten Vulkanen Ecuadors zählend.

Bereits zu diesem Zeitpunkt hatte Wilhelm Reiß eine ungeheure Leistung vollbracht. Er hatte einen Großteil der als „Allee der Vulkane" bekanntgewordenen Feuerberge Ecuadors erklommen. Mit diesem poetischen Titel hatte Alexander von Humboldt 1802 die insgesamt 22 Vulkane entlang der rund 400 km langen Andenkette zwischen Tulcán über Quito bis nach Cuenca betitelt.[32] Ein solches „Kettengebirge" ist typisch für Regionen mit großen tektonischen Spannungen, wo sich Platten der Erdkruste zusammenschieben. In Ecuador schiebt sich die ozeanische Nazca-Platte an der Westküste unter die leichtere südamerikanische Kontinentalplatte. Durch ungeheure Kräfte heben sich große Gesteinspakete empor, die sich bis in Höhen von fast 6.000 m als Vulkane auffalten.

Zu jenen Vulkanriesen zählt auch der Cotopaxi, der höchste und damals wie noch heute aktive Vulkan Ecuadors. Bereits während seiner zahlreichen Aufenthalte in Quito hatte Wilhelm Reiß bei klarem Wetter die spektakuläre Aussicht auf dessen nahezu perfekte Kegelform, über die Humboldt einst geäußert hatte, sie wirke „wie auf einer Drehscheibe geformt", bewundern und genau studieren können. Humboldt selbst war 1802 bei der Erstbesteigung des Cotopaxi noch gescheitert und musste etwa 1.000 m unterhalb des Gipfels umkehren.

Jetzt, im November 1872, sollte für Wilhelm Reiß diese Erstbesteigung zum Höhepunkt seiner gesamten Südamerika-Expedition werden. Schon seit längerem hatte Reiß den Cotopaxi von allen Seiten in der Absicht geprüft, eine geeignete, das heißt schneefreie Aufstiegsroute auszumachen, auf der er eine Besteigung „mit einiger Hoffnung auf Erfolg wagen könne, [...]". (Reiß, S. 163) In der trockenen und warmen Novemberwitterung des südamerikanischen Sommers schmolz allmählich die sonst geschlossene weiße Schneedecke und gab am Westhang einige schwarze Geröllfelder frei, beginnend am Kraterrand und dann auch von der unteren Schneegrenze aufsteigend. Von Tag zu Tag näherten sich die schmalen schwarzen Gesteinsstreifen einander an, bis sie schließlich am 24. November einen durchgängigen schmalen Pfad zum Südwestrand des Gipfels bildeten.

Das war der Startschuss, schon am folgenden Tag begann Wilhelm Reiß mit den Vorbereitungen für seinen Gipfelsturm. Kein ortskundiger Führer war aufzutreiben, sodass sich Reiß ganz auf seine Geländebeobachtungen verlassen musste. Bereits die erste Passage über die unteren Steilhänge war gespenstisch. Komplett in dichten Wolkenne-

Im Bann der Andenvulkane

bel gehüllt drang der Wissenschaftler mit seinem Gefolge über zerfurchte, völlig ausgedörrte Sandgruben aus Tuffstein vor, das sogenannte „Arenal", wo jegliches Pflanzenleben erlischt und nur noch Asche und Sand den Boden bilden.[33] Vor der Kulisse dieser schwarzen, traurig stimmenden Wüste, die dem Auge kaum noch Orientierungspunkte bietet und in der jeder Schritt tief und kräftezehrend im Boden versinkt, glich Reiß' Expeditionstross eher einem Trauermarsch denn einem Triumphzug. Selbst den ansonsten so unerschrocken vorpreschenden Wissenschaftler überkamen Zögern und Demut im Angesicht der Übermächtigkeit und Unwirtlichkeit der Natur, die „entmutigend auf den Wanderer [wirkt, S. H.], der die Entfernungen und die Größenverhältnisse der Dinge nicht mehr zu beurteilen vermag. [...] Der Wassermangel in einer Gegend, die dazu bestimmt erscheint, Durst zu erregen, das oft fast metallische Blinken der Asche, die eintönige Gestaltung der Gehänge, [...] die nie unterbrochene Stille dieser Landschaft, in der der Mensch als Eindringling erscheint, das alles wirkt vereint auf die Einbildungskraft und wendet die Gedanken jenen geheimnisvollen, unterirdischen Kräften zu, die, menschlichem Forschungsdrange spottend, plötzlich Tod und Verderben um sich schleudern und die erst vor kurzem aus einem von Pflanzen und Tieren belebten Land eine Wüste machten". (Reiß, S. 166)

Bei starkem Schneefall errichtete Reiß eigenhändig in 4.627 m Höhe sein Zeltlager, trieb die Zeltheringe in den gefrorenen Boden und taute auf den mitgeführten Kohlen den Schnee; seine Peones dagegen streikten und hatten alle Tätigkeiten eingestellt.

Der Morgen des 28. November erfüllte endlich alle Hoffnungen auf eine erfolgreiche Erstbesteigung, das Wetter hatte aufgeklart, der Berggipfel lag frei. Um 6.45 Uhr begann Reiß den Aufstieg, zuerst über neue Lavafelder, später über die erkalteten Lavablöcke eines gewaltigen Steinmeeres, auf denen der Trupp wie auf Treppen emporsteigen konnte. Nach zwei Stunden hatten sie über 900 Höhenmeter bewältigt und jene vom Schnee befreite Passage erreicht, die Reiß schon vom Fuße des Berges aus als geeignete Route zum Gipfel ausgemacht hatte. Allerdings gestaltete sich von hier an der Aufstieg deutlich beschwerlicher, sodass die Gruppe immer häufiger Pausen einlegen musste und selbst Wilhelm Reiß das Zigarrenrauchen einstellte, was wohl im Nachhinein als untrügliches Zeichen dafür gelten darf, dass der Mannheimer tatsächlich nicht an der Höhenkrankheit litt, wie er es mehrfach in seinem Bericht betont hat. Mit der Sonne stiegen auch die Wolken allmählich empor und zerstreuten sich mal auf der einen, mal auf der anderen Hangseite, sodass sich bald die eine, bald die andere der im Tal liegenden Landschaften dem Blick wie auf einer Landkarte präsentierte. Um 10.15 Uhr war die letzte vereiste Engstelle überwunden und Wilhelm Reiß erlaubte sich einen ersten Moment des Rastens und Innehaltens, allerdings verhieß der Blick auf den zurückgelegten Weg nichts Gutes: „Allein soweit meine Augen reichten, entdeckte ich nur meinen Mayordomo [span. Bezeichnung für „persönlicher Diener", S.H.], den treuen Gefährten auf all meinen Reisen seit bereits mehr als vier Jahren, und meinen armen Hund, der heulend und klagend mit vieler Mühe folgte, da er seinen Herrn nicht verlassen wollte." (Reiß, S. 172) Nur noch wenige Meter trennten das ungleiche Dreiergespann vom Gipfel, als ein Steinschlag Reiß am Körper traf und ihn so schwer verletzte, dass er beinahe noch hätte umkehren müssen. Um 11:45 Uhr war es endlich soweit. Nach einer letzten Traverse erreichten sie etwas unvermittelt, dafür umso glücklicher das Ziel, ein erhabener Moment, denn: „In demselben Augenblicke lösten sich die Wolken und zum ersten Male erforschten menschliche Augen den Grund des Cotopaxi-Kraters." (Faksimile an Garcia Moreno, 39ff.) Der Moment der Gipfelbesteigung und der Stolz darauf, als erster Mensch diese Leistung vollbracht zu haben, ergriffen auch den ansonsten stets rationalen Wissenschaftler und klingen in seinen Worten nach: „Weder kann noch will ich es leugnen, daß mir das Bewußtsein, als der Erste den höchsten aller thätigen Vulkane bestiegen zu haben, Befriedigung gewährte. Ein dem meinigen ähnliches Gefühl malte sich auch auf dem Gesichte meines Begleiters Anjel Maria Escobar de Bogota, der mit der Besteigung dieser Höhe einen wahren Triumph erzielte weil er stark unter der Luftverdünnung litt, von der ich während des ganzen Weges nichts verspürt hatte." (Faksimile an Garcia Moreno, 39ff.)

Stephanie Herrmann

Nach diesem ersten überschwänglichen Glücksgefühl fand Reiß schnell zur gewohnten Disziplin zurück. Insgesamt zweieinhalb Stunden verweilte er am Kraterrand, um verschiedene Messungen vorzunehmen, darunter auch eine Höhenbestimmung des Cotopaxi auf 5.993 m. Damit musste Reiß noch knapp 100 m mehr zurücklegen, als es heute der Fall wäre, denn durch mehrere Eruptionen innerhalb der letzten 145 Jahre beträgt die aktuelle Höhe des Vulkans nur noch rund 5.897 m. Diese Erstbesteigung durch Wilhelm Reiß wurde von den südamerikanischen Zeitungen mit einer frenetischen Berichterstattung gefeiert. Er selbst hat über seine Heldentat einen von ihm verfassten Bericht an den damaligen Präsidenten Ecuadors, Garcia Moreno (1821-1875), geschickt, dessen Tenor sich allerdings durch eine geradezu sympathische Schlichtheit und Bescheidenheit auszeichnet (Abb. 20 und 21). So erwähnt er voller Dankbarkeit auch die Verdienste seiner einheimischen Träger und Peones, ohne die ihm dieser Gipfelsieg nicht möglich gewesen wäre.[34] Dass Reiß sich an den schon damals wegen seines diktatorischen Regierungsstils nicht unumstrittenen Präsidenten gewandt hat, mag uns heute überraschen und lässt sich nur aus einem erweiterten Blickwinkel verstehen. Seine persönliche Einstellung zu Moreno war keineswegs unkritisch, so berichtet er in seinen Reisebriefen von dessen zum Teil willkürlicher Machtausübung und fragwürdiger Rechtsprechung, die den Präsidenten als unbarmherzigen Regenten charakterisieren. Auf der anderen Seite schätzte Reiß Moreno als einen Mann der Wissenschaft, dessen Herz eigentlich für die Naturwissenschaften schlug, der im Pariser Exil ein naturwissenschaftliches Studium absolviert und vor seiner Präsidentschaft an der Universität von Quito Physik gelehrt hatte. Auch muss in diesem Zusammenhang berücksichtigt werden, dass Reiß bei seinen Unternehmungen in Ecuador auf die Unterstützung seitens der Regierung maßgeblich angewiesen war, sei es um die allgemein benötigten Reisedokumente als auch die unverzichtbaren Regierungsbefehle für die Rekrutierung von Trägern und die Nutzung von Maultieren aus den staatlichen Stallungen zu bekommen.

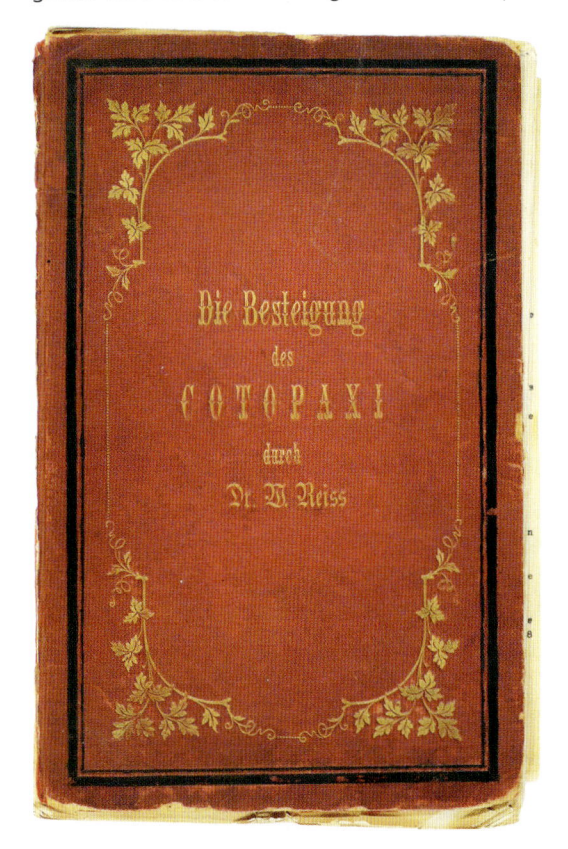

Zu der bereits erwähnten „Allee der Vulkane" zählt auch der Chimborazo, dessen schneebedeckter Gipfel den am weitesten vom Erdkern entfernten Punkt auf der Welt darstellt. Wer am Krater des seit Millionen Jahren unter Eis schlafenden,

Abb. 20
Einband des handgeschriebenen Berichtes von Wilhelm Reiß über seine Erstbesteigung des Cotopaxi an den ecuadorianischen Präsidenten Gabriel García Moreno
1873
rem Archiv der Weltkulturen und Umwelt
Sammlung Wilhelm Reiß

Abb. 21
Textpassage auf Seite 40 aus dem Faksimile von Reiß über den Moment der Gipfelerstbesteigung
1873
rem Archiv der Weltkulturen und Umwelt
Sammlung Wilhelm Reiß

Im Bann der Andenvulkane

6.310 m hohen erloschenen Riesen steht, ist aufgrund der elliptischen Erdform am Äquator – wir erinnern uns an die Messungen von Charles Marie de La Condamine – weiter vom Erdmittelpunkt entfernt als ein Bergsteiger auf dem Mount Everest.

In den Beständen der Reiss-Engelhorn-Museen befindet sich unter dem Titel „Meine Reisegefährten Abschied nehmend von Dr. Stübel in der Ebene von Ríobamba" ein Ölgemälde von Rafael Troya, das der Maler nach einer von Wilhelm Reiß ausgeführten Bleistiftzeichnung angefertigt hat (Abb. 22 und 23). Das Bild zeigt das Feldlager der beiden Forscher am Fuße des Chimborazo, wo Reiß und Stübel wieder zusammengetroffen waren, bevor sich ihre Wege hier ein weiteres Mal trennten. Während Stübel den Aufstieg des Vulkans in Angriff nahm, jedoch auf einer Höhe von 5.000 m unterhalb des Gipfels umkehren musste, entschied sich Reiß von Anfang an gegen einen Aufstiegsversuch, den er generell aber für

geben, sondern eine überraschend humorige Seite des ansonsten stets sachlichen Mannheimer Forschers offenbaren. Am rechten Bildrand verabschiedet sich Reiß hoch zu Ross auf einem Schimmel sitzend von Stübel und Troya, sein persönlicher Diener Anjel Maria Escobar ist schon im Begriff, winkend davon zureiten, und auch sein treuer Hund „Vengador" (Rächer), der mit auf dem Cotopaxi stand und dem er die teils sarkastischen, teils liebevollen Beinnamen „El Teniente", der Schwerhörige, und „Marquez del Cotopaxi" zuordnet, ist zum Aufbruch bereit. Benannt hat Reiß auf seiner Skizze neben zahlreichen Ausrüstungsgegenständen wie dem Brot- und Eierkasten, den Wasserfässern, Zelten und Betten auch diejenigen Träger und Maultiere, die ihm aufgrund ihres Charakters besonders in Erinnerung geblieben sind. Ganz links macht der störrische Maulesel „Reloj" (die Uhr), der wohl immer wieder den Tross aufhielt, seinem Namen alle Ehre.

Abb. 22
Rafael Troya
Reiß und Stübel nehmen im Basislager in der Ebene von Riobamaba am Fuße des Chimborazo Abschied voneinander.
Öl auf Leinwand
Nach 1873
rem Archiv der Weltkulturen und Umwelt
Sammlung Wilhelm Reiß

durchaus möglich hielt. Reiß hat seine Skizze mit zahlreichen Anmerkungen und Namenszuschreibungen versehen, die uns nicht nur einen besonders lebendigen Einblick von dem dargestellten Moment an einem Morgen im Juni 1873

Einem Träger verpasst er den Beinamen „Muchofrio" („oft kalt"), um auf dessen zweifelhafte Wettertauglichkeit zu verweisen.[35]

Am 27. August 1874 verließ Wilhelm Reiß die Ebene von Riobamba und traf erneut auf seinen

Stephanie Herrmann

Abb. 23
Zeichenskizze von Wilhelm Reiß, von ihm selbst betitelt mit: „Meine Reise Gefährten Abschied nehmend von Dr. Stübel in der Ebene von Riobamba ca. 9 Uhr Morgen im Monat Juni." Diese Skizze diente Rafael Troya als Vorlage für sein Ölgemälde.
rem Archiv der Weltkulturen und Umwelt Sammlung Wilhelm Reiß

Reisegefährten Stübel. Gemeinsam überwanden sie die letzten Kordillerenpässe und gelangten an die ecuadorianische Küste, wo sie sich in Guayaquil, der schon damals wichtigsten Hafenstadt des Landes, nach all den Strapazen der letzten Jahre für immerhin ganze zwei Wochen die so nötige Entspannung gönnten (Abb. 24). Im milden Küstenklima gingen sie auf Kaimanjagd, flanierten durch die lebhaften Stadtviertel, erledigten dringende Geschäftsgänge und genossen vor allem die Wärme, die ihren geschundenen Körpern eine wahre Wohltat war. Private Unterkunft fand Reiß in der Hacienda „La Elvira", benannt nach ihrer gastfreien Bewohnerin Senora Elvira Flores. Das im landestypischen offenen Baustil errichtete Haus bot mit seinen schattigen Veranden, bequem möblierten Zimmern und moderner Gasbeleuchtung vielerlei Annehmlichkeiten, auf die er über Monate verzichtet hatte (Abb. 25).

Dann, im Oktober 1874, nach der erfolgreichen Besteigung fast sämtlicher Vulkane des Landes, lassen Reiß und Stübel mit reicher wissenschaftlicher Beute die Grenze Ecuadors hinter sich. Die Abkehr von den Anden wurde für Wilhelm Reiß gleichsam zum Befreiungsschlag. Ein Jahr hatte er ursprünglich für seinen Aufenthalt geplant, aber erst nach viereinhalb Jahren voller Strapazen und Entbehrungen erlaubte ihm sein unerschöpflicher Forschungsdrang, das Land wieder zu verlassen. Ecuador war für ihn zu einer „wahren Hassliebe" (Waller 1987, S. 11) geworden.[36] Erleichtert und im Rückblick geradezu erschüttern fällt demzufolge sein Fazit beim Abschied von Ecuador aus: „Wie ein Gefangener nach jahrelanger Haft fühlte ich mich glücklich in dem Bewußtsein, die Kette nie enden wollender Arbeit zerbrochen und meine Freiheit wieder erlangt zu haben. [...] Für keinen Preis der Erde würde ich die jetzt abgeschlossene Reise nochmals gemacht haben." (Reiß, S. 144)

Peru und Brasilien (1874-1876) – Ancóns Totenfelder und dichter Amazonasdschungel

Am 19. Oktober 1874 lichtete der Dampfer mit den beiden Forschern an Bord den Anker in Guayaquil mit dem Ziel Callao, dem Hafen von Perus Hauptstadt Lima.

Da die Route dicht in Küstennähe verlief, wo das Meer in der Regel ruhig und Stürme eine Seltenheit waren, wurden auch auf dieser Passage Flussdampfer eingesetzt. Außer Reiß und Stübel befand sich nur noch ein weiterer Erste-Klasse-Passagier an Bord. Es hätte eine bequeme Fahrt werden können, allerdings war jeder Quadratzentimeter an Deck mit Bergen von Orangen und Bananen beladen, auf denen eine Unmenge an Papageien und Affen Platz genommen hatte, deren Schmutz

ABENTEUER ANDEN UND AMAZONAS

Mannheimer Geschichtsblätter

Im Bann der Andenvulkane

Abb. 24
Uferstraße (spanisch „Malecón") des wichtigsten ecuadorianischen Hafens in Guayaquil
rem Sammlung Wilhelm Reiß
Sm 02/20.3

und permanentes Geschrei den Aufenthalt und die Ruhe an Bord deutlich trübten (Abb. 26).

Nicht ungetrübt war auch die Ankunft in Peru. Als mit Anbruch des nächsten Tages die Küste in Sicht kam, war Reiß vom dem, was er sah, geschockt: „Welch ein Unterschied gegen Ecuador! Dort üppige Vegetation, hier alles kahl, kein Baum, kein Strauch, ja kein Grashalm gedeiht auf den gelben Sandsteinfelsen [...]. Und um doch einigermaßen die Erinnerung an Laubwerk aufrechtzuerhalten, hat man eine Reihe Bäume auf die gelben Kirchhofsmauern gemalt." (Reiß, S. 148) In Peru war es ihr Plan, ein weiteres Mal die Anden zu überqueren, um dann an deren Ost-

Abb. 25
Die Hacienda „La Elvira" im modernen kolonialen Baustil, benannt nach ihrer Bewohnerin Senora Elvira Flores
rem Sammlung Wilhelm Reiß
Sm 02/20.2

Wilhelm Reiß´Südamerika-Expedition in historischen Fotografien

Stephanie Herrmann

hängen auf den beiden Quellflüssen des Amazonas, dem Río Huallaga und dem Río Marañón, den Hauptstrom zu erreichen, der sie weiter stromabwärts bis zur Ostküste Brasiliens und Rio de Janeiro bringen sollte.

Zunächst ging es in die Hauptstadt. Lima war, wie Bogotá, eine koloniale Planstadt, deren Gründung noch heute als „[...] der bedeutendste schöpferische Akt der Konquistadoren an der pazifischen Küste Südamerikas" (zit. nach Heineberg 1994, S. 56)[37] gilt und auf den Entschluss Francisco Pizarros (um 1476-1541) aus dem Jahre 1535 zurückgeht,

Straßen verliefen rechtwinklig zueinander, nur in den Außenbezirken wurde das Quadrat in Folge der Terrainbeschaffenheit freier aufgefasst.[38] Im Laufe der Jahrhunderte dehnte sich die Siedlung immer weiter über die Mauern des einstigen Befestigungswalls aus. Im Jahr 1872 existierten in der Stadt mehr als 60 Kirchen, Kapellen und Klöster; elegante Adels- und Bürgerhäuser prägten ganze Stadtviertel. Darüber hinaus gab es eine beachtliche Anzahl an Kulturinstitutionen, darunter allein mehrere Theater, eine Bibliothek, ein Museum sowie einen zoologischen und einen botanischen

Abb. 26
Ein typischer Flussdampfer an einem Anleger im Hafen von Guayaquil
1874
rem Sammlung Wilhelm Reiß
Sm 02/21

das einstige binnenländische Machtzentrum des Inkareichs Cusco aufzugeben und die Hauptstadt an die Stelle einer alten indianischen Siedlung in dem fruchtbaren Tal des Río Rímac zu verlegen. Ihr mildes, gerade für Europäer angenehmes Klima mit einer mittleren Jahrestemperatur von 23 Grad Celsius verdankt die Stadt dem vor der Küste verlaufenden Humboldtstrom und seinem kalten Auftriebswasser. Das Stadtzentrum orientiert sich um die Kathedrale und die Plaza Mayor und wurde in 117 Quadrate von 120 x 120 m Länge, den sogenannten Cuadras, eingeteilt. Sämtliche

Garten. Die gute Ausstattung mit öffentlichen und gewerblichen Einrichtungen sowie die stetige bauliche Expansion hatten Lima seit seiner Gründung zu einer Metropole gedeihen lassen, die bei der Ankunft von Reiß und Stübel Ende 1874 die 100.000-Einwohnermarke längst überschritten hatte[39] (siehe Abb. 29 im Beitrag Sui). Das Stadtbild war geprägt von weitläufigen Plätzen, mehrstöckigen Gebäuden, breiten gepflasterten Straßen und Trottoirs, Gaslaternen und eleganten Ladenlokalen mit üppig dekorierten Schaufenstern. Auch gab es bereits mehrere Hotels, die sich

Im Bann der Andenvulkane

besonders in Limas Hafen Callao angesiedelt hatten, um die anreisenden Schiffspassagiere schnell in Empfang nehmen zu können. In diesem Zusammenhang von einer touristischen Infrastruktur im klassischen Sinn zu sprechen, wäre allerdings verfrüht, vielmehr erfüllten diese ersten Hotels fast ausschließlich die Bedürfnisse eines reinen „Wirtschaftstourismus" (Abb. 27).

Eigentlich wollten sich Reiß und Stübel nur wenige Tage in Lima aufhalten. Diesen Plan verhinderten dieses Mal zum einen der schlechte Gesundheitszustand Stübels und zum anderen die politischen Unruhen, die die Stadt in Atem hielten. Um den unfreiwilligen Aufenthalt sinnvoll zu nutzen, richteten sie ihre Aufmerksamkeit auf die rund 40 km nördlich von Lima gelegene Küstenstadt Ancón, wo sie archäologische Ausgrabungen vornahmen.

Der einst beschauliche Ort Ancón hatte eine bizarre Vergangenheit als Seebad, die auf die umtriebige Finanzpolitik des zwischen 1868-1872 amtierenden peruanischen Präsidenten José Balta y Montero (1814-1872) zurückging. Als erster Regierungsführer öffnete sich Balta ausländischen Kapitaleinkünften, die vor allem als Erträge aus dem Guano-Handel in die Staatskassen flossen. Ein Teil der Einnahmen nutzte er für den Bau von Eisenbahnen, so auch für eine Bahnlinie von Lima nach Ancón, das er als mondänen Hotspot für das wohlhabende Bürgertum Limas ausbauen wollte. (Abb. 28). Wie die kolonialen Vorbilder wurde Ancón als Planstadt konzipiert und aus dem Boden gestampft. Dabei missachtete der Bauherr jedoch vollkommen das für seine hehren Pläne völlig ungeeignete Terrain. So entstand inmitten einer wüstenähnlichen Landschaft eine Retortenstadt „[...] ohne jegliche Berechtigung zum Leben, denn in Ancón gibt es gar nichts außer Fischen; selbst das Trinkwasser muß von Lima herbeigeschafft werden". (Reiß, S. 148) Nach Baltas Ermordung 1872 fiel der Ort nach diesem kurzen Intermezzo wieder in die Bedeutungslosigkeit zurück.

Allerdings hatten die Baumaßnahmen ausgereicht, um die direkt an Ancón angrenzenden Überreste alter Inka-Ansiedlungen samt den dazugehörigen Gräberfeldern schwer in Mitleidenschaft zu ziehen. Zur Zeit von Reiß´ und Stübels Grabungen hatte sich außer ein paar wenigen Mauerresten der alten Siedlung nur noch der von Grabräubern auf der

Abb. 27
Das Hotel Roma direkt an der Kaimauer im Hafen von Callao
rem Sammlung Wilhelm Reiß
Sm 02/21

Stephanie Herrmann

Abb. 28
Brücke über den Río Chillon entlang der Eisenbahnstrecke zwischen Lima und Ancón
rem Sammlung Wilhelm Reiß
Sm 04/04.2

Suche nach Gold und anderen Grabbeigaben stark geplünderte Begräbnisplatz erhalten. Ursprünglich lagen schätzungsweise 3.000 bis 4.000 Inkas auf dem Totenfeld begraben, deren Leichname durch das trockene Klima häufig komplett mumifiziert waren.[40] Den beiden deutschen Forschern gelang es, noch etwas mehr als 60 der runden und etwa vier Meter tiefen Erdgräber zu öffnen und aus diesen eine Vielzahl an Grabbeigaben sowie auch einige der in sitzender Position bestatteten und mit üppig verzierter Kleidung und Tüchern umwickelten mumifizierten Toten zu bergen.[41] Die wissenschaftlichen Resultate ihrer archäologischen Grabungen veröffentlichten sie später in dem großformatigen, prachtvollen, dreibändigen Werk „Das Todtenfeld von Ancon in Perú", das neben detaillierten Fundbeschreibungen zahlreiche anschauliche Farbillustrationen der geborgenen Schätze enthält.[42]

Nachdem sie ihre Ausgrabungen in Ancón beendet hatten, fuhren sie erneut per Dampfer entlang der Pazifikküste Richtung Norden, dieses Mal war Pacasmayo ihr Ziel, wo sie am Ostersonntag 1875 eintrafen. Wie schon im Falle von Ancón überraschte auch die kleine peruanische Hafenstadt als Ausgangspunkt einer scheinbar völlig „zweck- und ziellosen Eisenbahn". (Reiß, S. 152) Die Bahn verkehrte ganze zwei Mal in der Woche zwischen der Küste und dem schroffen, nur schwach besiedelten Hochland im Landesinneren. Allein der Umstand, dass ihre Fahrkarte mit der Nummer 57 dem gesamten Passagieraufkommen der letzten anderthalb Jahre entsprach, hätte die beiden Forscher stutzig machen können. Die Schwachstellen dieser kaum befahrenen und wenig solide ausgebauten Strecke offenbarten sich dann im Laufe der Fahrt, als kurz vor der Station in Chilete die Waggons nur noch einzeln über die akut einsturzgefährdete und wenige Tage später ganz geschlossene Brückenkonstruktion befördert werden konnten.

Von einem weiteren Eisenbahnprojekt durch Perus Hochland war Wilhelm Reiß dagegen so angetan, dass er eine mehrseitige handschriftliche Abhandlung darüber verfasste und seinem Fotokonvolut gleich mehrere spektakuläre Fotografien davon hinzugefügt hat.[43] Die Oroya-Bahn darf ohne Zweifel zu den weltweit ambitiontes-

Im Bann der Andenvulkane

ten Vorhaben des Eisenbahnbaus gezählt werden. Von Lima ausgehend sollte diese Strecke eine Verbindung von der Westküste, quer über die steile Abdachung der Anden verlaufend, zu den Zuflüssen des Amazonas und damit weiter zu den wichtigen Handelszentren an der Atlantikküste herstellen, um so den langen und gefährlichen Seeweg um Kap Hoorn überflüssig zu machen. Im Jahre 1859 hatte Perus eisenbahnbegeisterter Präsident José Balta dem amerikanischen Ingenieur Henry Meiggs (1811-1877)[44] die Konzession für das Projekt erteilt.[45] Zur Zeit von Wilhelm Reiß´ Expedition war der Bau bis zu dem kleinen, doch namensgebenden Ort Oroya in 3.750 m Höhe auf dem Rücken der Zentralkordillere vorangeschritten. Bis zu acht Stunden benötigte der Zug, für diese Strecke, dafür „[...] mußte die Bahn in mehrfachen Windungen übereinander am Abhang in die Höhe geführt werden, so daß man 3 Geleise dicht übereinander sieht; bald wird in scharfen Kurven umgebogen, bald zieht, bald schiebt die Lokomotive. [...] Tunnel folgt auf Tunnel (im ganzen 59) und oft tritt man aus dem Dunkel der Felsen hervor und sogleich auf ein [sic!] in schwindelnder Höhe über ein Seitental führende Brücke [...] um jenseits wieder in Bergen zu verschwinden" (zit. nach dem Originalmanuskript von W. Reiß).[46] Nach weiteren Streckenkilometern erreicht die Linie in rund 1.800 m Höhe die wilde, malerische Schlucht des Río Rímac, die nur dank eines der höchsten Bauwerke des Eisenbahnbaus überwunden werden konnte, der schmiedeeisernen „Puente de Verrugas", der Verrugas-Brücke – eine der bedeutendsten ingenieurtechnischen Leistung ihrer Zeit, deren Konstruktion aus einem in die Höhe ragenden Gerüst aus hunderten von Streben einem jeden Fahrgast den Atem stocken ließ (Abb. 29).

Von historischer Bedeutung war auch die nächste Reisestation, die Stadt Cajarmarca, am Fuße der Hochflächen auf einem schmalen Kordillerenplateau auf 2.735 m Höhe gelegen. Hier hatte sich im ersten Drittel des 16. Jahrhunderts eine Residenz des Inkaherrschers Atahualpa (um 1500-1533) befunden, der 1532 im Streit um die Herrschaftsnachfolge seinen Halbbruder Huáscar gefangen nehmen ließ. Doch schon im November desselben Jahres zog der spanische Konquistador Francisco Pizarro in die Stadt ein und nahm Ata-

Abb. 29
Auf rund 1.800 m Höhe passiert die Verrugas-Brücke der Oroya-Bahn den Flusslauf des Río Rímac.
rem Sammlung
Wilhelm Reiß
Sm 04/16

Stephanie Herrmann

hualpa gefangen. In der Hoffnung, freigelassen zu werden, bot der Inkaherrscher Pizarro an, sein Haus bis zu der Höhe mit Gold auffüllen zu lassen, die er mit ausgestreckter Hand erreichen könne. Letztendlich retteten auch diese unfassbaren Lösegeldzahlungen den Inkaherrscher nicht. Zwar gingen die Spanier zum Schein auf den Vorschlag ein, richteten Atahualpa aber trotz der Goldzahlungen nach einem fingierten Schauprozess hin, da sie Vergeltungsmaßnahmen fürchteten.[47]

Eine besondere Eigenart betraf die Kirchen in Cajamarca, die in einem für Peru einzigartigen Barockstil errichtet waren. Allerdings konnte das Vizekönigreich Peru jährlich nur einen bestimmten Betrag für den Kirchenbau aufbringen, sodass sämtliche Türme und teilweise auch die Fassaden der opulenten Gotteshäuser nie vollständig fertig gestellt werden konnten (Abb. 30).

Mit dem Abschied aus Cajamarca ließen Reiß und Stübel auch die peruanischen Anden hinter sich. Ihr Plan war es nun, das Tal des Río Marañón, des oberen Quellfluss des Amazonas, zu passieren, weiter östlich dessen Nebenfluss Río Huallaga zu erreichen, um von dort weiter zum Amazonas zu gelangen. Der Ortswechsel vom Gebirge in die milderen Flusstäler kam zur rechten Zeit. Zwar hatten sie in Ecuador oft wochenlang in größeren Höhen und bei größerer Kälte „ganz vergnügt und behaglich gelebt". (Reiß, S. 157) Aber der wochenlange Aufenthalt im tropisch warmen Klima der Pazifikküste hatte ihre abgehärteten Körper gegen schroffe Temperaturwechsel wieder empfindlich gemacht. So war Reiß froh, als er allmählich in die wärmeren Gefilde der Moyobamba-Ebene absteigen konnte.

Am 30. Juli 1875 hatten die beiden Forscher den Río Huallaga erreicht, der bei Chazuta die letzten Andenketten durchbricht und von hier an zahlreichen kleinen Dörfern und größeren Städten vorbei mäandert, bevor er weiter nördlich in den Marañón fließt. Maultiere und Träger wurden gegen zwei kleinere Flöße eingetauscht, auf denen die Fahrt durch die am Oberlauf des Flusses noch häufigen und teils stürmischen Stromschnellen zu einer waghalsigen Herausforderung wurde. Erst nach vier Tagen erreichten die Flöße ruhigeres Fahrwasser, woraufhin die schlichten Wasserfahrzeuge mit überdachten Aufbauten versehen wer-

Abb. 30
Die im für Cajamarca typischen Barockstil errichtete Kirche San Francisco, deren Bau allerdings nicht vollständig zur Ausführung gelangte.
rem Sammlung Wilhelm Reiß
Sm 04/13

Im Bann der Andenvulkane

den konnten, was nicht nur gegen die tropischen Regenfälle schützte, sondern den Aufenthalt „an Deck" um einiges bequemer machte. Ihre so ausgestatteten Fahrzeuge sollten ihnen auch stromabwärts auf dem Amazonas, dem Hauptstrom des größten Fließgewässersystems der Erde und ihrem längsten Fluss, gute Dienste leisten und ihnen ein paar gemütliche Tage bescheren – doch Wilhelm Reiß kam erst gar nicht in den Genuss einer solch entspannten Bootspartie. Bei einem Jagdunfall verletzte er sich durch den Rückstoß seines Gewehrkolbens schwer an der Schulter. Zwar gelang es seinen einheimischen Begleitern, das Schultergelenk wieder zu stabilisieren. Eine Entzündung, mangelnder Proviant und tropische Hitze bereiteten ihm aber solch höllische Schmerzen und hohes Fieber, dass die gesamte dreiwöchige Fahrt, auf der er „unbeweglich ans Lager gefesselt" und eine „Beute" der Moskitos war, zu einer letzten, unmenschlichen Tortur wurde.

Nachdem sie Tag und Nacht weitergefahren waren, gelangte der Erkrankte völlig abgemagert und geschwächt Ende August nach Iquitos. Die peruanische Stadt inmitten des tropischen Regenwaldes liegt rund 125 km stromabwärts vom Zusammenfluss der beiden Hauptquellflüsse des Amazonas, des Río Ucayali und des Río Marañón, und war damals ausschließlich per Schiff erreichbar. Just zur Zeit von Reiß' Aufenthalt erlebte sie als Zentrum des Kautschukhandels eine kurze Blütephase, die allerdings zu Lasten ihrer indigenen Bewohnerschaft ging. Denn während die Indios zur Arbeit auf den Plantagen zwangsverpflichtet wurden, erwirtschafteten die sogenannten „Kautschukbarone" innerhalb der wenigen Jahre bis zur Verlagerung der Kautschukgewinnung nach Asien enorme Gewinne.[48]

Für den körperlich völlig entkräfteten Mannheimer wurde Iquitos für die nächsten sechs Wochen zu einem letzten Standquartier. Eine Dampferfahrt auf dem Río Ucayali sollte ihm einige geistige Zerstreuung und wissenschaftliche Resultate bringen, blieb aufgrund der Havarie des Schiffes jedoch ergebnislos. Am 8. Oktober 1875 schiffte sich Wilhelm Reiß in Iquitos zunächst auf einem unter peruanischer Flagge fahrenden Dampfer ein, bevor er mit dem Grenzübertritt nach Brasilien in Tabatinga auf ein brasilianisches Schiff wechselte. Einen guten Monat dauerte die Dampferfahrt auf dem Amazonas bis zur Ankunft in der Region Pará, dem Mündungsgebiet des Stromes. Hier erwartete schon Alphons Stübel, der nach Reiß' Schulterentzündung vorgefahren war, den rekonvaleszenten Nachzügler. Gemeinsam fuhren sie per Dampfer die brasilianische Atlantikküste entlang, an der mondänen Küstenstadt Salvador de Bahia vorbei bis nach Rio de Janeiro, wo sie nach vierzehntägiger Seereise am 18. November 1875 von Bord gingen (Abb. 31).

Die Geschichte der Stadt Rio de Janeiro, was übersetzt so viel wie „Januarfluss" bedeutet, war in ihren Anfängen unbeständig und begann mit einem Missverständnis.[49] Die Kapitäne der portugiesischen Schiffe gingen bei ihrer Ankunft am 1. Januar 1502 in der Guanabara-Bucht fälschlicherweise davon aus, dass es sich um das Mündungsdelta eines großen Flusssystems handelte. Nachdem anfangs französische Vorsiedler versucht hatten, im Bereich des späteren Stadtgebiets Fuß zu fassen, womit sie gegen die 1493 von Papst Alexander VI. erlassene Bulle „Inter caetera divinae", die die Aufteilung der neu entdeckten Welt zwischen Spanien und Portugal festlegte, verstießen, gab es seit 1560 Bestrebungen der portugiesischen Regierung, das Gebiet für eigene Interessen zurückzuerobern. Am 1. März 1565 erfolgte schließlich durch den Neffen des amtierenden portugiesischen Generalgouverneurs die Gründung der Stadt São Sebastião do Rio de Janeiro (Abb. 32). Zunächst lebten vor allem Ureinwohner in der Siedlung, das Wachstum jedoch war stetig. Als Rio de Janeiro im Jahr 1680 Hauptstadt der südlichen Regionen Brasiliens wurde, war es mit seinen bereits 4.000 Einwohnern eine der größten Städte Südamerikas. Zwischen 1808 und 1822 war hier sogar die Residenz der portugiesischen Königsfamilie, als diese wegen der Invasion der Napoleonischen Armee aus Europa flüchten musste. Somit war Rio de Janeiro für 14 Jahre die einzige Hauptstadt einer europäischen Weltmacht, die nicht in Europa lag. Dies hatte positive Auswirkungen auf die weitere Entwicklung. Das Wirtschaftswachstum und damit die Bevölkerungszahlen nahmen stark zu, um 1820 hatte Rio de Janeiro bereits rund 112.000 Einwohner und entwickelte sich zum wichtigsten Hafen des Landes (Abb. 33).

Wilhelm Reiß´ Südamerika-Expedition in historischen Fotografien

Stephanie Herrmann

Abb. 31
Salvador de Bahia, Praca Riachvelo mit dem Monument des Paraguay-Krieges
Um 1875
Rodolphe Lindemann
rem Sammlung
Wilhelm Reiß
Sm 07/04.2

Zur Zeit von Wilhelm Reiß' Besuch war Rio de Janeiro eine moderne Metropole, deren Innenstadt – wie wir es von anderen kolonialen Stadtgründungen in Südamerika schon kennen – nicht nur einen gewissen Planstadtcharakter aufwies, sondern auch über eine ausgezeichnete urbantechnische Infrastruktur verfügte. So existierte sogar ein Kanalisationsnetz, wodurch es gelungen war, die Stadt von der Geißel des Gelbfiebers, das um die Mitte des 19. Jahrhunderts noch jährlich tausende Opfer forderte, zu befreien.

In Rio de Janeiro ereilte Wilhelm Reiß ein letzter schwerer Schicksalsschlag: Sein treuer Leibdiener Anjel Maria Escobar, der ihm während der gesam-

Abb. 32
Blick in die Bucht von Botafogo, Rio de Janeiro
1875/76
rem Sammlung
Wilhelm Reiß
Sm 05/01

ABENTEUER ANDEN UND AMAZONAS

Im Bann der Andenvulkane

Abb. 33
Blick über Rio de Janeiro
1875/76
Rodolphe Lindemann
rem Sammlung
Wilhelm Reiß
Sm 05/03.2

ten achtjährigen Expedition ein – im wahrsten Sinne des Wortes – treuer Weggefährte gewesen war, der mit ihm auf dem Gipfel des Cotopaxis gestanden und ihn gesichert hatte, als Reiß rittlings auf dem Kraterrand balancierend Luftproben nahm, der ihn über manche Wochen aufopferungsvoll auf dem Krankenlager gepflegt hatte – dieser ihm in allen Lebenslagen treu zur Seite gestanden habender Freund verstarb mit nur 33 Jahren nach kurzer heftiger Krankheit in seinen Armen am Gelbfieber, das man eigentlich schon ausgerottet glaubte. In einem Brief teilte Reiß der Mutter Escobars das Schicksal ihres Sohnes mit. Wie schon die Briefe an seinen Vater, so offenbart auch dieser eine Charakterseite des Mannheimer Wissenschaftlers, die uns angesichts seines stets rationalen Handelns, seiner unnahbaren Strenge und eisernen (Selbst-)Disziplin uberrascht. Mit ungewohnt emotionalen Worten würdigte er die Leistungen seines Mitstreiters und gab unumwunden zu, dass dieser es war, der ihn wie auch die Expedition mehrfach gerettet hat. Er habe ihn nicht als Diener, sondern als einen wahren Freund geschätzt, dessen Tod wie auch die Gewissheit, ihn nicht gesund wieder in die Heimat gebracht zu haben, einen furchtbaren Schmerz in ihm hinterlässt. Als Zeichen seiner Dankbarkeit ließ Reiß eine Marmorplatte auf Escobars Grab setzen mit einem letzten stillen Gruß: „Dem Andenken Anjel Maria Escobar [...] in Dankbarkeit gewidmet von W. Reiß."[50]

Für Wilhelm Reiß endete seine Südamerika-Expedition in der Hauptstadt Brasiliens, gleichzeitig trennte er sich ein letztes Mal von Alphons Stübel, der sich für die Fortsetzung der Reise entschied.[51] Im März 1876 schiffte er sich auf einem Überseedampfer nach Lissabon ein und kehrte Ende April in seine Heimatstadt Mannheim zurück – hinter ihm lagen acht Jahre größter wissenschaftlicher Höhepunkte und menschlichen Leidens. Es war die bis dato längste Expedition eines Europäers durch die Andengebiete Südamerikas, deren wissenschaftlicher Ertrag für die Geologie und ihre Nachbardisziplinen und insbesondere für die Lehre von der Entstehung der Vulkane im nördlichen Andenraum von größtem Wert war.[52]

Zurück in der Heimat – Die Bürde der wissenschaftlichen Aufarbeitung

In einem Brief an seinen Bruder Wilhelm schilderte Alexander von Humboldt enthusiastisch seine ersten Eindrücke von der Tropenwelt Südamerikas und zitierte seinen Kompagnon Aimé Bonpland (1773-1858) mit den Worten, „[...] er komme von Sinnen, wenn die Wunder nicht bald aufhören". Nach seiner Rückkehr aus Südamerika sah sich auch Wilhelm Reiß ab 1877 der schier unlösbaren Aufgabe gegenüber, die über die

Stephanie Herrmann

Jahre angewachsene und zu Hause auf ihn wartende Überfülle an Sammlungsstücken, Gesteinsproben, schriftlichen Aufzeichnungen, Skizzen und Kartenmaterial zu systematisieren und wissenschaftlich aufzuarbeiten.

Zwar wurde er für seine Verdienste mit zahlreichen Ehrungen und Ämtern gewürdigt. Er erhielt unter anderem das Ritterkreuz I. Klasse mit Eichenlaub des Ordens vom Zähringer Löwen, wurde zum Preußischen Geheimen Regierungsrat ernannt und übernahm die für ihn als Wissenschaftler ehrenvollen Vorsitze der renommierten Gesellschaften für Erdkunde und Anthropologie in Berlin. Doch es zog ihn nicht ins Rampenlicht. Vielmehr hatte er sich dazu entschlossen, keine Lehrtätigkeit an einer Universität aufzunehmen, sondern sich als Privatgelehrter völlig der Auswertung seiner Reiseergebnisse zu widmen. Nach Überwindung eines heftigen Malariaanfalls und nachdem ihn auch sein altes Augenleiden wieder plagte, siedelte er von 1878 bis 1892 zunächst nach Berlin um, wo er seine Forschungsunterlagen weiter auswertete.

In diese Jahre fällt auch seine Heirat (am 30. Januar 1883) mit Emilie Franciena (Abb. 34), der auf Java unter ihrem Mädchennamen Wiederhold geborenen Tochter eines in Niederländisch-Ostindien stationierten Kolonialbeamten. Sie hatten sich bereits 1877 nach Reiß´ Rückkehr kennengelernt. Die Ehe blieb kinderlos, vielmehr zog es das Paar auf Reisen, etwa Ende 1888 zu einer gemeinsamen Fahrt über Italien, Ägypten, in die Türkei und bis nach Griechenland.

In Berlin warteten unterdessen die Forschungsmaterialen auf Reiß, deren Bearbeitung für ihn mehr und mehr zu einer drückenden Bürde wurde, vor der er letztlich kapitulieren musste. Sein Scheitern vor dieser Herkulesaufgabe hatte, in der Rückschau betrachtet, gleich mehrere Gründe.

Die wissenschaftliche Welt hatte sich während der langjährigen Abwesenheit von Reiß und Stübel weitergedreht, die geologischen und vulkanologischen Methoden, Forschungsansätze und Thesen, die bei ihrer Abreise noch Gültigkeit besessen hatten, waren teilweise längst obsolet oder falsifiziert worden.

Darüber hinaus wurde die Zusammenarbeit durch den Umstand belastet, dass sich Reiß und Stübel, die ursprünglich die Absicht hatten, ihre Forschungsresultate trotz einiger in Einzelaspekten abweichender geologischer beziehungsweise vulkanologischer Ansichten gemeinsam zu publizieren, mehr und mehr voneinander entfremdeten. Hatten sie 1880 noch gemeinsam ihr

Abb. 34
Wilhelm Reiß und seine Frau Emilie Franciena zusammen im Garten auf Schloss Könitz
Juni 1901
rem Archiv der Weltkulturen und Umwelt
Sammlung Wilhelm Reiß
Iv. 436c

Im Bann der Andenvulkane

bereits erwähntes Hauptwerk „Das Todtenfeld von Ancon" veröffentlicht, so gaben sie später große Teile ihrer Messergebnisse an Fachkollegen weiter, damit wenigstens auf diesem Wege noch spezielle Aspekte ihrer Reiseergebnisse aus Kolumbien und Ecuador veröffentlicht werden konnten.[53] Des Weiteren dürfen wir heute davon ausgehen, dass Reiß massiv litt wegen der größeren Schaffenskraft Stübels, die ihn zusehends deprimierte und zeitweise in apathische Untätigkeit fallen ließ. Dass er selbst 1891 an seinen ehemaligen Weggefährten schrieb, dieser möge ihn als „gestorben betrachten", ist geradezu symptomatisch für seine innere Leere und Zerrissenheit. 1898 kam es schließlich zum totalen Zerwürfnis zwischen den beiden Forschern, woraufhin Reiß im Hinblick auf seine Nachlassregelung sogar bestimmte, dass Stübels Briefe nach seinem Tode zu verbrennen seien.[54] Erst nach Stübels Tod zeigte sich Reiß versöhnlich; auf die Einladung des Rates der Stadt Leipzig zu den Feierlichkeiten anlässlich von Stübels 70. Geburtstag hin entschuldigte er sein Fernbleiben, veranlasste aber, dass ein Lorbeerkranz an der Büste seines „langjährigen Reisegenossens" niedergelegt wurde.[55]

Im Herbst 1892 verließ Wilhelm Reiß das hektische Treiben in Berlin und zog ins thüringische Saalfeld, wo er das kleine Schloss Könitz als Altersruhesitz für sich und seine Frau erworben und in Stand hatte setzen lassen (Abb. 35). Hier arbeitete er die letzten 16 Jahre unermüdlich an der Aufarbeitung seines Lebenswerkes, doch seine Schaffenskraft war gebrochen. Längst hatte er erkannt, dass all seine Mühen ihn nicht mehr zu jenem großen Ziel führen würden, das er sich als junger Wissenschaftler gesetzt hatte: die Vulkanologie in ihren Grundfesten zu erschüttern und neu zu schreiben. Am 29. September 1908 verunglückte Wilhelm Reiß im Alter von 70 Jahren tödlich bei der Dohlenjagd in seinem Garten, neben ihm lag sein Jagdgewehr.

So tragisch der Umstand ist, dass es Reiß in seinem letzten Lebensdrittel nicht gelungen ist, seine selbst gesteckten Ziele zu erreichen, so falsch wäre es, seine wissenschaftlichen Leistungen oder gar sein Leben darauf zu reduzieren. Wilhelm Reiß gehört – wie auch Alphons Stübel – in die erste Reihe der Südamerikaforscher. Mit seiner beispiellosen Erkundung der Andenländer hat Reiß erforscht, ergänzt und weitergeführt, was seine Vorgänger und Kollegen verschiedenster Disziplinen wie Alexander von Humboldt, Johann Jakob von Tschudi (1818-1889) oder auch Eduard Friedrich Poeppig (1798-1868) erstmalig in das Licht der Natur- und speziell der Geowissenschaften gerückt hatten. Die reichen Forschungsergebnisse, mit denen Reiß nach achtjähriger Expedition über Andengipfel und durch Amazonasdschungel heimgekehrt ist, waren für nachfolgende Forschergenerationen in den unterschiedlichen Naturwissenschaften ein reicher Fundus an neuen Erkenntnissen. Von ebenso großem Wert bis heute ist für die Geschichte der Fotografie seine umfangreiche Fotosammlung, die er aus Südamerika in die Heimat gebracht hat. Sie gehört zu den wichtigsten historischen Sammlungsbeständen des Forums Internationale

Abb. 35
Wilhelm Reiß am Schreibtisch seiner Bibliothek auf Schloss Könitz
o. J.
rem Archiv der Weltkulturen und Umwelt
Sammlung Wilhelm Reiß
Iv. 436c

Stephanie Herrmann

Photographie der Reiss-Engelhorn-Museen. Die ursprünglich rund 700 Albumin-Abzüge zählende Sammlung, von denen sich 551 erhalten haben, wird nun anlässlich des 150. Jubiläums von Reiß´ Südamerika-Expedition in der Ausstellung „Abenteuer Anden und Amazonas. Wilhelm Reiß´ Südamerika-Expedition in historischen Fotografien" erstmalig der Öffentlichkeit als umfassende Gesamtschau präsentiert und dokumentiert eindrucksvoll die Lebensleistung eines Mannes, der die Südamerikaforschung im 19. Jahrhundert maßgeblich mitgeprägt hat.

Anmerkung: Die Zitate im Text, die mit dem Namen Reiß und Seitenzahlen gekennzeichnet sind, entstammen sämtlich seinen Reisebriefen, veröffentlicht in: Dietzel, Karl Heinrich (Hrsg.): Wilhelm Reiss – Reisebriefe aus Südamerika 1868-1876, in: Wissenschaftliche Veröffentlichungen der Gesellschaft für Erdkunde zu Leipzig, Bd. 9, Leipzig [u.a.] 1921.

1. Zu den ursprünglichen Reiseplänen vgl: Krase, Andreas (Hrsg.): Collection Alphons Stübel. Die Fotosammlung einer Südamerikaexpedition 1868-1877, [Ausstellungskatalog] Berlin 1988, S. 3; Scurla, Herbert (Hrsg.): Im Banne der Anden. Reisen deutscher Forscher des 19. Jahrhunderts, 2. Aufl., Berlin 1973, S. 449.
2. Vgl. Stüttgen, Michaela: Einleitung, in: Brockmann, Andreas/Stüttgen, Michaela (Hrsg.): Spurensuche. Zwei Erdwissenschaftler im Südamerika des 19. Jahrhunderts, [Ausstellungskatalog] Unna [u.a.] 1994, S. 5-9, hier S. 5.
3. Vgl. Scurla, wie Anm. 1, S. 5; Kümin, Beatrice (Hrsg.): Expedition Brasilien. Von der Forschungszeichnung zur ethnografischen Fotografie, Bern 2007, S. 19.
4. Auch im 19. Jahrhundert hatte die 1825 von dem britischen Entdecker William Bennett Stevenson (ca. 1878 - ca. 1830) formulierte Feststellung: „[...] that although the countries thus emancipated were discovered in the sixteenth century, they have remained almost unknown till the beginning of the nineteenth." kaum etwas von ihrer Gültigkeit verloren. Vgl. Stevenson, William Bennett: A Historical and Descriptive Narrative of Twenty Years Residence in South America, Bd. 1, London 1925, S. V (Vorwort); vgl. auch: Bernecker, Walther L.: Einführung in den Themenbereich, in: Bernecker, Walther L./Krömer, Gertrut (Hrsg.): Die Wiederentdeckung Lateinamerikas. Die Erfahrungen des Subkontinents in Reiseberichten des 19. Jahrhunderts. Frankfurt am Main 1997, S. 9-28, hier S. 9f.
5. Vgl. ebd. S. 10.
6. Vor allem Brasilien entwickelte sich zu einem beliebten Forschungsziel. Im ersten Drittel des 19. Jahrhunderts führten gleich drei prominente Expeditionen deutsche Forschungsreisende hierher. Zunächst reiste Prinz Maximilian zu Wied-Neuwied (1782-1867) auf den Spuren Humboldts von 1815-1817 durch das Landesinnere. Ihm folgten kurze Zeit später die beiden bayerischen Naturwissenschaftler Johann Baptist von Spix (1781-1826) und Carl Friedrich Philipp von Martius (1794-1868), die von 1817 bis 1820 Brasilien der Länge nach von Süden nach Norden durchquerten. Ein weiterer deutscher Brasilienreisender dieser Zeit war Freiherr Georg Heinrich von Langsdorff (1774-1852), der die erste russische Expedition durch das Land anführte. Vgl. Kümin, wie Anm. 3, S. 22f.; vgl. zu weiteren deutschen Südamerikareisenden auch: Geppert, Georg (Hrsg.): Als die Welt größer wurde. Forschungsreisen nach Lateinamerika im 19. Jahrhundert, Dortmund 1983.
7. Vgl. unter URL: https://www.landeshauptarchiv.de/service/landesgeschichte-im-archiv/blick-in-die-geschichte/archiv-nach-jahrgang/?4021859/?L=0) [Stand: 12.06.2018]; vgl. auch Vogel, Hans: Europäische Forschungsreisen in den Cono Sur in der zweiten Hälfte des 19. Jahrhunderts, in: Benecker/Krömer, wie Anm. 4, S. 149-168, hier S. 149f.
8. Vgl. Dietzel, Karl Heinrich (Hrsg.): Wilhelm Reiss – Reisebriefe aus Südamerika 1868-1876, in: Wissenschaftliche Veröffentlichungen der Gesellschaft für Erdkunde zu Leipzig, Bd. 9, Leipzig [u.a.] 1921.
9. Ebd. S. 18.
10. Ebd. S. 19.
11. Im Laufe seiner Südamerikareise widersprach Reiß weiteren Thesen Alexander von Humboldts, zum Beispiel hinsichtlich des Setzens der Schneefallgrenze an den Vulkanen des Puracé-Gebirges, vgl. Tagebucheintrag von Wilhelm Reiß vom 2. Dezember 1868, in: Dietzel, wie Anm. 8, S. 65; vgl. zur wissenschaftlichen Abgrenzung von Wilhelm Reiß und Alphons Stübel gegenüber Alexander von Humboldt auch: Stüttgen, Michaela: Zum Leben und Werk von Alphons Stübel und Wilhelm Reiss, in: Brockmann/Stüttgen, wie Anm. 2, S. 11-20, hier S. 11.
12. Wilhelm Reiß in einem Brief vom 31. April 1855 an seinen Vater; der Brief befindet sich heute im MARCHIVUM Mannheim, Korrespondenz-Nachlass Wilhelm Reiß.
13. Dietzel, wie Anm. 8, S. 14.
14. 1850 erweiterte die britische „Royal Mail Line" mit einem subventionierten Postkontrakt ihren Liniendienst nach Südamerika. Seit

Im Bann der Andenvulkane

1855 versuchten sich auch deutsche Reedereien in diesem hart umkämpften Fahrtgebiet, allerdings mit mäßigem Erfolg: Nur zwei Jahre (1856-1858) existierte die „Hamburg-Brasilische Dampfschifffahrt-Gesellschaft", und auch die 1869 gegründete „Hamburg-Brasilianische Dampfschiffahrts-Gesellschaft" musste schon nach drei Jahren 1871 ihren Liniendienst wieder einstellen. Erst während des Südamerika-Aufenthalts von Wilhelm Reiß konnte sich mit der 1871 initiierten Linie der „Hamburg-Süd" ein regelmäßiger Liniendienst nach Südamerika etablieren; von 1872 an fuhr zudem die „Deutsche Dampfschiffahrts-Gesellschaft Kosmos" in regelmäßigem Dienst die Westküste Südamerikas an. Vgl. die jeweiligen Kapitel: „Brasilianisches Intermezzo. Die Hamburg-Brasilische DG 1856-1858" (S. 25-26); „Die Boltensche Versuchslinie. Die Hamburg-Brasilianische DG 1869-1871" (S. 47f-48); „Die Anfänge der Hamburg-Süd 1871-1877" (S. 64-67); „Nach der Westküste Südamerikas. Die DDG Kosmos 1872-1895" (S. 67-75) in: Kludas, Arnold (Hrsg.): Die Geschichte der deutschen Passagierschiffahrt – Die Pionierjahre von 1850-1890, Bd. 1, Hamburg 1986.

15 Ursprünglich: Compagnie Générale Maritime.

16 Ich danke für die Fahrplaninformationen zum sogenannten „Antillen Service" Frau Natacha Potéreau vom French Line-Archiv in Le Havre.

17 Spätere Häfen waren zum Beispiel Puerto Salgar (ab 1871) und Puerto Colombia (ab 1888), vgl. Mertins, Günter: Deutsche Reiseberichte des 19. Jahrhunderts über Kolumbien, in: Benecker/Krömer, wie Anm. 4, S. 179-190, hier S. 182f.

18 Die „Compania Unida de Navigación" organisierte von 1856-1867 den Schiffsverkehr auf dem Río Magdalena, bevor sie in dem Reedereiverband „United Magdalena Steam Navigation Company" unter der Leitung des englischen Unternehmers und Pioniers der Flussschifffahrt, Robert A. Joy, aufging, vgl. Peréz, Milton Zambrano: El puerto fluvial de Barranquilla, 1880-1936, Bd. 1, in: Jesús Ferro Bayona, Octavio Ibarra Consuegra, Eduardo Gómez Araujo (Hrsg.): Historia empresarial de Barranquilla (1880-1980), Barranquilla 2014, S. 45-102, hier S. 87.

19 Zit. nach Waller, Franz: Wilhelm Reiß (1838-1908). Photographien von seiner Reise durch Südamerika 1868-1876, [Ausstellungsbegleitheft] Mannheim 1988, S. 8.

20 Das Londoner Handelshaus Frühling & Göschen mit deutschen Wurzeln war aus der 1814 gegründeten gleichnamigen Privatbank hervorgegangen. Zu den Tabaksanpflanzungen des Handelshauses Frühling & Göschen vgl. auch: Hettner, Alfred (Hrsg.): Reisen in den columbianischen Anden. Leipzig 1888, S. 250.

21 Vgl. Orton, James (Hrsg.): The Andes and the Amazon Across the Continent of South America, Hamburg 2012, S. 159. Zu den Opferzahlen vgl. auch: Solov'ev, Sergeï Leonidovich/Ch. N. Go (Hrsg.): Catalogue of tsunamis on the eastern shore of the Pacific Ocean, in: Canadian translation of fisheries and aquatic sciences, Bd. 5087, Jg. 1984, Sidney 1984, abrufbar unter URL: http://www.dfo-mpo.gc.ca/Library/61161.pdf [Stand: 23.04.2018] Wilhelm Reiß geht von einer deutlich niedrigeren Opferzahl von 6.000-8.0000 aus, vgl. Dietzel, wie Anm. 8, S. 112.

22 Der Forscher hat nach seiner Rückkehr einen Bericht über seine Expedition verfasst, der 2003 mit einer lesenswerten Einführung von der Ethnologin und Kunsthistorikerin Barabara Gretenkord neu ediert wurde: Condamine, Charles Marie de la, mit einer Einführung von Barbara Gretenkord: Reise zur Mitte der Welt. Die Geschichte von der Suche nach der wahren Gestalt der Erde, Ostfildern 2003.

23 Vgl. Edward Whymper (Hrsg.): Travels amongst the great Andes of the Equator. London: Murray, 1891, S. 180. Der britische Bergsteiger Edward Whymper (1840-1911) ist zusammen mit den italienischen Brüdern Carrel am 4. Dezember 1880 als Erstbesteiger des Vulkans Chimborazo in die Geschichte eingegangen, vgl. Cruz, Marco (Hrsg.): Montanãs del Ecuador, ca. 1992, S. 64.

24 Weitere koloniale Planstädte in Südamerika waren zum Beispiel Bogotá, Lima und Montevideo, vgl. dazu: Heineberg, Heinz: Entwicklung und Struktur ehemaliger spanischer Kolonialstädte in Südamerika anhand der Stadtpläne von Lima (1872), Bogotá (1852) und Montevideo (1865), in: Brockmann/Stüttgen, wie Anm. 2, S. 52-74.

25 Whymper, wie Anm. 23, S. 168.

26 Vgl. auch: Stüttgen, wie Anm. 11, S. 15ff.

27 Vgl. zu Troya: Puig Peñalosa, Xavier (Hrsg.): Rafael Troya. Estética y pintura de paisaje, 1. Aufl., Ecuador: Universidad Técnica Particular de Loja 2015; Kennedy Troya, Alexandra (Hrsg.): Rafael Troya (1845-1920). El pintor de los Andes ecuatorianos, Quito: Ed. del Banco Central del Ecuador 1999.

28 Brockmann/Stüttgen, wie Anm. 2, S. 7.

29 Vgl. Krase, Andreas: „Von der Wildheit der Scenerie eine deutliche Vorstellung" – Die Fotografiesammlung von Alphons Stübel und Wilhelm Reiss aus Lateinamerika 1868-1877, in: ebd., S. 145-160, hier S. 146. Vgl. dazu auch: Krase, Andreas: Organising the World: Alphons Stübel's and Wilhelm Reiss' Collections of Photographs from South American Countries 1868-77, in: PhotoResearcher ESHPh European Society for the History of Photography – Voyage. Aspects of Travel Photography, Jg. 23 (2015), S. 40-51.; vgl. auch den Katalogbeitrag von Franz Waller in diesem Band S. 37-51.

Stephanie Herrmann

30 Kilian, Rolf: Die geologisch-vulkanologischen Studien von Wilhelm Reiss und Alphons Stübel, in: Brockmann/Stüttgen, wie Anm. 2, S. 41-51, hier S. 44.

31 Brief Alphons Stübels vom 26. November 1872, zit. nach: Brockmann/Stüttgen, wie Anm. 2, ebd.

32 Vgl. Jutta von Campenhausen: Ecuador Land der Vulkane, unter URL: http://www.merian.de/bilder/die-allee-der-vulkane-2.html [Stand: 14.05.2018].

33 Ich danke Herrn Prof. Dr. Peter Rothe für die wissenschaftliche Beratung zu den geologischen Bodengegebenheiten.

34 Zwei Faksimiles des Berichtes an Garcia Moreno (davon eines seiner Schwester Anna Reiß gewidmet) befinden sich heute in den Sammlungen Kulturen der Welt und ihre Umwelt der Reiss-Engelhorn-Museen Mannheim. Ich danke Frau Dr. Doris Döppes für die Überlassung der Texte im Zusammenhang mit meinen Recherchearbeiten für Ausstellung und Katalog.

35 Vgl. auch Knoll, Annemarie: Reiß mit Gefährten samt Hund „Vengador" – Bild in den Völkerkundlichen Sammlungen, in: Mannheimer Morgen, 29. August 1978, S. 14.

36 Waller, Franz: Bilder aus Südamerika 1868-1876. Wilhelm Reiß (1838-1908) zum 150. Geburtstag, in: Höhl, Gudrun (Hrsg.): Verein für Naturkunde Mannheim e.V., Jahresbericht 1987-1989, Heft 2, Mannheim 1990, S. 5-23.

37 Vgl. Heineberg, wie Anm. 24, 56ff.

38 Vgl. ebd.

39 Ebd. S. 58.

40 Diese Angaben entstammen einem Reisebrief von Alphons Stübel vom 26. Februar 1875, veröffentlicht in: Hönsch, Ingrid: Die Forschungsreisen Alphons Stübels in Südamerika (1868-1877) im Spiegel seiner Reisebriefe, in: Brockmann/Stüttgen, wie Anm. 2, S. 21-40, hier S. 34.

41 Vgl. zu den Grabungen in Ancón auch: Haas, Richard: Wilhelm Reiss y Alphons Stübel. La colección del Ancón en el Museo Etnológico de Berlin, in: Deimel, Claus (Hrsg.): Jahrbuch der Staatlichen Ethnographischen Sammlungen Sachsen, Bd. 43, Berlin 2007, S. 97-103.

42 Reiß, Wilhelm/Stübel, Alphons (Hrsg.): Das Todtenfeld von Ancon in Perú. Ein Beitrag zur Kenntnis der Kultur und Industrie des Inca-Reiches, Berlin 1880-1887.

43 Das Originalmanuskript befindet sich heute im Archiv für Geographie des Leibniz-Institut für Länderkunde/Leipzig: Findbuch Wilhelm Reiß, Signatur K 126 – 136, 283, hier Signatur: K 131, lfd. Nr. 24. Ich danke dem Institutsleiter Herrn Dr. Heinz Peter Brogiato für die fachliche Unterstützung und freundliche Zusammenarbeit.

44 Während seiner Fahrt mit der Oroya-Bahn lernte Wilhelm Reiß deren Erbauer Henry Meiggs persönlich kennen und fand freundliche Aufnahme in dessen Haus. Ein Porträt des wegen einiger zweifelhafter Finanz- und Immobiliengeschäfte in Verruf geratenen Unternehmers befindet sich wohl nicht zuletzt aus diesem Grund im Carte-de-Visite-Format in der Reiß-Fotosammlung, siehe Katalogbeitrag von Franz Waller, Abb. 17.

45 Vgl. Pifferi, Enzo/Ogliari, Francesco/Magni, Emilio/Heussler, Gerd (Hrsg.): Anden. Auf den höchsten Bahnen der Welt, Zürich 1982, S. 53ff.

46 Findbuch, wie Anm. 43.

47 Prem, Hanns J. (Hrsg.): Geschichte Altamerikas, Oldenbourg-Grundriss der Geschichte, Bd. 23, 2. völlig überarb. Aufl., München 2007, S. 90.

48 Rummenhöller, Klaus (Hrsg.): Vom Kautschukboom zum Goldrausch. Die Tieflandindios im peruanischen Departement Madre de Dios als Spielball von Abenteurern und Weltmarkt - eine historische Betrachtung, Bonn 1985, S. 20ff.

49 Für die nachfolgenden Ausführungen vgl.: Weber, Peter: Die Stadt Rio de Janeiro und ihre Vorstädte im Jahr 1875, in: Brockmann/Stüttgen, wie Anm. 2, S. 75-83.

50 Der Originalwortlaut des Briefes ist abgedruckt in: Dietzel, wie Anm. 8, S. 205ff.

51 Alphons Stübel fiel es sichtlich schwerer, seinen Forscherdrang zu zügeln. Er entschloss sich dazu, von Rio de Janeiro aus Brasilien weiter südwärts zu durchwandern, die Anden ein zweites Mal zu überqueren, um dann weiter nach Chile zu reisen. Von hier aus wandte er sich wieder Richtung Norden und gelangte entlang der chilenischen Westküste nach Panama, von wo er noch einmal südwärts bis Callao und wieder nordwärts nach Guayaquil reiste. Per Dampfer gelangte er bis nach San Francisco, von wo er das ursprünglich für die Hawaii-Expedition zusammengestellte und seit neun Jahren dort lagernde Gepäck wieder nach Hause zurückschicken lässt, vgl. Scurla, wie Anm. 1, S. 458.

52 Vgl. ebd., S. 449.

53 Waller, wie Anm. 36, S. 21.

54 Ein entsprechender Hinweis ist vermerkt im Findbuch zu Wilhelm Reiß, wie Anm. 43, S. 2.

55 Ebd., Signatur K 123, lfd. Nr. 47, S. 1.

ABENTEUER ANDEN UND AMAZONAS

Wilhelm Reiß´ Südamerika-Expedition in historischen Fotografien

Reiss-Engelhorn-Museen
2. September 2018 bis 2. Juni 2019

Als der Mannheimer Vulkanologe Wilhelm Reiß (1838-1904) zusammen mit seinem Fachkollegen Alphons Stübel (1835-1904) am 27. Januar 1868 in der nordkolumbianischen Hafenstadt Santa Marta für einen kurzen Zwischenhalt an Land ging, ahnten beide nicht, dass dies der Auftakt zu einer achtjährigen Forschungsreise werden sollte. Kolumbien und vor allem Ecuador waren seit der bahnbrechenden Forschungsreise Alexander von Humboldts (1799-1803) das Eldorado für Vulkanforscher und Geologen. Der Weg führte Wilhelm Reiß über Kolumbien, Ecuador sowie Peru durch Brasilien und den Amazonas hinauf bis nach Rio de Janeiro, ein Unternehmen am Rand seiner physischen und psychischen Belastbarkeit. Es gelang Reiß dabei, was dem großen Humboldt noch verwehrt blieb: Er bestieg als Erster am 28. November 1872 den rund 5.900 Meter hohen Vulkan Cotopaxi.

Die Zitate auf den folgenden Seiten stammen aus den Tagebüchern von Wilhelm Reiß und aus einem weiteren Reisebuch jener Zeit, aus Friedrich von Hellwalds „Die Erde und ihre Völker", Stuttgart 1876.

Cartagena
Panorama der Stadt mit Hafen vom Hügel
La Popa aus gesehen
Um 1865
Anonym
rem Sammlung Wilhelm Reiß
Sm 1/02

Dann brachte uns ein zwölfstündiger Ritt, ununterbrochen durch Wald führend, nach Cartagena, der einstigen Hauptstadt der ganzen spanischen Besitzungen in Südamerika. Diese so kurz geschilderte Reise war sehr anstrengend, da wir den ganzen Tag von früh bis abends in der glühendsten Sonne zubringen mussten, ohne ordentliche Nahrung und des Nachts in der Hängematte schlafend, die tagsüber als Satteldecke diente. Wie sahen wir aber auch nach diesem fünftägigen Ritt, auf dem wir kein Gepäck mitnehmen konnten, um Raum für die Instrumente zu gewinnen, aus! Schwarz verbrannt wie die Indianer, beschmutzt und zerrissen ritten wir in die Stadt ein.
Wilhelm Reiß, Februar 1868, S. 34f.

In Cartagena, dieser einst so blühenden, jetzt aber sehr armseligen Stadt, blieben wir nur zwei Tage.
Wilhelm Reiß, März 1868, S. 35

Cartagena ist rings von Wasser umgeben. [...] Es ist eine alte Stadt von echt spanischem Habitus, mit engen Straßen und zum Teil hohen Häusern, deren Dächer nicht flach sind, sondern mit Ziegeln belegt.[...] Alle Klöster und auch mancher große Palast sind zerfallen, ebenso die Festung, ein prachtvoller alter Bau mit breiten Wällen, Bastionen und Kasematten, alles aus großen Quadern erbaut. Die Straßen, sandig, mit Überresten von Trottoirs, sind meist in der Mitte gepflastert. Zur Zeit der Spanier muss dies alles sehr schön in Ordnung gewesen sein. Jetzt ist alles dem Untergang nahe.
Wilhelm Reiß, 24./25. Februar 1868, S. 35

KOLUMBIEN | Mannheimer Geschichtsblätter

Ambalema
Hafen am Magdalena-
strom
Um 1868
Anonym
rem Sammlung
Wilhelm Reiß
Sm 01/15.2

KOLUMBIEN

Ambalema: Straße

Ambalema
Straße am Magdalena-
strom
Um 1865
Anonym
rem Sammlung
Wilhelm Reiß
Sm 01/15.1

KOLUMBIEN   Mannheimer Geschichtsblätter

Bogotá
Panorama von Süden durch Westen nach Norden
Um 1865
Anonym
rem Sammlung Wilhelm Reiß
Sm 01/04

Bogotá
Cathedral Primada de Columbia und der Konvent San Carlos
Um 1865
Anonym
rem Sammlung Wilhelm Reiß
Sm 01/09.3

Bei sinkender Sonne einreitend, genossen wir das zauberische Bild der am Berge in die Höhe sich ziehenden Stadt mit der alles überragenden Kathedrale und den vielen Kirchen bei der besten Beleuchtung.
Wilhelm Reiß, Mai 1868, S. 43

KOLUMBIEN

Einen ganzen Tag brauchten wir noch, um Bogotá (2611 m) zu erreichen. Die Lage der Stadt am Fuße furchtbar steiler, schön geformter Sandsteinfelsen, von denen zwei zu beiden Seiten einer Talschlucht gelegene Höhen die weithin leuchtenden Kapellen Guadelupe und Monserrate tragen, ist über alle Begriffe schön.
Wilhelm Reiß, Mai 1868, S. 43

Alle Ausländer genießen in Columbien dieselben bürgerlichen Rechte wie die Einheimischen [...]. Es gibt keine Staatskirche, Einheimischen und Ausländern ist vollständigste Gewissens- und Kultusfreiheit gesichert, und in Bogotá, wie in anderen Städten sind reformierte Kirchen errichtet. Fast alle Staaten der Union kennen Schwurgerichte in Strafsachen. Es besteht keine Schuldhaft. Die Ausübung aller Gewerbe, einschließlich der Berufe des Advokaten, des Arztes und des Apothekers, ist vollständig frei, dergestalt, dass es nicht notwendig ist, irgend welchen Gewerbeschein vorzuweisen.
Friedrich von Hellwald, 1884, S. 218

Bogotá
Plaza Mayor
(heute: Plaza de Bolívar) mit Bürgermeisteramt und Rathaus gegenüber der Kathedrale
Um 1865
Anonym
rem Sammlung Wilhelm Reiß
Sm 01/09.4

KOLUMBIEN

Bogotá
Tequendama-
Wasserfall
(südwestlich von
Bogotá)
Um 1865
Anonym
rem Sammlung
Wilhelm Reiß
Sm 01/12

Die ersten guten Tage der nun eintretenden, sogenannten trockenen Jahreszeit (hier in Bogotá regnet es zum mindesten einmal am Tage) benutzten wir, um den berühmten Wasserfall von Tequendama zu besichtigen.
Wilhelm Reiß, S. 43.
Das Wasser braust hier (ca. 25 Schritt breit) zwischen Hügeln von 6-800 Fuß Höhe über ein felsiges Bett, die ganze Talsohle erfüllend. Aus diesem engen Bett stürzt über eine senkrechte Wand die ganze Wassermenge plötzlich hinab auf eine etwa 20-30 Fuß tiefer liegende Terrasse und von da in weitem Bogen, zu Schaum aufgelöst, nach der 137 m tiefer liegenden Talschlucht.
Wilhelm Reiß, Juni 1868, S. 44

KOLUMBIEN

Ambalema
Mädchen Tabak
sortierend und
verpackend
1868
rem Sammlung
Wilhelm Reiß
Sm 01/14.6

Eine solche Hütte, oft 20-30 Schritte lang, besteht einfach aus einigen in den Boden gerammten Pfählen, die ein leichtes, mit Palmblättern gedecktes Dach tragen. [...]
Unter dem Dach ist an Schnüren der Tabak zum Trocknen aufgehängt, und einige ungegerbte Ochsenhäute liegen als Betten auf dem Boden.
Wilhelm Reiß, September 1868, S. 55

KOLUMBIEN | Mannheimer Geschichtsblätter

Popayán
Der Vulkan Puracé
Um 1865
Anonym
rem Sammlung
Wilhelm Reiß
Sm 01/16.5

Der noch äußerst aktive Vulkan Puracé ist 4.756 m hoch und befindet sich südöstlich des Orts Popayán in einem nach ihm benannten Nationalpark.

Zunächst begab ich mich nach dem kleinen Indianerdorf Puracé (2648 m), eine Tagesreise von Popayan entfernt, um von dort aus die Expedition nach dem Gipfel zu organisieren. Puracé liegt bereits an den Abhängen des mächtigen Berges in einem engen, von vielen tausend Fuß hohen Felswänden umschlossenen Tal, in dessen Grund die Bäche abermals über tausend Fuß tiefe Betten wie mit dem Messer eingeschnitten haben. In prachtvollen Fällen stürzen die Wasser in den Schluchten über die dunklen Lavamassen hinab. Auf einem kleinen Plateau dehnen sich der Ort und die auffallend gut gehaltenen Felder der Indianer aus. Die Schönheit der wilden Szenerie lässt sich nicht mit Worten schildern.
Wilhelm Reiß, Februar 1869, S. 61

Ibarra
Escombros de la Compañia nach dem Erdbeben von 1868
Anonym
rem Sammlung Wilhelm Reiß
Sm 02/02.3
Am 16. August 1868 wurde Ibarra durch ein Erdbeben fast vollständig zerstört und 1872 wieder aufgebaut. Der 28. April 1872 gilt als sein zweiter Gründungstag. Ibarra liegt etwa 115 Kilometer nördlich von Quito auf einer Höhe von ca. 2.210 m in den nördlichen Anden.

Aus dieser Tierra caliente aufsteigend, gelangt man dann nach dem milden Ibarra und somit in das Zentrum der Zerstörung des letzten Erdbebens [im Jahre 1868]. Schon nachdem die erste Gebirgskette auf ecuadorianischem Gebiete überschritten war, fand ich überall einzelne umgestürzte Häuser und alle Kirchen zerstört, aber alles dies war nichts im Vergleich mit Ibarra selbst. Mit Ausnahme einer von elenden Hütten gebildeten Straße und einiger stehengebliebener Kirchenmauern war die ganze, einst nicht unbedeutende Stadt in einen großen Erdhaufen verwandelt, denn die aus ungebrannter Erde ausgeführten Mauern hatten sich durch den Regen vollständig aufgelöst.
Wilhelm Reiß, Januar 1870, S. 84

ECUADOR | Mannheimer Geschichtsblätter

Quito
Panoramablick vom
Hügel El Panecillo
Um 1865
Anonym
rem Sammlung
Wilhelm Reiß
Sm 02/03.3

In diesem gewaltigen Hochtale liegt Quito, die Haupstadt Ecuadors und zugleich diejenige Kapitale der Erde, welche dem Aequator (bis auf 22 km) sich am meisten nähert [...]. Der Weg dahin führt durch eine Allee von 50 Vulkanen, durchschnittlich so hoch wie der Aetna, drei davon mit rauchenden Gipfeln und auf einen Abstand verteilt, der nicht größer ist, als der zwischen Berlin und Dresden. [...] Quito [...] ist eine der höchst gelegenen Städte des Erdballes und die dortige Luft immer so kühl, dass die Leute, wenn sie sich abends besuchen, in den Salons die Mäntel nicht ablegen.
Friedrich von Hellwald, 1884, S. 207 und 211

Aber welche Enttäuschung wartet des Reisenden! Quito ist eine kleine, öde Stadt, die nach der letzten, allerdings verheimlichten Volkszählung 17-18000 Einwohner beherbergt. Kommt man, wie ich, vom Norden, so gelangt man ganz unerwartet in den in einer rings von Bergen umgebenen Einsenkung gelegenen Ort, ohne dass auch nur eine von ferne sichtbare Turmspitze oder sonstwelche Anzeichen die Nähe der Residenz des Beherrschers der Republik verriete.
Wilhelm Reiß, Februar 1870, S. 84 und 85

Quito, die Hauptstadt Ecuadors, liegt auf einer Höhe von 2.850 m in den Vorläufern der Anden und hat den weltweit höchstgelegenen Flughafen. Einwohnerzahl: 2,5 Millionen (Stand 2017). Die Stadt wurde auf einer alten Inka-Siedlung errichtet.

ECUADOR

Quito
Der Konvent El Carmen Bajo nach dem Erdbeben 1868
Anonym
rem Sammlung Wilhelm Reiß
Sm 02/15.2

Die Kirche gehört zu einem Karmeliterorden. Nach jedem Erdbeben wurde sie neu aufgebaut.

[...] zwei Kapellen, halb in Trümmern, stehen zu beiden Seiten. Hier beginnt die eigentliche Stadt. Eine breite Straße öffnet sich dem Blick mit geglätteten Trottoirs, die geschützt sind durch die weit vorspringenden Dächer.
Wilhelm Reiß, Februar 1870, S. 85

Quito
St. Franziskus,
Kirche und oberer
Klosterhof nach
dem Erdbeben
1868
Anonym
rem Sammlung
Wilhelm Reiß
Sm 02/12.2

Die Klosterkirche gilt als die größte und älteste der kolonialen Epoche Quitos.

ECUADOR

Quito
Plaza mit Palacio de Carondelet (Regierungssitz) und Kathedrale
Um 1868
Anonym
rem Sammlung Wilhelm Reiß
Sm 02/06

Nicht weit von der heutigen Plaza de Independencia, früher Plaza Grande, liegen die Abhänge des Pichincha. Der Vulkan besitzt zwei Gipfel, den Rucu Pichincha und den Guagua Pichincha. Einer der ersten Europäer, der ihn bestieg, war Alexander von Humboldt, der 1802 verschiedene Messungen auf beiden Gipflen durchführte.
Nach der Schlacht am Pinchincha am 24. Mai 1822 wurde Ecuador bzw. die Real Audiencia de Quito von Spanien unabhängig.

Wie in allen spanischen Städten konzentriert sich auf dieser Plaza (Plaza major) so ziemlich alles, was an Gebäuden bemerkenswertes vorhanden ist: die Kathedrale im Süden, der Regierungspalast mit Säulenhalle im Westen, die Paläste des Präsidenten und Erzbischofs im Norden und die Privathäuser der reichsten Familien auf der Ostseite. Die Mitte nimmt ein schöner Brunnen ein.
Wilhelm Reiß, Februar 1870, S. 85

ECUADOR

Quito ist nach der Schnur in Quadraten gebaut und darf auf seine Kirchen im Renaissance-stile stolz sein, weniger auf sein Pflaster.
Friedrich von Hellwald, 1884, S. 211

ECUADOR

**Provinz Guayas
Ansiedlung in
Yaguachi
Um 1868
Anonym
rem Sammlung
Wilhelm Reiß
Sm 02/22.2**

[...] in der Winter- oder Regenzeit kommen so ungeheure Wassermengen von den Anden herab, dass die Flüsse [...] das ganze Land weit und breit überschwemmen. Man fährt alsdann mit den Kanus durch den Wald wie in Venedig mit der Gondel durch die Straßen. Alle Wohnstätten sind infolgedessen als Pfahlbauten errichtet. Aus Holz gezimmert, ruhen sie auf Gerüsten, deren Höhe von dem an dem betreffenden Orte beobachteten höchsten Wasserstande abhängt. Erst 6,8 und 12 Fuß über dem Boden beginnt das eigentliche Haus, während der Unterteil nur aus einer Reihe in die Erde gerammter Pfähle besteht.
Wilhelm Reiß, Oktober 1874, S. 145

Überall ragen riesige Baumstümpfe aus dem Boden empor, gefällte Stämme sperren den Weg: kurz, hier wiederholen sich alle jene uns von der nordamerikanischen Besiedlung so bekannten Verhältnisse.
Wilhelm Reiß, Oktober 1868, S. 57

Provinz Guayas
Abholzung für den Eisenbahnbau von Yaguachi und Milagro nach Alausi
Um 1868
Anonym
rem Sammlung Wilhelm Reiß
Sm 02/27.b

ECUADOR

Provinz Guayas
Ansiedlung in
Yaguachi
Um 1868
Anonym
rem Sammlung
Wilhelm Reiß
Sm 02/23.4

Die Ortschaft Yaguachi ist heute berühmt für ihren Käse, der von einer bestimmten Ziegenart gewonnen wird, die nur in dieser Klimazone leben kann.

Noch vor kaum zwei Jahren stand hier der dichteste Wald. Heute ist schon eine große Fläche abgeholzt.
Wilhelm Reiß, Oktober 1868, S. 57

Dicht an der See, deren weiße Brandung wie ein ungeheurer Schaumgürtel das ganze Land umspannt, liegt Callao, über dessen Häusermassen die zierlichen Mastengitter hoch emporragen. Hie und da sehen wir tief unter uns künstlich bewässerte Gärten und Anlagen, deren dunkles, fast schwarzes Grün wohltuend gegen das lichte Gelbgrau der dürren, trockenen Berge absticht.
Friedrich von Hellwald, S. 201

Callao
Eisenbahnstation
mit Zollhäuschen
Um 1870
Anonym
rem Sammlung
Wilhelm Reiß
Sm 03/22.2

Die Hafenstadt Callao wurde 1537 von Francisco Pizarro, dem Eroberer und Zerstörer des Inka-Reiches, gegründet und zum wichtigsten Hafen für den spanischen Handel am Pazifik.

Milagros
Bahnstation von Milagro
Um 1868
Anonym
rem Sammlung Wilhelm Reiß
Sm 02/28.2

Milagros ist heute die zweitgrößte Stadt in der Provinz Guayas und das wichtigste Zentrum des Landes für die Gewinnung von Rohrzucker.

Bei herrlichem Mondschein lichteten wir in Callao die Anker und fuhren dicht an den hohen Felsen der Insel San Lorenzo vorüber hinaus gen Westen in das offene Meer. Lange noch blinkten die Lichter des weit am Ufer sich ausdehnenden Callao, bis wir in die auf der antarktischen Strömung liegende Nebelschicht eintraten.
Wilhelm Reiß, Juni 1875, S. 150f.

Callao
Plaza de la Aduana (Platz der Zollbehörde), heute der Unabhängigkeitsplatz
Um 1870
Anonym
rem Sammlung Wilhelm Reiß
Sm 03/22.1

PERU

Peru
Chincha-Inseln
Um 1870
Anonym
rem Sammlung
Wilhelm Reiß
Sm 04/07.2 und
Sm 04/07.1

Im 19. Jahrhundert war die Inselgruppe für reiche Guano-Vorkommen bekannt, Vogelexkremente, die als stickstoff- und phosophorsäurehaltiges Düngemittel und zur Sprengstoffherstellung dienen. Er wird überwiegend an regenarmen Küsten Südamerikas gewonnen. Sein Abbau war so profitabel, dass zwischen Spanien und Peru der sogenannte Chincha-Inselkrieg (1864-1866) entbrannte

Der wilde, einsame Felszacken mit dem weißen Guano auf den dunklen Grünsteinen, rings umgeben von unabsehbaren Wassermassen und beleuchtet von der glühenden Sonne, bietet ein eigentümliches Bild, zumal von der Nordostseite, wo dieser scheinbaren Unnahbarkeit hohnsprechend eine Reihe netter Holzgebäude, die Wohnungen der abbauenden Arbeiter, in unglaublichen Situationen an die Felsen geklebt sind und eine eiserne Hängebrücke die beiden Teile der Inseln verbindet. Die Lager sind hier sowohl [auf den Inseln, wo Guano abgebaut wird] erschöpft; noch liegen Tausende von Tonnen zum Abtransport bereit, aber neues Material wird nicht mehr gewonnen.
Wilhelm Reiß, Juni 1875, S. 151f.

Chorrillos
Landungssteg
(Malecón)
1867
Eugenio Courret
rem Sammlung
Wilhelm Reiß
Sm 04/01.2

Chorrillos war bis spät im 19. Jahrhundert ein exklusiver Badeort, bis er von chilenischen Streitkräften während des Pazifikkriegs (1879-1884) völlig zerstört wurde. Der Ort bekam im November 1858 eine Bahnverbindung nach Lima, damit die luxuriösen Sommerresidenzen leichter erreichbar waren.

Außerdem verfügt Perú über unberechenbare Schätze an Guano oder Vogeldünger und Salpeter, welche beide für den ‚Düngermarkt' von großer Bedeutung sind.
Die wichtigsten Guanolager waren jene auf den Chinchasinseln, einsame, öde Inselklippen […]. Streifenweise wird der Guano von oben nach unten abgebaut, in große, flache Karren geladen und auf Schienenwegen teils an den Hauptmolo, teils an die Schüttwerke der steilen Uferwände gebracht, von wo aus er in großen Booten an Bord der Schiffe befördert wird.
Friedrich von Hellwald, 1884, S. 206

Peru
Chincha-Inseln
Um 1870
Anonym
rem Sammlung
Wilhelm Reiß
Sm 04/06.1

Chincha-Inseln heißen drei kleine Inseln 21 km vor der Südwestküste Perus nahe der Stadt Pisco. Auf ihren Klippen leben viele Seevögel.

PERU | Mannheimer Geschichtsblätter

Panoramablick vom Forte del Mar im Norden auf Lima
Um 1870
Anonym
rem Sammlung Wilhelm Reiß
Sm 03/0.1

Details: Puente Balta, Plaza de Acho, San Pedro, San Francisco, Kathedrale, La Merced. Reloj, San Domingo, Markthalle

**Lima
Plaza de Mayor mit Kathedrale**
Um 1870
Anonym
rem Sammlung Wilhelm Reiß
Sm 03/0.2

Lima mit seinen 160.000 Einwohnern liegt [...] am Fuße der vorderen Kordillerenketten, denn die ersten Vorläufer derselben ragen mit ihren finsteren Massen unmittelbar über die flachen Dächer der Stadt hinweg. [...] Eine gemischte Bevölkerung, wie die sich in den Straßen Limas herumtreibende, mag es wohl kaum in irgend einem Teile der Welt wieder geben. Grundelemente sind Weiße, Indianer, Schwarze und Chinesen. Die Spielarten dieser Rassen aber spotten jeder Beschreibung, so toll und bunt ist alles durcheinandergewürfelt. [...] Neben den unvermeidlichen ‚Tiendas' und ‚Pulquerias' sieht man dabei die elegantesten Läden von Fremden aller Nationen gehalten. Die Tiendas gehören meist Italienern, von denen es über vierzehntausend hier geben soll. Auch Deutsche gibt es genug in der ‚ciudad de los reyes' und erzählt man sich im allgemeinen von ihnen in Lima nur das beste. Die Franzosen, von den es ebenfalls eine schwere Menge hier geben soll, halten, treu ihrem Naturell, meist Hotels, Kaffeehäuser, Friseurläden oder Modegeschäfte, während die Engländer wieder hauptsäch-

lich unten in Callao ihr Wesen treiben. Alle größeren Geschäfte sind mehr oder weniger in Händen der Fremden, die natürlich auch alle größtentheils ihr Schäfchen ins Trockene bringen. Die Peruaner versuchen nicht einmal ihnen Konkurrenz zu machen [...]. Besteigt man eine dieser kreuzgeschmückten Höhen, so hat man einen weiten Hinblick über die schachbrettartigen, regelmäßigen Häuserviertel mit den vielen dazwischen aufragenden, doppeltürmigen Kirchen, unter denen namentlich die schöne altspanische Kathedrale an der ‚Plaza Mayor' auffällt. Das Chaos der Balkone, Säulengänge, Treppen und Flaggenstangen ist gerade unentwirrbar. [...] Was aber Lima ein ganz besonders charakteristisches Aussehen verleiht, sind die zahllosen kleinen, viereckigen, oben schräg abgeschnittenen und mit einem Klappfenster versehenen Aufbauten auf den platten Dächern, die sowohl zum Lüften als auch zum Beleuchten der inneren Räumlichkeit dienen.
Friedrich von Hellwald, 1884, S. 201f.

Lima
Der Rímacfluss mit Brücke nördlich der Stadt, Stadtteil San Lazaro, Cerro de San Cristobal; vom Torre de San Domingo aufgenommen
Um 1870
Anonym
rem Sammlung Wilhelm Reiß
Sm 03/0.6

PERU

Die Straßen sind der Kühle wegen meist eng. Von ein- und zwei-, seltener dreistöckigen Gebäuden eingefaßt, durchschneiden sie in unabsehbarer Länge die Stadt. Da wo das durch sie stömende Wasser Haufen von Unrat absetzt, hüpfen und balgen sich beständig ganze Haufen Aasgeier, unbekümmert um die Vorübergehenden, von denen sie nichts zu fürchten haben, da eine Tötung dieser Tiere schwere Strafe nach sich zieht. Ein wahrer Segen sind aber diese ‚gallinazos' für das schmutzige Perú. Wo nur das geringste Aas oder dergleichen von ihnen gewittert wird, wissen sie dasselbe sofort mit Zauberschnelle verschwinden zu machen. Sonderbar sieht es aus, wenn die Tiere gesättigt, stundenlang mit ausgebreiteten Flügeln auf den Dächern und den Flaggenstangen sitzen.
Friedrich von Hellwald, 1884, S. 202

Lima
Calle de las Mantas
Um 1870
Anonym
rem Sammlung
Wilhelm Reiß
Sm 03/19.2

Lima
Zentralfriedhof
Um 1870
Anonym
rem Sammlung
Wilhelm Reiß
Sm 03/15.2

Der Cementerio General de Lima oder Cementerio Presbítero Matías Maestros wurde am 31. Mai 1808 von Matías Maestro eingeweiht. Er beherbergt 766 Mausoleen und 92 Monumente. Berühmte Persönlichkeiten aus Politik, Kunst und Militär haben hier ihre letzte Ruhestätte gefunden.

Lima
Plaza Dos de Mayo
mit Siegessäule
Um 1870
Anonym
rem Sammlung
Wilhelm Reiß
Sm 03/04

Die Siegessäule mit der geflügelten Victoria auf der Plaza erinnert an den Sieg über Spanien während des Spanisch-Südamerikanischen Kriegs 1864-1866. Am unteren viereckigen Säulenschaft stehen vier Figuren von Müttern, die die Allianz der vier südamerikanischen Republiken (Chile, Bolivien, Ecuador und Peru) symbolisieren. Eine Inschrift lautet: „An unsere Kämpfer in Peru und Amerika, die den Sieg der Unabhängigkeit gegen die Spanische Invasion errungen haben und die amerikanische Union in Callao den 2. Mai 1866 besiegelten."

Peru
Bahn von Lima
nach Ancón
Puente de Piedra
Corda
Um 1870
Anonym
rem Sammlung
Wilhelm Reiß
Sm 04/04.1

[...] Da wir aber unser Haus in Lima nicht länger bewohnen konnten, weil der Eigentümer einziehen wollte, so zogen wir uns an die Seeküste nach Ancon zurück. Der Ort liegt nördlich von der Hauptstadt in einer kleinen Bucht mit schönem Sandstrand, sonst aber in unglaublich öder Gegend: eine wahre Wüste umgibt ihn. Die Bai ist von ziemlich hohen Bergen eingeschlossen und bietet ein prächtiges Bild. Sie war früher völlig unbewohnt. [...]
In etwa 1 1/2 Stunden fährt die Bahn von Lima nach Ancon durch eine traurige Landschaft: ziemlich hohe und steile Berge, aus kahlen Felsen aufgebaut, ohne eine Spur von Pflanzenwuchs.
Wilhelm Reiß, Januar 1875, S. 148

PERU

Peru
Aus dem Totenfeld von Ancón
Wilhelm Reiß und Alfons Stübel haben die Ergebnisse ihrer Ausgrabungen des Inkafriedhofes in Bildbänden veröffentlicht.
Um 1874/75
Anonym
rem Sammlung Wilhelm Reiß
Sm 10/04.2 (linke Seite unten)
Sm 10/05.3 (oben links)
Sm 10/04.3 (unten links)
Sm 10/04.4 (oben rechts)
Sm 10/05.4 (unten rechts)

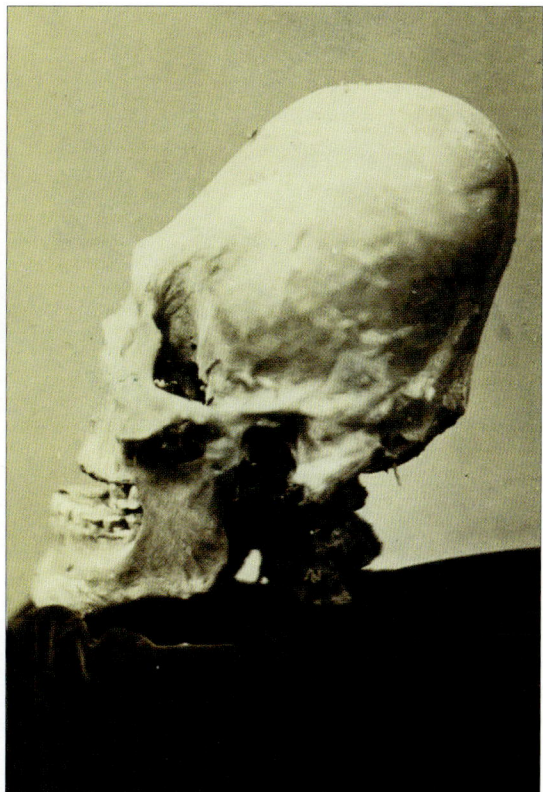

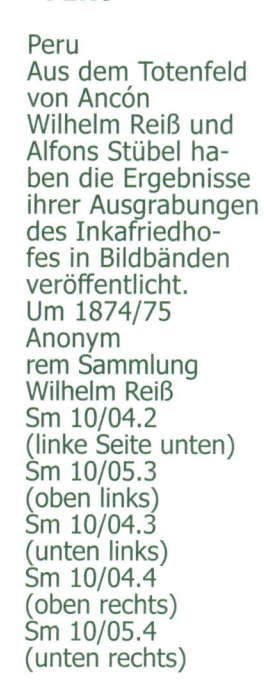

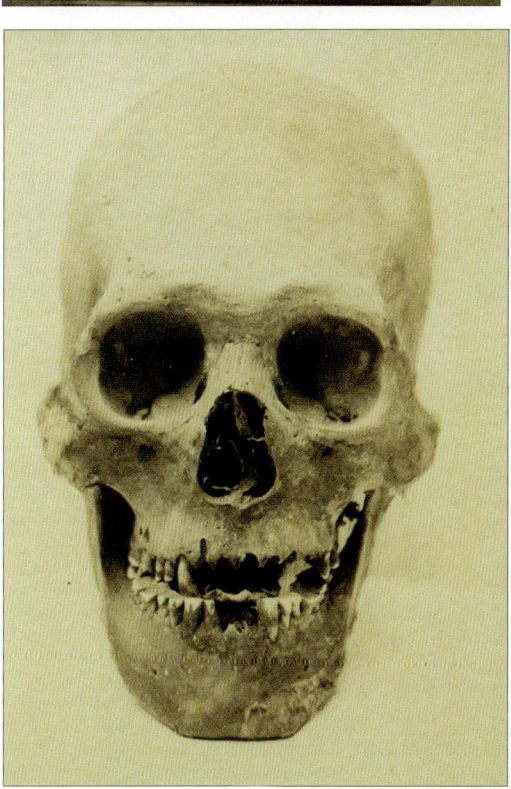

Einen unzweideutigen Beweis für die frühere große Bevölkerungsdichte gerade dieser Küstenstriche liefern die ausgedehnten Totenfelder bei Ancon, Pasamayo und Chancay. [...] Tausende von Toten sind auf ihm bestattet worden. [...] Zwischen die Tücher und oft in die Hände des Toten legte man Trinkgefäße, Fischnetze und allerlei andere Kleinigkeiten. In sitzender Stellung wurde dann die Leiche in das Grab gebracht. [...] Bei der Trockenheit des Bodens sind die Körper mumifiziert worden: pergamentartig ist das Fleisch zusammengeschrumpft, aber die ganze Form, selbst die Bemalung der Haut sowie Kopfhaar usw. ist wohlerhalten. [...] Durch den Eisenbahnbau ist das Totenfeld durchschnitten, und durch Schatzgräber sind Hunderte von Gräbern geöffnet und die Gebeine herausgeworfen worden.
Wilhelm Reiß, Januar 1875, S. 149f.

PERU

Panorama von Cajamarca, vom Cerro Santa Polonia aus gesehen
Um 1870
Anonym
rem Sammlung Wilhelm Reiß
Sm 04/14

Cajamarca ist die Hauptstadt der gleichnamigen Provinz in der ebenfalls gleichnamigen Region.
In der Höhe von 2.750 m ist das Klima mild, trocken und sonnig.

Den Weg nach Cajamarca wollten wir auf Maultieren zurücklegen, die uns der Subpräfekt des Ortes zu senden versprochen hatte. Zur bestimmten Zeit kehrten wir vom Bergwerk nach der Eisenbahnstation zurück, aber keine Maultiere kamen. [...] So mussten wir bis zum 5. April in dem einsamen Stationsgebäude verbleiben. Endlich lief die Nachricht ein, Soldaten seien auf dem Weg von Cajamarca nach Lima, und wir konnten hoffen, die Maultiere zu erlangen, welche das Gepäck der Truppen bringen sollten. Die Soldaten kamen, ca. 200 Mann mit 75 Frauenzimmern und unendlich vielen kleinen Kindern, und wir nahmen Besitz von den Mulas.
Wilhelm Reiß, Juni 1875, S. 153

An Kirchen und Klöstern ist bekanntlich in Städten, wo das spanische Element sich geltend machen konnte, gar kein Mangel [...]. Alle diese Gotteshäuser haben etwas Düsteres, das aber zu dem rauhen Klima, dem oft sehr trüben Himmel und den Bergen ganz wohl paßt. Auch im Inneren sind sie zumeist recht einfach in der Bauart, aber reich mit Kirchengeräten von Gold und Silber und Edelsteinen begabt.
Friedrich von Hellwald, 1884, S. 204

Cajamarca
Um 1870
Anonym
rem Sammlung Wilhelm Reiß
Sm 04/12

Gewöhnlich braucht man zwei Tage von Chilete bis Cajamarca, wir aber mit den müden Maultieren waren vier unterwegs. Man verfolgt von La Viña aus zunächst das große Tal und steigt dann direkt gegen Osten steil empor. Bei La Magdalena wächst das letzte Zuckerrohr, und von da geht es in einem Zuge bis 3500 m Höhe. Ist der Kamm des Gebirges erreicht, so führt der Weg ca. eine Stunde lang fast horizontal über die Hochfläche bis zu einem steilen Abstieg, an dessen Fuß der Ort Cajamarca auf einem kleinen Plateau, einem alten Seebecken, liegt. Die Berge, aus Kalk und Sandstein bestehend, die oft durch Grünsteinmassen unterbrochen werden, sind steil und kahl und bieten einen trostlosen Anblick.
Wilhelm Reiß, Juni 1875, S. 153

Cajamarca (2735 m) ist berühmt in der Geschichte Perus, denn hier führte Pizarro seinen kühnen Banditenstreich aus, nahm den Inkakönig [Atahualpa im November 1532] gefangen und ließ ihn enthaupten. Noch zeigt man in der Stadt nah der Plaza ein aus schön behauenen und gut gefügten Steinen errichtetes Gebäude als das Gefängnis des Herrschers. Es ist jenes Haus, dessen inneren Raum er mit Gold zu füllen versprach, als Lösegeld für sein Leben. Der Indianerfürst hielt sein Wort, der Spanier aber bemächtigte sich des Goldes und ermordete den Geber.
Wilhelm Reiß, Juni 1875, S. 153

Cajamarca
Casa de Atahualpa
Um 1870
Anonym
rem Sammlung
Wilhelm Reiß
Sm 04/10

PERU

Arequipa vor dem
Erdbeben mit dem
Misti
Um 1865
Anonym
rem Sammlung
Wilhelm Reiß
Sm 04/24.1

Seine [Perus] pacifische Küste ist eine lange, kahle Wüste, in gewissen Abständen von engen, grünen, oasenschaffenden Strombetten durchschnitten, deren Wasser in den Schneeschmelzen der gigantischen Kordillere seinen Ursprung nimmt, die nur wenige Kilometer vom felsigen Meeresgestade entfernt in majestätischer Höhe emporsteigt. In diesen begünstigten Thälern des Küstenraumes liegen die großen Städte wie Arequipa und Lima. Die merkwürdigste klimatische Eigentümlichkeit dieser Küstenregion besteht in der völligen Abwesenheit von Regen. Die größten Zeiträume vergehen, ehe ein Tropfen fällt, und Regengüsse sind Erlebnisse wie bei uns das Erscheinen eines Kometen oder ein Erdbeben.
Friedrich von Hellwald, 1884, S. 200

Arequipa
Erdbebenschäden
an St. Domingo im
August 1868
1870
Eugenio Courret
rem Sammlung
Wilhelm Reiß
Sm 04/23.1
(rechte Seite unten)
Sm 04/23
(linke Seite unten)

PERU

Arequipa
Plaza nach dem Erdbeben im August 1868
1868
Anonym
rem Sammlung Wilhelm Reiß
Sm 04 24.2

[1870] lag noch ein Teil der Stadt in Trümmern von dem Erdbeben am 13. August 1868, welches Arica zerstörte und alle Gegenden im Süden Perus schwer traf. Obgleich damals schon anderthalb Jahre verflossen waren, so hatte man doch bei vielen großen Häusern mit dem Wiederaufbau noch gar nicht angefangen An dem Hauptplatz stand die Ruinenmasse der Kathedrale, die zerborstenen Wände und Mauern der Türme, die im Sturz das Gewölbe durchbrochen und das Innere der Kirche mit einer wüsten Schuttmasse gefüllt hatten. Auch die gewölbten Bogengänge um den Platz waren sämtlich zusammengestürzt und der Schutt noch nicht weggeräumt.
Ernst Wilhelm Middendorf, Peru, Bd. 1: Lima, Berlin 1893, S. 241

BRASILIEN | Mannheimer Geschichtsblätter

Amazonas
Das Boot des Fotografen am Rio „Tarumá", einem kleinen Zufluss des Rio Negro
Um 1868

Alberto Frisch
rem Sammlung Wilhelm Reiß
Sm 08/11.2

Der Rio Negro ist mit einer Länge von 2.253 km nach dem Rio Madeira der zweitgrößte Nebenfluss der Welt und mündet unterhalb von Manaus in den Amazonas.

BRASILIEN

Abermals ließ ich mein Instrument [z.B. für Höhenmessung] durch all die Flüsse transportieren, abermals setzte ich mich den Bissen der Moskitos, Garrapatas (Läuse), Ameisen, Flöhe usw. aus, und abermals kehrte ich voll Wunden und Beulen unverrichteter Sache zurück. Neun Tage hatte ich bei diesen Versuchen verloren, ohne auch nur das kleinste Resultat zu erzielen.
Wilhelm Reiß, September 1868, S. 56

Die Deltaregion besitzt nur eine geringe Elevation und wird von zahlreichen kleinen Nebenflüssen durchschnitten; diese bilden mitunter schmale Buchten und Kanäle, welche dicht von Mangrovewäldern [...] umschlossen sind. Ein Wanderer kann wochenlang diese stillen schmalen Kanäle auf seinem mit Palmblättern gedeckten Kanoe durchforschen, ohne weitere Spuren menschlicher Ansiedlung zu erblicken, als einzelne verlassene Hütten, die nur zeitweise streifenden Jägern ein Obdach bieten.
Friedrich von Hellwald, 1884, S. 231

Ortschaft „Sappó", an der Mündung des Rio Jutahi
rem Sammlung Wilhelm Reiß
Sm 08/07.2

BRASILIEN

Amazonaskrokodil
„Jacaré"
Um 1865
Alberto Frisch
rem Sammlung
Wilhelm Reiß
Sm 09/02

Das Tierleben ist nur in einzelnen Teilen des Flusses interessant. Am zahlreichsten sind die Kaimans. Zu Dutzenden liegen sie auf den Sandbänken ausgestreckt oder genießen am Lande ihre Ruhe und schlafen mit weitaufgerissenem Rachen.
Wilhelm Reiß, S. 37

Die gemischte Bevölkerung, zu welcher auch der größte Teil der sogenannten Indios mansos oder da costa auf dem östlichen Küstengebiete zählt, ist über das ganze Land verbreitet und bildet die Mehrzahl der Gesamtbevölkerung. Am meisten mit indianischem Blute gemischt ist die Bevölkerung im Innern, in den Sertaos der nord-östlichen Provinzen und diejenigen am Amazonas, sowie der unteren Thäler seiner großen Zuflüsse.
Friedrich von Hellwald, 1884, S. 247

Amazonas
Hütte der „Tapuyas" am Ixiticca See
Um 1867
Alberto Frisch
rem Sammlung
Wilhelm Reiß
Sm 08/14

BRASILIEN

Pará
Palmenallee
Um 1870
Anonym
rem Sammlung
Wilhelm Reiß
Sm 08/03.1

Pará ist ein Bundesstaat im Norden Brasiliens, bestehend zum größten Teil aus dichtem Amazonas-Regenwald, der Lebensraum für tausende von Tier- und Pflanzenarten bietet.

Am 8. Oktober verließ dann auch ich Iquitos auf dem peruanischen Dampfer, siedelte in Tabatinga auf ein brasilianisches Schiff über und fuhr auf ihm in 14 Tagen bis hinab nach Pará. Wir waren nur zwei Passagiere, ich und ein halb polnischer, halb deutscher Kaufmann aus Moyobamba. Schon am 4. November kehrt ich der Stadt Pará, einem wahren Höllennest von Hitze, in Gemeinschaft mit Dr. Stübel wieder den Rücken.
Wilhelm Reiß, Dezember 1875, S. 160

Rio de Janeiro
Botanischer Garten,
Palmenallee
Um 1868
Alberto Frisch
rem Sammlung
Wilhelm Reiß
Sm 06/08

Der Botanische Garten wurde 1808 von König Johann VI. gegründet und beherbergt ca. 6.500 Arten aus Fauna und Flora, darunter seltene, die vom Aussterben bedroht sind. Dieses ökologische „Heiligtum" wurde 1991 von der UNESCO zum Biosphärenreservat erkärt.

BRASILIEN

l. Amazonas
Baum „Urucurana"
am Flussufer
Um 1865
Alberto Frisch
Hieronyma alchor-
neoides kommt vom südlichen Mexiko bis ins Amazonasbecken von Brasilien und Peru vor. Sein Holz ist sehr hart, er kann 45 m hoch werden.

r. Amazonas
Palme „Pupunha"
Um 1865
Alberto Frisch
Die Pfirsichpalme ist im tropischen Amerika heimisch. Der etwa 20 m hohe Stamm trägt proteinreiche Früchte.

rem Sammlung Wilhelm Reiß
l. Sm 09/04.1
r. Sm 09/10.1

l. „Muera tinga"
Um 1865
Alberto Frisch

l. Amazonas
Baum im gerodeten Urwald „Tinambucca"
Um 1865
Alberto Frisch
Aus dem Stamm des Baumes, der für uns botanisch unbekannt ist, stellten die Indios ihre Kanus her.

rem Sammlung Wilhelm Reiß
l. Sm 09/03.2
r. Sm 09/04.2

BRASILIEN

Pará
Fabrik (Factoria da Companhia) am Hafen
Um 1869
Anonym
rem Sammlung Wilhelm Reiß
Sm 08/02

Hier handelt es sich womöglich um eine Fabrikniederlassung der Jesuiten. Neben der Missionierung der indigenen Bevölkerung betreiben die Jesuiten auch einen regen Handel und besaßen Plantagen. In Mexiko und anderswo kontrollierten sie Silberminen und Zuckerraffinerien. 1647 schrieb ein apostolischer Visitator an Papst Innozenz VIII.: „Sämtliche Reichtümer Südamerikas sind in der Hand der Jesuiten."

Etwas unterhalb Pernambuco liegt die Universität Olinda, welche man als zur Stadt gehörig rechnet, obgleich sie gewissermaßen einen Flecken für sich bildet; Olinda zählt viel schöne und geschmackvolle Landhäuser in seiner nächsten Umgebung; auch ist seine Lage, da die meisten Häuser sich an die Berge lehnen, wie die ganze Gegend außerordentlich malerisch, wozu die Ausbreitung der herrlichen Palmen und Pinienwälder um ganz Pernambuco, die das Auge bis in die weiteste Ferne noch wahrnimmt, nicht wenig beiträgt.
Friedrich von Hellwald, 1884, S. 248

Pernambuco
Olinda
Hafen mit dem Riff und Leuchtturm, Wasserwerk im Vordergrund
Um 1873
Rodolphe Lindemann
rem Sammlung Wilhelm Reiß
Sm 07/07

BRASILIEN

Pernambuco
Recife von São
Antonio gesehen
Um 1873
Anonym
rem Sammlung
Wilhelm Reiß
Sm 07/06

Die Stadt, welche der von Europa kommende Reisende meist zuerst kennen lernt, ist Pernambuco. Sie dehnt sich vorzugsweise nach der entgegengesetzen Seite des Meeres aus und macht deshalb, vom Schiffe aus gesehen, durchaus einen impo-

santen Eindruck. Sie zählt 90.000 Einwohner. Die Häuser sind teilweise ganz wie die europäischen mit hohen Dächern versehen und keineswegs von eleganter Bauart.
Friedrich von Hellwald, 1884, S. 247

Recife ist die Hauptstadt des Bundesstaates Pernambuco im Nordosten Brasiliens. Sie ist eine Hafenstadt am Atlantischen Ozean mit über 1,5 Millionen Einwohnern (Stand: 2018). „Recife" ist eine Anspielung auf die Felsenriffe, die die Strände dort schützen.

BRASILIEN

Bahia
São Salvador
da Bahia
Hafen
Um 1873
Rodolphe
Lindemann
rem Sammlung
Wilhelm Reiß
Sm 07/02

Salvador ist nach São Paulo und Rio de Janeiro die drittgrößte Stadt Brasiliens. Der historische Name lautet São Salvador da Bahia de Todos os Santos (Heiliger Erlöser an der Allerheiligenbucht). Er geht auf den Tag der Ankunft der ersten Seefahrer zurück, den 1. November 1501. Auch der Name Bahia war bis Mitte des 20. Jahrhunderts für die Stadt gebräuchlich. Salvador hat rund 2,6 Millionen Einwohner, ist die Hauptstadt des nordöstlichen Bundesstaates Bahia und war bis 1763 die Hauptstadt Brasiliens.

Einen Gegensatz zu Pernambuco bilden die prachtvollen Ufer der alten brasilischen Hauptstadt Bahia. Bahia liegt ähnlich wie Lissabon weit am Meere hingestreckt, auf einer langgedehnten Hügelkette, und bietet einen wundervoll schönen und malerischen Anblick dar. Das Meer hat eine smaragdgrüne Färbung, und ein klarer blauer Himmel läßt die Lichter und Schatten der Bäume und zwischendurch die glänzendweißen Häuser so markiert erscheinen,

Auffallend ist der Reichtum der Stadt an Kirchen, deren Zahl man auf 65 angibt. Oft sieht man zwei bis drei neben einander, und auf einem Platze zählt man sogar deren fünf. Sie sind aber alle in dem monotonen sogenannten Jesuitenstil gebaut, vorne mit zwei kleinen vierkantigen Türmen und nur mit geringem achitektonischen Schmuck. [...]
Bahia, die älteste Stadt und Hauptstadt Brasiliens bis 1763, hat mit seiner nächsten Umgebung etwa 130.000 Einwohner, besitzt eine Universität und Börse, ist Sitz eines Erzbischofs und wie die meisten brasilischen Städte zugleich befestigt. [...]

Bahia
São Salvador
Caes Dourado
Um 1873
Anonym
rem Sammlung
Wilhelm Reiß
Sm 07/04.1

BRASILIEN

Bahia
São Salvador da Bahia
Hafen
Um 1873
Rodolphe Lindemann
rem Sammlung Wilhelm Reiß
Sm 07/03.2

wie man es in Europa nicht kennt. Im Hafen sieht man die Flagge fast sämtlicher Nationen lustig im Winde flattern. Das Ganze gestaltetet sich zu einem bunten, lebensvollen Bilde. Die See ist hier fast beständig ruhig, da der Hafen (die Allerheiligenbai) auf der Seite durch eine mit Zuckerplantagen bebaute Insel eingeschlossen ist.
Friedrich von Hellwald, 1884, S. 248

Die Stadt zieht sich unweit des den Hafen umgebenden Stadtviertels bergaufwärts, und zwar sind die Straßen so ungemein steil, daß es oft Mühe kostet, sich in aufrechter Stellung vor dem Fallen zu bewahren. Trotzdem fahren die meist vierspännigen Wagen selbst auf diesen steilen Straßen immer in Karriere, so dass man darin auf dem spottschlechten Pflaster durch und durch geschüttelt wird.
Friedrich von Hellwald, 1884, S. 248

Bahia
São Salvador untere Stadt mit dem Lift
Um 1873
Rodolphe Lindemann
rem Sammlung Wilhelm Reiß
Sm 07/03.1

BRASILIEN

Petrópolis
Die Sommerresidenz von Kaiser Dom Pedro II.
Um 1873
Anonym
rem Sammlung Wilhelm Reiß
Sm 06/04.2

Petrópolis liegt 60 km nördlich von Rio de Janeiro in der Serra dos Orgãos auf einer Höhe von 838 m über dem Meeresspiegel und hat knapp 300.000 Einwohner (Stand 2016). Es wurde 1825 von deutschsprachigen Einwanderern gegründet. 1843 errichtete der brasilianische Kaiser Dom Pedro II. dort seine Sommerresidenz.
Seit 1940 beherbergt sie das Museu Imperial. Es stellt Teile des kaiserlichen Mobiliars aus sowie die prächtigen Staatsgewänder, Zepter und Krone des letzten brasilianischen Kaisers.

Der lohnende Ausflug ist jedoch gewiß der nach dem wahrhaft zauberisch gelegenen Petropolis. [...] Petropolis hat etwa 3-4000 Einwohner, zum größten Teil Deutsche, da es die erste deutsch-brasilische Kolonie war. Die Kutscher, Briefträger, Handwerker ect. sind alles Deutsche. Es macht dies in dem sonst so fremdartigen Lande anfangs einen ganz eigentümlichen Eindruck. Der Sommerpalast des Kaisers, umgeben von den Häusern der Deutschen, ist ein recht hübscher und ansehnlicher Bau. Im ganzen macht das Städtchen etwa den Eindruck eines großen deutschen Badeortes, und als Badeort und Sommeraufenthalt wird es auch sehr viel von den Bewohnern der Hauptstadt benutzt.
Friedrich von Hellwald, 1884, S. 251

Petropolis
Die Sommerresidenz von Kaiser Dom Pedro II.
Um 1873
rem Sammlung Wilhelm Reiß
Sm 06/04.1

BRASILIEN

Teresópolis
Serra dos Órgãos
Um 1873
Anonym
rem Sammlung
Wilhelm Reiß
Sm 06/06

Die Serra dos Órgãos (Orgelpfeifen- oder „Organgebirge") ist der dritte Nationalpark Brasiliens, er wurde am 30. November 1939 gegründet. Die Gebirgsformationen haben steile, aufragende Felsspitzen von einer Höhe zwischen 1.500 und 2.200 m und gehören zu den höchsten des Landes.

Rio de Janeiro
gespaltene Granitfelsen in der Bay
Um 1873
Anonym
rem Sammlung
Wilhelm Reiß
Sm 05/02

Rio de Janeiro ist eine weitläufig brasilianische Küstenmetropole mit 6,4 Millionen Einwohnern (Stand 2013). Berühmt sind die Strände von Copacabana und Ipanema, die 38 m hohe Christusstatue auf dem Berg Corcovado und der Zuckerhut genannte Granitberg, auf dessen Gipfel eine Seilbahn führt.

Die Einfahrt in die Bai von Rio de Janeiro ist eine der großartigsten Scenerieen, welche man sich denken kann. Mächtige Granitfelsen in den sonderbarsten Gestaltungen fallen mitunter senkrecht ins Meer ab und bilden zu beiden Seiten der Hafenmündung natürliche Mauern.
Friedrich von Hellwald, 1884, S. 250

BRASILIEN | Mannheimer Geschichtsblätter

Rio de Janeiro
Rua d´Ajuda e
Lapa
Um 1868
Georges Leuzinger
rem Sammlung
Wilhelm Reiß
Sm 05/03.1

Der älteste Teil der Stadt, der aus dem Jahre 1564 stammen mag, ist auf einer unregelmäßigen Ebene erbaut, welche zwischen zwei Reihen felsiger unzusammenhängender Hügel liegt. Auch die Thäler, die sich bis dicht zum Ufer herabziehen, sind mit Gärten und Villen besät. [...] Die bedeutende Wasserfläche der Bai von Rio de Janeiro, welche eine

Menge von Flüssen, Bächen und Gewässern in sich aufnimmt, die aus den Gebirgen hier zusammenströmen, wird von Inseln und Felspartieen durchsetzt [...].
Friedrich von Hellwald, 1884, S. 250

Rio de Janeiro
Gamboa e
S. Christovao
Um 1868
Georges Leuzinger
rem Sammlung
Wilhelm Reiß
Sm 05/04.2

Betrachtet man diese armen Menschen jetzt, nachdem sie über 300 Jahre solchen Misshandlungen ausgesetzt waren, so muss man staunen ob der ihnen innewohnenden guten Eigenschaften, welche sie dies alles ertragen ließen, ohne ihren Charakter völlig zu verderben. Und bedenkt man gar noch, welches Gesindel diese abscheuliche Herrschaft ausübt, so kann man nur wünschen, dass Katastrophen wie die von 1868 [Erdbeben] den Indianern die Mittel an die Hand geben möchten, die Erde von dem Ungeziefer zur reinigen, das leider Gottes eine weiße Haut trägt und sich Abkömmlinge Europas nennt.
Wilhelm Reiß, Juni 1870, S. 100

INDIGENE
BEVÖLKERUNG

Brasilien, Amazonas
Bolivianer Fähr-
mannsfamilie Manaós
Um 1865
Alberto Frisch
rem Sammlung
Wilhelm Reiß
Sm 14/02

INDIGENE BEVÖLKERUNG

Amazonas
Zwei Halbindianerinnen „Metis" mit Krug zum Wasserholen
Um 1865
Alberto Frisch
rem Sammlung Wilhelm Reiß
Sm 14/03

Wie hier entfernte Frisch auf seinen Bildern oft den Hintergrund der Szenerie, um diesen mit etwas anderem neu gestalten zu können.

Die fortdauernden Kriege, die nie endende Unsicherheit zerstörten den geringen Reichtum des Landes. Die Weißen, fortwährend mit politischen Umtrieben beschäftigt, taten ihrer nationalen Abneigung gegen jede Bildung und Arbeit, geistig wie physisch, keinen Zwang an, und so entstand ein rohes, unwissendes Geschlecht, stark in Lüge und Betrug, das nur zwei Mittel kennt, seine Existenz zu erhalten: fortwährende Revolutionen, um im Trüben zu fischen, und Unterjochung der Indianer, um umsonst Arbeiter für seine Ländereien zu gewinnen. [...] Jeder Grundbesitzer ist Eigentümer einer Anzahl Indianer; da aber nach dem Gesetz keine Leibeige-

Peru
Indianer des Amazonas-Gebietes, Ucayali-Indianer, mit maskiertem Italiener
1874
Anonym
rem Sammlung Wilhelm Reiß
Sm 13/15.4

nen gehalten werden dürfen, so hat man einen gesetzlichen Ausweg für diese Art Dienstleistung gefunden. Der Hacendado [Großgrundbesitzer] schießt nämlich dem Tagelöhner, scheinbar aus Gutmütigkeit, einige Taler vor; sobald aber die Summe so hoch geworden ist, dass der arme Teufel nicht fähig ist, sie auf einmal zurückzuerstatten, wendet sich das Blatt. Jetzt muss bezahlt werden [oder er] muss aber täglich auf den Feldern des Gutsherrn für 7 Kreuzer Lohn arbeiten, darf ohne dessen Erlaubnis nie das Gut verlassen […] und kann selbst gegen seinen Willen an irgend jemand verkauft werden, der das vorgeschossene Geld bezahlen will.
Wilhelm Reiß, Juni 1870, S. 99

Ecuador
Saraguro bei Loja
Indianerin
Aufnahme in Quito
1872
Anonym
rem Sammlung
Wilhelm Reiß
Sm 12/09.3

Ecuador
Napo-Indianer in Quito
1870/73
Anonym
rem Sammlung
Wilhelm Reiß
Sm 12/8.2

Ecuador
Provinz Ibarra/ Imbabura
Indianer
1872
Anonym
rem Sammlung
Wilhelm Reiß
Sm 12/03.1

Kommt der Indianer nicht gutwillig allen diesen Verpflichtungen nach, so hat der Herr das Recht, ihm jedesmal drei Peitschenhiebe mit einer schrecklichen, fünfschwänzigen Katze zu verabreichen und ihn auf unbestimmte Zeit in den Cebo zu setzen. Er darf diese Strafen nach Belieben wiederholen, so dass er einen Concierto [d.h. Verplichteter] durch Peitschenhiebe töten kann. Der Cebo ist ein mittelalterliches Marterwerkzeug, das aus zwei Balken besteht, in die Köcher für die Füße eingeschnitten sind. Die Balken werden geöffnet, die Füße des ‚Verbrechers' eingeklemmt, dann die Balken abermals geschlossen, und so muss dann der arme Teufel, ohne Urteil und Untersuchung, sitzen, bis sein Herr für gut findet, ihn zu erlösen. […] Die Conciertos [Sklavenarbeiter im Dienst der Gutsbesitzer] müssen aber nicht nur allein arbeiten, sondern auch Frau und Kinder, diese, bis sie volljährig sind, gehören der Hacienda. Dass bei der elenden Bezahlung der Indianer sich nie befreien kann, versteht sich von selbst, auch jedes Streben nach Verbesserung und nach Bildung ist unter solchen Verhältnissen unmöglich. […]
Jeder Weiße oder selbst Nigger maßt sich Befehlshaberrechte über sie an. Braucht man einen Lastträger, so zwingt die Polizeit den ersten besten von ihnen, Dienst zu tun.[…] Für alle Regierungsbauten und öffentlichen Arbeiten werden sie durch Bewaffnete zusammengetrieben und, mit Stricken untereinander verbunden, in langen Reihen zur Arbeit geschleppt.
Wilhelm Reiß, Juni 1870, S. 100

INDIGENE BEVÖLKERUNG

Mannheimer Geschichtsblätter

Unter spanischer Herrschaft befand sich der ganze Grundbesitz in den Händen der Abkömmlinge der spanischen Eroberer und der später herübergekommenen Spanier. Die Indianer, die ursprünglichen Herren des Landes, waren schlimmer daran als Sklaven, sie gehörten dem Grundbesitzer [...]. Der sogenannte Befreiungskrieg hat nur wenig an diesen Verhältnissen geändert. Dem Namen nach sind die Indianer freier geworden, in Wirklichkeit aber stehen sie jetzt schlechter da denn früher [...].
Wilhelm Reiß, Juni 1870, S. 98f.

Amazonas
Zwei Indianer „Amaúa" stehend mit Waffen
Um 1865
Alberto Frisch
rem Sammlung Wilhelm Reiß
Sm 14/01

INDIGENE BEVÖLKERUNG

l. Bogotá
Indianer auf den
Straßen
Obstverkäufer
1870
Anonym
rem Sammlung
Wilhelm Reiß
Sm 11/01.5

r. Bogotá
Indianer von
Coache
Händler von
Cabuya de Coache
1870
Anonym
rem Sammlung
Wilhelm Reiß
Sm 11/02.2

Seit Mitte Januar hatte ununterbrochene Trockenheit geherrscht: glühende Sonne bei Tage und starke Fröste bei sternhellen Nächten waren den Feldfrüchten derart verderblich geworden, dass die Preise der Lebensmittel fast das Doppelte wie in normalen Zeiten betrugen.
Wilhelm Reiß, Mai 1874, S. 137f.

l. Peru
Zwei Indios
mit Lama
1870
Anonym
rem Sammlung
Wilhelm Reiß
Sm 13/09.2

r. Peru
Indianer
Rabonas
Um 1875
Eugenio Courret
rem Sammlung
Wilhelm Reiß
Sm 13/09.3

Das zur nämlichen Familie gehörige Lama (Auchenia Lama L.), welches in Perú und Chile nur mehr in gezähmten Zustande lebt, liefert Milch, Fleisch, Wolle, Leder und dient als wichtigstes Lasttier; selbst sein Mist findet noch als Brennmaterial Verwendung.
Friedrich von Hellwald, 1884, S. 205

ARISTOKRATEN, BÜRGER, GEISTLICHE

l. Brasilien
Dom Pedro II.
(1825-1891)
Kaiser von Brasilien
in den Jahren 1831
bis 1889
Um 1876
Alberto Henschel
rem Sammlung
Wilhelm Reiß
Sm 10/10.1

r. Brasilien
Teresa Maria
Cristina von
Neapel-Sizilien
(1822-1889)
Kaiserin von
Brasilien
Um 1876
Alberto Henschel
rem Sammlung
Wilhelm Reiß
Sm 10/10.3

Brasilien ist eine konstitutionelle Erbmonarchie, beruhend auf der Verfassungsurkunde vom 11. Dezember 1823 [...]. Die Verfassung geht von der Souveränität des Volkes aus und sichert allen Bürgern eine Reihe von unverletzbaren Grundrechten, gewährt aber keineswegs allgemeine politische Teilnahme am Staatsleben. [...]; es bestehen sieben Ministerien, nämlich: des Innern und des Kultus, der Justiz, der Finanzen, des Auswärtigen, des Kriegs, der Marine und des Ackerbaues, Handels und der Staatsbauten. Neben diesen Ministern besteht noch ein Staatsrat, aus lebenslänglichen Mitgliedern. [...] Die Provinzialverfassung macht dagegen den ernstlichen Versuch, die [...] Ansprüche der Provinzen auf eine weitgehende Autonomie mit der für das allgemeine Wohl erforderlichen Centralisation in ersprießlichen Zusammenhang zu bringen. [...] Die Verwaltung jeder Provinz ist nämlich einem Präsidenten übertragen [...]. Daneben aber besitzt jede Provinz eine Gesetzgebende Versammlung [...] Ihre Gesetze und Beschlüsse bedürfen [in der Regel] der Sanktion des Präsidenten [...] nicht aber des Kaisers[...]. Friedrich von Hellwald, 1884, S. 252f.

l. Brasilien
Erbprinzessin
von Brasilien
Um 1876
Alberto Henschel
rem Sammlung
Wilhelm Reiß
Sm 10/10.2

r. Brasilien
Bogotá
C. A. von
Strahlenberg
Um 1868
Anonym
rem Sammlung
Wilhelm Reiß
Sm 10/08.3

MILITÄRS, UNTERNEHMER UND ANDERE

l. Peru
Malgarejo, Präsident von Bolivia
Um 1870
Anonym
rem Sammlung Wilhelm Reiß
Sm 13/14.8

José Manuel Mariano Melgarejo Valencia (1820-1871) war der 19. Präsident Boliviens. Er amtierte vom 28. Dezember 1864 bis zum 15. Januar 1871. Dann wurde er von unzufriedenen Indios gemeinsam mit einem Teil der enttäuschten Oberschicht gestürzt und auf der Flucht ermordet.

Willkürliche Handlungen, Morde, beschönigt durch scheinbare Gerichtsverhandlungen, sind an der Tagesordnung. [...] Dass unter solchen Männern keine anständigen Leute in die Regierungsstellen eintreten, ist selbstverständlich; nur blinde Werkzeuge des unbeschränkten Herrscherwillens können ihren Platz behaupten. So kommt es, dass die niederträchtigsten Kerle des Landes die höchsten Posten innehaben, und dass, wie der Präsident im großen, so jeder Beamte im kleinen seiner Willkür freien Lauf lässt.
Wilhelm Reiß, Juni 1870, S. 101f.

r. Peru
García Moreno
Um 1870
Anonym
rem Sammlung Wilhelm Reiß
Sm 12/13.4

Gabriel Gregorio Fernando José María García y Moreno y Morán de Buitrón (1821-1875) war zweimal Präsident von Ecuador, 1859 bis 1865 und 1869 bis 1875. Sein Regierungsstil war autoritär und repressiv. Jedoch förderte er das Bildungswesen und die Infrastruktur des Landes. Rückhalt hatte er beim katholischen Klerus (insbesondere den Jesuiten) und den Großgrundbesitzern. Er wurde auf der Außentreppe des Präsidentenpalastes mit einer Machete und Revolverschüssen ermordet.

Kolumbien
General Santos Acosta
Um 1867
Anonym
rem Sammlung Wilhelm Reiß
Sm 10/10.8

Manuel María de los Santos Acosta Castillo (1828-1901) war Präsident von Kolumbien von 1867 bis 1868 und maßgeblich für die Regierungsreformen von 1853 mitverantwortlich.

ARISTOKRATEN, BÜRGER, GEISTLICHE

l. Ecuador
Quito
Pater Menten S.J.
Um 1869
Anonym
rem Sammlung
Wilhelm Reiß
Sm 10/07.6

r. Ecuador
Quito
Padre superior de
S. Diego
Studioaufnahme
Um 1869
Anonym
rem Sammlung
Wilhelm Reiß
Sm 12/11.9

Wir trafen wieder einmal an einem Festtage ein. Es scheint, als hätten hier die Missionare seinerzeit eine alte indianische Sitte mit einem katholischen Feiertag verbunden, und in diesem abgelegenen Neste haben sich die alten Sitten und Gewohnheiten merkwürdig gut erhalten. Das Fest der ‚Invencion de la cruz' (Erfindung des Kreuzes) wird durch öffentliche Tänze gefeiert [nach alten Bräuchen].
Wilhelm Reiß, Juli 1875, S. 159

Großen Einfluß übt auf die Indianer sehr natürlich der meist aus ihrer Mitte hervorgegangene Klerus. [...] In Bezug auf das, was an Sitte und Lebensweise schicklich sei, hat die südamerikanische Geistlichkeit ihre eigenen Ansichten und Begriffe, welche von jenen, die man in Europa für richtig hält, einigermaßen abweichen. Die meisten Priester sind Eingeborene, Indianer von reinem Blute oder Mischlinge.
Friedrich von Hellwald, 1884, S. 205.

l. Brasilien
Rio de Janeiro
Dr. Th. Langgaard,
Arzt
Um 1870
Anonym
rem Sammlung
Wilhelm Reiß
Sm 10/08.2

r. Peru
Lima
Henry Meiggs
(1821-1877)
Studioaufnahme
Um 1870
Anonym
rem Sammlung
Wilhelm Reiß
Sm 10/09.9

Henry Meiggs war die treibende Kraft für den Einsenbahnausbau in Peru seit 1867. Mit seinem Tod brachen alle seine Unternehmungen zusammen und die Folge war eine schwere Wirtschaftskrise in Peru.

MILITÄRS, UNTERNEHMER UND ANDERE

Peru
Lima
Präsiden José Balta y Montero (ermordet von zweien der Gebrüder Gutiérrez 1872)
Studioaufnahme
1868
Anonym
rem Sammlung Wilhelm Reiß
Sm 13/14.3

José Balta y Montero (1814-1872) war der 30. Präsident von Peru (1868-1872). Er setzte Verfassungen wieder ein und förderte die Infrastruktur mit großen Projekten. Er gewährte das Monopol für Guano-Exporte der französisch-jüdischen Gesellschaft Dreyfus und erhielt dafür große Darlehen in Europa. Dies stürzte Peru in eine schwere finanzielle Staatskrise. Kurz danach wurde er abgesetzt und von einem Mitglied seines Kabinetts, dem Verteidigungsminister Tomás Gutiérrez, hingerichtet, der bereits einen Staatsstreich geplant hatte.
Ein Mob stürmte am 26. Juli 1872 den Palast der Gebrüder Gutiérrez. Tomás und Maratino Gutiérrez wurden gelyncht und ihre geschundenen Körper am Glockenturm der Kathedrale in Lima der Menschenmenge zur Schau gestellt. Tomás Gutiérrez war nur vier Tage lang Präsident.

Peru
Lima
Ehepaar G. Dreyfus
1865
Anonym
rem Sammlung Wilhelm Reiß
Sm 10/09.4

ARISTOKRATEN, BÜRGER, GEISTLICHE

Peru
Die Kathedrale von Lima mit den aufgehängten Leichen der Gebrüder Gutiérrez
1872
Anonym
rem Sammlung Wilhelm Reiß
Sm 03/09.1

Peru
Die Gebrüder Tomás und Maratino Gutiérrez
Die Mörder des Präsidenten Baltas wurden von der Menschenmenge gelyncht, aufgehängt am Glockenturm der Kathedrale in Lima und anschließend verbrannt.
Um 1870
Anonym
rem Sammlung Wilhelm Reiß
Sm 13/14.7
Sm 13/14.9

MILITÄRS, UNTERNEHMER UND ANDERE

Quito
Erschießung eines Indianers
Um 1871
Anonym
rem Sammlung Wilhelm Reiß
Sm 02/19.2

Unter der Regierung von Gabriel García Moreno wurden drakonische Strafen eingeführt, die auch Hinrichtungen umfassten. Exekutionen wurden öffentlich durchgeführt, wie dieses Bild zeigt. Solche Aufnahmen wurden sogar als Souvenir für Touristen eigens angefertigt und verkauft.

ARISTOKRATEN, BÜRGER, GEISTLICHE

l. Peru
Lima
Tapada (Schleier)
für ein Auge
Studioaufnahme
Um 1861-1867
Eugenio Courret
zugeschrieben
rem Sammlung
Wilhelm Reiß
Sm 13/11.9

r. Ecuador
Quito
Senorita Virginia
Aguirre
Studioaufnahme
Um 1868
Anonym
rem Sammlung
Wilhelm Reiß
Sm 12/12.4

[Auf der Plaza Mayor] bewegen sich elegante Caballeros mit ihren Damen, von denen die meisten so dicht verschleiert sind, daß häufig nur eines der schwarzfunkelnden mandelförmigen Augen aus dem das Gesicht verhüllenden ‚Manto' hervorlugt, eine sonderbare Sitte, die die Limedas am wenigsten nötig hätten, da sie ihren Ruf als die schönsten Frauen Südamerikas vollkommen rechtfertigen.
Friedrich von Hellwald, 1884, S. 202

Doch sind wiederum unter den Damen Quitos auffallende Schönheiten etwas Seltenes, sondern alle nur ansprechend zu nennen. Anmut, Würde, völlige Selbstbeherrschung, eine ungezwungene edle Haltung und eine gewählte Umgangssprache würden sie überall als Zierden der Gesellschaft glänzen lassen, wenn sie nicht völlig unerzogen und ungebildet wären.
Friedrich von Hellwald, S. 211

l. Peru
Lima
Vornehme Dame
Studioaufnahme
Um 1868
Anonym
rem Sammlung
Wilhelm Reiß
Sm 13/11.4

r. Ecuador
Quito
Senorita Bustamante
Studioaufnahme
Um 1868
Anonym
rem Sammlung
Wilhelm Reiß
Sm 12/12.2

MILITÄRS, UNTERNEHMER UND ANDERE

Beschriftung von Wilhelm Reiß: „Unsere Diener in Colombia - Brazilien"

l. Javier Canipana
von Quito,
Dr. Stübels Diener
Studioaufnahme
1868
Anonym
rem Sammlung
Wilhelm Reiß
Sm 10/11.1

m. Anjel María
Escobar (Kolumbien, Bogotá) treuer
Diener, Weggefährte von Wilhelm
Reiß von 1868-
1876, verstarb in
Rio de Janeiro am
Gelbfieber
rem Sammlung
Wilhelm Reiß
Sm 10/11.2

r. Isaias Zapato von
Manizales (Kolumbien) war 19-20
Jahre alt.
Studioaufnahme
Okt. 1870
rem Sammlung
Wilhelm Reiß
Sm 10/11.3

Am 25. Februar [1876] reiste Dr. Stübel nach Montevideo ab, und am 28. starb mein treuer Diener Anjel María Escobar, der mich acht Jahre lang auf allen Reisen begleitet hatte. War ich vorher schon verstimmt, so ist jetzt in mir alle Neigung zu weiteren Reisen verschwunden. Ich bleibe nur noch so lange hier, bis das Grabmal Escobars vollendet ist, dann nehme ich das erste beste Dampfboot und fahre [...] nach Europa. Vernünftig kann ich jetzt nicht schreiben: der Todesfall so ganz am Schluss, wenige Tage vor der Abreise, hat mich tief erschüttert, zumal ich ganz allein die Pflege des im Delirium wütenden Menschen zu besorgen hatte. Es scheint mir manchmal fast, als ob meine Zeit noch nicht da sei und als ob ich noch viel Unglück erleben müsse, ehe es mir beschieden ist, zur Ruhe zu kommen.
Brief von Wilhelm Reiß, Rio de Janeiro, 4. März 1876, S. 226f.

MENSCHEN AFRIKANISCHER ABSTAMMUNG

l. Brasilien
Pará
Porträt
Um 1870
Anonym
rem Sammlung
Wilhelm Reiß
Sm 14/08.9

r. Peru
Lima
Porträt
Studioaufnahme
1861-1867
Eugenio Courret
rem Sammlung
Wilhelm Reiß
Sm 13/13.4

Nach Mitte August hatte ich endlich meine Arbeit und Vorbereitungen zur Abreise in Riobamba abgeschlossen.[...] Begleitet von meinem Hauswirt, seinen Kindern und einem Hausfreund verließ ich die Stadt nach einem herzzerbrechenden Abschied von meiner treuen, schwarzen Köchin. Die arme, jetzt 60 Jahre alte Frau, als Sklavin geboren, hatte sich in ihrem Leben nur selten einer guten Behandlung zu erfreuen gehabt und diente mir mit einer fast leidenschaftlichen, nur bei Schwarzen zu findenden Anhänglichkeit. Tagelang saß sie weinend in der Küche, und im letzten Augenblick verfiel sie unter heftigem, in Schreikrämpfe ausartendem Weinen in Ohnmacht, so dass ich mich in aller Eile davonmachte, um neue, ähnliche Szenen zu vermeiden. Die arme Schwarze ist wohl der einzige Mensch in Ecuador, der sich meiner mit Liebe erinnern wird, und darum tat auch mir der Abschied weh.
Wilhelm Reiß, Oktober 1874, S. 143f.

MENSCHEN AFRIKANISCHER ABSTAMMUNG

r. Brasilien
Bahia
Porträt
Um 1870
Alberto Henschel
rem Sammlung
Wilhelm Reiß
Sm 14/07.7

l. Brasilien
Bahia
Porträt
Studioaufnahme
Um 1870
Alberto Henschel
rem Sammlung
Wilhelm Reiß
Sm 14/06.8

r. Brasilien
Bahia
Porträt
Helle Mulattin
Um 1870
Alberto Henschel
rem Sammlung
Wilhelm Reiß
Sm 14/04.9

MENSCHEN AFRIKANISCHER ABSTAMMUNG

l. Brasilien
Pernambuco
Porträt
Um 1870
Alberto Henschel
rem Sammlung
Wilhelm Reiß
Sm 14/04.1

r. Brasilien
Pernambuco
Porträt
Studioaufnahme
Um 1870
Alberto Henschel
rem Sammlung
Wilhelm Reiß
Sm 14/05.8

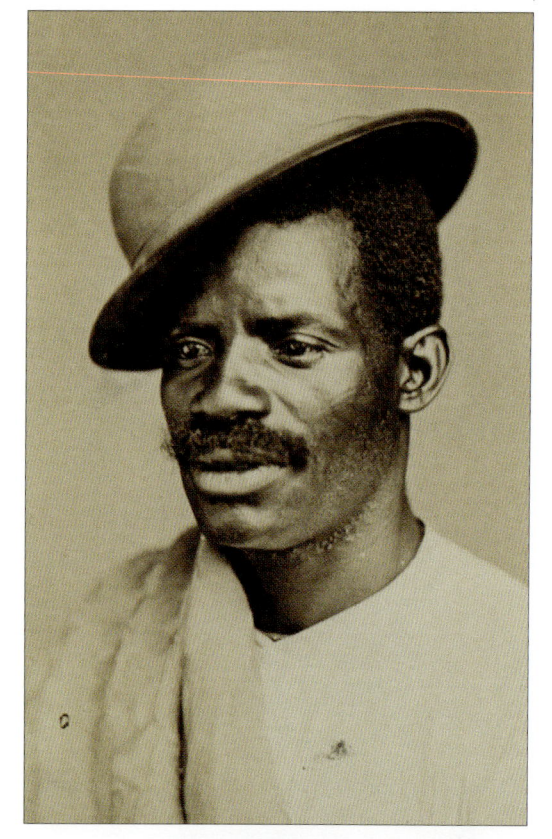

l. Brasilien
Bahia
Porträt
Um 1870
Alberto Henschel
rem Sammlung
Wilhelm Reiß
Sm 14/04.4

r. Brasilien
Bahia
Porträt
Studioaufnahme
Um 1870
Alberto Henschel
rem Sammlung
Wilhelm Reiß
Sm 14/04.4

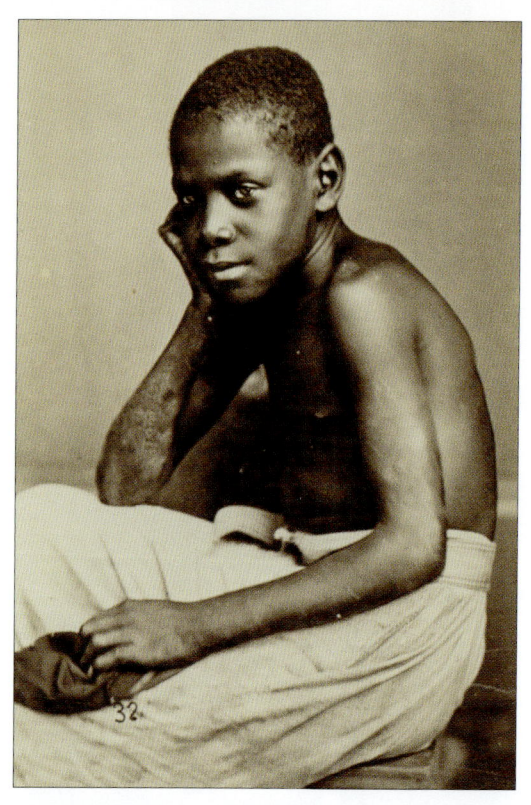

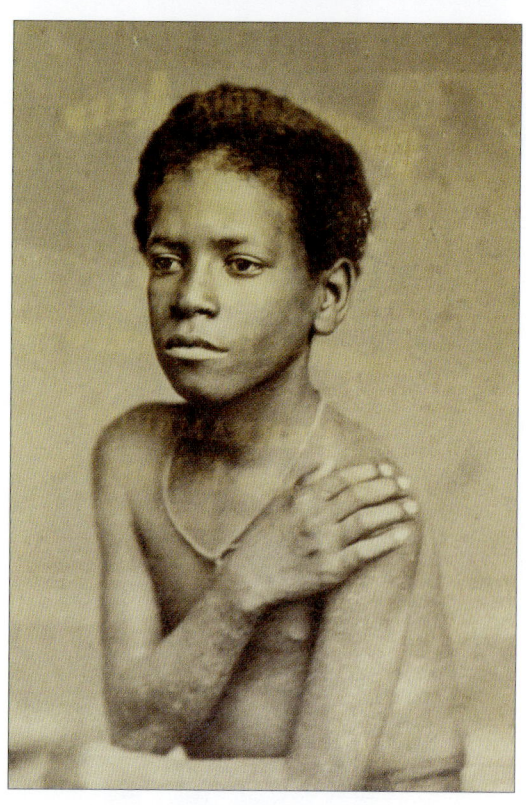

Obgleich über das ganze Land verbreitet, finden sich die Neger doch vorzugsweise in den Provinzen angehäuft, in welchen der Zuckerbau die Hauptindustrie bildet, [...] und machen sie in vielen Distrikten dieser Provinzen auch die absolute Majorität der Bevölkerung aus, was um so mehr in Betracht kommt, als sie im allgemeinen auch die kräftigste unter allen Rassen bilden. Dies gilt namentlich von der Negerbevölkerung in der Provinz Bahia, die größtenteils den sogenannten Minasnegern, aus portugiesischen Factoreien in Angola eingeführt, angehört, einer sehr kräftigen und schönen Menschenrasse in beiden Geschlechtern, welche auch in Sitten, Sprache und geistigen Anlagen einen entschieden afrikanischen Charakter bewahrt hat und gleichsam für sich eine besondere Nationalität repräsentiert. Dies dürfte für die Zukunft des Landes, besonders nach Aufhebung der Sklaverei, nicht ohne besonderen Einfluß bleiben
Friedrich von Hellwald, 1884, S. 246

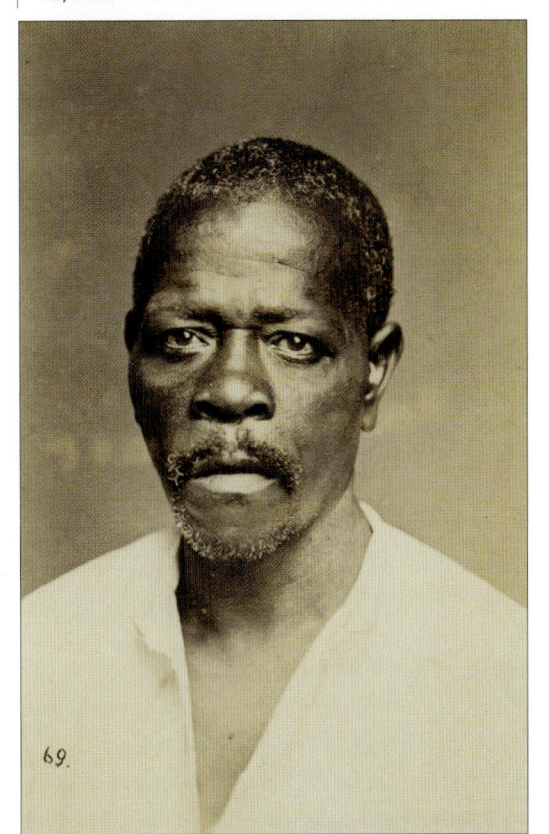

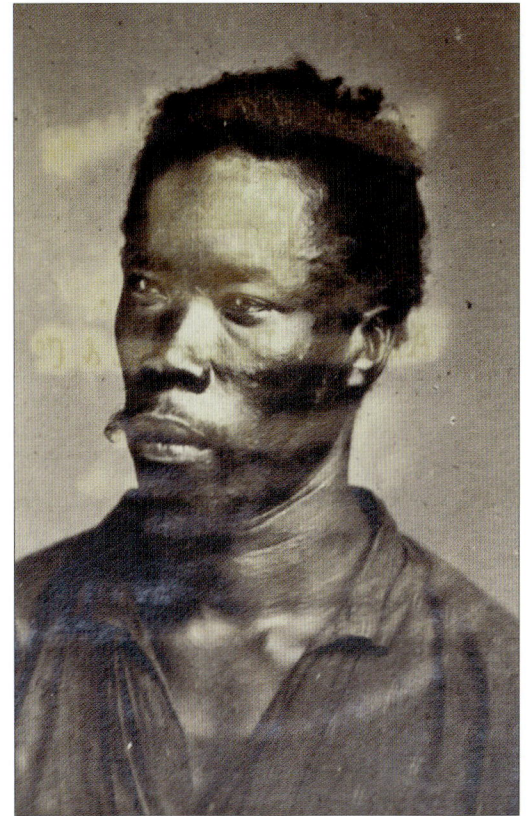

MENSCHEN AFRIKANISCHER ABSTAMMUNG

l. Brasilien
Pernambuco
Porträt
Um 1870
Alberto Henschel
rem Sammlung
Wilhelm Reiß
Sm 14/05.6

r. Brasilien
Pernambuco
Porträt
Studioaufnahme
Um 1870
Alberto Henschel
rem Sammlung
Wilhelm Reiß
Sm 14/05.7

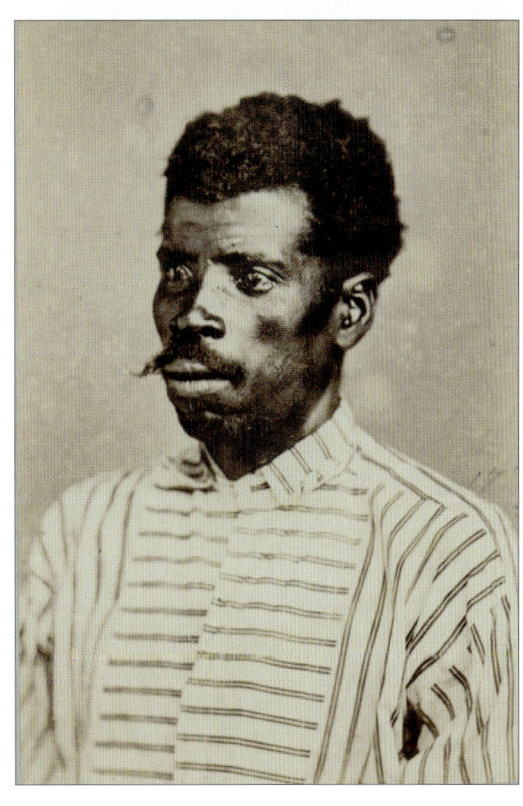

l. Brasilien
Pernambuco
Porträt
Um 1870
Alberto Henschel
rem Sammlung
Wilhelm Reiß
Sm 14/05.1

r. Brasilien
Pernambuco
Porträt
Studioaufnahme
Um 1870
Alberto Henschel
rem Sammlung
Wilhelm Reiß
Sm 14/05.2

Es ist ganz gewiß, daß die Zahl der Neger im Verhältnis zur Gesamtpopulation und auch absolut seit der Unterdrückung der Sklaveneinfuhr abnimmt, und zwar teils durch Emancipation, teils wegen des großen numerischen Uebergewichts der männlichen Bevölkerung unter den Sklaven die Geburten die Todesfälle nicht zu ersetzen vermögen. Nach allgemeiner Annahme werden mehr weibliche als männliche Negerkinder geboren, und wenn bisher das männliche Geschlecht stärker auftrat, so rührte dies noch von dem Sklavenhandel her, durch den mehr Männer als Frauen ins Land gezogen wurden. Nach den seither erlassenen Gesetzen, welche eine successive Ueberführung der Schwarzen aus der Sklaverei zur Freiheit erstreben, dürfte es am Ende des Jahrhunderts keine Sklaven in Brasilien mehr geben.
Friedrich von Hellwald, 1884, S. 246

Zeittafel zur Geschichte Südamerikas

Ab **1440** gehören Teile vom heutigen Chile, Bolivien und Ecuador zum Inka-Reich.

Ab **1441**, noch vor der Entdeckung Amerikas, beginnt der transatlantische Sklavenhandel mit portugiesischen Schiffen, die erste nordafrikanische Berber und Schwarzafrikaner nach Südportugal verschleppen.

1469 Die Hochzeit von Isabella von Kastilien und Ferdinand von Aragón einigt Spanien unter Führung Kastiliens.

1480 Blütezeit des Inka-Reiches unter Túpac Yupanqui.

1. Januar 1492 Ende der Reconquista in Spanien.

12. Oktober 1492 Kolumbus landet auf der Insel Guanahani in der Bahama-Gruppe, der heutigen Watlingsinsel.

Ende Dezember 1492 Fort Navidad, die erste europäische Siedlung in Amerika, wird auf Hispaniola/Haiti errichtet.

1492 bis 1870 Mehr als elf Millionen afrikanischer Sklaven werden nach Amerika verkauft.

1494 Vertrag von Tordesillas. Spanien und Portugal einigen sich auf den 46. Grad westlicher Länge als neue Trennungslinie ihrer überseeischen Interessensgebiete. Portugal erhält einen Anteil am amerikanischen Kontinent: Brasilien.

1498 Beginn der spanischen Siedlungskolonisation.

1516-1556 Regierungszeit Karls I. von Spanien, ab 1519 als römisch-deutscher Kaiser Karl V.

Ab 1518 Charrúa-Indianer kämpfen gegen Kolonisierung. Die Charrúa gehören zu den indigenen Völkern Südamerikas, die vor allem in den Grenzen des heutigen Uruguay, im nordöstlichen Argentinien und südlichen Brasilien leben.

1519 bis 1521 Die Eroberung Mexikos unter dem Spanier Hernán Cortés vernichtet das Aztekenreich und begründet die Herrschaft der Spanier über Mesoamerika, das Gebiete der heutigen Staaten Mexiko, Belize, Guatemala, El Salvador, Honduras, Nicaragua und Costa Rica umfasst. Das spanische Kolonialreich dehnt sich über Amerika, Afrika, Asien und Ozeanien aus, sein territorialer Schwerpunkt ist Amerika. Die spanische Kolonialgroßmacht zählt zu einem der ersten globalen Reiche. Es besteht vom 15. bis in die zweite Hälfte des 20. Jahrhunderts.

1528 Kaiser Karl V. überlässt dem Bankhaus Welser aus Augsburg die Kolonisierung des Gebietes von Venezuela.

1530 Beginn der portugiesischen Besiedlung; Einteilung Brasiliens in Kapitanate (Verwaltungseinheiten in den ehemaligen spanischen und portugiesischen Kolonialreichen).

1532 Francisco Pizarro erobert Peru und zerstört das Inkareich. Hinrichtung des letzten Herrschers Atahualpa.

1535 Die Spanier gründen Lima.

1536-1537 Indianische Rebellion und Belagerung von Cusco.

1537-1548 „Bürgerkrieg" unter den spanischen Siedlern.

1542 Das Vizekönigreich Peru wird gegründet. Die spanische Krone gibt die „Neuen Gesetze" bekannt. Ziel ist die verstärkte Kontrolle der Krone über spanische Siedler und Indigene.

1545 Entdeckung der Silbervorkommen in Potosí (Bolivien).

1549 Gründung der Stadt Bahia (Brasilien) als Sitz der kolonialen Zentralregierung.

1550 Ende der indianischen Sklaverei in Peru.

1553 Universität von Lima öffnet ihre Tore.

1554 Gründung des Jesuitenkollegs São Paulo.

1563 Ecuador wird in das Vizekönigreich Peru eingegliedert.

1565 Gründung von Rio de Janeiro.

1569 Der fünfte Vizekönig Perus, Francisco Toledo (1569-1581), beginnt, die Kolonie zu reorganisieren.

1572 Tupac Amaru I., der letzte Erbe der Inkaherrschaft, wird hingerichtet.

1573 Philipp II. erlässt aus 148 Paragraphen bestehende Regelungen zur Entdeckung und Besiedlung; damit endet die Phase der Eroberung, es beginnt die Konsolidierung der Kolonisation.

1574 Vizekönig Toledo organisiert das Mita-Zwangsarbeit-System für eine maximale Ausbeutung der Silberminen.

1580 Buenos Aires wird gegründet.

1609 Jesuitenmissionen zur Bekehrung der Guarani werden in Paraguay gegründet. 1624 Missionare bereisen das Gebiet im Norden vom Rio de la Plata.

1650 Guayana wird britische Besitzung. Erdbeben machen Cusco dem Erdboden gleich.

1656 Erdbeben in Lima.

1701-1713 Spanischer Erbfolgekrieg. Mit dem Frieden von Utrecht wird Spanien auf die iberische Halbinsel zurückgeworfen, behält aber alle Kolonien.

1717 Gründung des Vizekönigreiches Neu-Granada in Santa Fé de Bogotá. Die heutigen Staaten Venezuela und Kolumbien werden an das Vizekönigreich Neugranada angegliedert.

1720 Portugiesisches Vizekönigreich wird Brasilien.

1739 Ecuador wird an das Vizekönigreich Neugranada angeschlossen

1750 Portugal und Spanien einigen sich auf einen Grenzverlauf in Südamerika, womit Brasilien ungefähr seine heutige Form erhält. Der Vertrag von Tordesillas von 1494 wird damit hinfällig.

1759-1788 Nachdem die Bourbonen die Habsburger auf dem spanischen Thron abgelöst haben, werden Verfassungsreformen mit Auswirkungen auch auf die Neue Welt eingeführt. In Peru beinhalten sie die Ausweitung von Tributzahlungen und Zwangsarbeit auf den indigenen Adel, der bis dahin davon befreit gewesen war. Weitere Reformen betreffen das Verwaltungswesen, die Liberalisierung des kolonialen Handelssystems und die Ausweisung der Jesuiten aus Amerika. Ab ca. **1771** gelangt die spanische Aufklärung nach Amerika.

1776 Gründung des Vizekönigreiches La Plata in Buenos Aires. Es war das südlichste der spanischen Vizekönigreiche in Lateinamerika und umfasste grob die heutigen Staaten Argentinien, Bolivien, Paraguay, Uruguay und einen Streifen im Norden des heutigen Chile.

Ab **1777** Verschiedene naturkundliche Expeditionen reisen durch Amerika.

1780-1781 Rebellion von José Gabriel Tupac Amaru II. Er ist der Anführer des größten indianischen Aufstandes im Vizekönigreich Peru 1780 und wird im Jahre 1781 in Cuzco hingerichtet.

1795 Venezuela versucht den Aufstand gegen Spanien.

1799-1804 Amerika-Expedition von Alexander von Humboldt.

1805 Im Dritten Koalitionskrieg steht Spanien auf der Seite Frankreichs gegen Großbritannien. In der Seeschlacht von Trafalgar am 21. Oktober unterliegt eine spanisch-französische Flotte den Briten unter Admiral Nelson.

1807 Die portugiesische Königsfamilie flieht nach Brasilien vor den napoleonischen Truppen mit 36 Schiffen, dem gesamten Hofstaat und weiteren Adligen, insgesamt sind es rund 15.000 Personen sowie rund 80 Prozent des in Portugal im Umlauf befindlichen Geldes.

1810 Unabhängigkeit Kolumbiens von Spanien. Die Schwäche ihres Mutterlandes nutzen unzufriedene Hispanoamerikaner für Aufstände – etwa in Mexiko und Venezuela, wo sich der Kreole (in Amerika geborene Spanier) Simón Bolívar (1783 bis 1830) an die Spitze der Bewegung stellt.

1811 Die kreolischen Rebellen in Venezuela erklären das Land für unabhängig. Im Jahr darauf erobern die Spanier Venezuela zurück, Bolívar muss ins Ausland fliehen. Die südamerikanischen Unabhängigkeitskriege zwischen 1809 und 1825 richten sich gegen die Kolonialmacht, aber auch gegen die Kreolen, die weiterhin zu Spanien standen. Daher sind sie sowohl Kolonialkriege als auch Bürgerkriege zwischen königstreuen und aufständischen Südamerikanern. Die südamerikanischen Kolonien Spaniens waren damals in drei Vizekönigreiche (Neugranada, Peru und Rio de la Plata) gegliedert. Die Kriege enden mit der Unabhängigkeit beinahe aller Staaten Südamerikas.

18. März 1812 Gesandte der spanischen Regionen, dabei auch einige Vertreter aus Übersee, verabschieden im unbesetzten Cádiz nach 18 Monaten Beratung die erste spanische Verfassung. Sie soll die Grundlage für eine neue bürgerliche Gesellschaft werden, die auch Hispanoamerika umfasst. Liberale Prinzipien wie Volkssouveränität und Gewaltenteilung sollen gelten; die Macht des Königs soll eingeschränkt, die Rechte der Bürger gestärkt werden.

1817 Bolívar schlägt die Spanier. Die Aufständischen rufen die Republik Kolumbien aus (sie umfasst die Gebiete der heutigen Staaten Panama, Kolumbien, Ecuador und Venezuela).

1818 Nach dem Sieg über Spanien erklärt Chile seine Unabhängigkeit.

1821 Venezuela und Ecuador werden Teil von Großkolumbien. Großkolumbien ist ein historisches Staatsgebilde, das das heutige Kolumbien, Ecuador, Panama und Venezuela sowie Teile von Peru und Guyana umfasst und von 1819/23 bis 1830 existiert. Peru und Ecuadors werden von Spanien unabhängig.

1825 Unabhängigkeit Boliviens von Spanien.

1830 Großkolumbien zerfällt.

1840 Dom Pedro II. wird Kaiser von Brasilien.

1852 In Ecuador wird die Sklaverei abgeschafft.

1861 werden die Vereinigten Staaten von Kolumbien gegründet.

1888 Abschaffung der Sklaverei in Brasilien.

1889 Sturz der Monarchie und Ausrufung der Republik in Brasilien.

24. Februar 1891 Brasilien erhält eine neue Verfassung auf föderativer Grundlage, die den 20 bestehenden Bundesstaaten weitgehende Selbstständigkeit zugesteht. Sie bleibt bis 1934 gültig.

Zur Entwicklung der Fotografie in Südamerika

1833 Hercule Florence (1804-1879), monegassisch-brasilianischer Maler, Erfinder und Fotopionier, gehört zu den Gründungsvätern der Fotografie. Gemeinsam mit Hilfe des örtlichen Apothekers und späteren Botanikers Joaquim Correia de Melo (1816-1877) begann er um 1832 mit Experimenten. Er versuchte, Projektionen mit einer camera obscura zu fixieren und nannte diese „Photographia". Er bestrich 1833 Papier mit Silbernitrat und konnte so ein Bild fixieren. Abgeschieden von den europäischen Metropolen und Wissenschaftszentren konnte er seine Erfindung weder publizieren noch patentieren. Lediglich in seinen Schriften, im „Livre d'Annotations et de Premier Matériaux" hat er seine Erfindung festgehalten.

Die Ära der Daguerreotypie

1839 (1.Mai) wird im „Jornal do Commercio" von Rio de Janeiro (Brasilien) zum ersten Mal ein Artikel über die Erfindung der Fotografie veröffentlicht.
1840 (24. Februar) erscheint im „El Cosmopolita" (Mexiko) ein weiterer Bericht über das junge Medium Fotografie. Die Herstellung, Verbreitung und Lagerung von Daguerreotypien gestaltet sich in Südamerika aufgrund der klimatischen Bedingungen (Feuchtigkeit und Hitze) schwierig. Dennoch erlebt die Porträtfotografie eine Blütezeit.

Die Etablierung von Ateliers europäischer Fotografen in Südamerika

Ab den 1840er/50er Jahren wurden die ersten Fotostudios in den großen Küstenstädten eröffnet. Die Fotografen waren häufig europäische Immigranten, die erfolgreiche Ateliers führten. Durch die rasante technische Entwicklung und Modernisierung nach europäischem Vorbild erfüllte die Fotografie mannigfaltige und spezifische Aufgaben und wurde zum Zeitdokument. Sie zeigte landschaftliche und städtebauliche Gegebenheiten und dokumentierte soziale Umbrüche in der Gesellschaft.

Im Laufe der Zeit wurde die Daguerreotypie durch das Glas- und Papiernegativ ersetzt. Das Nass-Kollodium-Verfahren, 1850/1851 entwickelt von Frederick Scott Archer und Gustave Le Gray, wird zur vorherrschenden Technik: fotografische Platten, die als Ambrotypie oder durch ein Negativ-Verfahren ein fotografisches Bild erzeugen. Charakteristisch ist, dass bei der Erstellung der Fotografie die Verarbeitung (entwickeln, wässern, fixieren) sofort erfolgen muss. Der mobil arbeitende Reisefotograf in der Frühzeit der Fotografie musste immer ein Dunkelkammerzelt mit sich führen.

Zunehmend lassen sich Fotografen aus Europa in Südamerika nieder und gründen ihre eigenen Fotoateliers. Dadurch werden sie zu Lehrern für die Einheimischen. Die Touristen, die sich ein Stück Erinnerung von den besuchten Orten mitnehmen und den Daheimgebliebenen stolz präsentieren möchten, bevorzugen folgende Sujets: Landschaften, botanische Motive, Städteansichten, Porträts von Einheimischen. Wegen der langen Belichtungszeiten verschwinden die Wolken, die Konturen der Motive wirken wie ausgeschnitten und heben sich graphisch vor einem leeren weißen Himmel ab. Die Realität wird so einerseits surreal verfremdet und doch zugleich detailgenau festgehalten.

Charles de Forest Fredericks (1823-1894) beherrschte die Technik der Daguerreotypie und des Nass-Kollodium-Verfahrens, berühmt waren seine großformatigen Vergrößerungen. Er hatte großen Erfolg und hielt sich 1843 in Venezuela auf, in den frühen 1850er in Pará, Rio Grande, Montevideo und Buenos Aires.
Jean-Victor Frond (1821-1881) unterhielt ein Fotoatelier in Rio de Janeiro, er dokumentierte Land und Bevölkerung sowie das Leben der Sklaven. Leider sind seine Aufnahmen verloren. Nur in Lithographien in dem Band „Brazil Pittoresco", mit einem Text von Charles Ribeyrolles (1812-1860), der bei der „Casa Lemercier" gedruckt wurde, sind seine Motive noch erhalten. Es sind die frühesten Ansichten von Rio und seiner Umgebung.
George Leuzinger (1813-1892), ein Schweizer Fotograf, ließ sich 1832 für 19 Jahre in Rio de Janeiro nieder. Seine bedeutenden Stadt- und Landschaftsansichten zeigen die Veränderungen im urbanen Leben. Leuzinger nahm auch erfolgreich an einer Expedition ins Amazonas-Gebiet teil.
Marc Ferrez (1843-1923), ein brasilianischer Fotograf mit französischen Wurzeln, absolvierte 1859/1860 eine Lehre im Fotoatelier von Franz Keller-Leuzinger (1835-1890), dem Schwiegersohn von Georg Leuzin-

ger. 1865 eröffnete er sein eigenes Fotostudio in Rio de Janeiro und hielt die zunehmende Urbanisierung in Bildern fest: den Bau von Eisenbahnlinien, Veränderungen der Landschaft. Als einer der ersten ließ er Indios in Stammestracht vor gemaltem Dekor im Atelier posieren. Zwischen 1865 und 1918 entstanden dokumentarische Reportagen vom Kaiserreich Dom Pedro II. und den Anfängen der Republik in Brasilien. Berühmt waren seine vorzüglichen Panoramen, aufgenommen aus unterschiedlichen Richtungen. Die Belichtungszeit betrug zwischen drei und zwanzig Minuten. Für diese exzellenten Panoramaaufnahmen erhielt er 1885 auf der Weltausstellung von Philadelphia eine Goldmedaille. Dom Pedro II., selber ein begeisterter Fotograf, schlug ihn 1885 zum Ritter des Ordens der Rose für seine Verdienste um die Fotografie. Weitere seiner Reportagethemen waren die schwer arbeitenden Sklaven auf den Plantagen oder in den Minen von Minas Gerais. Doch Ferrzez´ Aufnahmen sind noch weit davon entfernt, Fotografien als soziale Anklage gegen menschenunwürdige Arbeitsbedingungen zu verstehen, wie es im 20. Jahrhundert bei der „concern photography" oder der „humanistic photography" sein sollte.

Alberto (Albert) Henschel (1827-1882), aus Berlin stammend, migrierte 1866 nach Brasilien und eröffnete mit seinem ebenfalls aus Deutschland stammenden Partner Carlos Henrique (Karl Heinrich) Gutzlaff sein erstes Fotostudio unter dem Namen „Fotografia Allemã" (Deutsche Fotografie). In den folgenden Jahren prosperierte sein Unternehmen und es kamen, mit wechselnden Geschäftspartnern, Studiobetriebe in Salvador da Bahia, Rio de Janeiro und São Paulo hinzu. Somit zählte Henschel zu den ersten Fotografen in Brasilien, die eine Kette von Fotostudios an verschiedenen Orten professionell betrieben. Zu seinem Repertoire gehörten Architekturaufnahmen, die Dokumentation von Bauten und Industrieanlagen, oft in offiziellem oder privatem Auftrag, ebenso wie Landschafts- und Landwirtschaftsaufnahmen. Berühmt sind seine Porträts aus verschiedenen Gesellschaftsschichten, von Monarchen über Mitglieder der vornehmen Gesellschaft und der Mittelschicht bis hin zu den Porträts schwarzer Sklaven, die er als Individuen und nicht mehr als bloße „Typen" ablichtete. 1874 wurde er gemeinsam mit seinem Partner Francisco Benque (Henschel & Benque) von Pedro II. zum kaiserlichen Hoffotografen ernannt.

Alberto (Albert) Frisch (1840-ca. 1905) aus Augsburg fertigte 1867 98 Aufnahmen von Landschaften, Fauna und Flora sowie dem Leben der indigenen Bevölkerung im Amazonas-Gebiet an. Es sind die ersten wichtigen anthropologisch-ethnologischen Aufnahmen, die Einblicke in das Leben der Indios vermitteln. Frisch entwickelte eine besondere Technik, bei der er die Figuren der Modelle aus dem Hintergrund herausschnitt, sodass sie vor einer neutralen weißen Fläche stehen. Diese füllte er je nach Bedarf mit anderen Hintergründen, etwa Bäumen, Wasserfällen oder Felsen. Vor 1866 arbeitete er auch in der Fotowerkstatt von Leuzinger, die auch seine Bilder als Fotomappenwerke herausbrachte.

Der Italiener Benito Panunzi (1819-1894) arbeitete von 1865 bis 1870 in Argentinien und dokumentierte die Entwicklung des Landes. Bekannt sind seine Aufnahmen vom Leben der Gauchos und der araukanischen Indios in Patagonien.

Der Franzose Eugenio Courret (1841-1900) kam 1860 nach Lima (Peru), um als Kameramann im Fotostudio von Eugene Maunoury zu arbeiten. 1863 gründete er gemeinsam mit seinem Bruder Aquiles sein eigenes Studio "Photo Central". 1887 eröffnete er ein Fotostudio mit Adolphe Dubreuil, bevor er in den 1890er Jahren wieder nach Frankreich zurückkehrte. 1869 erhielt er die Goldene Medaille bei der Industrieausstellung von Lima für eine Aufnahme zur Schlacht am 2. Mai. Seine Arbeit ist vollständig im Archiv von Lima erhalten. 1987 wurde der Biblioteca Nacional del Perú sein Archiv mit 54.000 Glasnegativen übergeben.

Rodolphe (Rudolf) Lindemann (ca. 1852-19?) stammte aus Deutschland und arbeitete von 1880 bis 1910 als Fotograf in Brasilien. In Salvador war er von 1880 bis 1900 tätig. Mit dem Schweizer Fotografen Guilherme (Wilhelm) Gaensly (1843-1928) teilte er sich bis 1882 ein Fotostudio, bis Gaensly sich nach São Paulo zurückzog. Bis 1900 erscheinen ihre Fotografien unter der Firmierung „Gaensly & Lindemann", danach unter „ehemals Gaensly & Lindemann". Die Aufnahmen von beiden zeichnen sich durch hohe fotografische Qualität aus. Landschafts- und Städteaufnahmen sind mit einer klar gebauten Ordnung fotografiert und fokussieren das Wesentliche. Guilherme Gaensly gewann eine Silbermedaille bei der Weltausstellung in Paris 1889 und eine weitere 1904 bei der World's Fair in St. Louis, Missouri. 1889 gewann Lindemann ebenfalls einen Fotopreis für seine Aufnahmen in Salvador und Recife.

Impressum

Herausgeber
Hermann Wiegand
Alfried Wieczorek
Ulrich Nieß
Günter Eitenmüller

Inhaltliche Konzeption
Claudia Braun
Wilhelm Kreutz
Ulrich Nieß
Hermann Wiegand

Wissenschaftliche Redaktion
Wilhelm Kreutz
Christoph Popp
Luisa Reiblich
Hanspeter Rings

Lektorat
Luisa Reiblich
Barbara Troeger

Graphische Gestaltung
Luisa Reiblich

Autoren
Stephanie Herrmann M.A.
Prof. Dr. Peter Rothe
Prof. Dr. Claude W. Sui
Dr. Franz Waller

Produktion
verlag regionalkultur,
Heidelberg – Ubstadt-Weiher
– Neustadt a.d. Weinstraße
– Basel

Abbildungen
© Reiss-Engelhorn-Museen Mannheim (Fotografen Jean Christen, Carolin Breckle, Maria Schumann, Lina Kaluza oder rem-Archiv) und MARCHIVUM, wenn nicht ausdrücklich andere Rechteinhaber oder Fotografen benannt sind.

© 2018 Mannheimer Altertumsverein von 1859 – Gesellschaft der Freunde Mannheims und der ehemaligen Kurpfalz, Reiss-Engelhorn-Museen Mannheim, MARCHIVUM und Fördererkreis für die Reiss-Engelhorn-Museen e. V.

ISSN 0948-2784
ISBN 978-3-95505-112-9

Alle Rechte vorbehalten. Ohne ausdrückliche Genehmigung ist es nicht gestattet, dieses Buch oder Teile daraus auf fotomechanischem Wege (Fotokopie, Mikrokopie) zu vervielfältigen oder unter Verwendung elektronischer Systeme zu verarbeiten oder zu verbreiten.

Abenteuer Anden und Amazonas
Wilhelm Reiß´ Südamerika-Expedition (1868-1876) in historischen Fotografien
Reiss-Engelhorn-Museen
2. September 2018 bis
2. Juni 2019
Kurator der Ausstellung:
Prof. Dr. Claude W. Sui
Mit-Kuratorin:
Stephanie Herrmann M.A.

Abbildung auf der Vorderseite:
rem Sammlung Wilhelm Reiß
Sm 08/07.2, siehe Seite 125

Abbildungen auf der Rückseite:
Porträts
rem Sammlung Wilhelm Reiß
Sm 12/09.4 und Sm 14/06.4

Für Publikationsanfragen wenden Sie sich bitte an das Redaktionsteam in den rem:
Dr. Claudia Braun
Luisa Reiblich
Reiss-Engelhorn-Museen
D 5, Museum Weltkulturen
68159 Mannheim

Für unverlangt eingehende Manuskripte wird weder Haftung noch eine Publikationsgarantie übernommen.

Kagoshi

Nora von Achenbach

籠師

Die kolorierten Tuschezeichnungen der Körbe stammen von Wilhelm Weimar (1857–1917), der sie um 1890 als Inventarisierungsdokument anfertigte. Weimar bildete neben den Körben auch die meistens in einen breiten Bambusspan des Bodens eingekerbten oder geritzten Signaturen ab. Alle Zeichnungen sind in Originalgröße wiedergegeben.

The coloured ink drawings of the baskets are by Wilhelm Weimar (1857–1917), who made them starting in 1890 as documentation for an inventory of the collection. Apart from the baskets themselves, Weimar illustrated the signatures which were mostly notched or incised in the broad bamboo splint at the base of the basket. All the drawings are to the original scale.

1885,108.

尚古齋造之

[1]
HAYAKAWA SHŌKOSAI I. (1815–1897)
Blumenkorb mit Henkel
Flower basket with handle
aus Wurzelholz
made of root wood

1889,123.

[2]
Blumenkorb mit seitlichen Henkeln
Flower basket with lateral handles
im chinesischen Stil
in the Chinese style

120 Tage benötigt der erste Meister der japanischen Bambusflechtkunst für einen seiner Körbe. Das Ergebnis ist faszinierend! Die hohe Perfektion fordert unsere Aufmerksamkeit, jedes Detail wollen wir erkunden. 60 signierte Körbe besitzt das Museum für Kunst und Gewerbe, jeder ist anders, jeder ist vollkommen. Diese in sich ruhenden, harmonischen Objekte entstanden in einer spannungsgeladenen Zeit in der pulsierenden Handelsmetropole Ōsaka Ende des 19. Jahrhunderts. In dieser Epoche formiert sich das moderne Japan und vermarktet seine Kulturtradition, die Europa begierig aufnimmt. Der Durchbruch kommt 1873 auf der Weltausstellung in Wien, auf der auch das Kunsthandwerk viele Bewunderer und Käufer findet. Das Interesse an japanischen Lebenswelten ist groß und heizt den Export an, viele Bilder und Objekte werden speziell für Europa produziert und den westlichen Gebräuchen angepasst, gleichzeitig werben sie für Japan als Kulturnation.

Natürlich interessiert sich auch Justus Brinckmann für die Produkte aus dem Fernen Osten. Für das neu gegründete Museum für Kunst und Gewerbe in Hamburg sammelt er Objekte, die als Vorbild für die Studierenden der Gewerbeschule dienen sollen. Er sucht konkrete Anregungen für die einheimische Flechtkunst und trägt innerhalb von zwanzig Jahren eine Gruppe von insgesamt 200 Objekten aus verschiedenen Quellen zusammen, darunter die 60 Körbe des ersten Kagoshi. Dieses Ensemble ist heute weltweit die größte Sammlung signierter Korbobjekte von Shōkosai I. und ein lange verborgener Schatz unseres Museums. Erst in den 80er Jahren wurden die schon als Kriegsverlust abgeschriebenen Werke wiederentdeckt. Heute wäre ein so umfangreicher Ankauf auf diesem Niveau nicht mehr möglich, da der Markt so qualitätvolle Werke schon lange nicht mehr anbietet.

Mit der Signatur wird der Korb über seinen Gebrauchswert hinaus als Kunstwerk charakterisiert. »Shōkosai hat dies gemacht«, der Schriftzug auf der Unterseite der Körbe demonstriert das Selbstbewusstsein dieses frühen Flechtmeisters. Sein Name ist Programm: »Shōko« bezieht sich auf den Respekt gegenüber der Tradition, »sai« bezeichnet das Studio. Neue Formen entstehen in der Auseinandersetzung mit der Überlieferung.

Preface Vorwort

The first master of Japanese bamboo basket making needed 120 days for one of his baskets. The result is fascinating! The high degree of perfection compels us to give it our full attention, we want to explore every detail. The Museum für Kunst und Gewerbe has 60 signed baskets in its possession; each one is different, each is perfect. These harmonious objects, reposing tranquilly in themselves, were created during a time of great tension at the end of the 19th century in the vibrant trading city of Ōsaka. The modern Japan which experienced its birth pangs during this period brought its cultural tradition onto the market, and it was eagerly snapped up by Europe. The breakthrough came with the World Exhibition of 1873 in Vienna, at which the craftwork also found many admirers and buyers. Interest in the many facets of Japanese living culture was huge, and fuelled an export boom with many pictures and objects being produced especially for the European market and adapted to western habits; simultaneously they promoted the image of Japan as a nation with a unique culture.

It goes almost without saying that Justus Brinckmann, too, developed an interest in the products from the Far East. He collected objects for the newly founded Museum für Kunst und Gewerbe in Hamburg which were intended to stand as models for the students of the vocational school for craftsmen. He sought specific impulses for the art of German basket making and, over the next twenty years, built up a collection comprising in all 200 objects from different sources, including the 60 baskets by the first kagoshi. This ensemble is today the largest collection of signed baskets by Shōkosai I anywhere in the world, and a treasure of our museum which was lost from sight for far too long. The acquisition of a collection of this scope and level of excellence would be impossible today, since works of such quality have long since vanished from the market.

The signature on a basket characterizes it, above and beyond its utilitarian value, as a work of art. "Shōkosai made this": the characters written on the underside of the baskets proclaim the self-assurance of this early basket master. His name is a programme: "Shōko" refers to the reverence paid to traditional forms, "sai" means a studio. New forms emerge out of the intensive study of the legacy of the past. And it is precisely this historicising approach which we find again in the idea which

Eben dieser historischen Haltung ist auch die Gründungsidee des Museum für Kunst und Gewerbe verpflichtet: Kreativität soll sich an der Überlieferung messen, allein aus der Phantasie entstehen keine großen Kunstwerke. Die sensible Materialbehandlung und die künstlerische Gestaltung nobilitiert Shōkosais Arbeit vor der anonymen Exportware. Obwohl auch sein Œuvre Variationen und Wiederholungen kennt, ist jeder Korb ein in sich stimmiges Individuum.

50 Individuen publizieren wir in diesem Katalog, in der Ausstellung präsentieren wir etwa 100 Werke aus den Beständen des MKG. Nora von Achenbach stellt als Abteilungsleiterin für Ostasiatische Kunst einen bisher unbekannten Aspekt der historischen Sammlung heutigen Interessenten vor. Damit betritt sie für europäische Verhältnisse Neuland. Künstlerisch gestalteten Körben wurde bisher erst an amerikanischen Kunstinstituten besondere Beachtung geschenkt. Innovativ ist auch ihr Ansatz, das Werk eines Meisters in den Mittelpunkt zu stellen. Auch wenn wir nur wenig über das Leben von Shōkosai 1. wissen, beeindruckt die konsequente Lebensführung, die auf Ruhm und Geld verzichtet zugunsten einer selbstbestimmten Arbeit. Nora von Achenbach würdigt die ästhetische Kraft dieses Lebenswerks in diesem von ihr angeregten Projekt, das sie mit großem persönlichem Engagement durchgeführt hat. Irene Piepenbrock hat sie im Rahmen ihres Volontariats unterstützt, und Sybille Girmonds Kenntnisse bereichern diesen Katalog um einen Beitrag zur Rezeptionsgeschichte.

Der internationalen Bedeutung unserer Sammlung gemäß erscheint der Katalog in deutscher und englischer Sprache mit einer japanischen Zusammenfassung. Ingo Offermanns hat sich bei der Gestaltung dieses Buches von dem Perfektionismus Shōkosais anstecken lassen und ein Layout konzipiert, das in seiner Raffinesse dem hohen ästhetischen Anspruch des Meisters mit Sicherheit entspricht. Genauso differenziert ist die Ausstellungsarchitektur von René Hillebrand, die jeden Korb in seiner Individualität feiert. Seine poetische Inszenierung unserer Ausstellungsräume wurde unter der Regie von Thomas Frey mit großer Sensibilität realisiert. Für die Restauratoren des MKG war die Vorbereitung dieser Ausstellung eine besondere Herausforderung:

led to the founding of the Museum für Kunst und Gewerbe: creativity must measure itself against what has been handed down from the past, great works of art cannot be created out of pure imagination. The sensitivity in the treatment of the material and the artistic shaping of the object ennobles Shōkosai 1 work and raises it far above the anonymous wares produced for export. Although there are variations and repetitions in his oeuvre, each and every basket is an individual creation which exists in its own terms.

The catalogue deals with 50 of these individual works, and the exhibition will present about 100 items from the MKG's inventory. Nora von Achenbach, the curator of the Department for East Asian Art, presents a hitherto unknown aspect of the historical collection to the interested visitors of today. In the European context, this is groundbreaking. American art institutions have up to now been the only ones to focus attention on artistic basketwork. She also shows an innovative approach in placing the work of a master at the centre of interest. Even though we know very little about the life of Shōkosai 1, we cannot but be impressed by his undeviating refusal to devote his life to the pursuit of fame and riches, preferring rather to determine for himself what was right in his work. Nora von Achenbach pays tribute to the aesthetic potency of his life's work in this project, which was conceived on her initiative and which she has realized with enormous personal commitment. Irene Piepenbrock assisted her during her internship at

1
drei japanische Körbe des MKG,
three Japanese baskets from the MKG,
Foto vor 1900 von Wilhelm Weimar
photo before 1900 by Wilhelm Weimar

zuerst mussten die Körbe gereinigt, dann für die Ausstellung montiert werden. Eine kontemplative Arbeit, wäre da nicht der große Zeitdruck... Herzlichen Dank an Frédéric Lebas, Stanislaw Rowinski, Patricia Rohde-Hehr, Irin von Meyer und Birte Köhler für die produktive Zusammenarbeit. Diese Ausstellung ist für mich ein gutes Beispiel für den kreativen Umgang mit den eigenen Museumsbeständen. Damit die Presse auf diese engagierte Heimarbeit aufmerksam wird, rührt Michaela Hille die Werbetrommel und Christine Maiwald versucht mit ihren Marketingideen ein hoffentlich zahlreiches Publikum zu gewinnen.

Seit 20 Jahren besteht eine Städtepartnerschaft zwischen den beiden Hafenstädten Hamburg und Ōsaka. Unsere Ausstellung ist ein gewichtiger Programmpunkt der Feierlichkeiten, zudem belegt sie das historisch gewachsene Interesse der Hamburger am kulturellen Austausch mit Japan. Ich danke der Behörde für Kultur, Sport und Medien für ihre finanzielle Unterstützung, mit der wir die phantasievolle Ausstellungsarchitektur realisieren konnten.

Dass sich die Justus Brinckmann Gesellschaft für dieses Thema interessiert, kann niemanden verwundern. Schließlich erweist sich hier wieder einmal das gute Auge und das hohe Qualitätsbewusstsein ihres Namenspatrons. Er war unter den ersten Museumsdirektoren, die japanisches Kunsthandwerk erworben haben und hat durch geschickte und kenntnisreiche Ankäufe für Hamburg eine Sammlung zusammengetragen, die zu ihrer Zeit eine der größten Europas war. Ich danke dem Präsidenten der JBG Peter Voss-Andreae und dem Schatzmeister Robert F. A. Herms für die großzügige Finanzierung dieser Publikation. Mit ihrer Hilfe haben wir in der wissenschaftlichen Erschließung unserer Bestände einen weiteren Meilenstein gesetzt.

In der Spannung zwischen Gleichklang und Differenz liegt die Faszination dieser Sammlung. Lassen Sie sich inspirieren!

Sabine Schulze

the Museum and the catalogue is enriched by a contribution tracing the historical reception of the works from the extensive knowledge of Sybille Girmond.

As befits the international importance of our collection, the catalogue is appearing in German and English with a synopsis in Japanese. Inspired by Shōkosai's perfectionism, Ingo Offermanns has designed this book with a subtlety of layout which surely would have satisfied the exacting aesthetic standards of the master himself. The architectural concept of the exhibition by René Hillebrand, which celebrates the individuality of every basket, is no less sophisticated. The preparation of this exhibition presented the restorers of the MKG with a particular challenge: the baskets first had to be cleaned and then mounted for the exhibition. This would be a task for contemplative absorption in detail, if it had not been for the immense time pressure ...

There has been a twinning arrangement for 20 years now between the two ports of Hamburg and Ōsaka. Our exhibition is one of the major events in the programme of celebrations to mark this anniversary, and in addition it documents the historical roots of the interest which the people of Hamburg have in a cultural exchange with Japan. I would like to thank here the Department of Culture, Sport and Media for their financial support which enabled us to realize the highly imaginative architecture of the exhibition.

It will not come as a surprise to anyone that the Justus Brinckmann Gesellschaft has shown interest in this theme. After all, what we see here is just one more example of the good eye for quality of the man whose name they bear. He was one of the first museum directors to acquire Japanese craftwork, and through his canny and knowledgeable purchases he brought to Hamburg a collection which was, in its time, one of the most extensive in Europe. I would like to express my thanks to the President of the JBG, Peter Voss-Andreae as well as the Treasurer Robert F. A. Herms for their generous financing of this publication. It marks a further milestone in the scientific exploration of the works in our possession. The fascination of this collection lies in the balance between works which emanate harmony and those which strike a challenging note. Let yourself be inspired!

Sabine Schulze

Von japanischen Körben,

Of Japanese baskets

›deren Erfindung‹

'which could only be devised'

›eine dichtende‹

'by someone with the soul'

›Seele voraussetzt‹

'of a poet'[1]

Nora von Achenbach

Die Hamburger Korbsammlung und Justus Brinckmann — Das leidenschaftliche Interesse des Gründungsdirektors Justus Brinckmann (1843–1915) an japanischer Kunst führte dazu, dass das Museum für Kunst und Gewerbe in Hamburg bis zum Jahr 1900 die größte Japansammlung in Deutschland besaß. Brinckmann schrieb eine Überblicksdarstellung zur japanischen Kunst und 1897 das erste umfassende Buch in westlicher Sprache über den berühmten Keramiker Ogata Kenzan (1663–1743).[2]

Die Hamburger Japansammlung zeichnet sich neben typischen Beständen wie Holzschnitten oder Lacken durch zwei eher ungewöhnliche Objektgruppen aus, die zugleich in ihrer Qualität herausragen und beide von Brinckmann erworben wurden: Das ist die fast 2000 Objekte umfassende Schwertschmucksammlung, die zu den besten ihrer Art außerhalb Japans zählt und die Sammlung von 170 japanischen Korbflechtarbeiten mit 60 signierten Exemplaren. Die Hamburger Korbsammlung galt lange als verschollen. Noch 1981 konnte die Ostasienkuratorin Rose Hempel die Körbe nur als Kriegsverlust bezeichnen.[3] Daher erwarb sie 1983 als »Ersatz« eine Gruppe von fünf teilweise signierten Körben aus dem späten 19. bis frühen 20. Jahrhundert. Schon kurze Zeit später jedoch geschah ein Wunder, als beim Öffnen barocker Truhen des Museums die Körbe entdeckt wurden.

Die Hamburger Korbsammlung stellt keine alltägliche Gebrauchsware der Bauern und Fischer dar oder Vorrats- und Tragekörbe, wie sie im Haushalt und auf Reisen in Japan üblich waren. Vielmehr sind es überwiegend höchst aufwendig und kunstvoll geflochtene Körbe, die in der Teezeremonie Verwendung fanden und bestimmten ästhetischen Kriterien entsprachen. Andere dienten für das Blumenstecken (*ikebana*), das im 19. Jahrhundert besonders populär war. Den größten Teil der Sammlung nehmen daher auch Blumenkörbe (*hanakago*) ein. Manchmal gleichen sie einer Keramikvase, die meisten jedoch besitzen einen Henkel, dessen Formgebung und Gestaltung die besondere Zierde eines jeden Korbes ist. Die Blumenkörbe sind als hohe Form oder flach wie eine Schale gebildet. Letztere dienten auch für dekorative Früchtearrangements. Auf den kleinen schalenförmigen Henkelkörben hingegen

The Hamburg basket collection and Justus Brinckmann — The passion of the founding Director of the Museum, Justus Brinckmann (1843–1915) for Japanese art meant that the Museum für Kunst und Gewerbe in Hamburg possessed the largest collection of Japanese art objects in Germany up to 1900. Brinckmann wrote a comprehensive survey of Japanese art, and in 1897 the first book in a European language giving an exhaustive critical appraisal of the celebrated ceramic artist Ogata Kenzan (1663–1743).[2]

The Hamburg Japanese collection, besides typical items such as woodcuts or lacquer work, is distinguished by two rather unusual groups of objects, which are both of outstanding quality and which were both acquired by Brinckmann: these are the collection of sword ornaments, comprising almost 2000 objects and one of the best of its kind outside Japan, and the collection of 170 Japanese baskets, 60 of them signed. For a long time the Hamburg basket collection was thought to have been lost. As late as 1981, the then curator of the East Asian department, Rose Hempel, could only describe the baskets as a war loss.[3] This was the reason why she purchased a group of five baskets from the late 19th and early 20th centuries, some of them signed, as a "replacement" in 1983. Only a short time afterwards, however, what can only be described as a miracle occurred when the baskets were discovered on opening a number of baroque chests belonging to the Museum.

The baskets in the Hamburg collection are not objects of everyday utilitarian use by peasants and fishermen or baskets for storage and transport such as those customarily used in the house and on journeys in Japan. They are rather for the most part highly elaborate baskets woven with consummate artistic skill according to certain aesthetic criteria and used in the tea ceremony. Others were intended for the art of flower arrangement (*ikebana*), which enjoyed great popularity in the 19th century. The majority of the baskets in the collection are therefore flower baskets (*hanakago*). They sometimes resemble a ceramic vase, but most of them possess a handle, the design and shaping of which is the focus of ornamental excellence of each basket. The flower baskets are formed either as a tall structure or are shallow and flat like a bowl. The latter were also used for deco-

servierte man Süßigkeiten. Viele Blumenkörbe tragen auf der Rückseite einen eingeflochtenen Ring zum Hängen an den Pfosten der Bildnische (*tokonoma*). Die Sammlung enthält außerdem Körbe für die Holzkohle zum Kochen des Tees und Tragekörbe für Teeutensilien. Eine Gruppe von sieben Hängevasen in Form von glückverheißenden Tieren wie der Zikade, Libelle, Languste und Fischen stellt eine eher auf den breiteren Geschmack ausgerichtete Ware dar.[4]

Für Brinckmann war Japan »das klassische Land« der Flechtkunst.[5] Er erwarb die Körbe als zeitgenössische und »alte« Arbeiten. Da eine stilistische Entwicklung der Körbe heute nicht mehr rekonstruiert werden kann, sind zeitliche Einordnungen der unsignierten Stücke kaum möglich.[6] Das Besondere der Hamburger Sammlung sind 60 Flechtarbeiten, die eine Signatur von Hayakawa Shōkosai I. (1815–1897) tragen und damit wahrscheinlich die größte noch erhaltene Sammlung dieses frühen Meisters sind. Einen besonderen Bezug zu Shōkosai I. stellt die Sammlung auch durch die Tatsache her, dass sie sechs kleine Korbobjekte aus seinem persönlichen Besitz enthält.[7] Neben Shōkosai I. sind noch andere Korbflechtmeister wie Maeda Chikubōsai I. (1895–1966) oder Kosuge Chikudō (1895–1966), meistens aber nur mit einzelnen Beispielen vertreten.

Die größere Anzahl der Arbeiten von Shōkosai I. sind Körbe im chinesischen Stil für die *sencha*-Teezeremonie.[8] Den kleineren Teil nehmen Körbe im japanischen Stil ein. Einige enthalten beide

rative fruit arrangements. Sweets were served on the small basin-like baskets with handles. Many of the flower baskets have a ring woven into their rear side for hanging them from posts in the alcove (*tokonoma*). The collection also includes baskets used for the charcoal over which the tea water was boiled and carrying baskets for tea utensils. A group of seven vases for hanging in the shape of animals believed to bring luck, such as the cicada, dragonfly, crawfish and other fish, are more representative of the wares produced to cater for the broad taste of the public.[4]

Japan was for Brinckmann "the classical land" of basketry.[5] He acquired the baskets both as contemporary and "old" work. Since the stylistic development of the baskets can not be reconstructed today, it is virtually impossible to allocate the unsigned objects to a particular period.[6] The special feature of the Hamburg collection are 60 plaited works which bear the signature of Hayakawa Shōkosai I (1815–1897), and which thus probably constitute the largest collection of this early bamboo master which has been preserved. The collection also has a particularly close affinity to Shōkosai I due to the fact that it includes six small basketwork objects which were his personal possessions.[7] Apart from Shōkosai I, some other bamboo masters like Maeda Chikubōsai I (1872–1950) and Kosuge Chikudō (1895–1966) are represented, most of them however with only a single example of their work.

The majority of works by Shōkosai I are baskets in the Chinese style for the *sencha* tea ceremony.[8] The smaller part consists of baskets in the Japanese style. Some combine elements of both. The signed baskets as well as the anonymous ones were all made to cater for domestic demand. They are not goods for export, such as were manufactured in huge quantities in the last third of the 19th century. This raises the question of how Brinckmann came to purchase the baskets.

The first time Brinckmann saw Japanese bamboo work was in 1873 at the World Exhibition in Vienna, where he was a member of the jury. The six baskets purchased there are all of insignificant artistic value and must be regarded as commercial goods. In his report on the Vienna World Exhibition Brinckmann deals in depth with the basketwork on show there, clearly distinguishing when

1
Rechnung
invoice for
für Körbe vom
baskets from
16. Okt. 1898

Elemente. Die signierten Körbe wie die anonymen Stücke der Sammlung wurden für den einheimischen Bedarf gefertigt. Sie stellen keine Exportware dar, wie sie im letzten Drittel des 19. Jahrhunderts in Mengen produziert wurde. Es stellt sich daher die Frage, wie Brinckmann die Körbe erwarb.

Brinckmann sah japanische Flechtarbeiten zum ersten Mal 1873 auf der Weltausstellung in Wien, wo er als Jurymitglied tätig war. Die sechs Körbe, die dort erworben wurden, sind insgesamt künstlerisch unbedeutend und als kommerzielle Ware zu bezeichnen. In dem Bericht über die Wiener Weltausstellung behandelt Brinckmann ausführlich die dort präsentierten Korbwaren und unterscheidet bei den japanischen Exponaten genau zwischen den weniger haltbaren, weil nachlässig gearbeiteten Massenartikeln und »besseren Arbeiten«, bei denen Henkel, Griffe und Füße ebenso schön wie solide mit dem Gefäßkörper verbunden sind.⁹

Bezeichnend ist auch, was Chr. Been 1902 in einem Artikel über die Hamburger Korbsammlung schreibt: »Vom Jahre 1885 an, ehe irgend ein anderes Museum daran dachte, […] fanden bedeutende Erwerbungen statt, nachdem der Direktor durch die alten japanischen Bücher mit Abbildungen von Blumenaufzierungen auf die Schönheit der japanischen Blumenkörbe aufmerksam geworden war und in Japan ähnliche Arbeiten bestellt hatte.«¹⁰ Brinckmann knüpfte offensichtlich nicht an die vor allem am Export orientierten Korbartikel der Weltausstellung an, sondern war an künstlerischen Arbeiten interessiert. Tatsächlich beginnen die nächsten Erwerbungen japanischer Körbe erst im Jahr 1885. In dem Jahresbericht über das Hamburgische Museum für das Jahr 1885 schreibt Brinckmann: »Zu den wichtigsten Erwerbungen dieses Jahres gehören die bisher nur in wenigen Beispielen vertreten gewesenen alten Korbflechtarbeiten japanischer Herkunft, welche um so wichtiger, als ältere Korbflechtarbeiten europäischen Ursprungs fast unfindbar sind […] Durch günstige Verbindungen im Auslande ist es uns gelungen, eine etwa 100 Nummern zählende Sammlung solcher, zum Theile alter Körbe zu vereinigen.«¹¹ Und Alfred Lichtwark, der damalige Direktor der Kunsthalle, schrieb 1902: »Ich war 1883 dabei, wie Brinckmann aus einer Sendung Schwertstichblät-

discussing the Japanese exhibits between the less durable articles for the mass market, which were shoddily made, and the "better quality work" in which the handles and feet were firmly joined to the body of the vessel with sound workmanship and beauty of design.⁹

Chr. Been also refers to this when he writes in 1902 in an article on the Hamburg basket collection: "From 1885 onwards, before any other museum had had the idea, […] important acquisitions were made after the Director had had his attention drawn to the beauty of the Japanese flower baskets by the old Japanese books with illustrations of decorative flower arrangements and had ordered similar work in Japan."¹⁰ Brinckmann was obviously not thinking of the predominantly export-orientated basketwork he had seen at the World Exhibition, but was interested in art works. And in fact the next purchases of Japanese baskets did not occur until 1885. In his annual report on the Hamburgische Museum for 1885, Brinckmann writes: "Among the most important acquisitions of this year are the old basketry works of Japanese origin, up to now only represented by a very few examples, and these are all the more important as it is almost impossible to find basketwork of European origin of any antiquity […] Due to favourable contacts abroad, we succeeded in bringing together a collection comprising some 100 items, some of them old baskets."¹¹ And Alfred Lichtwark, the then Director of the Kunsthalle, writes in 1902: "I was present 1883 when Brinckmann discovered in a

11
Zeichnung mit sechs
Drawings with six baskets by
Körben von Shōkosai I. aus
Shōkosai 1 from letter in fig. 1
dem Brief von 1894

ter, die wie Kartoffeln im Sack verschickt waren, unter gleichgültigen Arbeiten einige grosse Kostbarkeiten fand [...] Als er bei derselben Gelegenheit ein paar von den schönen japanischen Körben sah, deren Erfindung eine dichtende Seele voraussetzt, gab er sofort den Auftrag, alles zu erwerben, was derart zu haben sei. Und es kam soviel, dass er seine eigene kostbare Sammlung auswählen und noch viele andere Museen mitversorgen konnte. Das war damals Paris als Markt. Zehn Jahre später kam fast nichts mehr herüber, und der wirkliche Markt für Altjapan war zu Ende.«[12]

Leider haben sich keinerlei Unterlagen erhalten, die Auskunft über die von Brinckmann genannten »Verbindungen im Ausland« geben.[13] Nach Lichtwarks Aussage ist eher davon auszugehen, dass die Körbe über einen Händler in Paris erworben wurden und nicht direkt aus Japan. Zahlreiche japanische Objekte stammen von S. Bing und Hayashi Tadamasa. Gegen diese Annahme spricht, dass diese Händler stets im Inventarbuch genannt werden. Im Falle der Körbe erscheint als Herkunft der Name Bing nur zweimal und für einen Kohlekorb der Verweis auf die Sammlung Goncourt.

Das Archiv des Museums enthält erst für die Jahre 1893 bis 1898 einen regen Briefwechsel zwischen Brinckmann und der Firma Rex & Co. Die in Berlin ansässige Handelsfirma hatte sich auf Japan- und China-Importe spezialisiert. Brinckmann bezog einen großen Teil der Korbsammlung über sie, auch schon vor 1893 (Abb. 1). Er wurde offensichtlich bei Ankunft einer jeden Sendung japanischer Körbe informiert. Rex & Co. schickte ihm die Stücke zur Ansicht oder auch eine Zeichnung wie sie Abb. II zeigt. Sie lag einem Brief von 1894 bei, in dem sechs Körbe von Shōkosai 1. angeboten wurden. Fünf der hier abgebildeten Körbe befinden sich heute in der Hamburger Sammlung (Kat. 8, 17, 19, 20). Rex & Co. spricht nur an einer Stelle von einem Herrn Bengen aus Yokohama, der für die Firma »feinere Kunstgegenstände« in Japan einkaufe.[14] Genaueres erfahren wir nicht. Brinckmann wie Rex & Co. wussten, dass Shōkosai 1. ein Meister seines Fachs war. »Zwei der schönsten unserer Körbe [...] tragen die Bezeichnung des berühmtesten japanischen Korbflechters unseres Jahrhunderts, des Shōkosai; den einen von ihnen, einen aus Bambuswurzeln malerisch frei geflochtenen flachen Fruchtkorb mit hohem Bogenhen-

consignment of sword guards which had been sent in a sack like potatoes, a few exquisite examples in among work of indifferent quality.[...] When he saw, on the same occasion, a few of the beautiful Japanese baskets, which could only be devised by someone with the soul of a poet, he immediately gave the order to purchase everything of this type which was to be had. And so much came that he was able take his pick for his own exquisite collection and also to supply many other museums as well. That was the market in Paris those days. Ten years later, almost nothing came over any more, and the real market for Old Japan was finished."[12]

Unfortunately no documentation has survived to give us details of the "contacts abroad" mentioned by Brinckmann.[13] According to Lichtwark's testimony, it is more likely that the baskets were procured via a dealer in Paris, and not directly from Japan. Many Japanese objects came from S. Bing and Hayashi Tadamasa. This assumption is called into question, however, by the fact that these dealers are otherwise always named in the inventory register. In the case of the baskets, the name Bing only appears twice, while the indication of origin for a charcoal basket mentions the Goncourt Collection.

It is only for the years from 1893 to 1898 that the Museum archives contain a brisk exchange of letters between Brinckmann and the firm Rex & Co. This trading company based in Berlin had specialized in imports of goods from Japan and China. Brinckmann acquired a large part of the basket collection via them, also in the years preceding 1893 (Fig. 1). He was apparently informed every time a consignment of Japanese baskets arrived. Rex & Co. sent him the objects on a sale or return basis for inspection, or sometimes a sketch such as that shown in Fig. II. This was enclosed in a letter dated 1894, in which six baskets made by Shōkosai I were offered for sale. Five of the baskets offered here are today in the Hamburg collection (Cat. 8, 17, 19, 20). Rex & Co. only mentions in one place a certain Herr Bengen from Yokohama, who was active for the firm as a purchaser of "high-quality art objects" in Japan.[14] There are no further details. Both Brinckmann and Rex & Co. knew that Shōkosai I was a master of his art. "Two of our finest baskets [...] bear the mark of the most celebrated Japanese basket maker of this century, Shōkosai;

1889,176.

七十二翁 尚古齋造之

[3]
HAYAKAWA SHŌKOSAI I. (1815–1897)
Tragekorb für Utensilien der *sencha*-Teezeremonie, *teiran*
Carrying basket for utensils of the sencha tea ceremony, teiran
datiert 1886
dated 1886

1889,127

七十一翁
尚古齋
造之

[4]
HAYAKAWA SHŌKOSAI I. (1815–1897)
Schalenförmiger Blumenkorb mit Henkel
Bowl-shaped flower basket with handle
datiert 1885
dated 1885

kel [Kat. 51] verdanken wir der Güte des Herrn Consul H. Stannis in Hiogo.«, schrieb Brinckmann 1886.[15] In seinem umfangreichen Führer durch das Hamburgische Museum für Kunst und Gewerbe von 1894 räumt er dem Kapitel zu den japanischen Korbflechtarbeiten einen prominenten Platz gleich zu Anfang auf Seite fünfzehn ein. Die Sammlung war inzwischen auf über 150 Körbe angestiegen, und wieder bezeichnet er Shōkosais Arbeiten als die schönsten.[16] Um so erstaunlicher ist es, wenn Brinckmann in Briefen an Rex & Co. wiederholt darauf hinweist, nur noch ältere Arbeiten von Shōkosai in die Sammlung aufnehmen zu wollen, da die späten in ihrer Qualität nicht mehr an die früheren heranreichten.[17] Diese Einschätzung ist sicher nicht aufrecht zu erhalten. Nach der Altersangabe auf zahlreichen Shōkosai-Körben der Hamburger Sammlung entstanden sie zwischen seinem 67. und 81. Lebensjahr. In einem Brief vom 4. Januar 1898 teilt Rex & Co. dem Hamburger Museum den Tod von Shōkosai I. mit. »Von unseren Japanfreunden empfingen wir die Nachricht, dass der berühmte Korbmacher Shōkosai am 8. Okt. 1897 nach ca. 2 monatlichem Kränkeln gestorben ist. Seine letzten Arbeiten haben sich unsere Freunde gesichert, auch werden sie uns eine Lebensbeschreibung des alten Meisters sowie weitere Mitteilungen über seinen Sohn, seine Schüler usw. machen.«[18] Brinckmann bekam schon wenige Monate später Körbe von Shōkosai II. (1860–1905) angeboten, erwarb sie jedoch nicht.[19]

Brinckmanns Wertschätzung der japanischen Korbflechtkunst äußerte sich nicht nur in seiner Ankaufspolitik, sondern führte auch zu einer regen Vermittlertätigkeit. Wie Lichtwark schrieb, wurden auch andere Museen mit japanischen Körben »versorgt«.[20] Auch der Kommentar zu den Ankäufen für das Jahr 1891 verweist auf die »Abgabe von Doubletten«.[21] So bot Brinckmann beispielsweise 1885 dem Kunstgewerbemuseum in Berlin fünfzig Körbe zwischen 10 und 60 Mark zum Erwerb an.[22] Auch dem Museum für Angewandte Kunst in Leipzig verkaufte er Körbe.[23]

Laut Jahresbericht von 1891 hatte sich der Bestand an Körben bereits auf »200 erlesene Stücke« erweitert.[24] Mit dem Jahr 1898 war die Sammlung praktisch abgeschlossen.[25] Nennenswert ist nur noch der 1908 erworbene Rattanhut von

we received one of them, a fruit basket plaited in a picturesque free-form style from bamboo roots with a high arched handle (Cat. 51), thanks to the generosity of Consul H. Stannis in Hyogo." wrote Brinckmann in 1886.[15] In his comprehensive guide to the Hamburgische Museum für Kunst und Gewerbe in 1894, he devotes a prominent position to the chapter on Japanese bamboo art right at the beginning on Page 15. The collection had meanwhile grown to encompass more than 150 baskets, and once again he describes Shōkosai's works as the finest among them.[16] It is all the more surprising to find Brinckmann repeatedly saying in his letters to Rex & Co. that he was only willing in future to accept earlier work by Shōkosai for the collection, since the later works were inferior in quality to the earlier.[17] This appraisal can without doubt not be upheld. According to the dates on numerous Shōkosai baskets in the Hamburg collection, they were made between his 67th and 81st years.

In a letter dated 4th January 1898, Rex & Co. informed the Hamburg Museum of the death of Shōkosai I. "We have heard the news from our friends in Japan that the celebrated basket maker Shōkosai died on 8th Oct. 1897 after he had being ailing for some 2 months. Our friends have secured his last works for us, and they will draw up an account of the master's life as well as further details concerning his son, his disciples etc."[18] Only a few months after this Brinckmann was offered further baskets made by Shōkosai II (1860–1905), but did not purchase them.[19]

The high regard in which Brinckmann held Japanese basketry art not only finds expression in his policy of acquisition for his own Museum, but also in the fact that he was active as an intermediary. As Lichtwark wrote, other museums were also "supplied" with Japanese baskets.[20] The commentary on the acquisitions for the year 1891 also mentions the "disposal of duplicates".[21] Thus, for instance, Brinckmann offered to sell the Kunstgewerbemuseum in Berlin fifty baskets in 1885 for a price between 10 and 60 Marks.[22] He also sold baskets to the Museum für Angewandte Kunst in Leipzig.[23]

According to the annual report for 1891, the basket collection had already expanded to number "200 select items".[24] By 1898 the collection was practically complete.[25] The only subsequent acquisition worthy of mention is the rattan hat by Shōkosai I

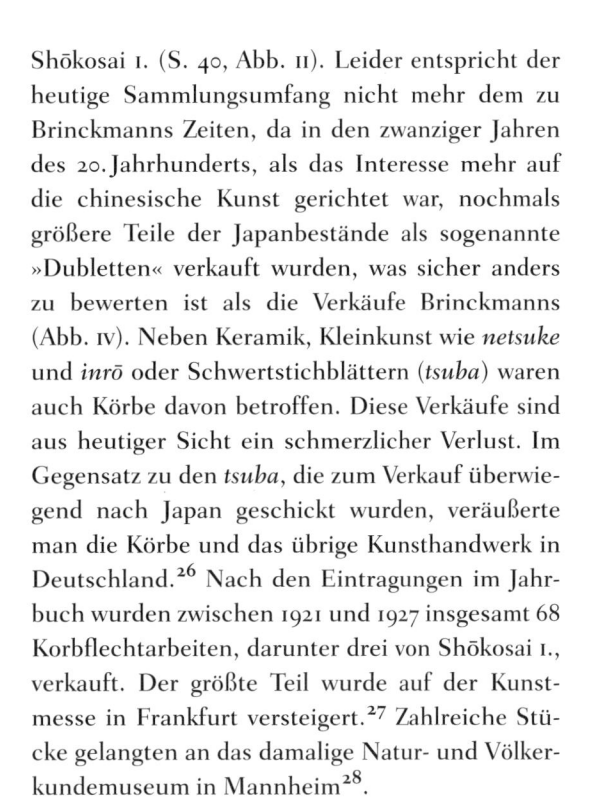

Shōkosai I. (S. 40, Abb. II). Leider entspricht der heutige Sammlungsumfang nicht mehr dem zu Brinckmanns Zeiten, da in den zwanziger Jahren des 20. Jahrhunderts, als das Interesse mehr auf die chinesische Kunst gerichtet war, nochmals größere Teile der Japanbestände als sogenannte »Dubletten« verkauft wurden, was sicher anders zu bewerten ist als die Verkäufe Brinckmanns (Abb. IV). Neben Keramik, Kleinkunst wie *netsuke* und *inrō* oder Schwertstichblättern (*tsuba*) waren auch Körbe davon betroffen. Diese Verkäufe sind aus heutiger Sicht ein schmerzlicher Verlust. Im Gegensatz zu den *tsuba*, die zum Verkauf überwiegend nach Japan geschickt wurden, veräußerte man die Körbe und das übrige Kunsthandwerk in Deutschland.²⁶ Nach den Eintragungen im Jahrbuch wurden zwischen 1921 und 1927 insgesamt 68 Korbflechtarbeiten, darunter drei von Shōkosai I., verkauft. Der größte Teil wurde auf der Kunstmesse in Frankfurt versteigert.²⁷ Zahlreiche Stücke gelangten an das damalige Natur- und Völkerkundemuseum in Mannheim²⁸.

Brinckmann verstand das Hamburger Museum nach dem Beispiel der anderen frühen Museumsgründungen in London, Wien und Berlin als Vorbildsammlung.²⁹ Die ausgestellten Objekte sollten unter handwerklichem wie ästhetischem Gesichtspunkt Anregung und Maßstab sein. In den japanischen Korbflechtarbeiten sah er beides verwirklicht. Schon 1874 kritisiert Brinckmann in seinem Bericht zur Wiener Weltausstellung die verschnörkelten und unpassenden »Verschöne-

purchased in 1908 (p. 40, Fig. II). Unfortunately the scope of today's collection no longer corresponds to that in Brinckmann's day, since further considerable numbers of the Japanese inventory were sold as so-called "duplicates" in the Twenties, at a time when the Chinese art objects were more in the focus of interest, a sale which must be adjudged in a different light from Brinckmann's disposals. (Fig. IV) Besides ceramics, small objets d'art such as *netsuke* (miniature sculptures) and *inrō* (small lacquered boxes) or sword guards (*tsuba*), this also included baskets. From the perspective of today, these sales constitute a grievous loss. In contrast to the *tsuba*, which were mostly sent to Japan to be sold there, the baskets and the other items were sold in Germany.²⁷ According to the entries in the annual reports, a total of 68 works of basketry were sold between 1921 and 1927, including three by Shōkosai I. Most of these were sold by auction at the Arts Fair in Frankfurt.²⁸ Many of the objects went to the then Museum of Natural History and Ethnology (Natur- und Völkerkundemuseum) in Mannheim²⁹.

Brinckmann saw the Hamburg Museum, in line with the other early museums founded at about the same time in London, Vienna and Berlin, as a collection which should serve as a model.³⁰ The exhibits were intended to give impulses and provide a benchmark in terms of the quality of workmanship and aesthetic taste. He saw both of these realized in the Japanese baskets. Brinckmann already levelled criticism at the over-elaborate and

III
links: Korb von Shōkosai I, 1892.160
left: basket by Shōkosai I, 1892.160
rechts: die Nachbildung von Henning Ahrens
right: replica by Henning Ahrens
um 1890

IV
die beiden rechten Körbe wurden verkauft
the two baskets in the right were sold
Foto um 1890 von Wilhelm Weimar
photo around 1890 by Wilhelm Weimar

rungen« europäischer Korberzeugnisse: »Über der Sucht nach scheinendem Aussehen hatte man ganz vergessen, worauf die eigenthümliche Schönheit von Flechtarbeiten beruht, hatte man Geräthe und Möbel für den Salon hergestellt, deren Eleganz doch nur eine schäbige war und die von der stilvollen Einfachheit der ostasiatischen Flechtarbeiten weit in den Schatten gestellt wurden.«[30] Anlässlich der Hamburgischen Gewerbe- und Industrieausstellung im Jahre 1889 beschreibt er den »Einfluss des Museums« auf die ausgestellten Arbeiten: »Ein erfreulicheres Bild boten die Korbflechtarbeiten, bei welchen der belebende Einfluss unserer erst vor wenigen Jahren angelegten Sammlung altjapanischer Körbe auf das augenfälligste beobachtet werden kann.«[31] Der Hamburger Korbflechter Henning Ahrens erhielt auf dieser Ausstellung »für seine vorzüglichen Nachbildungen« japanischer Körbe des Museums eine Goldmedaille (Abb. III).[32] Brinckmann vermisste bei Ahrens allein die braune Patina, die dieser »nach der durch Vermittlung des Museums aus Japan bezogenen Anweisung nachzuholen […] bemüht« sei.[33] Der japanische Einfluss auf die Körbe von Ahrens war auch auf der Pariser Weltausstellung von 1900 und auf der Weihnachtsausstellung des Kunstgewerbe-Vereins im Jahr 1903 noch erkennbar.[34] Der »Nutzen« und Einfluss der Korbsammlung erstreckte sich auch auf andere Handwerksbereiche. So wurden in der Randbeflechtung vieler Lederartikel die Rattanumwicklungen japanischer Körbe nachgeahmt.[35] Der für Brinckmann offensichtlich nicht unwichtige Aspekt praktischer Anwendung wird auch in den Instruktionen deutlich, die er seinem japanischen Mitarbeiter Shinkichi Hara (1868–1934) anlässlich einer Japanreise 1906 mitgab. Darin notiert er minutiös, dass Hara die Rezepte, Rohstoffe und Bezugsquellen für das Braunfärben der Flechtarbeiten ermitteln solle. »Das Verfahren ist so zu studieren, dass wir es später in Hamburg erfolgreich anwenden können.«[36] Brinckmann hatte 1883 Wilhelm Weimar als Mitarbeiter eingestellt. In den ersten fünfzehn Jahren erfasste Weimar die Sammlungsobjekte in Zeichnungen.[37] Von seiner Hand stammen die in Tusche, wenigen Farben und mit Weiß gehöhten Korbminiaturen, von denen zahlreiche in diesem Katalog abgebildet sind. Sie geben den Korb wieder und die meistens in einen Bambusspan des

inappropriate "embellishments" of European basketry in his report on the Vienna World Exhibition in 1874: "Addicted as they were to the mere external appearance of beauty, they had completely lost sight of the true specific beauty of basketwork, had manufactured equipment and furniture for the salon, with a spurious "elegance" which was only cheap trumpery, and which is far eclipsed by the truly elegant simplicity of the eastern Asian basketry."[31] On the occasion of the Hamburgische Gewerbe- und Industrieausstellung in 1889, he describes the "influence of the Museum" on the work exhibited there: "The basketwork on show presented a much more encouraging picture, since the revitalizing influence of the collection of old Japanese baskets which we only started to build up a few years ago is very clearly apparent."[32] The Hamburg basket maker Henning Ahrens was awarded a gold medal as well as the prize of honour at this exhibition for his "excellent replicas" of the Museum's Japanese baskets[33] (Fig. III). The only thing Brinckmann missed in Ahrens' work was the brown patina, which the latter "was doing his best to add according to the instructions he had obtained from Japan through the good offices of the Museum […]"[34] The Japanese influence on Ahrens' baskets was still recognizable at the Paris World Exhibition of 1900 and the Christmas Exhibition held by the Kunstgewerbe-Verein in 1903.[35] The "benefit" and influence of the basket collection also extended to other areas of craftwork. Thus the rattan wrappings of Japanese baskets were imitated in the peripheral braiding of many leather articles.[36] The practical usability of the techniques was obviously a not unimportant aspect for Brinckmann. This is clear from the instructions he gave to his Japanese assistant Shinkichi Hara (1868–1934) for a trip to Japan in 1906. In these he notes down meticulously that Hara was to find out the recipes, raw materials and the sources for the method of dyeing baskets brown. "The procedure must be studied in detail so that we can apply it successfully later in Hamburg."[37]

Brinckmann had taken on Wilhelm Weimar as an employee of the Museum in 1883. In the first fifteen years he had the task of making drawings of the items in the collections.[38] The miniatures of the baskets, done in Indian ink with sparsely applied colours and set off in white, of which you

Bodens eingekerbte oder geritzte Künstlersignatur. Als Bestandsaufnahme gedacht, gehen diese Zeichnungen jedoch weit über das bloße Erfassen der Objekte hinaus. Durch Weimars Einfühlung in den Gegenstand gelingt ihm eine poetische Wiedergabe der Körbe mit ihrem schwingenden Umriss, den feinen Flechtstrukturen und plastischen Details. Er fängt etwas von diesem Wunder ein, Korbgeflechte von so zarter und reicher Stofflichkeit zu fabrizieren. Als es Ende der neunziger Jahre technisch leichter möglich wurde, Fotografien in Büchern zu reproduzieren, stellte Weimar seine Arbeit um und hielt nun die Sammlung fotografisch fest (Abb. IV und Abb. S. 8).

Brinckmanns Leistung, diese Korbsammlung anzulegen, wird im Vergleich deutlich. Im späten 19. Jahrhundert trug der Schweizer Hans Spörry über 2000 Bambusobjekte in Japan zusammen.[38] Von den in seiner Sammlung enthaltenen Körben stammt nicht einer von den damals bekannten Flechtmeistern. Eine zweite Sammlung mit Körben aus Arima legte ein Engländer an. Er schenkte sie 1886 dem Victoria and Albert Museum in London.[39] In Arima, einem Ausflugsort mit heißen Quellen und Bambuswäldern wurden Körbe als Souvenir in großen Mengen und durchschnittlicher Qualität hergestellt.[40] Brinckmann war tatsächlich der einzige europäische Museumsdirektor, der die japanischen Flechtarbeiten in ihrer künstlerischen Bedeutung erkannt hatte.

can see many in this catalogue are by his hand. They illustrate the basket and the artist's signature, which was notched or incised in most cases into a bamboo slat in the base of the basket. Intended as a kind of inventory control, these drawings are however far, far more than a simple depiction of the object. Weimar's empathy with his subject enables him to create a poetic reproduction of the baskets with the sweeping lines of their contours. He manages to capture something of the miraculous ability to fabricate basketwork of such delicate and opulent materiality. When it became technically easier to reproduce photographs in books at the end of the Nineties, Weimar changed his method of working and from then on recorded the collection on photos (Fig. IV and Fig. on p. 8).

The full significance of Brinckmann's achievement in bringing together this collection of baskets is put into perspective when we compare it with others. In the late 19th century the Swiss collector Hans Spörry gathered more than 2000 bamboo objects in Japan.[39] Not one of the baskets in his collection is by the celebrated basket masters of the day. Another collection of baskets from Arima was compiled by an Englishman. He donated his collection to the Victoria and Albert Museum in London in 1886.[40] In Arima, a popular spa with hot springs and bamboo groves, baskets were made in great quantity and mediocre quality as souvenirs.[41] Brinckmann was in fact the only European museum director who recognized the artistic qualities of the Japanese bamboo baskets.

---

1 Alfred Lichtwark, Brinckmanns Leben. In: Hamburg (1902), S. 55. Vollständig zitiert auf S. 13/14.
2 Justus Brinckmann, Kunst und Handwerk in Japan, Berlin 1889; Justus Brinckmann, Kenzan. Beiträge zur Geschichte der japanischen Töpferkunst, Hamburg 1897.
3 Rose Hempel, Die Japan-Sammlungen des Museums für Kunst und Gewerbe Hamburg. In: Josef Kreiner (Hrsg.), Japan-Sammlungen in Museen Mitteleuropas. Bonner Zeitschrift für Japanologie, Bd. 3, Bonn 1981, S. 161.

1 Alfred Lichtwark, Brinckmanns Leben. In: Hamburg (1902), p. 55. quoted in full on p. 13/14.
2 Justus Brinckmann, Kunst und Handwerk in Japan, Berlin 1889; Justus Brinckmann, Kenzan. Beiträge zur Geschichte der Japanischen Töpferkunst, Hamburg 1897.
3 Rose Hempel, Die Japan-Sammlungen of the Museums für Kunst und Gewerbe Hamburg. In: Josef Kreiner (publisher), Japan-Sammlungen in Museen Mitteleuropas. Bonner Zeitschrift für Japanologie, vol. 3, Bonn 1981, p. 161.

4 Es gibt ähnliche Beispiele in anderen Sammlungen, Brauen (2003), S. 252.
5 Justus Brinckmann, Museum für Kunst und Gewerbe in Hamburg, Bericht für das Jahr 1891, Hamburg 1892, S. 30.
6 Patricia J. Graham, The appreciation of Chinese flower baskets in premodern Japan. In: Cotsen (1999), S. 65.
7 Das sind ein Fächer, ein Fliegenwedel, Behälter für Pfeife und Tabak wie Schreibzeug, ein kleiner Korbbehälter und eine kleine Kalebasse für Sake mit Trinkbecher in einem Korb. Der Hinweis auf den persönlichen

4 There are similar examples in other collections, Brauen (2003), p. 252.
5 Justus Brinckmann, Museum für Kunst und Gewerbe in Hamburg, Report for 1891, Hamburg 1892, p. 30.
6 Patricia J. Graham, The appreciation of Chinese flower baskets in premodern Japan. In: Cotsen (1999), p. 65.
7 These are: a fan, a fly-whisk, a pipecase and tobacco pouch as well as writing implements, a small basket for storing things and a small calabash for sake with a drinking bowl in a basket. The indication that these were personal

Besitz von Shôkosai 1. findet sich im Inventarbuch.
8 Ausführungen zur Teezeremonie, S. 47–52.
9 Justus Brinckmann, Die Korbflechtarbeiten. In: Braunschweig (1874), S. 594–600; zu den japanischen Körben S. 599 f.
10 Chr. Been, Japanische Körbe. In: Hamburg (1902), S. 143.
11 In: Justus Brinckmann, Bericht über das Hamburgische Museum für Kunst und Gewerbe, Hamburg 1886, S. XXIV.
12 Lichtwark, Fußn. 1.
13 Im Inventarbuch erscheint für zahlreiche Körbe nur der Hinweis auf ein Sonderkonto für Körbe.
14 Brief vom 9. Okt. 1897 an das MKG Hamburg, Archiv des MKG.
15 Brinckmann (1886), S. XXIV, Fußnote 11.
16 Brinckmann (1894), S. 16.
17 Brief vom 6. Okt. 1895 und 28. Jan. 1898 an Rex & Co., Archiv des MKG.
18 Brief vom 4. Januar 1898, Archiv des MKG
19 Brief und Rechnung von Rex & Co. vom 21. April 1898, Archiv des MKG.
20 Fußn. 1.
21 »Das Auftreten der Korbflechtarbeiten mit 146 Nummern [für das Jahr 1891] … erklärt sich daraus, dass die seit einigen Jahren über die Ankäufe von japanischen Körben und die Abgabe von Doubletten derselben geführte Sonderrechnung abgeschlossen und die schönsten Stücke aus dem Bestande im Jahre 1891 der Sammlung einverleibt worden sind.« Justus Brinckmann, Museum für Kunst und Gewerbe in Hamburg, Bericht für das Jahr 1891, Hamburg 1892, S. 24.
22 Brief vom 25. 2. 1885, Archiv des MKG.
23 Eintragungen auf den Karteikarten von sechs Körben im Grassi Museum für Angewandte Kunst Leipzig. Eine genaue Übersicht über die von Brinckmann vermittelten Korbbestände in deutschen Museen und im dänischen Kunstindustriemuseum in Kopenhagen bedürfen zukünftiger Recherchen.
24 Fußn. 20.

possessions of Shôkosai 1 is in the inventory register.
8 The remarks on the tea ceremony, p. 47–52.
9 Justus Brinckmann, Die Korbflechtarbeiten. In: Braunschweig (1874), pp. 594–600; on the Japanese baskets. p. 599 f.
10 Chr. Been, Japanische Körbe. In: Hamburg (1902), p. 143.
11 In: Justus Brinckmann, Bericht über das Hamburgische Museum für Kunst und Gewerbe, Hamburg 1886, p. XXIV.
12 Lichtwark, footnote 1.
13 In the inventory register, only a special account for baskets is mentioned in many cases.
14 Letter dated 9th Oct. 1897 to the MKG Hamburg, archives of the MKG.
15 Brinckmann (1886), p. XXIV. footnote 11.
16 Brinckmann (1894), p. 16.
17 Letter dated 6th Oct. 1895 and 28th Jan. 1898 to Rex & Co., archives of the MKG.
18 Letter dated 4th January 1898, archives of the MKG
19 Letter and invoice from Rex & Co. dated 21st April 1898, archives of the MKG.
20 Footnote 1.
21 "The appearance of the basketry items with 146 numbers [for the year 1891] … is explained by the fact that the special account which was used to record the purchases of Japanese baskets and the disposal of duplicates of them over several years is now closed, and the finest items in the inventory of 1891 have been taken into the collection." Justus Brinckmann, Museum für Kunst und Gewerbe in Hamburg, Report for 1891, Hamburg 1892, p. 24.
22 Letter dated 25. 2. 1885, archives of the MKG.
23 The card entries in the card index for six baskets in the Grassi Museum für Angewandte Kunst in Leipzig. More research will be needed in future to gain a precise overview of the basketry items in German museums and in the Danish Arts Industry Museum in Copenhagen which were acquired through Brinckmann.
24 Footnote 20.

25 Brinckmann war danach nur noch an alten Korbflechtabeiten interessiert. In: Instruktionen für seinen Mitarbeiter Hara, Fußn. 36.
26 Korrespondenz zur Ausfuhrgenehmigung der *tsuba* und Verkaufslisten der Kunstmesse Frankfurt, Archiv des MKG.
27 Verkaufslisten der Kunstmesse Frankfurt aus dem Jahr 1921, Archiv MKG.
28 Heute Museum der Weltkulturen im Reiss-Engelhorn-Museum.
29 ausführlich dargestellt bei David Klemm (2004), S. 23ˉ–41, S. 111.
30 Fußn. 9, Braunschweig (1874), S. 594.
31 Brinckmann, Museum für Kunst und Gewerbe in Hamburg, Bericht für das Jahr 1889, Hamburg 1890, S. 36.
32 Fußn. 30.
33 Fußn. 30, zur japanischen Technik des Färbens, S. 141.
34 Rüdiger Joppien, Die Hamburger Vorhalle auf der Turiner Kunstgewerbe-Ausstellung 1902. In: Peter Behrens-Ausstellungsarchitekt zwischen ›Kunst und Industrie‹, Delmenhorst 2005, S. 26.
35 Fußn. 30.
36 Instruktionen für Herrn Sh. Hara anlässlich seiner Reise nach Japan i. J. 1906, Archiv des MKG.
37 Zu Wilhelm Weimar: Klemm (2004), S. 55–58 und Gabriele Betancourt Nunez, Wilhelm Weimar. In: F. Kopitzsch und D. Brietzke (Hrsg.), Hamburgische Biografie. Personenlexikon, Bd. 4, Göttingen 2008, S. 375 f.
38 Die Sammlung, heute im Besitz des Völkerkundemuseums der Stadt Zürich, wurde 2003 in einer Ausstellung gezeigt. Brauen (2003).
39 Robert T. Coffland, Bamboo Art and the West. In: Coffland (2006), S. 11–13.
40 Diese Körbe bedienten den japanischen Brauch, lokale Produkte mit nach Hause zu bringen (*omiyage*). Hiroko Johnson, The artisan basket maker in modernizing Japan: Some issues. In: Cotsen (1999), S. 87.

25 According to this, Brinckmann was only interested after this in old basketwork objects. Cf. the instructions for his employee Hara, footnote 36.
26 Correspondence on obtaining an export licence for the tsuba and sales lists of the Arts Fair Frankfurt, archives of the MKG.
27 Sales lists of the Arts Fair Frankfurt from 1921, archives MKG.
28 Today, this is the Museum der Weltkulturen in the Reiss-Engelhorn-Museum.
29 Extensively covered in David Klemm (2004), p. 23–41, p. 111.
30 Footnote 9, Braunschweig (1874), p. 594.
31 Brinckmann, Museum für Kunst und Gewerbe in Hamburg, Report for 1889, Hamburg 1890, p. 36.
32 Footnote 30.
33 Footnote 30, On the Japanese dyeing technique. Cat p.141 .
34 Rüdiger Joppien, Die Hamburger Vorhalle auf der Turiner Kunstgewerbe-Ausstellung 1902. In: Peter Behrens-Ausstellungsarchitekt zwischen 'Kunst und Industrie', Delmenhorst 2005, p. 26.
35 Footnote 30.
36 Instruktionen für Herrn Sh. Hara anlässlich seiner Reise nach Japan i. J. 1906, archives of the MKG.
37 On Wilhelm Weimar, cf. Klemm (2004), p. 55–58 and Gabriele Betancourt Nunez, Wilhelm Weimar. In: F. Kopitzsch und D. Brietzke (Hrsg.), Hamburgische Biografie. Personenlexikon, Göttingen 2008, vol. 4, p. 375 f.
38 This collection, today in the possession of the Zurich Museum of Ethnology (Völkerkundemuseum der Stadt Zürich) was put on show in an exhibition in 2003. Brauen (2003).
39 P. Robert T. Coffland, Bamboo Art and the West. In: Coffland (2006), p. 11–13.
40 These baskets catered for the Japanese custom of bringing home local products (omiyage). Hiroko Johnson, The artisan basket maker in modernising Japan: Some issues. In: Cotsen (1999), p. 87.

Alltagskörbe, Gottheiten

Everyday Baskets,

und fahrende Händler:

Deities and Itinerant merchants:

Ein Blick in die

A Glimpse of the Record in

Malereigeschichte

Paintings.

Sybille Girmond

Chinesische Korbflechtarbeiten und ihre Übernahme in Japan — Die Anfertigung von Flechtwerk aus in der Natur verfügbaren Rohstoffen ist eine der ältesten Kulturtechniken überhaupt. Die grundlegenden Flechtverbindungen können mit etwas Geschick *ad hoc* in der freien Natur geschaffen werden und sind relativ schnell einsatzbereit – als Matte, schützendes Dach oder einfacher Transport- und Vorratskorb.

Die ältesten nachweisbaren Flechtarbeiten datieren in China in die Zeit des Neolithikums,[1] in Japan in die Jōmon-Ära.[2] Man geht davon aus, dass dem Einsatz für alltägliche Gebrauchsgegenstände und die Aufbewahrung wertvoller Besitztümer schon bald die rituelle Verwendung folgte, etwa als Behälter für Opfergaben.[3]

Wie ein größerer Korb für Opfergaben aussehen konnte, ist in einem Bildabschnitt der ins 12. Jahrhundert datierten Skizzenrollen *Chōjū jinbutsu giga* des Tempels Kōzan-ji in Kyōto dokumentiert (Abb. 1).[4] Hier trägt ein Hase einen mit Melonen gefüllten Flechtkorb zu einem Tisch, auf dem bereits weitere Opfergaben stehen. In dieser Bildrolle sind zwar Tiere karikierend in der Rolle von Menschen dargestellt, doch die skizzierten Szenen des höfischen und klösterlichen Alltags werden als charakteristisch für die zeitgenössische Situation angesehen.

Einen Eindruck von der technischen Vielfalt und aufwendigen Gestaltung von Korbflechtarbeiten bereits im 8. Jahrhundert vermitteln die chinesischen und von chinesischen Prototypen inspirierten Gebrauchsgegenstände aus dem kaiserlichen Haushalt, die sich im Schatzhaus Shōsō-in des Tempels Tōdai-ji in Nara erhalten haben.[5] Nara, von 646 bis 794 Hauptstadt Japans, versteht sich bis heute als östlicher Endpunkt der historischen Seidenstraße, deren Kultur- und Handelskontakte sich von der Tang-Hauptstadt Chang'an nach Westen bis in den Mittelmeerraum und nach Osten bis Japan erstreckten. Die Staatsstruktur des von Nara aus regierten japanischen Reiches orientierte sich am Vorbild des chinesischen Tang-Reiches, die gesellschaftliche Elite erfreute sich eines verfeinerten Lebensstils nach dem Vorbild des Tang-Hofes.

Im Shōsō-in haben sich mehr als 500 Korbflechtarbeiten erhalten, von denen der Großteil im Jahr 756 anlässlich des Todes von Kaiser Shōmu

Chinese basketry and its reception in Japan. — The manufacture of plaited structures using the raw materials available in nature is one of the oldest techniques in all of human cultural development. The basic plaited connections can be made with a modicum of skill *ad hoc* in natural surroundings and are relatively easy to put into use immediately – as a mat, a protective roof or simply as a basket for transporting or storing things.

The oldest verifiable evidence of basketwork dates back in China to the Neolithic,[1] in Japan to the Jōmon era.[2] The assumption is that the use of baskets for everyday use and for storing valuable possessions was soon followed by ritual use, for instance as a vessel to hold sacrificial offerings.[3]

The possible appearance of a large basket for offerings is documented in a section of the picture scrolls *Chōjū jinbutsu giga* of the Kōzan-ji temple in Kyōto dating back to the 12th century (Fig. 1).[4] On this, a hare is carrying a basket filled with melons to a table on which further sacrificial offerings stand. In this scroll, although animals are depicted in anthropomorphic caricature form, the scenes from everyday life at court and in the monastery in the sketches are regarded as being characteristic for the contemporary situation.

An impression of the technical diversity and sophistication of construction already shown by baskets in the 8th century is provided by the items of everyday use from the Imperial household, either Chinese or inspired by Chinese prototypes, which have been preserved in the Shōsō-in repository of the Tōdai-ji temple in Nara.[5] Nara, the capital city of Japan from 646–794, sees itself to the present day as the eastern terminus of the historical Silk Road, along which cultural and trading relations extended from the Tang capital Chang'an westwards to the Mediterranean and eastwards to Japan. The structure of the state in the Japanese realm ruled from Nara was modelled on the Chinese Tang Empire, and the social elite enjoyed a refined courtly lifestyle like that of the Tang court.

More than 500 baskets have been preserved in the Shōsō-in, the majority of them placed there in 756 on the occasion of the death of Emperor Shōmu (701–756, r. 724–749). With an astonishing breadth of variation, these objects give an impression of the standard of both simple and

(701–756, reg. 724–749) eingelagert wurde. In einer erstaunlichen Variationsbreite bieten diese Objekte einen Eindruck vom damaligen Standard einfacher wie auch sehr luxuriös gearbeiteter Korbflechtarbeiten aus den unterschiedlichsten Materialien: Fein gesplisster Bambus und Rattan sowie die Ranken diverser Kletterpflanzen wurden im gefärbten wie ungefärbten Zustand zu teils hochkompliziertem Flechtwerk verarbeitet. Ob es sich um Importobjekte aus China handelt oder von chinesischen, koreanischen oder einheimischen Handwerkern vor Ort gefertigte Stücke, kann in Einzelfällen nicht mit Bestimmtheit gesagt werden.

Es liegt in der vergänglichen Natur der Materialien, dass sich außerhalb des Shōsō-in in Japan kaum alte Flechtkörbe erhalten haben. Der dekorative Gebrauch von Flechtkörben in Interieurs unter ästhetischen Gesichtspunkten, und damit auch die sorgfältige Aufbewahrung einzelner als Kostbarkeiten behandelter Importkörbe im Umkreis von Teezeremonie und Blumenkunst setzte in Japan erst sehr viel später ein.

Auch aus China kennt man alte Körbe überwiegend aus Illustrationen. Eine Ausnahme bildet die im späten 19. Jahrhundert durch Berthold Laufer in Südchina zusammengetragene Sammlung von damals teils zeitgenössischen, teils alten Körben, darunter auch einige Blumenkörbe.[6]

In der Hamburger Sammlung japanischer Blumenkörbe (hanakago) und anderer Körbe finden sich sehr viele Beispiele, die auf chinesische Pro-

luxuriously elaborate baskets made from a great diversity of materials: finely split bamboo and rattan as well as the vines of various climbing plants both dyed and undyed were woven into sometimes intricate basketwork. Whether these were imports from China or objects made by Chinese, Korean or native artisans on the spot can in some cases not be determined with certainty.

It is inherent in the transitory nature of the materials used that hardly any old woven baskets have been preserved outside the Shōsō-in in Japan. The decorative use of baskets in room interiors for their aesthetic value, and thus the careful preservation of particular imported baskets treated as precious objects in the environment of the tea ceremony and the art of flower arrangement only came into vogue much later in Japan.

In China, too, old baskets are mainly known from illustrations. An exception here is the collection of baskets gathered by Berthold Laufer in South China in the 19th century, some of which were contemporary and some old, including some flower baskets.[6]

There are various examples in the Hamburg collection of Japanese hanakago and other baskets which can be traced back to Chinese prototypes. It is not always easy to tell to what extent these were the prevailing models constructed in imitation of originally imported baskets or are basket variants "reconstructed" in the 19th century. The sources of basket models taken over from China in Japan – whether from an original design or

I
Chōjū jinbutsu giga, Japan, 12. Jh.,
Chōjū jinbutsu giga (detail), Japan,
Kōzan-ji, Kyōto.
Heian Period, 12th century.

II
Getränkeverkäufer, China
Selling drinks, China
Südl. Song-Zeit (1127–1279).
Southern Song Period (1127–1279)

totypen zurückgeführt werden können. Wieweit es sich dabei um gängige Modelle nach ursprünglich importierten Originalkörben handelt oder um im 19. Jahrhundert neu »rekonstruierte« Korbvarianten, ist nicht immer einfach zu bestimmen. Die Quellen der in Japan – sei es vom Original oder über bildliche Darstellungen – aus China übernommenen Korbmodelle und die damit assoziierten Inhalte sind so umfangreich und vielschichtig, dass im Folgenden nur ein Bruchteil angesprochen werden kann.[7]

Shintō-Kult und buddhistische Riten: Vom Blütenopfer zum ikebana — Neben den im Jahr 756 eingelagerten Luxusgegenständen aus dem kaiserlichen Haushalt sind im Shōsō-in auch Ritualgegenstände überliefert, die anlässlich der Weihezeremonie des Großen Buddha des Tempels Tōdai-ji im Jahr 752 zum Einsatz gelangten. Dazu zählen auch die in größerer Zahl erhaltenen Blumenkörbe (*keko*), flache Rundschalen mit leicht ansteigender Wandung aus einfachem Bambusgeflecht, die zum Streuen von frischen Blütenblättern benutzt wurden. Diese haben sehr wenig mit den in späteren Jahrhunderten unter dieser Bezeichnung gängigen, aufwendig gearbeiteten *keko* aus kompliziertem Maschengeflecht gemeinsam.[8] Sie ähneln vielmehr dem simplen, mit Nähzeug gefüllten Alltagskorb in einer chinesischen Bildrolle aus dem 15. Jahrhundert in der Freer Gallery of Art (Washington, D. C.), den ein Buddhajünger (*arhat*), neben sich stehen hat,

based on illustrations – and the contents associated with them are so diverse and complex that only a fraction of them can be mentioned in the following.[7]

The Shintō cult and Buddhist rites: from the flower offering to ikebana — Besides the luxury items deposited in 756 from the Imperial household, ritual objects have also come down to us in the Shōsō-in which were employed in the ceremony to consecrate the Great Buddha of the Tōdai-ji temple in the year 752. These include the large number of flower baskets (*keko*) which have been preserved, shallow round bowls with gently sloping walls made of simple bamboo plaiting, which were used for scattering flower-petals. These have very little in common with the elaborately made *keko* of complicated meshwork which later went under this name.[8] They resemble far more the simple, everyday basket containing sewing things in a Chinese hanging scroll from the 15th century in the Freer Gallery of Art (Washington, D.C.), which a disciple of the Buddha (*arhat*) has set down next to him while he sits on a spur of rock in the morning sun darning his monk's habit.[9]

The offering of flowers and petals as a commendable act did not only play an important role in Japan after the introduction of Buddhism in the 6th century, but was also customary previously in the indigenous Shintō cult. Trees and flowers have always been regarded as being animated by magical forces, and certain evergreen trees or

III
Lingzhao nü (jap. Reishōjo), Japan,
Lingzhao nü, Japan,
Muromachi-Zeit, 15. Jh.
Muromachi Period, 15th century.

IV
Der Unsterbliche Lan Caihe, Japan,
The Immortal Lan Caihe, Japan,
Kano Sansetsu (1589–1651).
Kano Sansetsu (1589–1651).

der beim Flicken seines Mönchsgewandes in der Morgensonne auf einem Felsvorsprung sitzt.⁹
Das Darbringen von Blumen- und Blütenopfern als verdienstvolle Handlung spielte in Japan nicht erst mit der Einführung des Buddhismus im 6. Jahrhundert eine große Rolle, sondern zuvor schon im einheimischen Shintō-Kult. Schon immer galten Bäume und Blumen als mit magischen Kräften beseelt, und bestimmte immergrüne Bäume oder deren abgeschnittene Zweige werden bis heute in speziellen Riten als temporäre Göttersitze verehrt. Interessanterweise sind es oft Zweige dieser im Shintō als heilig angesehenen immergrünen Pflanzen, die bei Blumenarrangements auch der modernen *ikebana*-Schulen in zentraler Position eingesetzt werden.¹⁰
Die Blühphasen einzelner Pflanzen sind charakteristisch für den Ablauf der Jahreszeiten. Im alten Japan genoss man nicht nur die Schönheit, sondern auch den Duft verschiedener Pflanzen zur jeweiligen Saison, oder unter Verwendung dieser Pflanzen zubereitete spezielle Gerichte.¹¹ Man veranstaltete jahreszeitliche Ausflüge in die Natur, etwa zur Kirschblüte oder um sich am roten Herbstlaub der Ahornbäume zu erfreuen. Die in Japan in vielen Lebensbereichen besonders stark ausgeprägte Wahrnehmung der Natur wird auch als eine der Quellen für die spätere Entwicklung des *ikebana* als Kunstform angesehen.¹²

Flechtkörbe in Alltagsszenen und historischen Legenden — Die ständige Verfügbarkeit, unkomplizierte Herstellung und die jederzeit in der Natur nachwachsenden Rohstoffe trugen sicher dazu bei, dass Flechtkörbe in der chinesischen Malerei – und damit auch im Bildrepertoire hiervon inspirierter japanischer Maler – ein geradezu unabdingbares Detail für Figurenszenen wurden, die den temporären oder auch endgültigen Rückzug eines Gelehrten oder Beamten in die Einsamkeit der Natur beschreiben – etwa als einziger »Begleiter« eines einsamen Anglers in einem kleinen Boot. In Einzelfällen scheinen diese Körbe auch eine gewisse Exzentrik der Protagonisten zu signalisieren. Auch in Szenen landwirtschaftlicher Aktivitäten zum Thema »Reisanbau und Seidengewinnung«, wie sie in China seit der Südlichen Song-Zeit (1127–1279) und ab dem 15. Jahrhundert auch in Japan häufiger gemalt wurden,

twigs cut from them are revered up to the present day as a temporary repository of the deities. Interestingly, it is often the twigs of these evergreen plants considered as sacred in Shintō which are given a central position in the flower arrangements of even the modern schools of *ikebana*.¹⁰
The flowering phases of individual plants are characteristic for the cycle of the seasons. The inhabitants of ancient Japan not only enjoyed the beauty, but also the perfume of various plants, or special dishes prepared using these plants, each according to their season.¹¹ Seasonal excursions into nature were arranged, for instance for the cherry blossoming or in order to appreciate the red autumn foliage of the maple trees. The characteristic sensibility for nature which can be found in many areas of Japanese life is also regarded as being one of the sources for the later development of *ikebana* as an art form.¹²

Baskets in genre scenes and paintings of historical figures — The permanent availability, ease and simplicity of manufacture, and the fact that the raw materials were constantly growing in nature and could be replenished at any time without doubt contributed to the fact that woven baskets in Chinese painting – and thus in the iconography of the Japanese painters inspired by these models – are a virtually indispensable detail in the scenes depicting the temporary or final withdrawal of a scholar or a civil servant from public life into the seclusion of nature – for instance as the sole "companion" of a solitary angler in a small boat. In some individual cases these baskets also seem to signal a certain eccentricity of the painting's protagonist.
We find an astonishing diversity of baskets in scenes depicting agricultural activities, too, such as those which have a long tradition beginning in China with the Southern Song (1127–1279) "Illustrations of rice cultivation and silk production", which were also painted in Japan since the 15th century.
China experienced epoch-making social changes and an unparalleled economic boom under the Song dynasty (960–1279). It can be concluded from the huge range of baskets of all sizes, functions and techniques of manufacture illustrated on paintings from the Song Period or based on

findet sich eine erstaunliche Vielfalt von Flechtkörben.

Unter der Song-Dynastie (960–1279) erlebte China bahnbrechende gesellschaftliche Änderungen und einen beispiellosen wirtschaftlichen Aufschwung. Aus der Fülle an Körben unterschiedlichster Größe, Verwendung und Verarbeitung, die in song-zeitlichen oder auf Song-Vorbilder zurückgeführten Malereien abgebildet sind, lässt sich schließen, dass Korbflechtarbeiten über ihre Alltagsfunktion hinaus mit großer Aufmerksamkeit bedacht wurden. In einer Auflistung von Luxusgütern, die man zu jener Zeit einfach haben musste, finden sich auch solche aus Bambus und Rattan, darunter »[...] Kappen aus Rattan und fünffarbige Rattantruhen aus Binzhou, Bambuskästen für Kämme aus Qianzhou, Rattantische aus Binzhou [...]«.[13]

In der unter dem Titel »Am Qingming-Fest den Fluss hinauffahren« (Qingming shanghe tu) bekannten langen Querrolle im Palastmuseum Beijing, die als Abbild der Hauptstadt Kaifeng der Nördlichen Song (960–1127) gilt,[14] ist die Verwendung unzähliger Körbe unterschiedlichster Form und Größe im Alltag dieser Metropole illustriert.[15] Und es ist sogar bekannt, in welcher Straße der Süd-Song-Hauptstadt Hangzhou im 13. Jahrhundert die Geschäfte für Korbwaren angesiedelt waren.[16]

Mit großer Freude am Detail haben chinesische Maler Körbe aus Bambusgeflecht in einer Gruppe von Figurenszenen der Song- bis Ming-Zeit (1368–1644) behandelt. Die sämtlich auf Song-Maler bzw. song-zeitliche Vorbilder zurückgeführten Werke zeigen fahrende Händler, wie sie entweder in einer Alltagssituation oder auch im Palastgarten aus aufwendig gestalteten riesigen Verkaufstragen heraus ihre Ware feilbieten. Diese Konstruktionen aus Bambus und Korbgeflecht waren so gestaltet, dass sie an einer Tragestange über der Schulter balancierend transportiert werden konnten. Nicht nur das Traggestell selbst, sondern auch die Handelsware besteht zum Teil aus Bambusflechtwerk, so dass in einem einzigen Bild viele unterschiedliche Korbwaren und Flechtstrukturen studiert werden können.[17]

Ein mit Bezug auf Flechtstrukturen zeitgenössischer Korbproduktion besonders informatives Bild ist das in die Süd-Song-Zeit (1127–1279)

models from that time that the interest in baskets far transcended their everyday functions. A list of the luxury items that "one" simply had to have at the time mentions objects made from bamboo and rattan, including "caps made of rattan and five-coloured rattan chests from Binzhou, bamboo cases for combs from Qianzhou, rattan tables from Binzhou [...]".[13]

In the long handscroll in the Palace Museum in Beijing known under the title "Traveling up the River at Qingming Festival" (Qingming shanghe tu), considered to be a depiction of the Imperial capital of the Northern Song, Kaifeng (960–1127),[14] the use of innumerable baskets of all shapes and sizes in the everyday life of this metropolis is illustrated.[15] And we even know in what street in the Southern Song capital of Hangzhou the shops for baskets were located in the 13th century.[16]

Chinese painters took great delight in lavishing minute attention to detail on bamboo baskets in a group of scenes which stem from the Song and Ming Periods (1368–1644). These works, all attributed to Song or Ming Period painters, depict travelling merchants either in everyday situations or in the palace gardens, as they offer their wares for sale from enormous and elaborately constructed mobile stalls. These structures made of bamboo and basketwork were so constructed that they could be carried on a pole balanced over the shoulder. Not only the transport framework itself, but also some of the goods for sale are made of plaited bamboo, so that many different basketwork objects and plaited structures can be studied in one and the same picture.[17]

A particularly informative painting in terms of the plaited structures of contemporary basketwork is the anonymous album leaf dating from the Southern Song Period (1127–1279) with the title "Selling Drinks" in the museum of Heilongjiang Province (Fig. 11).[18] It depicts six men who are pouring out tea for each other from large ewers and tasting it. Almost every one of their elaborate transport baskets shows a different plaited pattern, so that this illustration can be regarded as exemplary evidence of the everyday opulence of bamboo baskets at this period.

As in the following example, in some cases a specific clue to the meaning and content of a picture

datierte anonyme Albumblatt mit dem Titel »Getränkeverkäufer« (Abb. II) im Museum der Provinz Heilongjiang.[18] Abgebildet sind sechs Männer, die sich gegenseitig Tee aus großen Kannen einschenken und diesen kosten. Fast jeder ihrer aufwendig gearbeiteten Transportkörbe weist ein anderes Flechtmuster auf, so dass dieses Bild als exemplarisch für den alltäglichen Luxus der Bambuskörbe in dieser Zeit anzusehen ist.

Wie im folgenden Beispiel kann sich über das Vorhandensein eines Korbes auch eine konkrete Information zum Bildinhalt erschließen: Die Gestalt einer jungen Frau, die in einem Henkelkorb mehrere aus Bambus geflochtene langstielige Schöpfkellen bei sich trägt, wird in der Regel als Lingzhao nü identifiziert. Sie war die Tochter eines chinesischen Chan-Adepten, die zur Unterstützung ihrer Eltern selbst geflochtene Bambuskellen verkaufte.[19] Das Bildthema fand nach chinesischen Vorbildern auch in Japan weite Verbreitung,[20] wo Lingzhao unter dem Namen Reishōjo oder Reishōnyo sogar zur Schutzpatronin der Korbflechter avancierte.[21] Zahlreiche mehr oder weniger standardisierte Bildversionen sind erhalten, darunter auch eine Hängerolle im Besitz des Museums für Ostasiatische Kunst Köln (Abb. III).[22] Bezeichnenderweise hat sich die Darstellung in Japan dahingehend verselbständigt, dass auch ein Korb ohne die Flechtwerk-Kellen dem informierten Betrachter die Reishōjo-Ikonographie signalisiert,[23] und sogar

may be found in the fact that a basket is present. The figure of a young woman carrying a number of long-handled ladles of twined bamboo with her in a basket with an arched handle is usually identified as being Lingzhao nü. She was the daughter of a Chinese Chan adept, who sold bamboo ladles made by her to support her parents.[19] This motif, in imitation of Chinese models, was also very widespread in Japan,[20] where Lingzhao, under the name of Reishōjo or Reishônyo, even became the patron saint of basket makers.[21] Numerous more or less standardized versions of the image have come down to us, including a hanging scroll in the collection of the Museum of East Asian Art in Cologne (Fig. III).[22] Significantly, the motif took on a life of its own in Japan, to the extent that just a basket without the basketwork ladles was enough to signal the Reishōjo iconography to the informed observer,[23] and a particular kind of basket in Japan is even associated with her name.[24]

Plaited baskets as attributes of deities — Baskets are also popular attributes of various figures from the pantheon of Buddhist and Daoist deities, whose worship and depiction in painting spread from China to Japan. One of the many manifestations of the Bodhisattva Avalokitesvara (the major attendant of Amitâbha, the Buddha who presides over the Western Paradise of the Pure Land) can reveal herself to humans in the form of a young woman with a fish basket (Jap. Gyoran Kannon).

V
Bergdämon, China,
Mountain demon, China,
frühe Qing-Zeit, 17.–18. Jh.
early Qing Period, 17th–18th centuries.

VI
Korb mit Granatäpfeln, China,
Basket with pomegranates, China,
Yuan-Zeit, 14. Jh.
Yuan Period, 14th century.

ein besonderer Korbtypus in Japan mit ihrem Namen assoziiert wird.²⁴

Flechtkörbe als Attribute von Gottheiten — Körbe sind auch beliebte Attribute für Gestalten aus dem Pantheon buddhistischer und daoistischer Gottheiten, deren Verehrung und bildliche Darstellung von China aus auch den Weg nach Japan nahm. Eine der zahlreichen Manifestationen des Bodhisattva Avalokitesvara (ein Begleiter des Amitâbha, Buddha des Reinen Landes im Westen) kann sich in Gestalt einer jungen Frau mit einem Fischkorb den Menschen zeigen (jap. Gyoran Kannon).

Doch noch häufiger als buddhistische Gottheiten und Mönche wurden Gestalten des daoistischen Pantheons mit Flechtkörben abgebildet, etwa der Gott des Langen Lebens (Shoulao, jap. Jurōjin) in Begleitung einer Gruppe Unsterblicher oder die chinesische Königinmutter des Westens Xiwangmu (jap. Seiōbo). Deren kindliche Begleiterinnen tragen in den auch in Japan weit verbreiteten Darstellungen sehr oft Körbe mit den Pfirsichen des Langen Lebens oder mit den Pilzen der Unsterblichkeit.

Die gemeinhin mit Blumenkörben assoziierte Gestalt des daoistischen Pantheons ist jedoch Lan Caihe. Lan Caihe zählt zu den »Acht Unsterblichen«, daoistischen chinesischen Gottheiten, die in Japan häufig als Teil größerer Bildkompositionen auf Schiebetüren (*fusuma*) oder faltbaren Stellschirmen (*byōbu*) in Tempeln oder

But even more frequently than Buddhist deities and monks, we find illustrations of figures from the Daoist pantheon with plaited baskets, such as the God of Long Life (Shoulao, Jap. Jurōjin) accompanied by a group of Immortals, or the Chinese Queen Mother of the West, Xiwangmu (Jap. Seiōbo). The little girls who form her retinue often carry baskets containing the Peaches of Long Life or the Mushrooms of Immortality in the depictions widespread in Japan.

The figure of the Daoist pantheon always associated with flower baskets however is Lan Caihe. Lan Caihe is one of the "Eight Immortals", Daoist Chinese deities who also often formed part of large-scale murals painted on sliding doors (*fusuma*) or folding screens (*byōbu*) in temples or in the residences of the wealthy and powerful in Japan. Thus we find in the oeuvre of Kano Sansetsu (1589–1651) a panel from a pair of twofold screens in the collection of the Tōkyō University of Fine Arts (*Tōkyō geijutsu daigaku*),²⁵ representing this Chinese Immortal, who is arranging luxuriantly blossoming peonies in a basket with a rigid stirrup handle (Fig. IV). The basket depicted here corresponds to a type of "Peony Basket" which was in vogue in the 19th century and is also represented in the Hamburg collection (*botan kago*, Cat. 28).

That the peony basket sketched by Kano Sansetsu as an attribute of Lan Caihe is in fact very similar to contemporary Chinese prototypes of the Ming- (1368–1644) to Qing Period (1644–1911) is appar-

VII
Blumenkorb, Kopie nach
Flower basket, Copy after
Kano Naonobu (1607–1650),
Kano Naonobu (1607–1650).
Japan, 18. Jh.
Japan, 18th century.

VIII
Blumenwagen, Japan,
Flower cart, Japan,
Edo-Zeit, 17. Jh.
Edo Period, 17th century.

in den Residenzen des Schwertadels abgebildet wurden. Ein Paneel aus einem Paar zweiteiliger Stellschirme von Kano Sansetsu (1589–1651) in der Sammlung der Tōkyō University of Fine Arts (*Tōkyō geijutsu daigaku*) zeigt Lan Caihe, der üppig blühende Päonien in einem Korb mit starrem Bügelhenkel arrangiert.[25]

Der Korb ähnelt den im 19. Jahrhundert beliebten und auch in der Hamburger Sammlung vertretenen Päonienkörben (*botan kago*, Kat. 28).

Dass der von Kano Sansetsu als Attribut des Lan Caihe gezeichnete Päonienkorb tatsächlich zeitgenössischen chinesischen Prototypen der Ming- (1368–1644) bis Qing-Zeit (1644–1911) ähnelte, legt der Vergleich mit Abb. v nahe, einem Albumblatt im Museum für Asiatische Kunst Berlin.[26] Als Bergdämon bezeichnet, sitzt hier eine weibliche Gottheit auf einem aus bizarren Wurzeln konstruierten zweirädrigen Wagen, der von einem Tiger gezogen wird. Hinter ihr auf dem Gefährt stehen in einem feinteilig gezeichneten Henkelkorb große Pinienzweige und – in direkter Bezugnahme auf den nebenstehenden Text aus den »Neun Gesängen« aus vorkonfuzianischer Zeit – der Ast eines blühenden Magnolienbaumes. Das Album wird trotz einer alten Zuschreibung an den Song-Maler Li Gonglin (ca. 1041–1106) heute in das späte 17. bis frühe 18. Jahrhundert datiert.

Im chinesischen Kulturkreis führt die auf daoistische Vorstellungen zurückgehende Assoziationskette sogar bis heute so weit, dass auch ein isoliert stehender Blumenkorb – beispielsweise in einem Mehrfarbendruck – vom Betrachter als Symbol des Lan Caihe wahrgenommen wird. Vereinfachend kann sogar gesagt werden, dass die Darstellung eines mit Blumen gefüllten Korbes stets die Assoziation mit Lan Caihe in sich trägt. Im chinesischen Repertoire Glück verheißender Bildmotive symbolisiert der Blumenkorb daher auch den (Glück)Wunsch für ein langes Leben. In dieser Bedeutung erscheinen Blumenkörbe u. a. auch im chinesischen Textil- und Porzellandekor.[27]

Chinesische Blumenkörbe in Japan: Rezeption und Adaption eines Bildmotives — Das Motiv des mit Blumen gefüllten Korbes ist aus Kunst und Kunsthandwerk des traditionellen Japan kaum mehr wegzudenken. Darstellungen von Blumen-

ent when we compare it with Fig. v, an album leaf in the collection of the Berlin Museum of Asian Art.[26] A female deity, designated "The Mountain Demon", sits here on a two-wheeled chariot constructed of bizarrely twisted roots and drawn by a tiger. Behind her on the vehicle, in a finely drawn basket with a handle stand tall pine twigs and, in an allusion to the text from the "Nine Songs" from Pre-Confucian times adjacent to it, – a branch of a blossoming magnolia tree. Despite being attributed to the Song painter Li Gonglin (c. 1041–1106), the album has been dated to the late 17th to early 18th century.

In the Chinese cultural sphere of influence, this chain of associations derived from Daoist ideas goes so far, even today, that a basket standing by itself – for instance in a multi-coloured print – is instantly recognized by the observer as a symbol of Lan Caihe. Put simply, we can say that the depiction of a basket filled with flowers always carries the association with Lan Caihe. In the Chinese repertoire of motifs which bring luck, the flower basket therefore also stands for the felicitous wish that someone should enjoy a long life. Flower baskets appear with this meaning, as well as in other places, in Chinese textile and porcelain decors.[27]

Chinese Flower baskets in Japan: their reception and adaptation — It is hardly possible to imagine the art and craftwork of traditional Japan without the motif of the basket filled with flowers. Representations of flower baskets can be found on one-piece movable screens, on sliding doors made of cedarwood, in textile patterns, on porcelain for export, in lacquer decor and in many other areas of life.

The beginnings of the Japanese illustrations of Chinese flower baskets can be dated back to the paintings of the Song Period (960–1279). In this period it was not only everyday baskets which were reproduced in paintings, but decorative baskets too, filled with flowers, fruits considered as auspicious, or other food items. A relatively large number of such Chinese paintings, attributed to artists of the Song and Yuan (1271–1368) Periods, have been preserved in Japanese collections,[28] including the basket with pomegranates of Fig. vi.[29] The painters of the Kano tradition, in particular, devoted themselves over genera-

körben finden sich auf einteiligen Stellschirmen, auf Schiebetüren aus Zedernholz, im Textildekor, auf Exportporzellan, im Lackdekor und in vielen anderen Lebensbereichen.

Die ältesten japanischen Abbildungen chinesischer Blumenkörbe werden auf Malereien der Song-Zeit (960–1279) zurückgeführt. In dieser Zeit wurden nicht nur Alltagskörbe in der Malerei wiedergegeben, sondern auch dekorative Körbe, gefüllt mit Blumen, Glück verheißenden Früchten oder anderen Speisen. Eine vergleichsweise große Anzahl an solchen chinesischen Bildern, die song- und yuan-zeitlichen (1271–1368) Künstlern zugeschrieben werden, hat sich in japanischen Sammlungen erhalten,[28] darunter auch der Korb mit Granatäpfeln in Abb. VI.[29] Insbesondere die Maler der Kano-Tradition waren über Generationen bemüht, chinesische Originale zu studieren und zu kopieren. Die so dokumentierten Korbmodelle fanden dann ihrerseits wieder Eingang in das Oeuvre nachfolgender Generationen. Ein Beispiel ist die kleine Skizze im Linden-Museum Stuttgart (Abb. VII), eine im 18. Jahrhundert entstandene Kopie eines Bildes von [Kano] Naonobu (1607–1650).[30] Der Künstler, Watanabe (Imamura) Zuigaku, stand in der Kano-Tradition, datierte Arbeiten aus den Jahren 1742 bis 1784 sind überliefert.[31]

Großformatige Darstellungen großer Blumenarrangements auf so genannten ›Blumenwagen‹ (*hanaguruma*) auf Schiebetüren aus Zedernholz (*sugido*, Abb. VIII) und faltbaren Stellschirmen (*byōbu*) gehörten über Jahrhunderte zur Ausstattung größerer Residenzen. Die Version des Museums für Ostasiatische Kunst Köln[32] wird in das 17. Jahrhundert datiert. Als Besonderheit ist auch die Bronzevase erkennbar, die im Inneren des Korbes zur Aufnahme der Blumen und Zweige dient.

Daneben sind aus dem 18. und 19. Jahrhundert zahlreiche Bildkompositionen mit Blumenkörben im Stil der so genannten Literatenmaler überliefert. Die Maler dieser Richtung beanspruchten für sich, in der Tradition chinesischer Literaten (*wenren*, jap. *bunjin*) zu stehen. In der Theorie entsprach dies einem – in Japan nie durchgehaltenen – Ideal des chinesischen Gelehrten, der frei von Verpflichtungen seinen Studien nachgeht. Künstlerisch distanzierten sich diese Maler von

tions to the study and adaptation of Chinese originals. The basket variants documented in this way found their way in turn into the oeuvre of following generations. An example can be seen in the small sketch in Fig. VII, a copy of a painting by [Kano] Naonobu (1607–1650) made in the 18th century.[30] The artist, Watanabe (Imamura) Zuigaku, belongs to the Kano school of painters, extant samples of his work date from the period between 1742 and 1784.[31]

Large-scale depictions of flower arrangements on so-called "flower carts" (*hanaguruma*), on sliding doors made of cedarwood (*sugi do*) and folding screens (*byōbu*) were part of the furnishings of residences of the wealthy for centuries. The *sugido* in the collection of the Museum of East Asian Art Cologne (Fig. VIII)[32] date to the 17th century. A special feature here, which is not very often seen, is that the bronze vase, placed inside the basket as a receptacle for the flowers and blossoming twigs, is clearly visible.

In addition, many paintings of baskets lavishly filled with flowers and dating to the 18th and 19th centuries have survived in the so-called literati style. The painters of this school claimed to be working in the tradition of Chinese literati (*wenren*, Jap. *bunjin*). In theory this was in line with an ideal of the Chinese scholar – an ideal never completely realized in Japan – who pursues his studies without the fetters of public duties. Artistically, these painters distanced themselves from the representatives of the Kano school, who had been painting in the Chinese manner in Japan for centuries. They took instead as their models works of the Chinese literati painters of the Yuan to Qing Eras and studied under Chinese painters living in Japan.

A discussion of several of the depictions of flower baskets (*hanakago*) in the Japanese literati tradition can help us to place the *hanakago* of the Hamburg collection in their proper context. For it was through these illustrations that basket masters such as Tanabe Chikuunsai I (1877–1937) were inspired to create their "Chinese" baskets in the late 19th century. Chikuunsai (not represented in the Hamburg collection) explicitly mentions paintings by Yanagisawa Kien (1706–1758) as his models.[33]

den seit Jahrhunderten in Japan in chinesischer Manier malenden Vertretern der Kano-Schule. Sie nahmen stattdessen Werke chinesischer Literatenmaler der Yuan- bis Qing-Zeit zum Vorbild und studierten auch bei in Japan lebenden chinesischen Malern.

Die Diskussion einiger Abbildungen von Blumenkörben (*hanakago*) der japanischen Literatentradition bietet sich an, um die *hanakago* der Hamburger Sammlung in ihren unmittelbaren Kontext zu stellen. Denn durch diese Bilder wurden im späten 19. Jahrhundert Korbflechtmeister wie Tanabe Chikuunsai I (1877–1937) zur Gestaltung ihrer Körbe im chinesischen Stil inspiriert. Chikuunsai (in der Hamburger Sammlung nicht vertreten) nennt für sich ausdrücklich Malereien des Yanagisawa Kien (1706–1758) als Vorlagen.[33]

Kien entstammte einer Samurai-Familie, war literarisch gebildet und in vielen traditionellen Künsten versiert. Er gilt als einer der Pioniere der japanischen Literatentradition. In seinen Arbeiten orientierte er sich an chinesischen Malereien und Drucken. Die nach Korbabbildungen Kiens seit dem späten 19. Jahrhundert neu entstandenen Körbe werden unter Bezugnahme auf die sinojapanische Aussprache seines Künstlernamens als »Ryū Rikyō-Typ« bezeichnet. Sie variieren in einer Vielzahl von Formen (rund, bootsförmig oder fächerförmig), darunter auch attraktive Hängekonstruktionen.[34]

Stilistisch bewegen sich Kiens Stilleben von Körben mit Blumen oder Früchten zwischen zwei

Kien came from a Samurai family, enjoyed a literary education and was well-versed in many traditional art forms. He is regarded as one of the pioneers of the literati school. He followed the model of Chinese paintings and prints in his works. The new baskets which have been created since the late 19th century according to Kien's basket illustrations are known, alluding to the Sino-Japanese pronunciation of his name, as the "Ryū Rikyō type". They have many variants in a multiplicity of forms (round, boat-shaped or fan-shaped), including attractive hanging structures.[34]

Stylistically, Kien's still lifes of baskets with flowers or fruits vacillate between two poles: a technique of fine strokes depicting his subject in painstaking detail in the style of the Chinese court or academic painters, and a freer style, strongly influenced by contemporary Chinese models or the Japanese works of the Nagasaki School, themselves influenced by the latter. In the hanging scroll in the collection of the Nagasaki Prefectural Art Museum (Fig. IX), which belongs to the second category,[35] Kien illustrates a special type of suspended basket. That this basket construction with four cross-slants which meet centrally at the top above the flower arrangement may even have had older Chinese precursors is suggested by comparison with a detail of another hanging scroll in the Tōkyō National Museum: in a garden scene, a servant is carrying a flower basket suspended in a similar way from a short pole like those used by us for children's paper lanterns.

IX
Blumenkorb, Japan,
Flower Basket, Japan,
Yanagisawa Kien (1706–1758).
Yanagisawa Kien (1706–1758).

X
Blumenkörbe und Narzissenschale, Japan,
Flower baskets and narcissus bowl, Japan,
Hasegawa Sekkô (1858–?).
Hasegawa Sekkô (1858–?).

Polen: einer akribisch-feinteiligen Malweise in Anlehnung an die chinesischen Akademiemaler und einem freieren Stil, der stark beeinflusst war von zeitgenössischen chinesischen Vorlagen oder den davon inspirierten japanischen Werken der Nagasaki-Schule. In der Hängerolle (Abb. IX) des Nagasaki Prefectural Art Museum, die zur zweiten Kategorie gehört,[35] illustrierte Kien eine besondere Art der Korbaufhängung. Dass diese Korbkonstruktion mit vier Streben, die oben in der Mitte über dem Blumenarrangement zusammentreffen, sogar ältere chinesische Vorläufer haben könnte, belegt der Vergleich mit dem Detail einer in die Yuan-Zeit datierten Hängerolle im Tōkyō Nationalmuseum: In einer Gartenszene hält ein Diener an einem Tragestock, wie er bei uns für Kinderlaternen benutzt wird, einen Hängekorb mit dicht gefüllten, rosa und weiß blühenden Päonien.[36] Doch trotz der Aufmerksamkeit, die Kien in diesem Bild der Korbaufhängung widmete, galt sein künstlerisches Interesse hier vor allem den Pflanzen.

Ein völlig anderes Konzept liegt dem zweiten Beispiel zugrunde: Die Detailverliebtheit der mit intensiven Farben gemalten Hängerolle von Hasegawa Sekkō (1858–?) im Linden-Museum Stuttgart (Abb. X) lässt vermuten, dass dieser Künstler, der ebenfalls der Literatentradition zugerechnet wird, möglicherweise nicht nur die abgebildeten Pflanzen im Original studiert hatte, sondern auch einige Körbe.[37] Die Komposition wird auf chinesische Blumenbilder der Qing-Dynastie (1644–1911) zurückgeführt,[38] doch ein unmittelbares Vorbild ist nicht bekannt. Sowohl die Körbe als auch der dekorative Gelehrtenfelsen sind Versatzstücke einer chinesischen Ästhetik, genauso das kostbare Material (Jade) für Haken und Öse des kürbisförmigen Hängekorbes, ebenso das grün glasierte craquelierte Keramikbecken. Ein weiteres sinisierendes Detail ist die rot lackierte Rahmenvorrichtung aus Holz, die offenbar dazu dient, den in Kürbisform gearbeiteten Standkorb zum Hängekorb umzufunktionieren. Das Bild beeindruckt nicht nur durch die malerische Akribie, sondern vor allem dadurch, dass hier ein detailgenaues »Porträt« der verschiedenen Körbe, Pflanzen und anderen Paraphernalia vorzuliegen scheint.

The basket contains a thick cluster of pink and white double peonies.[36] And yet despite the attention which Kien devoted in this illustration to the hanging arrangements, his real artistic interest is first and foremost in the plants.

The second example starts from a totally different approach: the loving attention to detail in the hanging scroll of Hasegawa Sekkō (1858–?), painted in glowing colours (Fig. X), strongly suggests that this artist, also regarded as belonging to the literati tradition, had perhaps not only studied the plants he depicted in the original, but also some of the baskets.[37] The composition is considered to derive from Chinese flower paintings of the Qing Dynasty (1644–1911),[38] but no direct model is known. Both the baskets and the scholars' rock are unmistakeably standard components of a Chinese aesthetic, just as the precious material (jade) for the hooks and lugs of the gourd-shaped hanging basket, and also the green-glazed ceramic basin with its crackle. Another detail identifying this as Chinese is the framework made of red-lacquered wood, whose function was apparently to make the floor basket in the shape of a gourd into a hanging basket. The picture impresses not only by its finely depicted detail, but above all through the fact that a "portrait" of the various baskets, plants and other paraphernalia seems to meet our eyes which is absolutely true to nature.

The bottle gourd shape made into a basket here – which is represented several times in the Hamburg collection – is understood in the Chinese cultural world as a symbol of longevity and immortality. For the majority of the flowers and fruits depicted here, too, a link can be made with Chinese plant symbolism. The plants brought together in the composition do not, however, flower at the same season.[39] We are therefore justified in assuming that, in the awareness of the contemporary spectator – as in many Japanese illustrations of baskets full of blossoming flowers – at least one further layer of meaning was apparent besides the generally "Chinese" effect: the contemplation of nature over the cycle of seasons.

One of the most spectacular *hanakago* of the late 19th century is the bronze replica of a peony basket from the year 1877. The tall flower vase, which comes with an additional pedestal made of bamboo segments likewise cast in bronze, shows

Der hier – und in der Hamburger Sammlung mehrfach – als Flechtkorb vorhandene Flaschenkürbis symbolisiert im chinesischen Kulturkreis langes Leben und Unsterblichkeit. Auch für die meisten der abgebildeten Blüten und Früchte ist ein Bezug zur chinesischen Pflanzensymbolik nachvollziehbar. Die in dieser Bildkomposition zusammengeführten Pflanzen blühen allerdings nicht zur selben Jahreszeit.[39] Man darf daher annehmen, dass sich im Bewusstsein des zeitgenössischen Betrachters – wie bei vielen japanischen Darstellungen von Körben blühender Pflanzen – neben der Wahrnehmung des »chinesischen« Gesamteindruckes noch mindestens eine weitere Bedeutungsebene öffnete: der Blick auf die Natur im Zyklus der Jahreszeiten.

Einer der spektakulärsten *hanakago* des späten 19. Jahrhunderts ist die Bronzenachbildung eines Päonienkorbes aus dem Jahr 1877. Die hohe Blumenvase, zu der ein Sockel aus gleichfalls in Bronze gearbeiteten Bambussegmenten gehört, zeigt alle charakteristischen Merkmale der Blumenkörbe im chinesischen Stil, wie sie im späten 19. Jahrhundert von den *kagoshi* angefertigt wurden, nur wurden die Flechtstrukturen in Metall gegossen. Dieser »Korb« entstand nach Vorzeichnungen für die exportorientierte Präsentation qualitativ hochwertiger kunsthandwerklicher Objekte auf den Internationalen Ausstellungen des 19. Jahrhunderts,[40] in denen Japan Anerkennung als Kulturnation suchte und sich als moderne Industrienation vorstellte. Auf dem Umweg über das vom Materialwert und durch das Gußverfahren als hochwertiger empfundene Exponat,[41] das sogar noch ein weiteres Mal – in Silber – nach dieser gedruckten Vorlage angefertigt wurde,[42] gelangte zugleich die jahrhundertealte Tradition der japanischen *kagoshi* stärker in das Bewusstsein der Weltöffentlichkeit.

all the characteristic features of the *hanakago* in the Chinese style such as they were made by the *kagoshi* in the late 19th century, except that the basketwork textures were cast in bronze. This "basket" was made after design drafts produced for the export-orientated presentation of high-quality artistic craftwork at the International exhibitions of the 19th century,[40] at which Japan strove to gain recognition as a nation with a rich cultural heritage while at the same time showing itself as a modern industrial state. This exhibit was regarded as "high-quality" mainly due to the value of the material and the casting process.[41] Actually, a second vessel of identical shape (made of silver, without pedestal) was produced after the printed design.[42] In this indirect manner, the centuries-old tradition of the Japanese *kagoshi* nevertheless came to the attention of an international public.

1 Kuhn (1980), S. 29 ff.; Watt (1985), S. 17.
2 Kaneko, Kenji, The History of Bamboo Craft – to Pre-Modern Times. In: Tōkyō (1985), S. 15. Zur Periodisierung der japanischen Frühgeschichte gibt es verschiedene Ansätze.
3 Deckelkörbe aus fein gesplisstem Bambus auf hohem Fuß waren in konfuzianischen Riten in China bis zum Ende der Kaiserzeit in Gebrauch: Watt (1985), No. 5; Laufer (1925), Tafel XXXVIII; in Japan wurden sie zusammen mit anderen Flechtarbeiten in abgewandelter Form gleichfalls für konfuzianische Riten benutzt (Tōkyō [1985], Kat. 135).
4 »Karikaturen von Tieren und Menschen« (Detail). Tusche auf Papier, H. 31,8 cm. Nationalschatz (*kokuhō*).
5 Das Nationalmuseum in Nara zeigt jährlich Ende Oktober eine Sonderausstellung mit Katalog. Shōsō-in ten/Exhibition of Shōsō-in Treasures.
6 Laufer (1925), Abb. Tafeln II, III, VI, VIII – XII.
7 Einen ausgezeichneten Überblick über die Rezeption

1 Kuhn (1980), p. 29 ff.; Watt (1985), p. 17.
2 Kaneko Kenji, The History of Bamboo Craft – to Pre-Modern Times. In: Tōkyō (1985), p. 15. There are various differing approaches to the division of early Japanese history into periods.
3 Stembowl baskets with lids, made of finely split woven bamboo were still in use in China for Confucian rites up to the end of Imperial times. (Watt (1985), No. 5; Laufer (1925), Plate XXXVIII; they were used in Japan together with other plaited items in a modified form for Confucian rites in particular during the Confucian-influence Edo Period (c. 1600 – 1868) (Tōkyō [1985], Cat. 135).
4 "Scroll of frolicking animals and people", (detail), ink on paper, H. 31,8 cm. National Treasure (*kokuhō*).
5 Nara National Museum holds annual exhibitions in October, with catalogue: Shōsō-in ten/Exhibition of Shōsō-in Treasures.
6 Laufer (1925), Plates II, III, VI, VIII – XII.

chinesischer Körbe in Japan und einzelne Bildtraditionen ihrer Darstellung gibt Graham (1999), siehe außerdem: Rogers (1997).
8 Tōkyō (1985), Kat. 113 (Heian-Zeit) und Kat. 115 (Muromachi-Zeit).
9 Lawton (1973), Kat. 27.
10 Ehmcke (1996), S. 54–56.
11 Ehmcke (1996), Kapitel II: Die alte japanische Kultur und die Blumen, S. 46–75.
12 Ehmcke (1996), S. 51.
13 Der sichtbare Wohlstand. In: Kuhn (1987), S. 289 ff.
14 Kuhn (1987), S. 225–233; Kuhn (2009), Kap. 9, »Transforming the Capitals«; Hansen (1999) und Kölla (1999).
15 Vollst. publ. in: Beijing 2005, S. 30–49.
16 Kuhn (1987), S. 258–259.
17 Beispiele: Willibald Veit, Text zu Kat. Nr. 15 in: Ledderose (1998), S. 324–334. Außerdem: Wien (2008), , Kat. 99.
18 Farben auf Seide, 34,1 x 40 cm.
19 Lawton (1973), Kat. 45 (China, 14. Jh.).
20 Das Nara Nationalmuseum besitzt drei japanische Versionen (Muromachi/Edo): Toda/Ogawa (1999), No. JM6-005-01 bis JM6-005-3. Croissant/Wakabayashi (1991) beschreiben zwei als Reishōjo identifizierte Frauengestalten als *mitate* (Travestie-) Umsetzungen des Sujets: No. 619 und No. 658.
21 Graham (1999), S. 69–70.
22 Inv. Nr. A3, Tusche auf Seide, 115,8 x 40,7 cm.
23 Abb. 7 bei Graham (1999), S. 70.
24 Graham (1999), S. 74, Abb. zu Kat. 48.
25 Tusche und leichte Farben auf Papier, 123,6 x 53,5 cm.
26 Signiert Li Gonglin (Nord-Song, ca. 1041–1106). Albumblatt, Tusche und Farben auf Seide, 34,2 x 59,2 cm. Bearb. in: Ledderose (1998), Kat. 44.
27 Bartholomew (2006), Nr. 7.2.
28 Beispiele: Rogers (1997), und Graham (1999).
29 Yuan-Zeit, 14. Jh., Hängerolle, Tusche und Farben auf Seide, 34 x 42 cm. Heute im Linden-Museum Stuttgart.

7 An excellent survey of the reception of Chinese baskets in Japan and of the various painting traditions in depicting them is given by Graham (1999). Cf. also Rogers (1997).
8 Tōkyō (1985), Cat. 113 (Heian Period) and Cat. 115 (Muromachi Period).
9 Lawton (1973), Cat. 27.
10 Ehmcke (1996), p. 54–56.
11 Discussed in depth by Ehmcke (1996), Chapter II: Die alte japanische Kultur und die Blumen, p. 46–75.
12 Ehmcke (1996), p. 51.
13 Der sichtbare Wohlstand. In: Kuhn (1987), p. 289 ff.
14 Kuhn (1987), p. 225–233, and Kuhn (2009), ch. 9: 'Transforming the Capitals'; Hansen (1996) and Kölla (1996).
15 Publ. Beijing (2005), p. 30–49.
16 Kuhn (1987), p. 258–259.
17 Willibald Veit, text for Cat. 15, in: Ledderose (1998), p. 324–334. See also: Wien (2008), Cat. 99.
18 Colour on silk, 34,1 x 40 cm.
19 Lawton (1973), p. 178-181 (China, 14th century).
20 The National Museum in Nara alone boasts three Japanese versions dating back to the Muromachi and Edo Periods. See Toda/Ogawa (1999) Fig. JM6-005-01 to JM6-005-3. Croissant/Wakabayashi (1991), No. 619 and 658, describe two hanging scrolls identified as illustrations of Reishōjo from the Edo Period as *mitate* (travestied) versions of the motif.
21 Graham (1999), p. 69–70.
22 Inv. No. A3, ink on silk, 115,8 x 40,7 cm.
23 Cf. Graham (1999), p. 74, fig. 7.
24 Graham (1999), p. 74, illustrating Cat. 48.
25 Ink and light colour on paper, 123,6 x 53,5 cm.
26 Signed Li Gonglin. Album leaf, ink and colour on silk, 34,2 x 59,2 cm. The album is treated in depth in: Ledderose (1998), Cat. 44.
27 Bartholomew (2006), No. 7.2.
28 Cf. Rogers (1997) and Graham (1999).

30 Slg. Baelz. Tusche und leichte Farben auf Papier, unmontiert, 32,5 x 27,5 cm. Croissant/Wakabayashi (1991), No. 229.
31 Zu Zuigaku siehe Croissant/Wakabayashi (1991), Text zu Nos. 225–232.
32 Inv. Nr. Ab13, Farben auf Holz, 166,9 x 86,5 cm (re.), 166,9 x 83,0 cm (li.).
33 Zu Chikuunsai: Moroyama (2007), S. 114–116.
34 Moroyama (2007), Abb. S. 116: Hängekorb mit Blumen; gemalte Version dieses Korbes auf einem Faltschirm (*byōbu*) von Kien in: Ikebana. Bessatsu Taiyō, Autumn '75, S. 196. Ehmcke (1996), S. 188, erwähnt einen *byōbu* mit Blumenkörben von Kien, ohne nähere Angaben.
35 Hängerolle, Tusche und Farben auf Papier, 123 x 40,8 cm.
36 Ren Renfa (1255–1328) zugeschrieben. In: Yamato bunkakan (1995), Kat. 18, Abb. S. 47.
37 Slg. Baelz. Tusche und Farben auf Seide, 128 x 46,2 cm.
38 Croissant/Wakabayashi (1991), S. 244.
39 Eine weiterführende Untersuchung sollte daher Arbeiten zur Pflanzensymbolik und zum Ikebana einbeziehen. Zu Blumen in der japanischen Kunst siehe Tōkyō (1995), zur Pflanzensymbolik in China siehe Bartholomew (2006) und Valder (1999). Beide Bände nennen weiterführende Literatur.
40 Tōkyō (2004), S. 045, Kat. I-88 und Zusatzabbildungen 37–38. Der Künstler war Mizuno Genroku VIII (Mitsuharu) aus Kaga. H. 65,5 cm.
41 Die Umsetzung von Flechtkörben in Bronze war nicht neu, sondern wurde schon in der ausgehenden Edo-Zeit praktiziert. Auch in der Hamburger Sammlung finden sich einige im 19. Jh. entstandene Körbe aus Bronzeguss.
42 Von Unno Shōmin (1844–1915). Der Korb (H. 54 cm) wurde gegossen und anschließend das Flechtmuster herausgraviert. Nakagawa (1969), Abb. 64.

29 Yuan Period, 14th century. Hanging scroll, ink and colour on silk, 34 x 42 cm. At present in the collection of the Linden-Museum Stuttgart.
30 Ink and light colour on paper, unmounted, 32,5 x 27,5 cm. Croissant/Wakabayashi (1991), no. 229. Baelz Coll.
31 For information on Zuigaku cf. Croissant/Wakabayashi (1991), nos. 225–232.
32 Colour on wood, 166,9 x 86,5 cm (right), 166,9 x 83,0 cm (left).
33 Information on Chikuunsai: Moroyama (2007), p. 114–116.
34 Moroyama (2007), Fig. p. 116: Hanging basket with flowers; painted version of this basket on a folding screen (*byōbu*) by Kien in: Ikebana. Bessatsu Taiyō, Autumn '75, p. 196. Ehmcke (1996), p. 188, mentions a *byōbu* with flower baskets by Kien, without giving details.
35 Hanging scroll, ink and colour on paper, 123 x 40,8 cm.
36 Attributed to Ren Renfa (1255–1328), in: Yamato bunkakan (1995), Cat. 18, p. 47.
37 Hanging scroll, ink and colour on silk, 128 x 46,2 cm. Baelz Coll.
38 Croissant/Wakabayashi (1991), p. 244.
39 An in-depth examination should therefore also incorporate work on plant symbolism and ikebana. On flowers in Japanese art, see Tōkyō (1995); on plant symbolism in China, see Bartholomew (2006), and Valder (1999). Both volumes also give literature for further reading.
40 Overall height 65,5 cm. By Mizuno Genroku VIII (Mitsuharu) from Kaga. Tōkyō 2004, p. 045, Cat. I-88 and additional illustrations 37–38.
41 The replication of basketwork in bronze was not in itself new, but was already practised in the outgoing Edo Period. In the Hamburg collection there are also several "baskets" cast in bronze from the 19th century.
42 By Unno Shōmin (1844–1915). The vase (overall height 54 cm) was cast in silver, the basketry structure subsequently engraved. See: Nakagawa (1969), pl. 64.

Shōkosai I. (1815–1897)

Shōkosai 1 (1815–1897)

Ein Bambusflechtmeister

A master of bamboo plaiting

an der Schwelle

on the threshold to

zur Moderne

modernity

Irene Piepenbrock

Hayakawa Shōkosai I. gilt als Wegbereiter der modernen Bambusflechtkunst in Japan, und doch ist wenig über seine Person und sein Leben bekannt.[1] Es gilt, die vorhandenen Informationen mit dem zeitgeschichtlichen Hintergrund und den in der Sammlung des Museums für Kunst und Gewerbe erhaltenen Werken zu verbinden, um den Lebensweg des ersten Bambusflechtmeisters, der namentlich hervortrat, zu schildern.

Hayakawa Tōgorō, wie der Geburtsname von Shōkosai I. lautet, stammt aus der Stadt Sabae in der Provinz Echizen nordöstlich von Kyōto. Er wurde 1815 in eine Familie rangniederer Samurai geboren. Tōgorō soll bereits als Kind Geschick bei handwerklichen Arbeiten gezeigt haben. Mit dem Erreichen des Erwachsenenalters, also mit etwa 15 Jahren, trat er in den Dienst der lokalen Feudalherren, der Manabe. Shōkosai soll als Hilfskraft bei der Instandsetzung von Gebäuden oder anderen Bauvorhaben tätig gewesen sein.[2]

1833 verstarb Shōkosais Vater, Hayakawa Keigorō. Um diese Zeit, etwa mit 18 Jahren, soll Shōkosai bereits den Dienst als Samurai aufgegeben haben. Der Grund dafür ist unklar. Einerseits ist überliefert, dass er von seinem Vater enterbt wurde, weil er sich für das Korbflechten interessierte, eine Tätigkeit, die sich für Samurai nicht ziemte.[3] Korbflechter, vor allem solche, die von Dorf zu Dorf reisten, um ihre Waren anzubieten, hatten als Vertreter des fahrenden Volkes einen Status am Rande der Gesellschaft.[4] Aber auch Bauern pflegten das Korbflechten während der Jahreszeiten, in denen die Feldarbeit ruhte, als Handarbeit. Samurai wiederum, die den Dienst niederer Beamter verrichteten, hatten oft ein knappes Einkommen, so dass sich ihre Familien durch Heimarbeit zu einem Nebenverdienst verhalfen. Einer anderen These zufolge wäre Shōkosai in seinem persönlichen Umfeld mit dem Korbflechten in Berührung gekommen und nach dem Tod des Vaters in die Hauptstadt zu einem Korbflechter in die Lehre geschickt worden.[5] Zudem gab es in den 1830er Jahren infolge von Missernten eine Hungersnot in den nordöstlichen Provinzen, auf die Unruhen im ganzen Land folgten, welche Shōkosai auch bewegt haben könnten, seine Heimat zu verlassen. Nach 1833 soll Shōkosai bis zu zehn Jahre durch verschiedene Provinzen gewandert sein, um das Korbflechten zu erlernen.[6]

Hayakawa Shōkosai I is regarded as being the pioneer of modern bamboo art in Japan, and yet very little is known of his person and his life.[1] It is the intention of this essay to combine what little information is available, putting it in its historical context with the works preserved in the collection of the Museum für Kunst und Gewerbe in order to describe the path which the first notable master of bamboo plaiting took in his life.

Hayakawa Tōgorō, to give him the name which Shōkosai I received at birth, came from the town of Sabae in Echizen Province to the north-east of Kyōto. He was born into a family of low-ranking samurai in 1815. Tōgorō is already said to have shown extraordinary deftness in handicrafts as a child. On reaching maturity, at about 15 years of age, he entered the service of the local feudal lord, the Manabe. Shōkosai is said to have been employed in menial jobs in the repair of buildings and other construction work.[2]

Shōkosai's father, Hayakawa Keigorō, died in 1833. Around this time, at the age of about 18, Shōkosai apparently already quit his service as a samurai. The reason for this is unclear. On the one hand the version has come down to us that he was disinherited by his father because he was interested in basketry, since this was an activity which was unseemly for a samurai.[3] Basket makers, especially those who travelled from village to village to ply their wares, belonged to the caste of itinerant tinkers and had a status on the margins of society.[4] But farmers too followed the craft of basket making during the seasons in which work on the fields rested. Samurai, who filled the position of low-level civil servants, on the other hand often subsisted on a meagre income, so that their families earned a little extra on the side by carrying out handicraft work at home. According to another version, Shōkosai came into contact with basket making through people in his personal circle of acquaintances and was apprenticed to a basket maker in the capital city after his father's death.[5] Add to this the fact that there was a famine in the north-eastern provinces in the 1830s as a result of failed harvests, which provoked riots across the entire country, so that it may have been these events which induced Shōkosai to leave his home town. After 1833 Shōkosai is said to have travelled on foot through various provinces for

Besonders prägend für seine spätere Arbeitsweise war, dass er während dieser Zeit in Kyōto eine Ausbildung im Rattanflechten erhielt.[7]

Erst für 1845 gibt es wieder verlässliche Informationen zu Shōkosais Lebenslauf: er ließ sich als Korbflechter in Kasayamachi im Zentrum der Stadt Ōsaka nieder.[8] Die Umsiedlung soll mit Unterstützung durch den wohlhabenden Händler Yamatoya Matabei erfolgt sein. Ōsaka wurde zu Shōkosais endgültiger Heimat. Er gründete einen Hausstand und hatte eine große Familie mit sieben Söhnen und vier Töchtern. Zu dieser Zeit soll Hayakawa auch, angeregt durch eine Kalligrafie des Gelehrten und politischen Reformers Hashimoto Sanai[9], den Künstlernamen Shōkosai angenommen haben. *Shōko* bedeutet »die Verehrung des Alten«, *-sai* bedeutet »Studio« und ist als Suffix in vielen Künstlernamen von Korbflechtern zu finden.

In der ersten Hälfte des 19. Jahrhunderts war Ōsaka als nationales Handelszentrum die vermögendste Stadt Japans. Die Korbflechter der Region arbeiteten überwiegend für den Bedarf an Gegenständen für die *sencha*-Teezeremonie. Sie wetteiferten darum, möglichst überzeugende Adaptionen jener Blumenkörbe zu schaffen, die aus China importiert wurden und welche die Anhänger der *sencha*-Zeremonie schätzten. Um die Illusion aufrecht zu erhalten – möglicherweise wurden die in Japan produzierten Körbe sogar als chinesische Waren verkauft – war es unüblich, dass die Korbflechter ihre Werke mit Namen kennzeichneten. Shōkosai jedoch widersetzte sich der Gepflogenheit und versah seine Werke mit dem Schriftzug »*Shōkosai kore wo tsukuru*« – »Shōkosai hat dies gemacht«. Sein Namenszug findet sich, mit kräftigen Zeichen tief eingekerbt, auf dem stabilisierenden Bambuskeil (*haritake*) am Boden der Körbe. Indem sich Shōkosai mit der Signatur als Erschaffer seiner Werke kenntlich machte, drückte er aus, dass er die Korbflechtarbeiten auf die gleiche Ebene wie die Erzeugnisse der bildenden Künste stellte. In Malerei und Kalligrafie war es in Japan schon seit der Muromachi-Zeit (1333–1556) üblich, dass Künstler ihre Werke mit Signaturen versahen. In der Gebrauchskunst kam das Signieren während der Edo-Zeit (1603–1868) auf. Korbwaren hingegen kannte man entweder als rustikale

up to ten years in order to learn the art of basket making.[6] A particularly seminal influence for his later work was the fact that he was trained in the weaving of rattan in Kyōto during this time.[7]

The next reliable information on Shōkosai's life dates from 1845: in that year he set up in business as a basket maker in Kasayamachi in the centre of the city of Ōsaka.[8] His relocation is supposed to have been made possible with the support of the wealthy merchant Yamatoya Matabei. Ōsaka became Shōkosai's permanent home. He founded a household and had a large family with seven sons and four daughters. It was at this time, inspired by a calligraphy by the scholar and political reformer Hashimoto Sanai[9], that Hayakawa is said to have taken the pseudonym of Shōkosai. *Shōko* means "the veneration of the ancient", *-sai* means "studio", and can be found as a suffix in many of the names which basket artists gave themselves.

In the first half of the 19th century Ōsaka, the national hub of trade, was the wealthiest city in Japan. The basket makers of the region mainly worked to cover the demand for objects for the *sencha* tea ceremony. The basket makers vied among themselves to produce the most authentic adaptations of the flower baskets imported from China which were held in high esteem by the devotees of the *sencha* tea ceremony. In order to maintain the illusion – in all probability the Japanese-produced baskets were even sold as Chinese ware – it was not customary for the basket makers to sign their work. Shōkosai broke with this custom, however, and signed his work with the characters "*Shōkosai kore wo tsukuru*" – "Shōkosai made this". His signature can be found, deeply incised in powerful characters, on the stabilising bamboo keel (*haritake*) at the base of the baskets. By making himself known as the creator of his works through his signature, Shōkosai clearly proclaimed that he placed basket making as an art form on a par with the fine arts. It had been normal practice in painting and calligraphy since the Muromachi Period (1333–1556) in Japan for artists to append a signature to their works. Signing of the products of artistic craftwork only came into vogue during the Edo Period (1603–1868). Baskets, however, were regarded either as rustic objects of everyday use[10] or, as indicated above, as luxury items imported from abroad, which were treasured possessions

Gebrauchsgegenstände[10] oder eben als ausländische Luxusgüter, die von Anhängern der Teezeremonie geschätzt wurden. Es ist nicht nachzuweisen, wann genau Shōkosai damit begann, seine Werke zu signieren. Er wird aber heute als der erste Korbflechter angesehen, der seine Werke mit seiner Signatur versah.[11] Während die Signatur zunächst verhinderte, dass er als Korbflechter ein ausreichendes Einkommen erzielen konnte,[12] war sie doch Ausdruck einer Haltung, die zur Grundlage seines späteren Erfolgs wurde.

Shōkosai lebte in einer Zeit, die von politischer Unsicherheit und gesellschaftlichem Wandel geprägt war. Zu dem politischen Kontrollverlust der Shōgunatsregierung, welcher sich in gesellschaftlichen Unruhen ausdrückte, kam, dass westliche Kolonialmächte in den 1850er Jahren an Japans Küsten landeten und den Aufbruch der Isolierung des Inselstaates erzwangen. Schließlich folgte 1886 der Sturz der Shōgunatsregierung, bezeichnet als Meiji-Restauration[13]. Es folgte eine Zeit der rapiden Modernisierung auf den Gebieten von Technik und Staatsführung nach dem Vorbild der westlichen Nationen, die im kulturellen Bereich eine Suche nach der eigenen nationalen Identität auslöste. Da mit dem Beginn der Meiji-Zeit der Samurai-Stand abgeschafft wurde, verloren zahlreiche Kunsthandwerker ihre feudalen Auftraggeber. Dieses Problem löste die neue Regierung, indem sie die Fähigkeiten der Kunsthandwerker mit dem ausländischen Interesse an japanischer Kultur verband und das exportorien-

of the devotees of the tea ceremony. There is no evidence to show exactly when Shōkosai began to sign his works. He is generally regarded today as the first basket maker who signed his works.[11] While the signature was at first an obstacle which prevented him from earning a sufficient income,[12] it was nevertheless the expression of an attitude which laid the foundation for his later success.

Shōkosai lived at a time marked by political uncertainty and a sea change in the fabric of society. On top of the loss of political control by the Shogunate government, which found expression in social unrest, western colonial powers landed on the coasts of Japan in the 1850s and forcibly compelled the island nation to relinquish its self-imposed isolation. And finally, this was followed by the fall of the Shogunate government in 1886, known as the Meiji Restoration[13]. A period of rapid modernization in the fields of technology and political governance on the model of western nations then ensued, which triggered a search for Japan's own national identity in the realm of cultural activities. Since the samurai caste was abolished at the beginning of the Meiji Period, many craftsmen lost their feudal patrons. The new government solved this problem by the expedient of combining the skills of the artisans with the foreign interest in Japanese culture, and promoted the production of craft objects for export as a lucrative sector of the economy which could at the same time give evidence to the foreigners of the historical greatness of Japanese culture. At the Vienna World Exhibition of 1873 Japanese art and craft work was also represented by bamboo baskets from Arima as well as by rattan plaited work from Mizuguchi.[14] Motivated by the success of the Japanese participation at the World Exhibition and the general increase in the number of industrial exhibitions and trade fairs, the Japanese government began to hold its own national exhibitions which laid the foundations for a new hierarchy among the creators of artistic craftwork. Shōkosai was already over 60 when he received the Phoenix Medal at the first National Industrial Exhibition in Tōkyō in 1877 as the first prize in its category for a basket with a lid intended for the utensils for the *sencha* tea ceremony (Fig. 1).[15] The piece created for the exhibition was incorporated into the Imperial collection; the Empress Shōken

1
Kopie des prämierten Korbes,
Copy of the award-winning basket,
Kat. [10]
cat. [10]

tierte Kunsthandwerk als lukrativen Wirtschaftszweig förderte, der zugleich die historische Größe der japanischen Kultur dem Ausland gegenüber belegen sollte. Auf der Weltausstellung in Wien 1873 wurde das japanische Kunsthandwerk auch durch die Bambuskörbe aus Arima sowie Rattanflechtwerk aus Mizuguchi repräsentiert.[14] Angeregt vom Erfolg der japanischen Teilnahme an der Wiener Weltausstellung und der allgemeinen Konjunktur von Industrieausstellungen und Messen begann die japanische Regierung nationale Ausstellungen abzuhalten, welche die Grundlage für eine neue Hierarchie unter den Kunsthandwerkern schufen.

Shōkosai war schon über 60 Jahre alt, als er auf der ersten Nationalen Industrieausstellung 1877 in Tōkyō die Phönix-Medaille als ersten Preis in der betreffenden Kategorie erhielt für einen Deckelkorb für das Zubehör der *sencha*-Teezeremonie.[15] (Abb. 1, Deckelkorb 1889.1219 Das Ausstellungsstück wurde in die kaiserliche Sammlung integriert; die Kaiserin Shōken soll den kleinen, aus Rattan geflochtenen Korb direkt von der Ausstellung in den Palast mitgenommen haben. Diese Episode begründete Shōkosais Ruhm in seinen späten Jahren.[16] Einen weiteren Preis erhielt er 1881 auf der 2. Industrieausstellung in Tōkyō für einen kleinen Blumenkorb.[17] Ein Korb gleicher Art befindet sich in der Sammlung des Hamburger Museums für Kunst und Gewerbe (Kat. 47, 1889.114). Auch wurde eines von Shōkosais Werken zur Präsentation auf der Weltausstellung in Chicago 1893 ausgewählt.

Die datierbaren Werke Shōkosais in der Sammlung des Hamburger Museums für Kunst und Gewerbe entstanden zumeist in seiner späten Phase nach 1880. Neben den typischen Korbvasen und Utensilien für die Teezeremonie sind persönliche Accessoires und kleine Gegenstände erhalten – Tabak- und Pfeifenetuis, ein Fächer, ein kleiner Flaschenkürbis als Sakeflasche samt Porzellanbecher. Diese Gegenstände vermitteln, dass Shōkosai die Flechtkörbe nicht bloß als Kunstgegenstände sah, sondern auch den praktischen Nutzen der Korbwaren bedachte. Die Korbwaren zeugen von seiner Freude am Ausreizen der technischen Möglichkeiten und am Dialog mit dem Material – eine Anschauung, die auch sein Nachfahre Shōkosai v. teilt.[18] Shōkosai I. gestaltete

is said to have taken the small basket woven from rattan back to the palace straight from the exhibition. This episode was the origin of Shōkosai's renown in his later years.[16] He received another prize in 1881 at the 2nd Industrial Exhibition in Tōkyō for a small flower basket.[17] An object identical to the prizewinning basket is in the possession of the Hamburg Museum für Kunst und Gewerbe (cat. 47). Another of his works was also chosen to be presented at the World Exhibition in Chicago in 1893.

The works of Shōkosai in the collection of the Hamburg Museum für Kunst und Gewerbe to which a date can be assigned were mostly made in his late period after 1880. Besides the typical basketwork vases and utensils for the tea ceremony, personal accessoires and small objects have been preserved – tobacco pouches and pipe-cases, a fan, a small calabash used as a sake bottle together with a porcelain drinking bowl. These objects make it clear that Shōkosai saw the plaited baskets not only as works of art, but also gave thought to the practical use of basketwork objects. The baskets bear witness to his delight in testing to the limit the technical possibilities and in the dialogue with the material – an approach also shared by his descendant Shōkosai v.[18] Shōkosai I. made works both in the Japanese *wagumi* style, which emphasizes the natural structure of the material, and also in the style of Chinese basketwork which underlines the silhouette, with a wealth of intricate details woven into the basket. Shōkosai often

11
Rattanhut von Shōkosai I.,
Rattan hat by Shōkosai I,
MKG 1908.450
MKG 1908.450

seine Arbeiten sowohl im japanischen *wagumi*-Stil, welcher die natürliche Struktur des Materials betont, als auch im die Silhouette betonenden Stil der mit zahlreichen Details geflochtenen chinesischen Korbwaren. In der Gestaltung seiner Werke greift Shōkosai häufig auf die alternierenden Muster und dekorativen Knotentechniken der Rattanflechtkunst zurück.[19]

Die Arbeiten Shōkosais setzen sich durch einen hohen Standard der Materialqualität und Verarbeitung von den für den Export produzierten Waren dieser Zeit ab. Zwar verarbeitete Shōkosai bisweilen Wurzeln zu Henkeln oder umflocht die Körbe damit, dabei ging es ihm aber weniger um das Zurschaustellen von spektakulären Materialien als darum, die Essenz des Materials hervorzubringen.[20] Shōkosai wählte sein Flechtmaterial nicht nur sorgfältig aus, er investierte auch viel Mühe in dessen Bearbeitung. So wurde die Oberfläche der Bambusstreifen durch Abschaben mit einem Messer geglättet. Werden die äußeren Schichten nicht entfernt, tritt bei auf den Bambusstreifen später ein feines Craquelée auf. Aufgrund der aufwendigen Oberflächenbearbeitung weisen die Körbe Shōkosais hingegen auch nach mehr als 100 Jahren einen satten Glanz auf. Die fertigen Körbe wurden nicht wie üblich mit *urushi*-Lack behandelt, sondern erhielten ihre konservierende wie auch dekorative rotbraune Patina durch das Kochen in einem speziellen Sud (*umeshibu*) aus dem Holz des Pflaumenbaums und Erlenrinde.

Shōkosais Haltung, sich nicht allein auf die vollendete Beherrschung der Flechttechniken zu berufen, sondern die selbstbestimmte Gestaltung seiner Werke in den Vordergrund zu stellen, ist der Grund dafür, dass er im Nachhinein als der erste *kagoshi* gilt.[21] Shōkosais Arbeitshaltung ist gekennzeichnet vom Beharren auf Subjektivität: er fertigte die Körbe so, wie er es für richtig hielt. Er versuchte nicht, Produkte zu lancieren, die auf merkantilen Erfolg abzielten, und widmete sich der Auseinandersetzung mit traditionellen Formen. Dennoch sind seine Flechtarbeiten nicht ausschließlich Unikate. Wenn seine Entwürfe großen Anklang fanden, wie etwa bei den Arbeiten, mit denen er auf den nationalen Gewerbeausstellungen Preise gewinnen konnte, nahm er sie in sein Repertoire auf. So auch im Fall des

draws on the alternating patterns and decorative knotting of rattan art in his works.[19]

Shōkosai's works stand head and shoulders above the wares produced for export at this period by their high standard both in the quality of the materials used and the workmanship. Shōkosai did sometimes, it is true, fashion roots into handles or braid them around the baskets. But he was less concerned to show off spectacular materials here than to bring out the essence of the material.[20] Shōkosai not only chose the material for weaving with the utmost care, he also invested great effort in processing it. Thus the surface of the bamboo strips was smoothed by peeling with a knife. If the outer layers are not removed, a fine crackle can occur later on the bamboo strips. Due to the meticulous treatment of the surface, Shōkosai's baskets, in contrast, still have a rich gleaming surface even after more than a century. Also, these baskets were not given the customary finish with *urushi* lacquer, but acquired a preservative as well as decorative reddish-brown patina from being simmered in a special decoction (*umeshibu*) made from the wood of the plum tree and the bark of the alder.

Shōkosai's attitude of not only relying on his perfect command of the techniques of basketry, but insisting first and foremost on forming his works according to his own ideas, is the reason why he is regarded in retrospect as the first *kagoshi*.[21] Shōkosai's approach to his work is characterized by an insistence on subjectivity: he made the baskets the way he considered right. He made no attempt to put products on the market which were calculated to achieve mercantile success, but devoted himself to imbibing the essence of the traditional forms. And yet his woven baskets are not exclusively one-off creations. When his designs evoked a strong echo, such as the works which enabled him to win prizes at the national trade exhibitions, he took them into his repertoire. This is what happened with the rattan hat which Shōkosai originally made for the Kabuki actor Ichikawa Danjōrō IX. (1838–1903)[22], and which is represented in several collections (Fig. 11).[23] Hats modelled on the British bowler hat were the fashionable epitome of the new era in the Japan of the 1880s. The fact that Shōkosai made a basketwork hat in this form shows that he was by

Rattanhuts, den Shōkosai zuerst für den Kabuki-Schauspieler Ichikawa Danjōrō IX. (1838–1903) fertigte[22] und welcher in mehreren westlichen Sammlungen erhalten ist.[23] (Abb. II) Hüte nach dem Vorbild des britischen *bowler hat* galten in Japan während der 1880er Jahre als modischer Inbegriff der neuen Ära. Dass Shōkosai diese Form im Flechtwerk gestaltete, beweist, dass er keineswegs traditionalistisch eingestellt war. Er muss ein stolzer Bürger des neuen Japan gewesen sein, denn in den 1880er Jahren bezeichnete er sich mit der Signatur »*Dainippon Shōkosai*« als Vertreter »Großjapans«. Ein Foto aus dieser Zeit zeigt Shōkosai in japanischem Gewand umgeben von seinen charakteristischen Werken. (Abb. III).

Shōkosai I. schuf drei Korbformen, die sich als charakteristische Arbeiten der Hayakawa-Familie etablierten: den Päonienkorb des Kōfuku-Tempels[24], den Blumenkorb in Form einer Abakusperle und eine schmale, hohe Henkelvase aus vertikal arrangierten Bambusstäben, welche die Form eines Brust- oder Schienbeinpanzers zitiert (*yoroigumi*). Das Nachflechten dieser Formen zur Zufriedenheit des amtierenden Meisters der Qualifikation entsprach für die folgenden Generationen der Hayakawa-Linie der Qualifikation, den Namen Shōkosai fortzuführen.[25] (Abb. IV und V)

Ursprünglich soll Shōkosai I. nicht vorgehabt haben, einen Nachfolger zu bestimmen. Auch dies ist ungewöhnlich, denn in Japan wurden Künste und Handwerk oft in dynastischer Folge weitergegeben. Es heißt, der spätere Innen-

no means a hide-bound traditionalist. He must have been a proud citizen of the new Japan, for he referred to himself during the 1880s with the signature *"Dainippon Shōkosai"* as a representative of "Greater Japan". A photo from this period shows Shōkosai in Japanese robes surrounded by his characteristic works (Fig. III).

Shōkosai I. created three basket designs which established themselves as the characteristic work of the Hayakawa family: the peony basket of the Kōfuku temple[24] (cat. 19), the flower basket in the form of an abacus bead and a slim, tall vase with handles made of vertically arranged bamboo slats, which imitates the form of a breastplate or of greaves (*yoroigumi*) (cat. 29).[25] Creating a replica of this form to the incumbent master's satisfaction became the decisive achievement which in the following generations qualified a member of the Hayakawa family for the succession to the name Shōkosai (Fig. IV and V).[26]

Shōkosai I apparently had no intention originally of appointing a successor. This, too, is unusual, since art and crafts were often handed down from father to son in a dynastic lineage in Japan. Apparently the later Minister of the Interior, Shinagawa Yajirō, asked Shōkosai on a visit he made to Osaka if he was not going to appoint a successor to continue his work. Shōkosai is supposed to have replied: "It is a wretched profession. To become a basket maker who can be taken seriously, it takes five years to learn the techniques; then you need five years to school your eyes by regarding the many works of previous basket makers; and then you need another five years to train your brain. Altogether it takes 15 years till you can set up in business on your own; but to become a master, and even more to be acknowledged as a master, it needs many more years of practice."[27] He did not want to subject his children to the hard and arduous apprenticeship and the poverty which had to be endured in order to create good works. And in fact Shōkosai seems to have first of all apprenticed his eldest son Takejirō to a merchant, an arrangement which the son broke off however on the instructions of his father to become a basket maker after all. After Shōkosai I's death in 1897 Takejirō took on the artist's name Shōkosai. He only lived for a further eight years, however. When Shōkosai II died in 1905, Eis-

III
Shōkosai I mit einigen
Shōkosai I with some of
seiner Flechtarbeiten
his basketwork

minister Shinagawa Yajirō hätte bei einem Besuch in Ōsaka Shōkosai gefragt, ob er keinen Nachfolger für sein Werk einsetzen wolle. Shōkosai soll entgegnet haben: »Es ist ein erbärmlicher Beruf. Um ein ernst zu nehmender Korbflechter zu werden, braucht es fünf Jahre, um die Technik zu erlernen; weitere fünf Jahre, um die Augen an zahlreichen Werken der vorherigen Korbflechter zu schulen; und noch fünf Jahre, um das Hirn zu trainieren. Zusammen dauert es 15 Jahre, bis man sich selbstständig machen kann; aber um ein Meister zu werden; gar als einer zu gelten, braucht es noch weitere Jahre Übung.«[26] Die harte und beschwerliche Ausbildung und die Armut, die notwendig sei, um gute Werke zu schaffen, wolle er seinen Kindern nicht zumuten. Tatsächlich scheint Shōkosai seinen ältesten Sohn Takejirō zunächst zu einem Kaufmann in die Lehre gegeben zu haben, welche dieser auf Weisung des Vaters aber wieder abbrach, um Korbflechter zu werden. Nach dem Tod Shōkosais I. 1897 übernahm Takejirō den Künstlernamen Shōkosai. Er lebte allerdings nur acht weitere Jahre. Als Shōkosai II. 1905 starb, übernahm Eisaburō, der fünfte Sohn Shōkosais I., die Nachfolge. Wie sein Vater stieg Shōkosai III. zur Leitfigur der Korbflechter in der Kansai-Region auf, wenn auch mit einem anderen, von freiem Flechtwerk geprägtem Stil. Shōkosai IV. lebte von 1905–1975, sein Sohn Shōkosai V., geboren als Shōhei Hayakawa, ist heute amtierender »Bewahrer wichtigen imma-

aburō, the fifth son of Shōkosai I, succeeded him. Like his father before him, albeit with a quite different style characterized by free basket-weaving work, Shōkosai III rose to be the influential leader of basket makers in the Kansai region. Shōkosai IV lived from 1905–1975, his son Shōkosai V, born in 1934 as Shōhei Hayakawa, is today the incumbent "Preserver of the important immaterial cultural heritage"[28] in the field of bamboo art.

The life of Shōkosai I is exemplary for the intermingling of social classes in 19th century Japan: he gave up membership of his feudal caste in order to follow the goals he had set himself. While he on the one hand embodied the old Confucian virtues and identified himself with the achievements of Japanese culture, on the other he chimed with the new, progressive spirit of the nation, and was ready and willing to measure himself against competition with the works he had designed himself. There can be no doubt that Shōkosai I paved the way for the success of basket making as an artistic craft in 20th century Japan through his uncompromising quest for perfection in technique, workmanship and creative design.

IV
Shōkosai I., Päonienkorb des
Shōkosai I, peony basket of the
Kōfuku-Tempels, Kat. 19
Kōfuku temple, cat. 19

V
Shōkosai I., yoroigumi-Blumenkorb,
Shōkosai I, yoroigumi flower basket,
Kat. 29
cat. 29

teriellen Kulturguts«²⁷ auf dem Gebiet des Bambus-Kunsthandwerks.

Der Lebensweg von Shōkosai I. ist beispielhaft für die Durchmischung der Gesellschaftsschichten im Japan des 19. Jahrhunderts: er gab seine Zugehörigkeit zum Feudalstand auf, um seine selbstgewählten Ziele zu verfolgen. Während er einerseits die alten konfuzianischen Tugenden verkörperte und sich mit den historischen Errungenschaften der japanischen Kultur identifizierte, stand er andererseits im Einklang mit dem neuen, vorwärts gerichteten Staatsgeist und war bereit, sich mit seinen selbst gestalteten Werken dem Wettbewerb zu stellen. Unzweifelhaft ist, dass Shōkosai I. durch sein Selbstbewusstsein und sein kompromissloses Streben nach Vollkommenheit in Technik, Verarbeitung und Gestaltung den Weg ebnete für den Erfolg des Korbflechtens als Kunsthandwerk im Japan des 20. Jahrhundert.

---

1 Da viele Dokumente im Zuge der Zerstörung Ōsakas im Zweiten Weltkrieg verloren gingen, sind historische Quellen rar. Mein Dank gilt Hayakawa Shōkosai v., der die Lebensgeschichte Shōkosais I. übermittelt und ergänzt hat.
2 Muramatsu (1960), S. 57.
3 Hayakawa Shōkosai v. in einem Brief vom 14. 7. 2009.
4 Cort (1995), S. 34.
5 Muramatsu (1960), S. 57.
6 Harada (2002), S. 143. Denkbar sind die für Bambusflechtkunst bekannten Regionen Arima und Shizuoka. In Arima wurden Korbwaren zuerst signiert, Shizuoka war bekannt für leichtgliedrige Arbeiten, die denen aus Shōkosais Spätphase ähneln.
7 Rattan war als Importgut kostbarer als Bambus, weshalb Rattanflechter vor allem Waren mit dekorativem Wert herstellten, und angesehener waren als die Bambusflechter, die Gebrauchsgegenstände herstellten. Muramatsu (1966b), S. 91.
8 Heute ungefähr auf Höhe des 2. Blocks im Stadtteil Higashishinsaibashi.
9 橋本佐内 (1834–1859). Moroyama (1989), S. 37.
10 Eine historische Publikation zu Produktion und Export von Bambuskunsthandwerk schildert dies in einer Aufzählung: »Körbe, aus Bambusstreifen geflochtenen Behälter, sind derer abertausende: angefangen mit den in der Küche verwendeten Reissieben, Reiskleiesieben, Kohlenkörben und Papierkörben, gefolgt von Obstkörben, Blumenkörben, Korbvasen, Fischkörben bis hin zu den für Bauern unentbehrlichen Körben für Maulbeeren, Teeblätter, Mahd, Gemüse (besonders in der Gegend von Kyōto Körbe für Kiefernpilze und Bambusschösslinge), Seidenraupenkörbe, Dämpfkörbe, Körbe für Seidenkokons, Strohsandalenkörbe, Steinkohlekörbe, Vogelkörbe und Körbe für das Angeln.« Yamazaki (1910), S. 145.
11 Moroyama (2006), S. 6.

---

1 Since many documents were lost during the destruction of Ōsaka in the Second World War, historical sources are rare. My thanks go to Hayakawa Shōkosai v, who passed on the life story of Shōkosai I and provided extra details.
2 Muramatsu (1960), p. 57.
3 Hayakawa Shōkosai v in a letter dated 14. 7. 2009.
4 Cort (1995), p. 34.
5 Muramatsu (1960), p. 57.
6 Harada (2002), p. 143. These could well be the regions of Arima and Shizuoka, famous for their basketry. It was in Arima that baskets were first signed, Shizuoka was renowned for lithe-limbed work similar to that of Shōkosai's late period.
7 Rattan was more precious than bamboo, being imported, and for this reason rattan weavers mainly manufactured high-value decorative wares, and had a higher social standing than bamboo weavers, who produced objects for everyday use. Muramatsu (1966b), p. 91.
8 Today more or less on the level of the 2nd block in the district of Higashishinsaibashi.
9 橋本佐内 (1834–1859). Moroyama (1989), p. 37.
10 A historical publication on the production and export of bamboo art describes this, listing the following items: "But there are thousands upon thousands of baskets, vessels woven out of bamboo strips: starting with the rice sieves used in the kitchen, sieves for rice bran, charcoal baskets and paper baskets, followed by fruit baskets, flower baskets, basketwork vases, fish baskets, up to and including the baskets farmers cannot do without for storing mulberries, tea-leaves, mown hay, vegetables (particularly in the region around Kyōto baskets for matsutake mushrooms and bamboo shoots), baskets for silkworms, steaming baskets, baskets for silk cocoons, baskets for straw sandals, birdcage baskets and baskets for fishing." Yamazaki (1910): p. 145.
11 Moroyama (2006), p. 6.

12 Brief von Hayakawa Shōkosai v. vom 30.3.2009.

13 Restauration bedeutete die Wiedereinsetzung des Kaisers als Staatsoberhaupt.

14 Kuni (2005), S. 33.

15 Muramatsu (1960): S. 58.

16 Eine bemalte Aufbewahrungskiste für einen Korb für Teegerät belegt die Freundschaft mit dem Maler Tomioka Tessai (1837–1924). Muramatsu (1960), S. 57.

17 Muramatsu (1960), S. 59.

18 Shiraishi (2006), S. 13–20.

19 Moroyama (2006), S. 6.

20 Muramatsu (1966a), S. 128.

21 Brief von Moroyama Masanori vom 23.7.2009.

22 Moroyama (2007), S. 113.

23 Siehe Cotsen (1999), S. 124; Oster (1995), S. 66.

24 Während ein klassischer Päonienkorb einen bauchigen Körper mit ausgestellter Lippe und einen besonders hohen Henkel hat, ist der Päonienkorb des Kōfuku-Tempels zylinderförmig mit breiter Krempe, mit drei Füßen versehen und hat einen niedrigeren Henkel. Diese Form soll auf einen chinesischen Korb zurückgehen, der vor langer Zeit in den Kōfuku-ji in Nara gelangte und dort gut verschlossen verwahrt wurde. Nur durch besondere Umstände kann Shōkosai I. die Maße dieses Korbs in Erfahrung gebracht haben, um ihn nachzuflechten (Brief von Hayakawa Shōkosai v. vom 17.7.2009). Möglicherweise besteht ein Zusammenhang mit der von der Regierung veranlassten Reevaluierung und Restaurierung von altem Kulturgut in den 1880er Jahren.

25 Moroyama (2007), S. 114.

26 Harada (2002), S. 137.

27 Eine vom Kultusministerium vergebene Auszeichnung, auch genannt »lebender Nationalschatz« (*ningen kokuhō*).

12 Letter from Hayakawa Shōkosai v. dated 30.3.2009.

13 Restoration refers to the reinstatement of the Emperor as Head of State.

14 Kuni (2005), p. 33.

15 Muramatsu (1960), p. 58.

16 A painted box for a basket with the tea utensils is a token of his friendship with the painter Tomioka Tessai (1837–1924). Muramatsu (1960), p. 57.

17 Muramatsu (1960), p. 59.

18 Shiraishi (2006), p. 13–20.

19 Moroyama (2006), p. 6.

20 Muramatsu (1966a), p. 128.

21 Letter from Moroyama Masanori dated 23.7.2009.

22 Moroyama (2007), p. 113.

23 See Cotsen (1999), p. 124; Oster (1995), p. 66.

24 While a classical peony basket has a bulbous body with a protruding lip and a particularly tall handle, the peony basket of the Kōfuku temple is cylindrical in form with a wide "brim", has three feet and a lower handle. This form supposedly harks back to a Chinese basket which found its way long ago to the Kōfuku-ji in Nara and was preserved there, shut away from view. It was only by a special combination of circumstances that Shōkosai I could have learned the dimensions of this basket in order to weave a replica of it (letter from Hayakawa Shōkosai v dated 17.7.2009). There was possibly some connection with the programme of re-evaluation and restoration of ancient cultural objects initiated by the government in the 1880s.

25 Moroyama (2007), p. 114.

26 Harada (2002), p. 137.

27 An honour awarded by the Ministry of Culture, also known as "living national treasure" (*ningen kokuhō*).

Der chinesische und

The Chinese and Japanese

der japanische Korbflechtstil

styles of basket making

und die zwei Traditionen der

and the two traditions of

Teezeremonie

the tea ceremony

Nora von Achenbach

Die Kunst des Korbflechtens wird in der Meiji-Zeit (1868–1911) grundsätzlich von zwei Stilen bestimmt: dem Vorbild chinesischer Körbe (*karamono*) und einem in Japan entwickelten Stil (*wagumi*). Die chinesischen Körbe und ihre japanischen Nachahmungen zeichnen sich durch ein feines, mit großer Präzision ausgeführtes Flechtwerk aus schmalen Bambusspänen aus. Die Körbe sind geometrisch aufgebaut und tragen reiche Umwicklungen und dekorative Zierknoten am Rand und an den Henkeln, die oft hohe Bögen bilden.

Der japanische Stil hingegen versucht eine naturnahe Umsetzung des Materials. Der Korb soll natürlich und wie gewachsen erscheinen. Unregelmäßigkeiten und eine asymmetrische Gestaltung werden bewusst angestrebt, was dem Korb oft ein rustikales und bewegtes Aussehen gibt. Deshalb werden gerne Wurzelholz oder Rebenstränge mit eingearbeitet.

Diese beiden gegensätzlichen Stile stehen in engem Zusammenhang mit zwei verschiedenen Traditionen des Teetrinkens in Japan: der vom Zen-Buddhismus beeinflussten Teezeremonie (*chanoyu*), die grünes Teepulver (*matcha*) in der Teeschale aufschlägt und der von japanischen Literaten entwickelten *sencha*-Teezeremonie, die Teeblätter in einer Kanne aufbrüht.

Ist die *chanoyu*-Teezeremonie im Westen fast wie ein japanischer Markenartikel allgemein bekannt, trifft das nicht auf den *sencha*-Teeweg zu. In beiden Formen des Teetrinkens wurden Körbe verwendet, die den jeweiligen Vorstellungen und Regeln entsprachen. Der Gebrauch von Körben nahm jedoch für den *sencha*-Tee eine weit größere Bedeutung ein. Ōsaka, der Ort an dem Hayakawa Shōkosai 1. (1815–1897) arbeitete, war Zentrum der *sencha*-Tradition. Die große Nachfrage nach Körben für den *sencha*-Tee bestimmte daher sein Schaffen.

Die *sencha*-Kultur entstand in der Mitte der Edo-Zeit, im 17. Jahrhundert, als Gegenbewegung zum *chanoyu*, der zunehmend als steif, künstlich und formalisiert empfunden wurde.[1] Einher ging mit dieser Kritik die Unzufriedenheit an dem streng durchorganisierten und unfreien Gesellschaftssystem der Shogunatsregierung, war doch die *chanoyu*-Teezeremonie eng mit der herrschenden Militäraristokratie verbunden. Da die Regierung

The art of basket making in the Meiji Period (1868–1911) falls by and large into two styles: the ideal of Chinese baskets (*karamono*) and a style developed in Japan (*wagumi*). The Chinese baskets and the Japanese imitations of them are characterized by fine, extremely precise workmanship in the weaving of slim bamboo slivers. The baskets are geometrically constructed and bear rich wrapping and decorative ornamental knotting on the rim and the handles, which often form a high arch.

The Japanese style, in contrast, attempts to use the material in a much more down-to-earth way. The basket should appear natural, almost as if it had grown into its form by itself. Irregularities and an asymmetrical design are consciously sought qualities here, which often give the basket a rustic and dynamic appearance. For this reason, the artists loved to work root wood or vines into the composition.

These two conflicting styles are closely related to two different traditions of tea-drinking in Japan: the tea ceremony heavily influenced by Zen Buddhism (*chanoyu*), which whips green powdered tea (*matcha*) into a froth in the tea bowl and the *sencha* tea ceremony developed by Japanese literati, which brews tea-leaves in a teapot.

While the *chanoyu* tea ceremony has become widely known in the West, being seen almost as a trademark for Japanese culture, this is not true of the *sencha* way of tea. Baskets were used in both forms of tea drinking, and corresponded in each case to the ideas and the canon of rules in the ceremony. The use of baskets held a much greater significance in the *sencha* tea culture. Ōsaka, the workplace of Hayakawa Shōkosai 1 (1815–1897), was the centre of the *sencha* tradition. The brisk demand for basketry for the *sencha* tea ceremony was thus the main factor in his creative production.

The *sencha* culture grew up in the middle Edo Period in the 17th century, as a reaction against *chanoyu*, which was increasingly felt to be stiff, artificial and formalistic.[1] This criticism was part and parcel of the dissatisfaction with the strictly regimented and unfree social system of the Shogunate, since the *chanoyu* tea ceremony was closely associated with the ruling military aristocracy. Since the government was at pains to propa-

an der Verbreitung konfuzianischer Schriften zur Stützung ihres Feudalsystems gelegen war, fanden chinesische Importe in dem von der Außenwelt abgeschlossenen Land ungehindert Zugang. Nagasaki war der einzige Ort, an dem sich Chinesen und Holländer aufhalten durften. Als chinesische Emigranten und Chan- (Zen-) Mönche aus dem Ming-Reich die Methode, Teeblätter aufzubrühen, in Japan einführten, bot diese neue Teezubereitung den japanischen Gelehrten (*bunjin*) und nonkonformen Geistern eine willkommene Alternative.

Viele Gelehrte bewunderten die chinesische Kultur und machten sich die ethischen Ideale der chinesischen Literaten zu eigen. Sie beherrschten die chinesische Sprache. Der Stil ihrer Kalligraphie, Malerei und Gedichte folgte chinesischen Vorbildern, und sie umgaben sich mit chinesischen Antiquitäten. Mit den *sencha*-Teetreffen schufen sich diese sinophilen Intellektuellen, Künstler und Individualisten eine höchst verfeinerte, chinesisch geprägte Umgebung, die Raum bot für eine freiere, geistig unabhängige Atmosphäre. Als Gründer des *sencha*-Teeweges gilt Baisao (1675–1763), ein Mönch der Ōbaku-Schule, einer Zen-Richtung von ausgeprägt chinesischem Charakter. Als unabhängige Persönlichkeit verwarf er jede Art von Regel und Festlegung. Paradoxerweise aber führte auch der *sencha*-Teeweg zunehmend Vorschriften für die Zubereitung des Tees und das Teegerät ein. Wie beim *chanoyu* entstand eine Genealogie von Nachfolgern. Es wurden chinesische Texte zum *sencha*-Tee übersetzt, die genau beschrieben, wie der Tee zuzubereiten sei und welche Utensilien die geeigneten sind.

Die *sencha*-Teetreffen waren ein geselliger Zeitvertreib mit geistig-ästhetischem Anspruch. Der Anlass für die Zusammenkünfte oder die Jahreszeit beeinflussten deren Gestaltung. Körbe fanden für Blumen und die Holzkohle zum Kochen des Teewassers Verwendung. Die Blumenkörbe enthielten einen Bambusrohreinsatz für das Wasser, und die Kohlenkörbe waren fast immer mit lackiertem Papier ausgeschlagen. Im Gegensatz zum *chanoyu* wurden Körbe das ganze Jahr über benutzt. In der Bildnische (*tokonoma*) konnte ein Korb mit Blumen oder Früchten stehen. Blumenkörbe hingen auch am Pfosten der Nische oder frei im Raum an einem Balken. Neben dem

gate Confucian writings in support of its feudal system, Chinese imports had unhindered access to the country, otherwise hermetically sealed off from the outside world. Nagasaki was the only city where residence by Chinese and Dutch foreigners was permitted. When Chinese emigrants and Chan (Zen) monks from the Ming Empire introduced the method of brewing roasted tea leaves into Japan, this new way of preparing tea provided the Japanese men of letters (*bunjin*) and non-conformist spirits with a welcome alternative.

Many men of learning admired Chinese culture and themselves adopted the ethical ideals of the Chinese literati. They were fluent in the Chinese language. The style of their calligraphy, painting and poetry followed Chinese models, and they surrounded themselves with Chinese antiques. With the *sencha* tea-parties, these sinophile intellectuals, artists and individualists created a refined, quasi-Chinese environment which gave them a room to breathe a freer, more intellectually independent atmosphere. The founder of the *sencha* way of tea is considered to be Baisao (1675–1763), a monk of the Ōbaku school, a variant of Zen with a profoundly Chinese character. As an independent personality, he rejected outright all rules and set ways of doing things. Paradoxically, however, over the course of time more and more rules for the preparation of the tea and the paraphernalia to be used were introduced into the *sencha* way of tea. Just as with *chanoyu*, a lineage of successors followed him. Texts describing in detail how the tea was to be prepared and what utensils were appropriate were translated from the Chinese.

The *sencha* tea-parties were a gregarious way of passing the time which aspired to intellectual and aesthetic high standards. The precise form these sociable gatherings took depended on the season of the year or the occasion. Baskets were used for flowers and for the charcoal for boiling the tea water. The flower baskets had a little bamboo spout for pouring in the water, and the charcoal baskets were almost always lined with lacquered paper. In contrast to *chanoyu*, the baskets were used all year round. Sometimes a basket containing flowers or fruits stood in the alcove (*tokonoma*). Flower baskets also hung on the jamb of the niche or free in the room from a beam. Besides tea-drinking, the composition of poems, painting

1885,111.

尚古斎造之

[5]
HAYAKAWA SHŌKOSAI I. (1815–1897)
Schalenförmiger Blumenkorb mit gedrehtem Henkel
Bowl-shaped flower basket with twisted handle
im chinesischen Stil
in the Chinese style

1885,116.

七十三翁尚古斎造之

[6]
HAYAKAWA SHŌKOSAI I. (1815–1897)
Tragekorb für Teeutensilien im japanischen Stil
Carrying basket for tea utensils in the Japanese style
datiert 1887
dated 1887

Trinken des Tees wurde gedichtet, gemalt und musiziert. Die Teilnehmer waren außerdem eingeladen, chinesische Antiquitäten oder Blumengestecke zu betrachten, die in separaten Räumen ausgestellt waren. Die im chinesischen Stil arrangierten Blumen wurden in chinesischen Gefäßen oder japanischen Nachahmungen präsentiert. Auch hier kamen Blumenkörbe zum Einsatz.

Ein *sencha*-Teetreffen fand nicht nur im kleinen Kreis statt, sondern konnte auch um die hundert Teilnehmer umfassen. Nach dem Vorbild chinesischer Literaten hielt man die Treffen auch gerne im Freien an einem landschaftlich schönen Ort ab. In diesem Fall musste man die Teeutensilien mit sich tragen und benutzte kleine Henkelkörbe, wie sie von Shōkosai I. geflochten wurden (Kat. Nr. 3, 7, 8, 10).

Die zunehmende Popularisierung des *sencha*-Tees seit dem späten 18. Jahrhundert führte zu einem großen Bedarf an Teekeramik und Körben nach chinesischem Vorbild, die mit chinesischen Importen nicht abgedeckt waren und eine reiche Produktion im eigenen Land entstehen ließen. Im 19. Jahrhundert förderte die umfangreiche Literatur zum *sencha eine* fortschreitende Formalisierung dieser Teerichtung. Die späte Edo- und Meiji-Zeit (1868–1912) brachte eine Blüte für den *sencha*-Tee hervor. Er war nun zum kultivierten Vergnügen der breiten Bevölkerung geworden.

Verwendeten die *sencha*-Anhänger die feinen Körbe im chinesischen Stil, so nahm die *chanoyu*-Teezeremonie mit dem 16. Jahrhundert eine andere Entwicklung. Als der Teemeister Sen no Rikyū (1521–1591) mit dem Gebrauch eleganter Teeutensilien aus China brach und die *wabi*-Ästhetik zum Ideal erhob, veränderte das auch die Wahl der Blumenkörbe.[2] Die Einführung der rustikalen einheimischen Gebrauchsware als Teekeramik fand ihre Entsprechung in der Abkehr von den aufwendig gearbeiteten Körben chinesischer Herkunft. Rikyū funktionierte erstmalig den Korb eines Fischers vom Katsura-Fluß als Blumenkorb um. Mit dem Gebrauch rustikaler Körbe verband Rikyū auch einen neuen bewusst kunstlosen und spontanen Blumenstil, der sich »hineingeworfene Blumen« (*nageire hana*) nennt und nur einfache, am Boden gewachsene Blumen, aber keine Strauchzweige verwendete. Rikyūs Schüler und Nachfolger, der Teemeister Furata Oribe

and music-making were practised. The participants were also invited to contemplate Chinese antiques or flower arrangements, which were exhibited in separate rooms. The Chinese-style flower arrangements were presented in Chinese vases or Japanese imitations. Flower baskets were used here, too.

A *sencha* tea-party was not only an occasion for the gathering of a small circle, the guests could number as many as a hundred. It was also very popular to hold these events, in line with the ideals of the Chinese literati, in the open air at a location of special scenic beauty. In this case, the tea utensils had to be carried to the chosen spot, and small baskets with handles, such as those made by Shōkosai I were used for this purpose. (Cat. No. 3, 7, 8, 10).

The increasing popularization of the *sencha* tea ceremony since the 18th century generated a great demand for tea ceramics and basketry on Chinese models, which could not be met by the Chinese imports alone, and gave rise to a thriving industry in the customers' own country. In the 19th century, the copious literature dealing with *sencha* led to an increasing formalization of this tea ceremony. The late Edo and Meiji Period (1868–1912) were the heyday of the *sencha* tea ceremony. It had become the cultivated amusement of the broad mass of the population.

Where the devotees of *sencha* used finely-made baskets in the Chinese style, the *chanoyu* tea ceremony took a different direction from the 16th century on. When the tea master Sen no Rikyû (1521–1591) broke with the habit of using elegant tea utensils from China and raised the aesthetic of *wabi* to his ideal, this also changed the type of flower baskets chosen.[2] The introduction of rustic indigenous utilitarian wares for the tea ceramics found its echo in the abandonment of the elaborately made baskets of Chinese origin. Rikyū was the first to simply take a fisherman's basket from the Katsura River and convert it into a flower basket. With this use of rough, rustic baskets in this way, Rikyū also combined a new deliberately artless and spontaneous style of flower arrangement, known as "flowers chucked into a basket" (*nageire hana*), which only used simple flowers which grew on the earth, without any sprays from flowering shrubs. Rikyū's disciple and successor, the

(1544–1615) führte für den Blumenkorb eine weitere kühne Veränderung ein, indem er einen herkömmlichen Fischkorb mit schmaler Öffnung von zuvor undenkbarer Größe in die Bildnische stellte.³ Die erfolgreiche Verwendung dieses Korbtyps beeinflusste wiederum die Formgebung der Teekeramik. In der *chanoyu*-Teezeremonie gab es jedoch auch Teemeister wie Kobori Enshū (1579–1647), die sich für chinesische Blumenkörbe anstelle der rustikalen entschieden.

Im *chanoyu* ist die Verwendung von Körben auf die wärmere Jahreszeit von Mai bis Oktober beschränkt, wenn das Teewasser in dem tragbaren Kohleofen (*furo*) gekocht wird. Denn mit dem Bambusgeflecht verbindet man eine kühle und luftige Atmosphäre. Unterscheidet sich der Stil der Blumenkörbe im *sencha* und *chanoyu*, trifft das nicht auf die Kohlekörbe zu. Hier greifen beide bis heute auf den chinesischen Typ zurück.

tea master Furata Oribe (1544–1615) introduced another radical change for the flower basket by placing a standard fish basket with a narrow opening of hitherto unthinkable size in the alcove.³ The successful use of this type of basket influenced in its turn the forms given to tea ceramics. There were also tea masters of the *chanoyu* tea ceremony such as Kobori Enshū (1579–1647), however, who decided in favour of Chinese flower baskets in preference to the rustic ones.

In *chanoyu*, the use of baskets is restricted to the warm season from May to October, when the tea water can be boiled in the portable charcoal stove (*furo*). The reason is that the woven bamboo carries associations of a cool and airy atmosphere. While the style of the flower baskets is very different in *sencha* and *chanoyu*, this is not true at all of the charcoal baskets, which to the present day both hark back to Chinese models.

1 Grundlage meiner Ausführungen zum *sencha*-Tee ist die umfassende Studie über die *sencha*-Kultur von P. J. Graham. Graham (1998).
2 *Wabi*, ein Zentralbegriff der Teekunst, bezieht sich auf eine besondere Ästhetik: die Schönheit des Ärmlich-Einfachen und vom Alter und der Vergänglichkeit Gezeichneten. Das Ideal des *wabi* wurde in der Teezeremonie im Stil der strohgedeckten Einsiedlerhütte verwirklicht.
3 Takeuchi (2003), S. 24.

1 My remarks on the *sencha* tea ceremony are based on the comprehensive study on *sencha* culture by P. J. Graham. Graham (1998).
2 *Wabi*, a central concept of tea art, refers to a particular aesthetic: the beauty of humble and simple objects worn by age and marked by the ravages of time. The ideal of *wabi* was realized in the tea ceremony in the form of the straw-thatched hermit's hut.
3 Takeuchi (2003), p. 24.

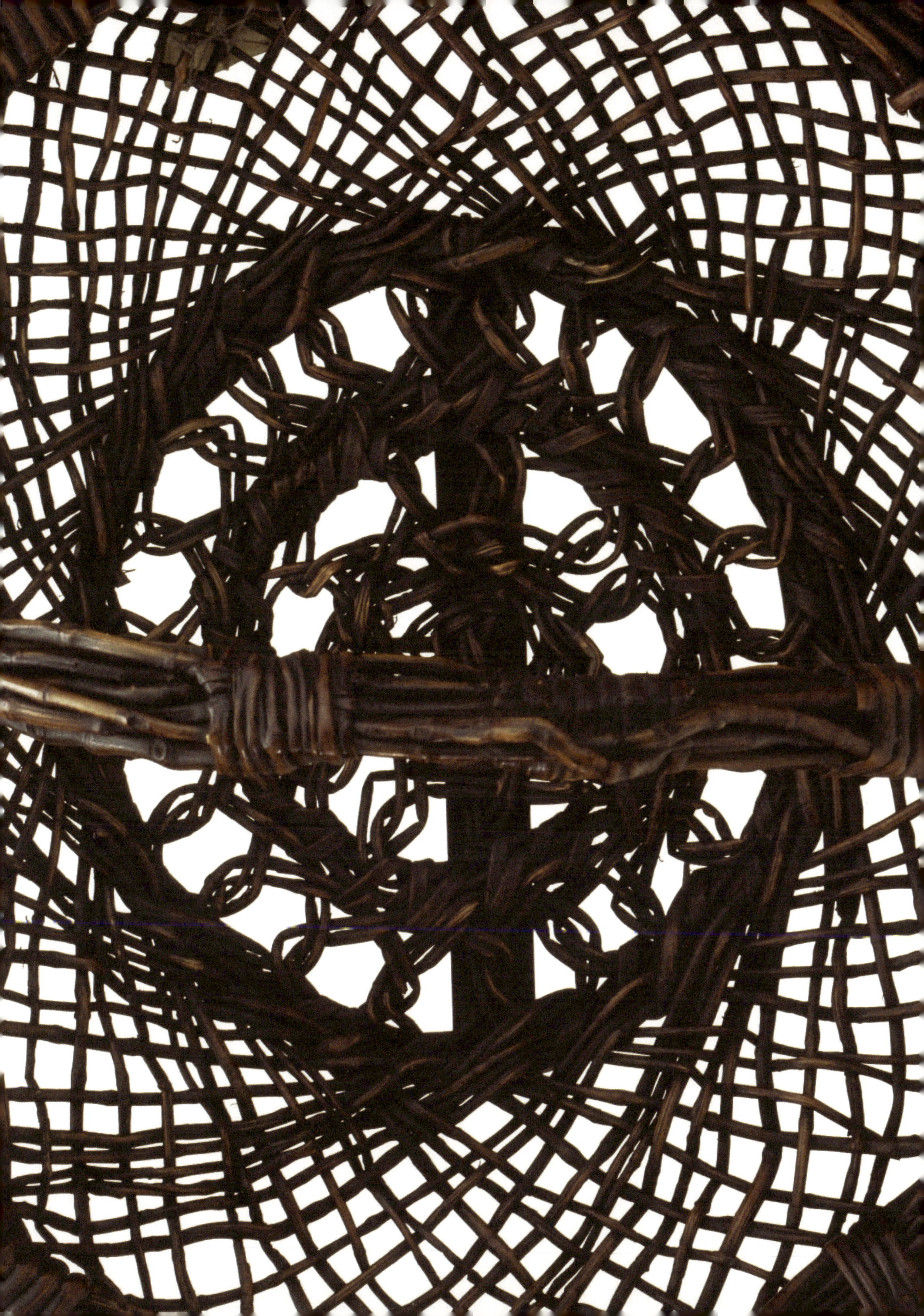

[7] *Hayakawa Shōkosai I. (1815–1897)*, Tragekorb für Utensilien der *sencha*-Teezeremonie, *teiran* im chinesischen Stil, datiert 1889

Hayakawa Shōkosai I (1815–1897), Carrying basket for utensils of the *sencha* tea ceremony, *teiran* in the Chinese style, dated 1889

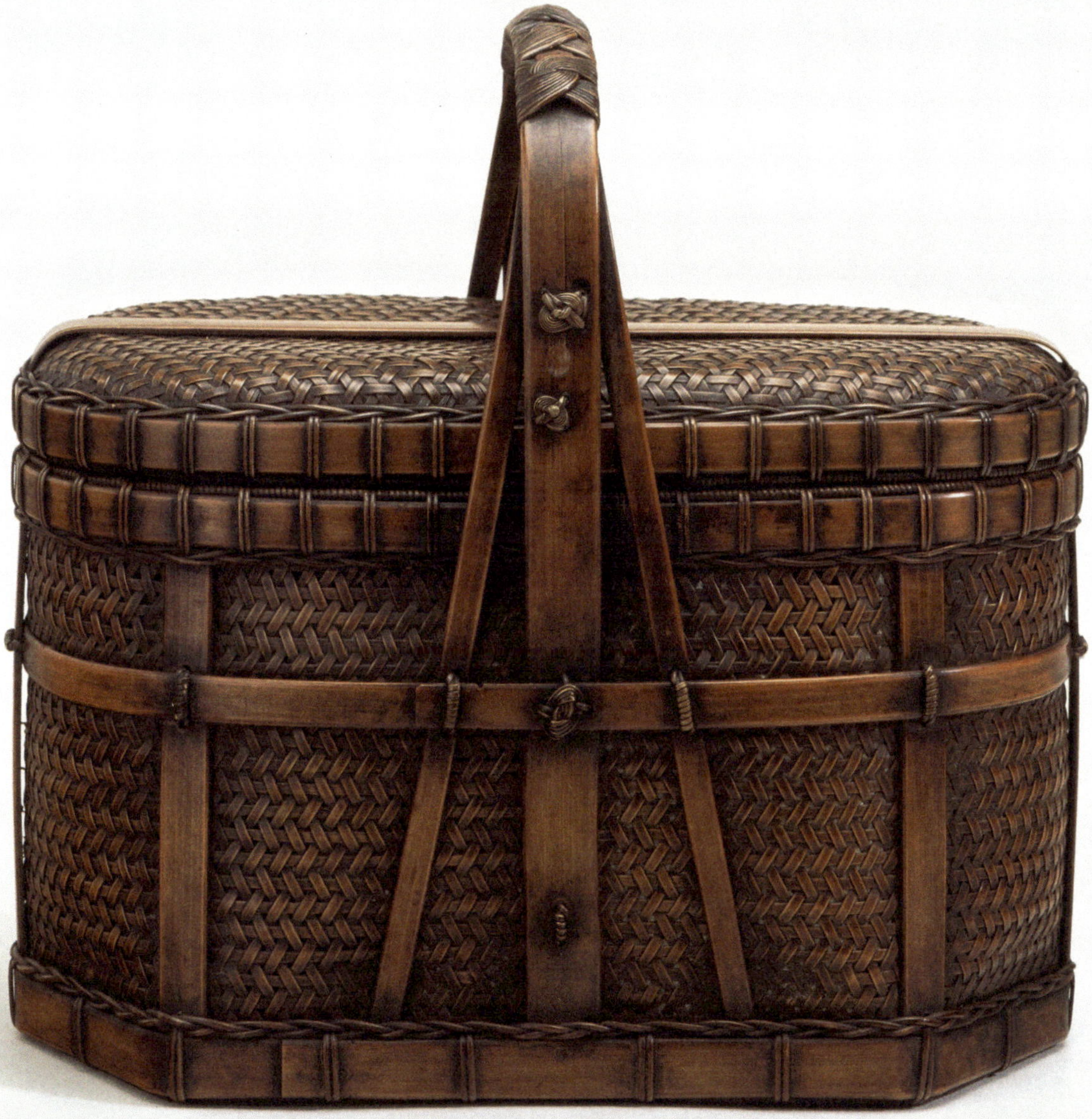

[8] *Hayakawa Shōkosai 1. (1815–1897), Tragekorb für Utensilien der sencha-Teezeremonie, datiert 1892*

Hayakawa Shōkosai 1 (1815–1897), Carrying basket for utensils of the sencha tea ceremony, dated 1892

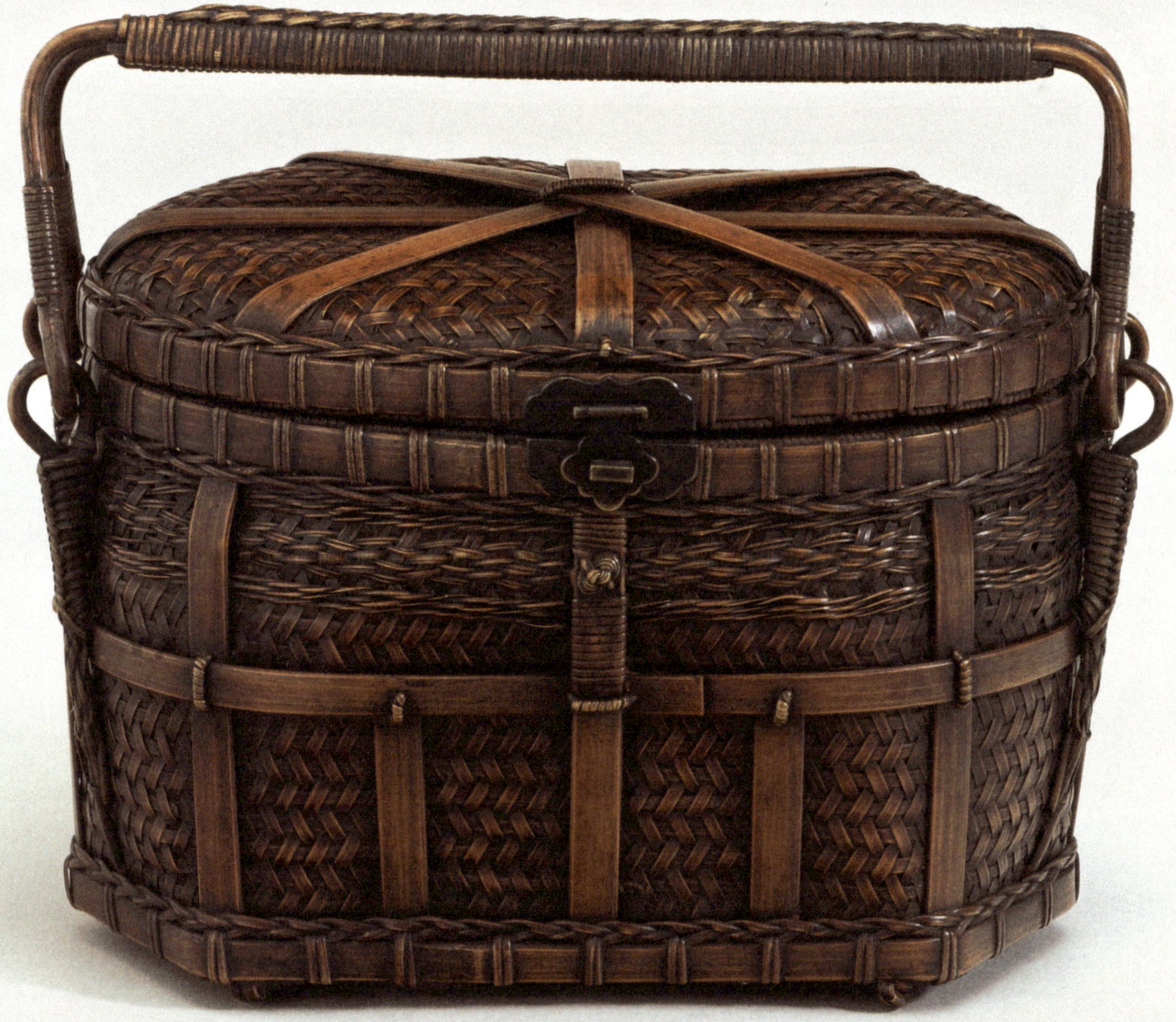

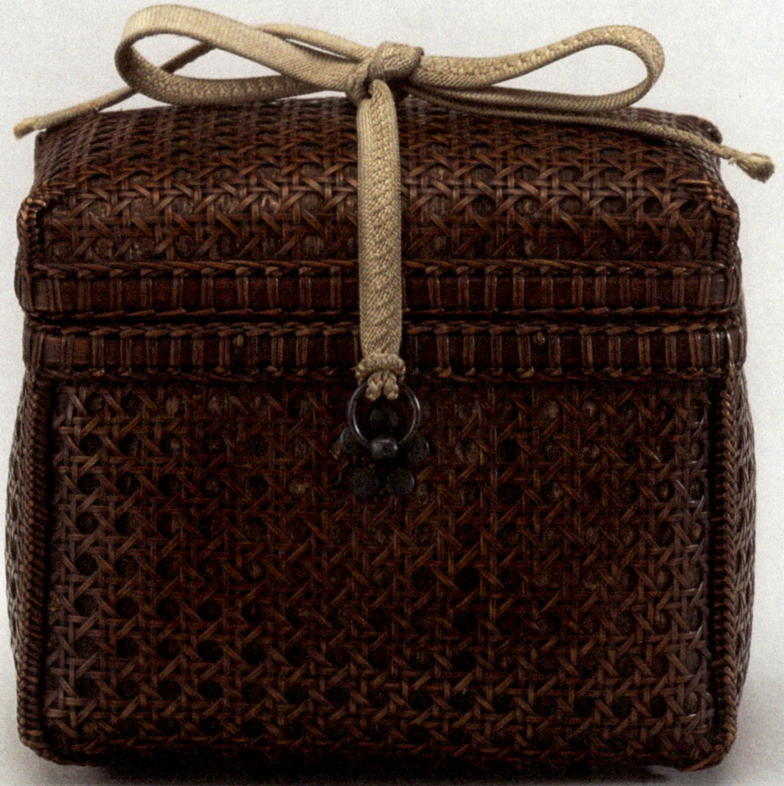

1889.121.

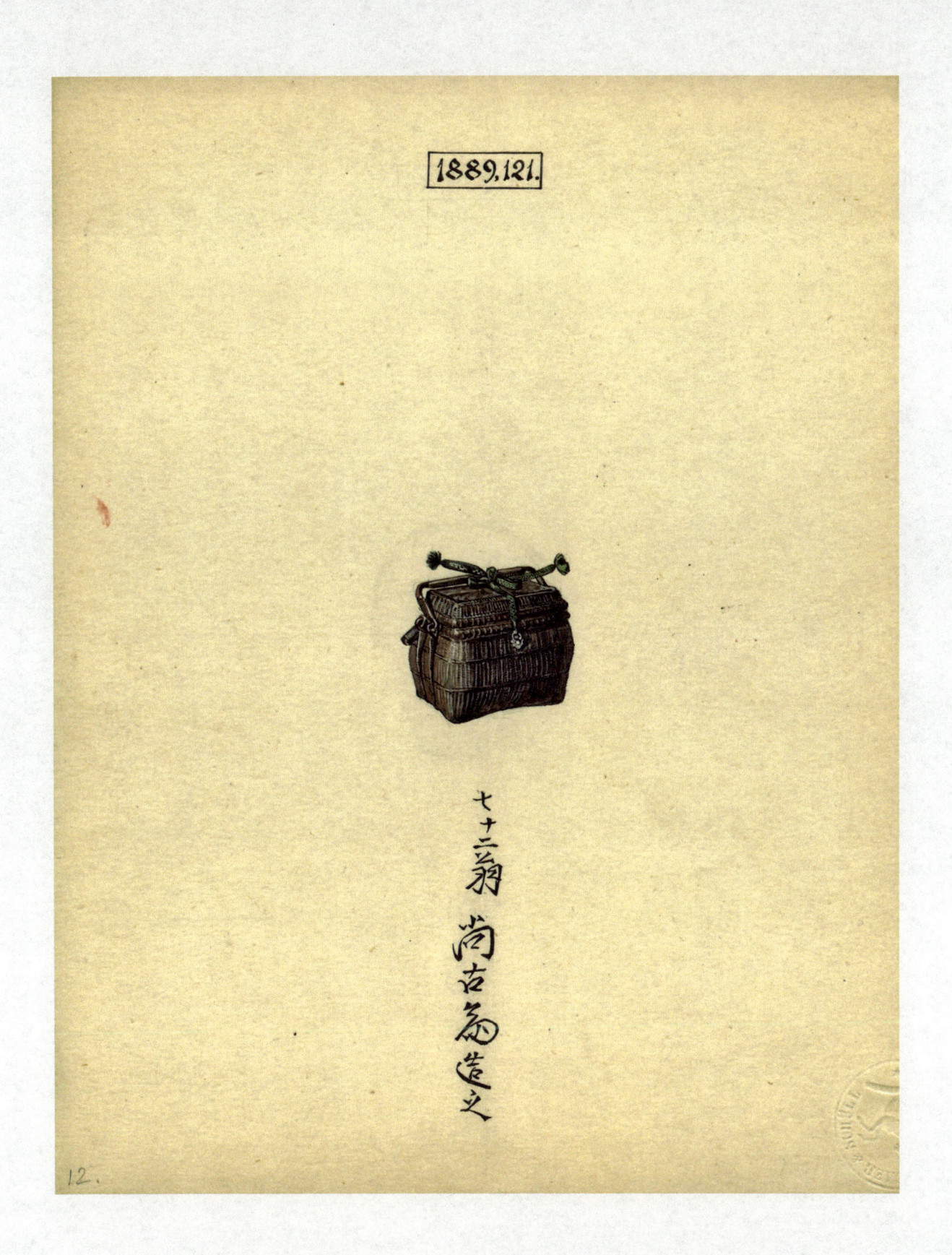

七十二翁
尚古齋造之

[10]
HAYAKAWA SHŌKOSAI I. (1815–1897)
Tragekorb für Utensilien der *sencha*-Teezeremonie im chinesischen Stil
Carrying basket for utensils of the sencha tea ceremony in the Chinese style
datiert 1886
dated 1886

1889,167.

七十一翁
尚古齋造之

[11]
HAYAKAWA SHŌKOSAI I. (1815–1897)
Tragekorb mit festem Bügel und Deckel
Carrying basket with rigid lug and lid
datiert 1885
dated 1885

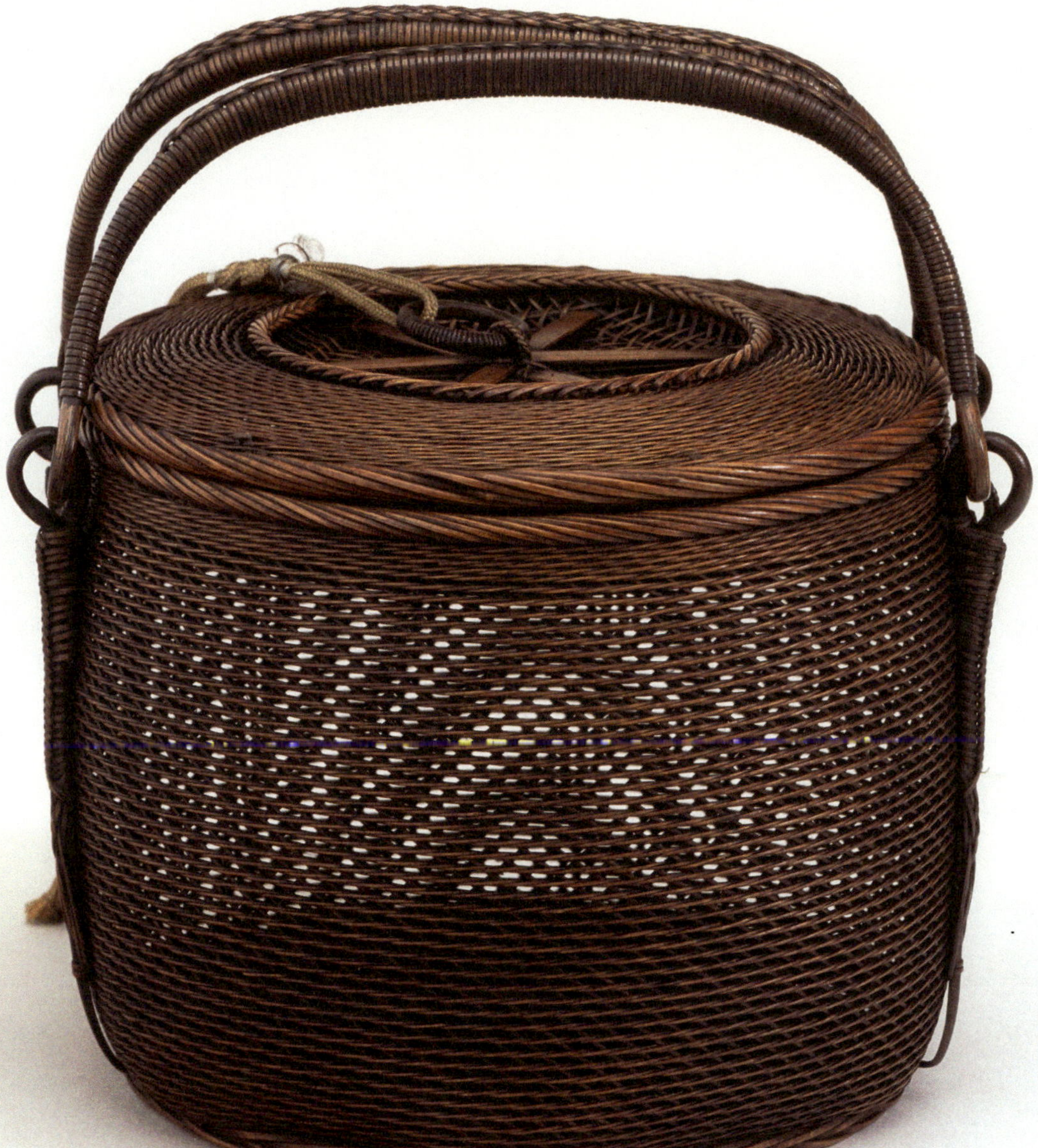

[12] *Hayakawa Shōkosai 1. (1815–1897),* Tragekorb mit beweglichen Henkeln im chinesischen Stil, datiert 1889

Hayakawa Shōkosai 1 (1815–1897), Carrying basket with flexible handles in the Chinese style, dated 1889

[9] *Hayakawa Shōkosai 1. (1815–1897),* Korb für Utensilien der *sencha*-Teezeremonie, datiert 1888

Hayakawa Shōkosai 1 (1815–1897), Basket for utensils of the *sencha* tea ceremony, dated 1888

[13] *Hayakawa Shōkosai 1. (1815–1897),* Runder Tragekorb mit Deckel und Henkel im chinesischen Stil

Hayakawa Shōkozai 1 (1815–1897), Round carrying basket with lid and handle in the Chinese style

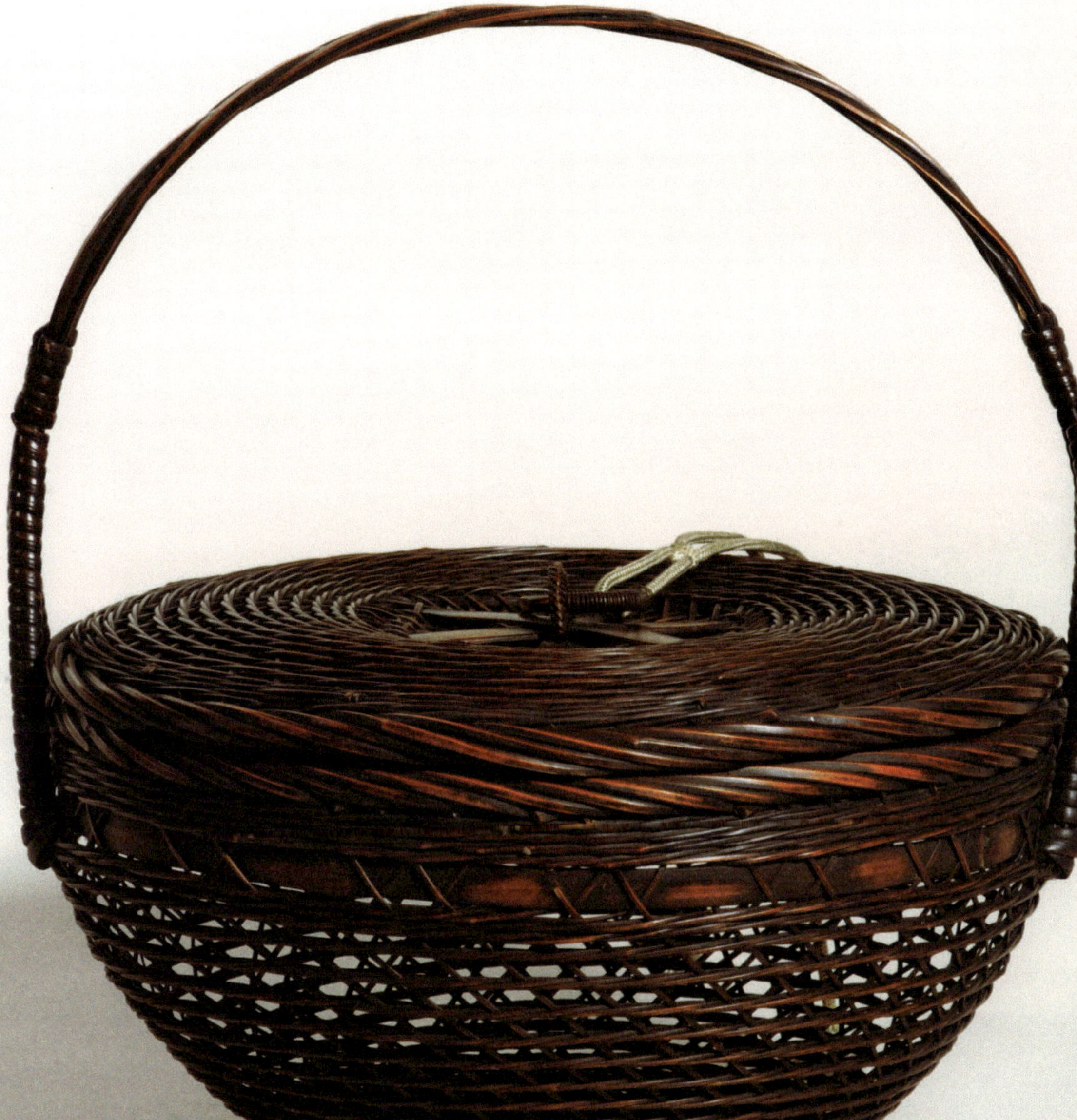

[14]   *Hayakawa Shōkosai 1. (1815–1897), Großer Tragekorb mit festem Bügel im chinesischen Stil, datiert 1887*

Hayakawa Shōkosai 1 (1815–1897), Large carrying basket with rigid lug in the Chinese style, dated 1887

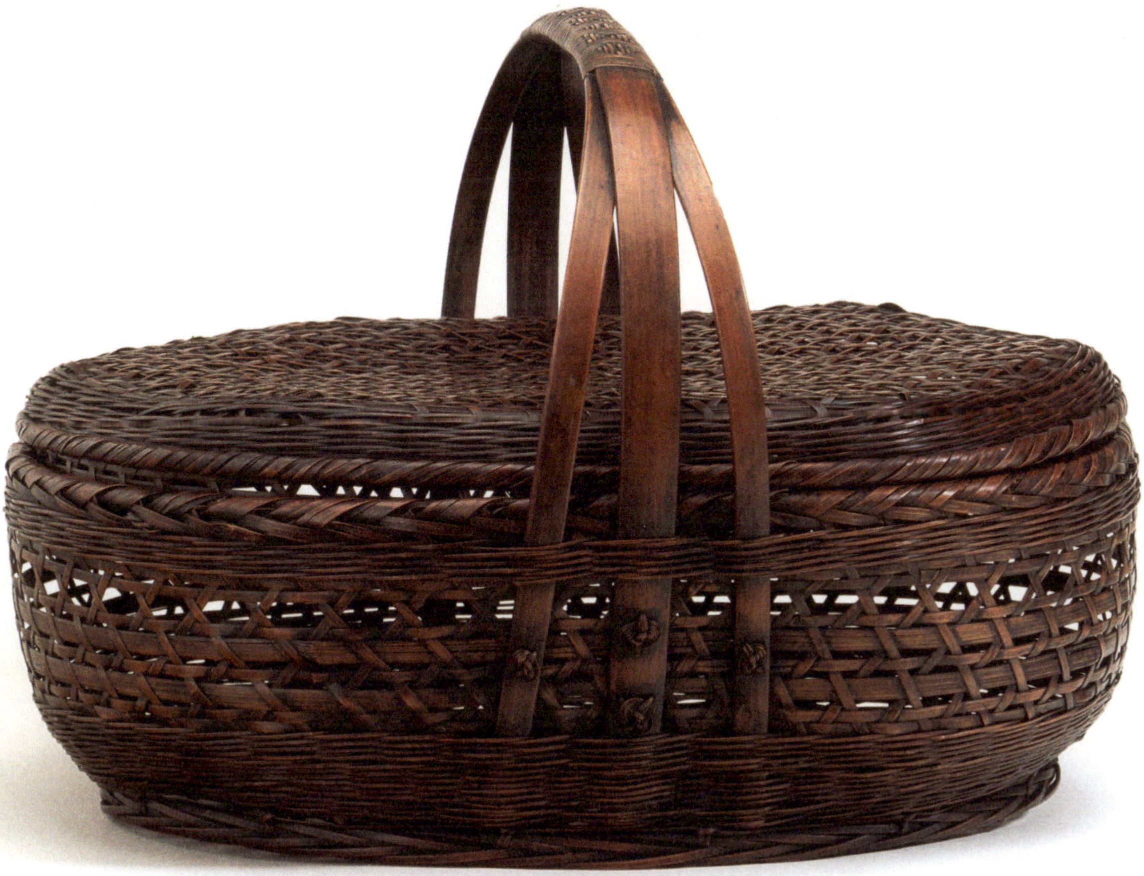

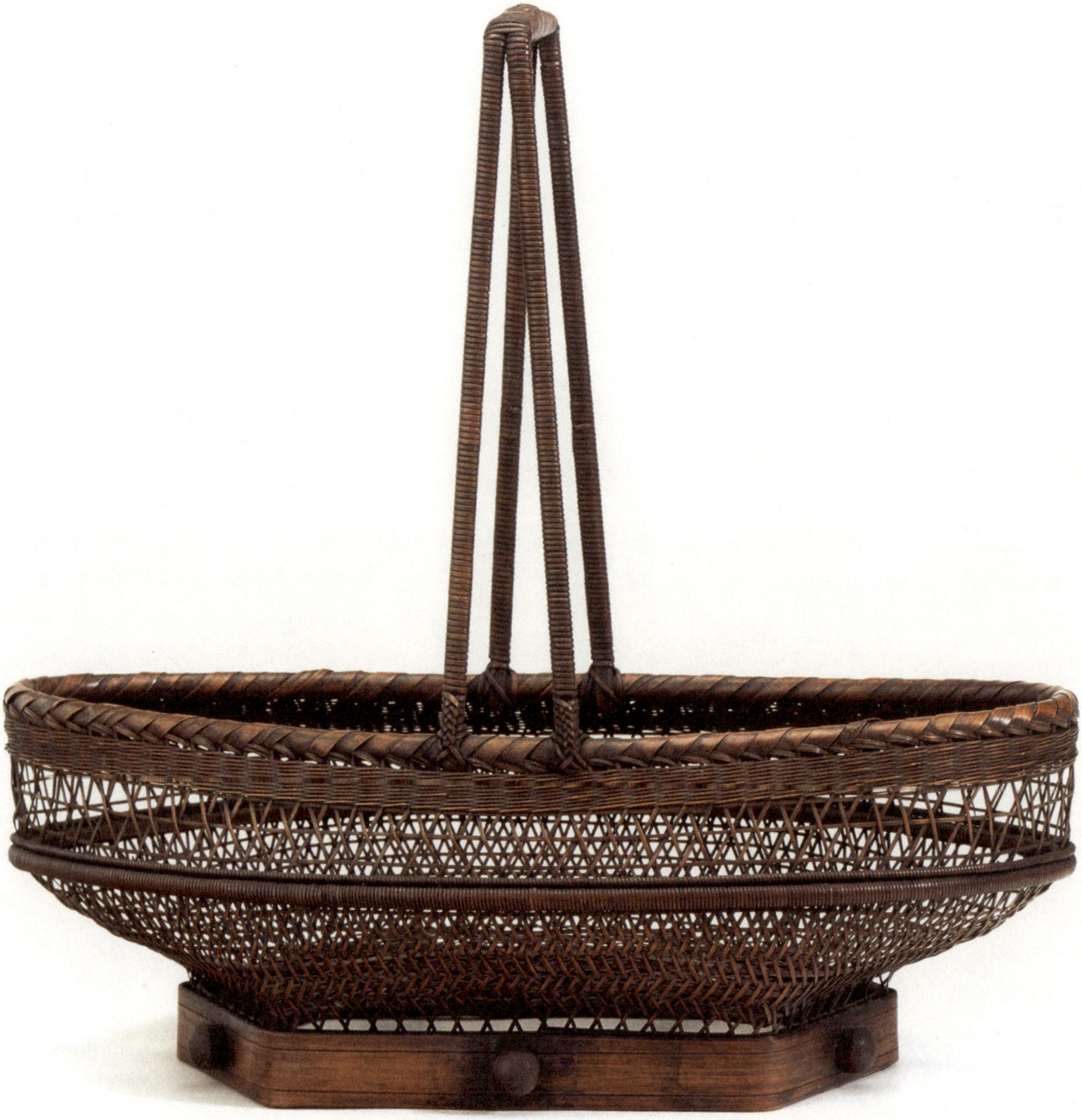

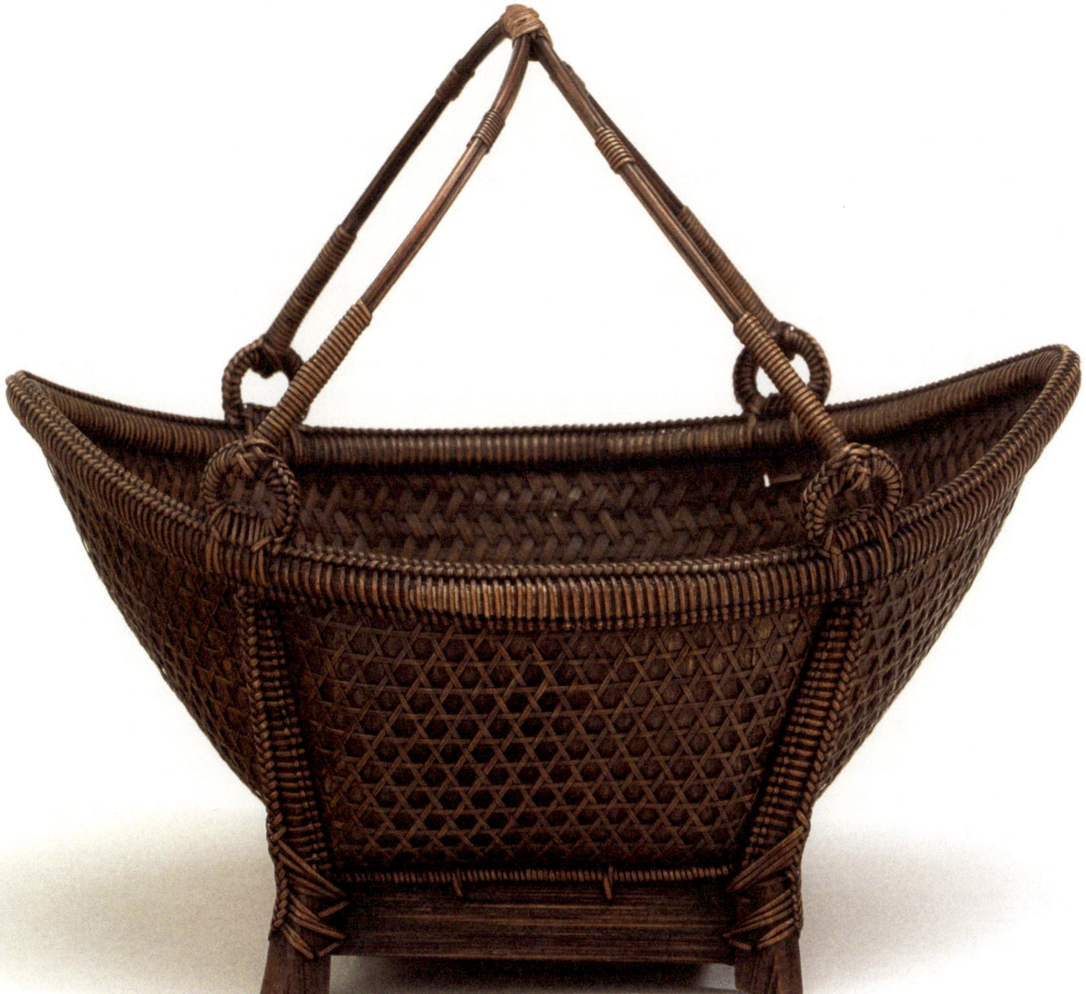

[15] *Hayakawa Shōkosai 1. (1815–1897)*, Blumenkorb in Form eines Bootes im chinesischen Stil, datiert 1887
Hayakawa Shōkosai 1 (1815–1897), Boat-shaped flower basket in the Chinese style, dated 1887

[16] *Hayakawa Shōkosai 1. (1815–1897)*, Blumenkorb in Form eines Bootes auf vier Füßen im chinesischen Stil, datiert 1888
Hayakawa Shōkosai 1 (1815–1897), Boat-shaped flower basket on four feet in the Chinese style, dated 1888

[17] *Hayakawa Shōkosai 1. (1815–1897)*, Blumenkorb mit hohem Henkel zum Hängen im chinesischen Stil, datiert 1888
Hayakawa Shōkosai 1 (1815–1897), Flower basket with high arched handle for hanging in the Chinese style, dated 1888

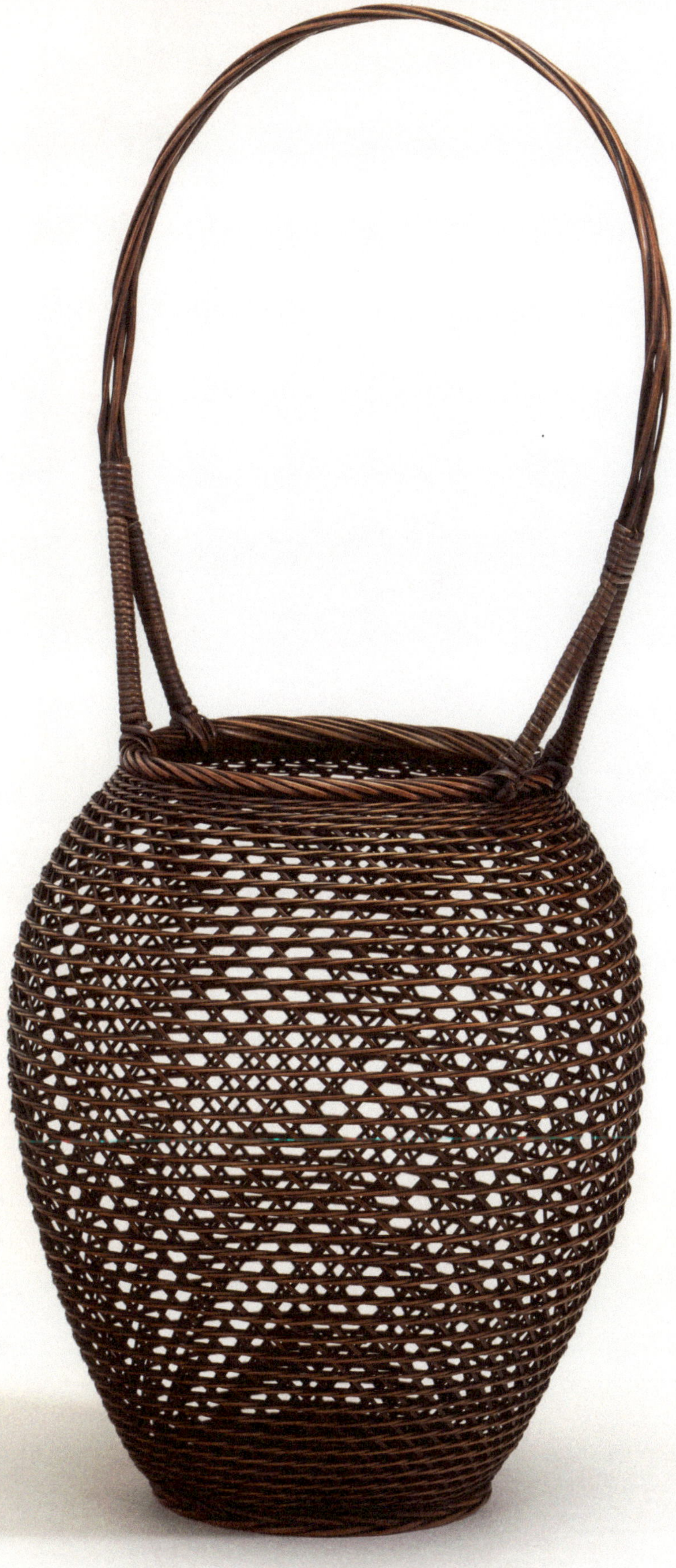

[18]   *Hayakawa Shōkosai 1. (1815–1897)*, Blumenkorb mit hohem Henkel im chinesischen Stil, datiert 1887

Hayakawa Shōkosai 1 (1815–1897), Flower basket with high arched handle in the Chinese style, dated 1887

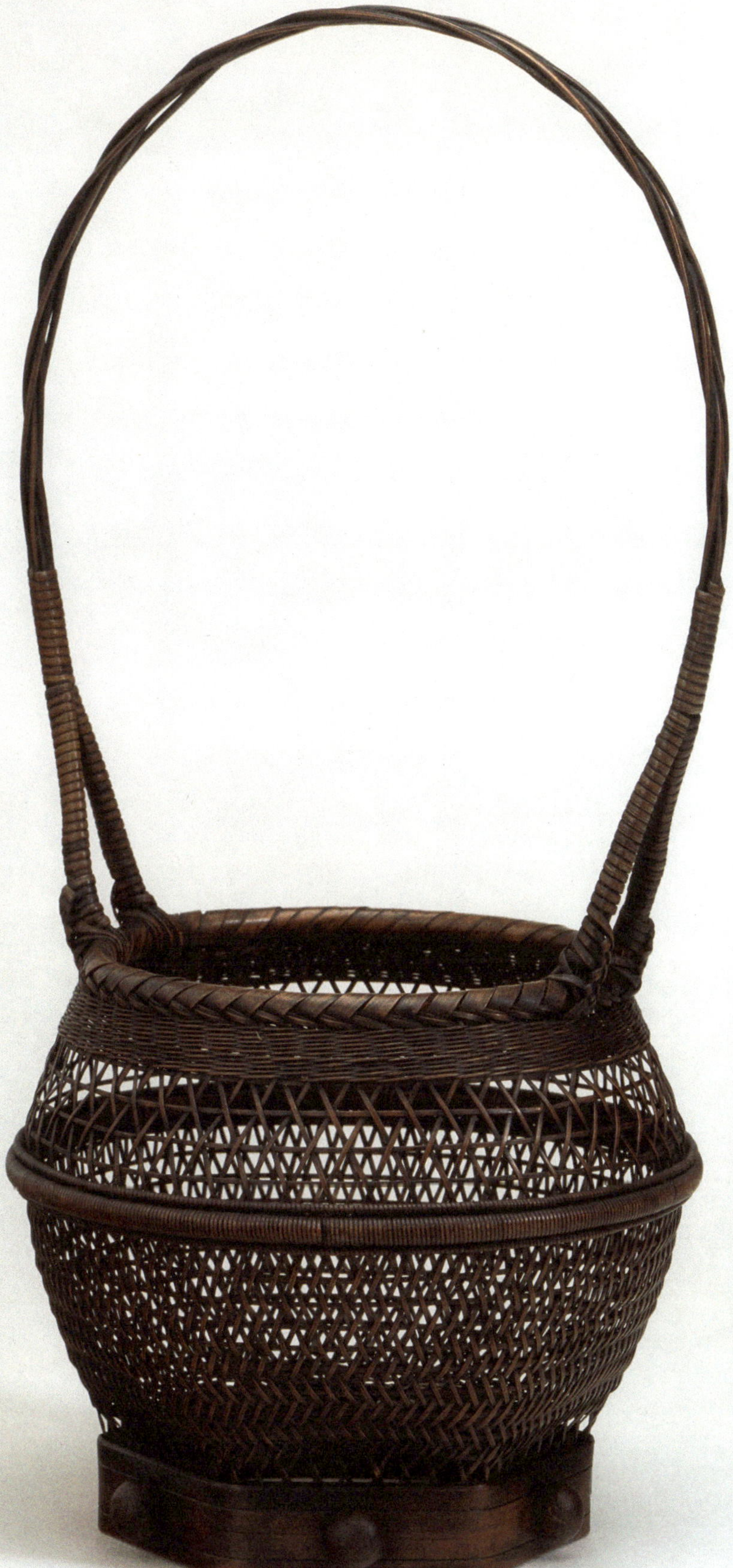

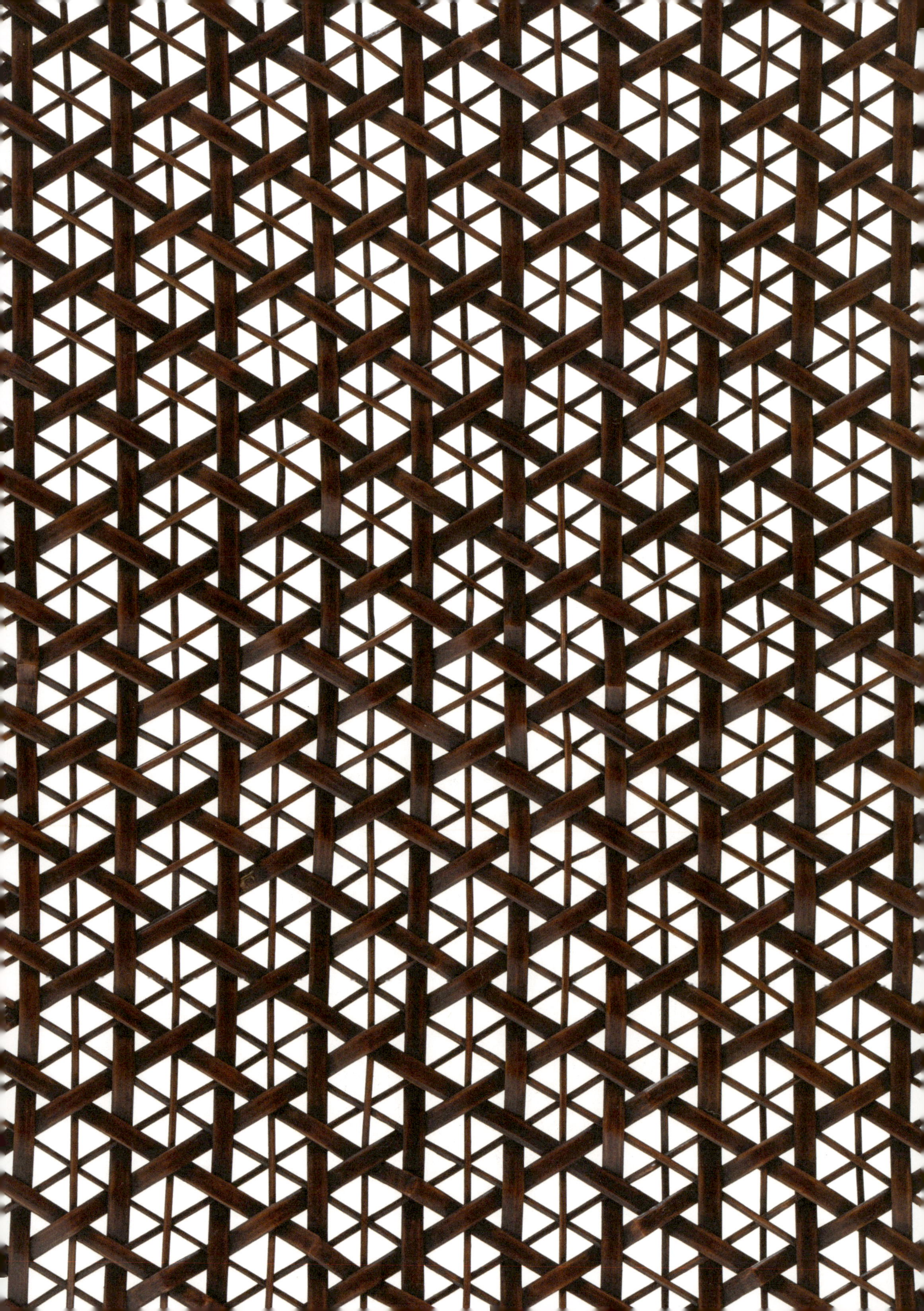

[14]

[25]   [19]

[8]   [7]

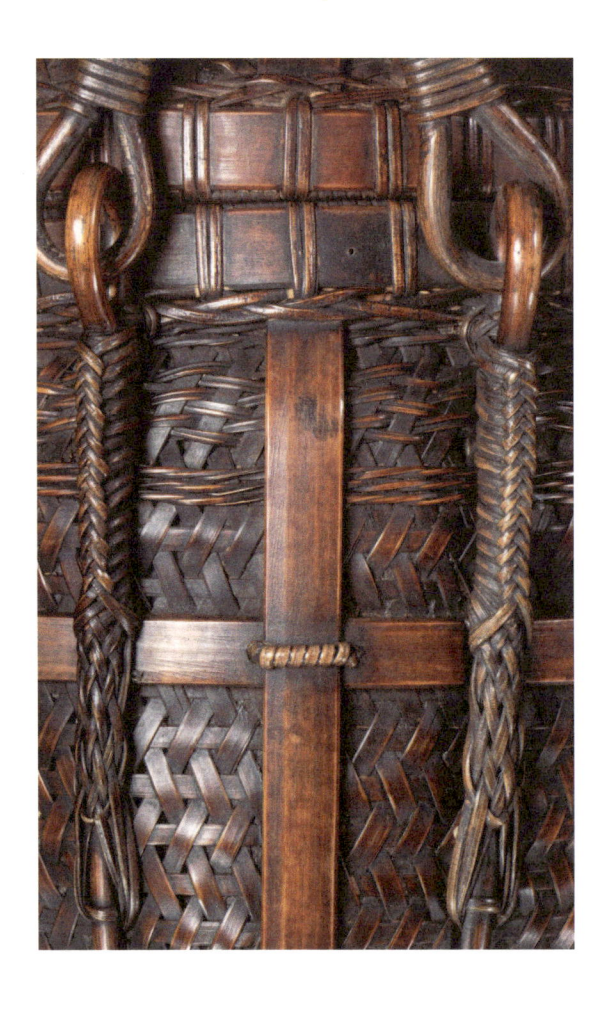

[11]

[28]

[35]

[19]

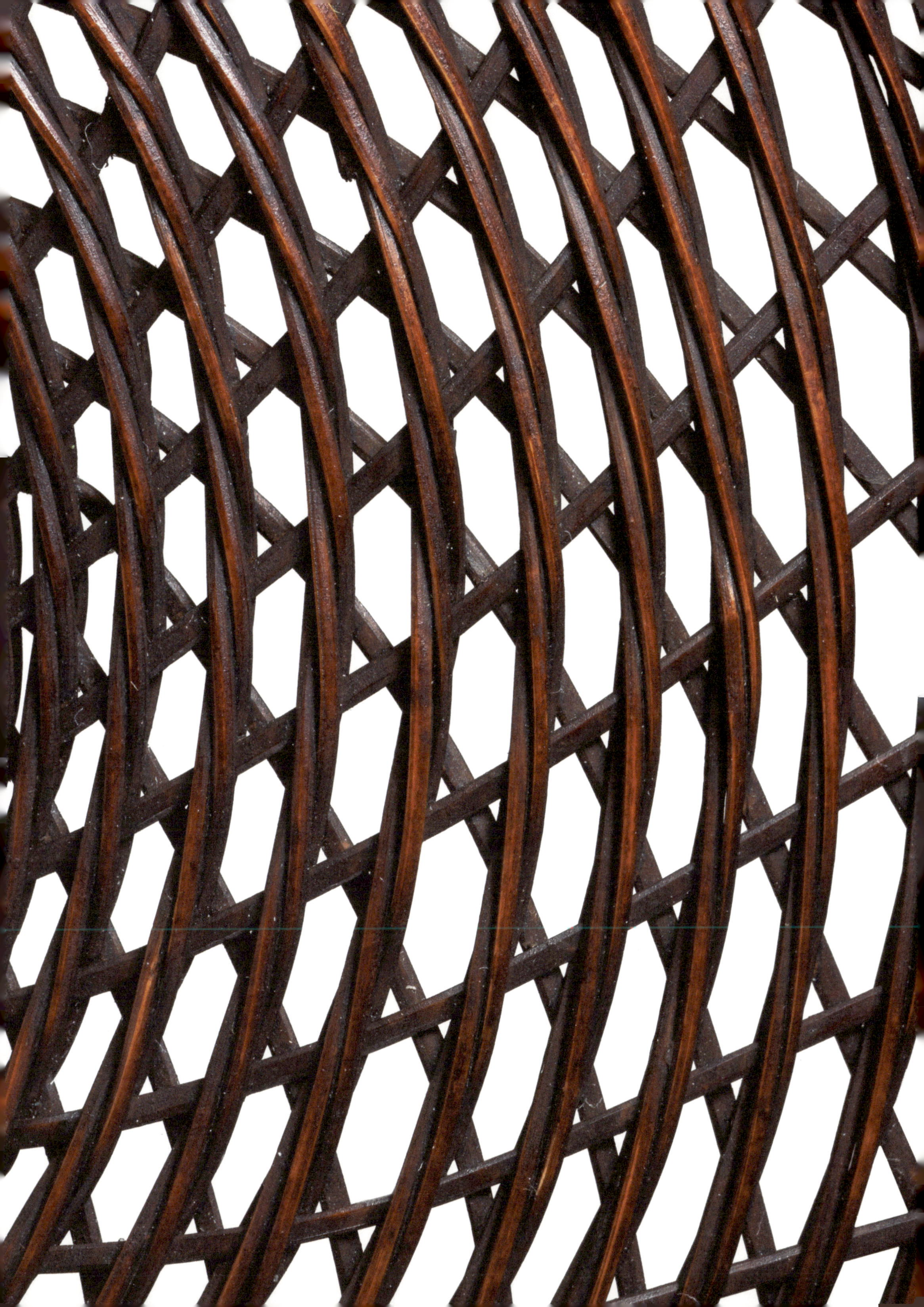

[19] *Hayakawa Shōkosai* 1. (1815–1897), Blumenkorb für Päonien, *botan kago*, im chinesischen Stil

Hayakawa Shōkosai 1 (1815–1897), Peony basket, *botan kago*, in the Chinese style

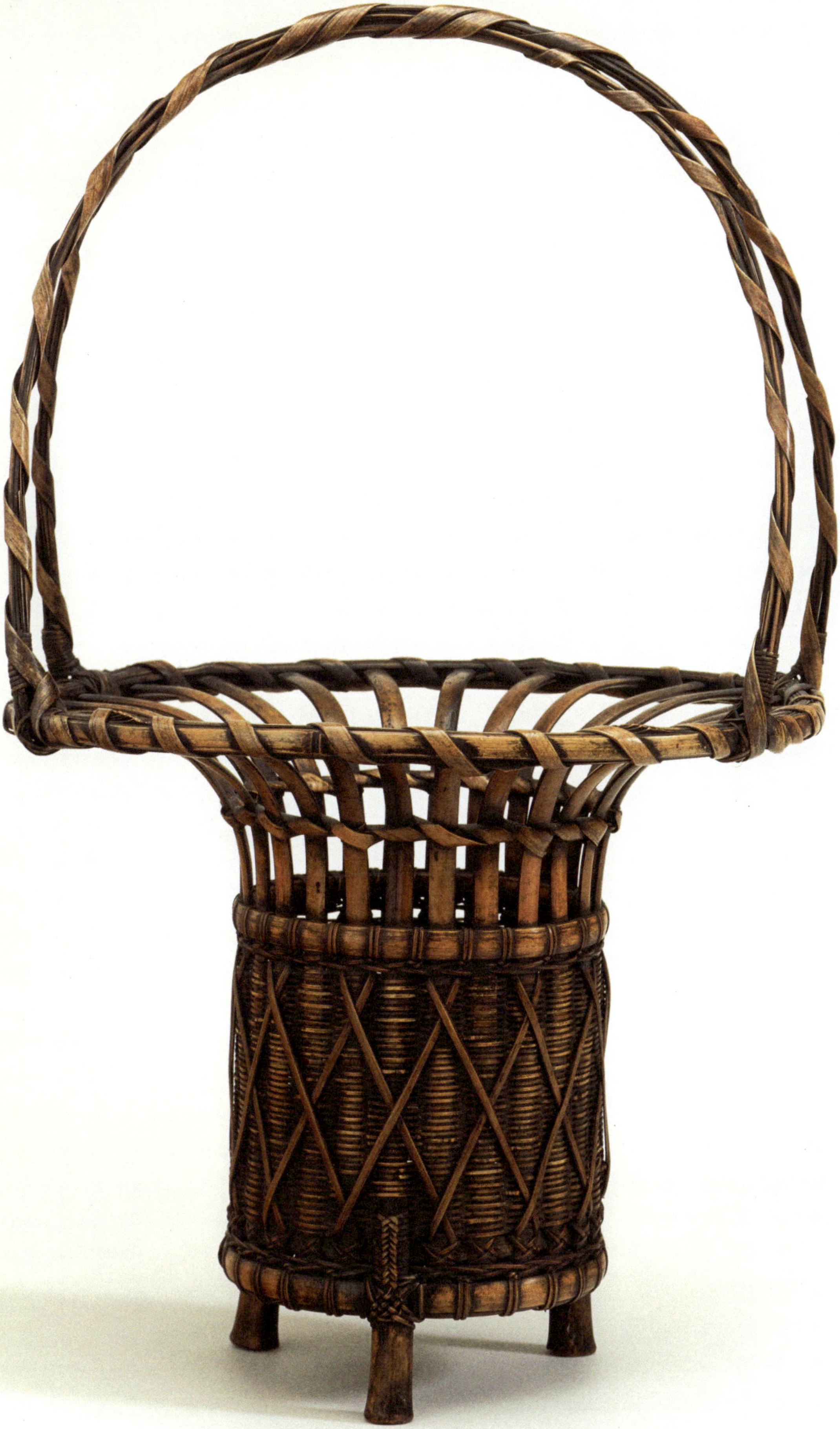

[20] *Hayakawa Shōkosai I. (1815–1897)*, Blumenkorb mit Henkel zum Hängen

Hayakawa Shōkosai I (1815–1897), Flower basket with handle for hanging

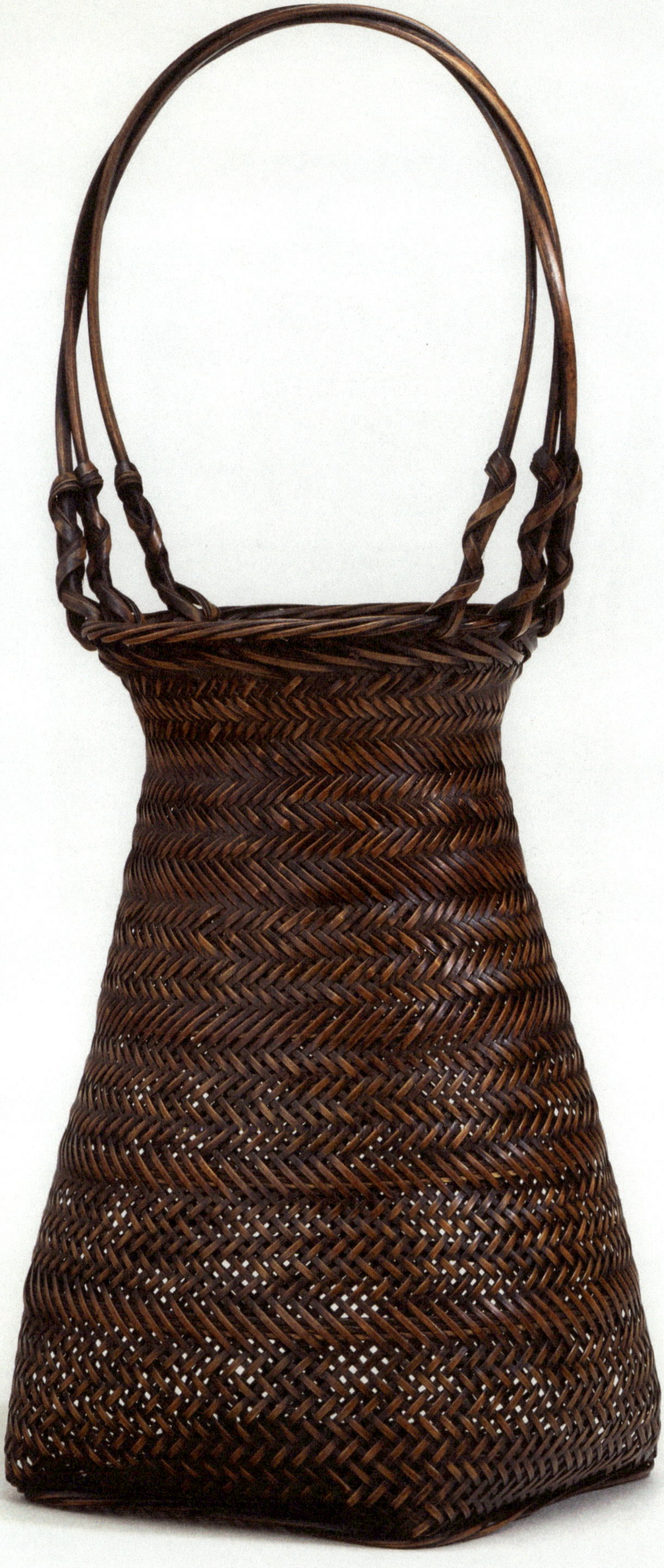

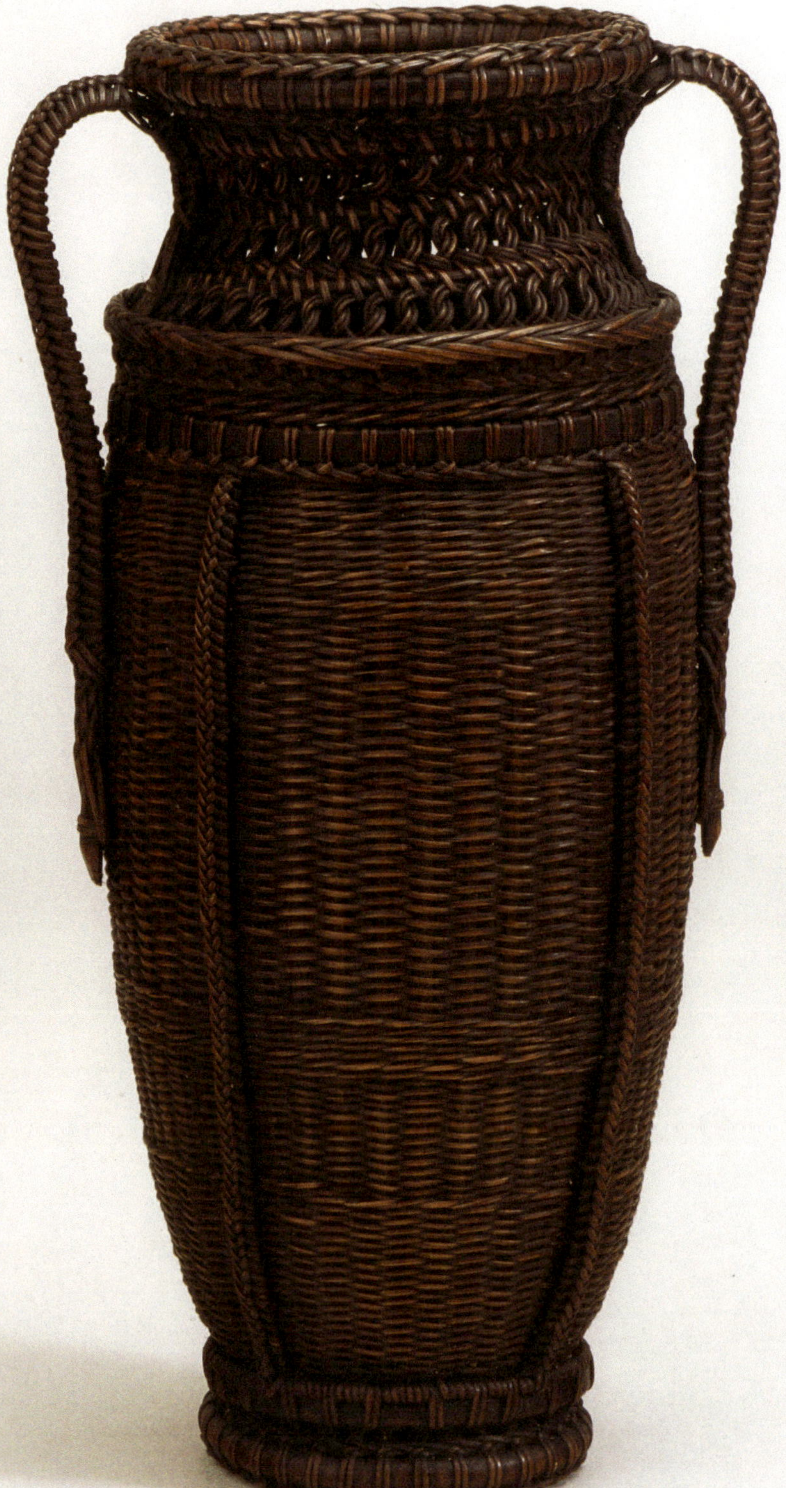

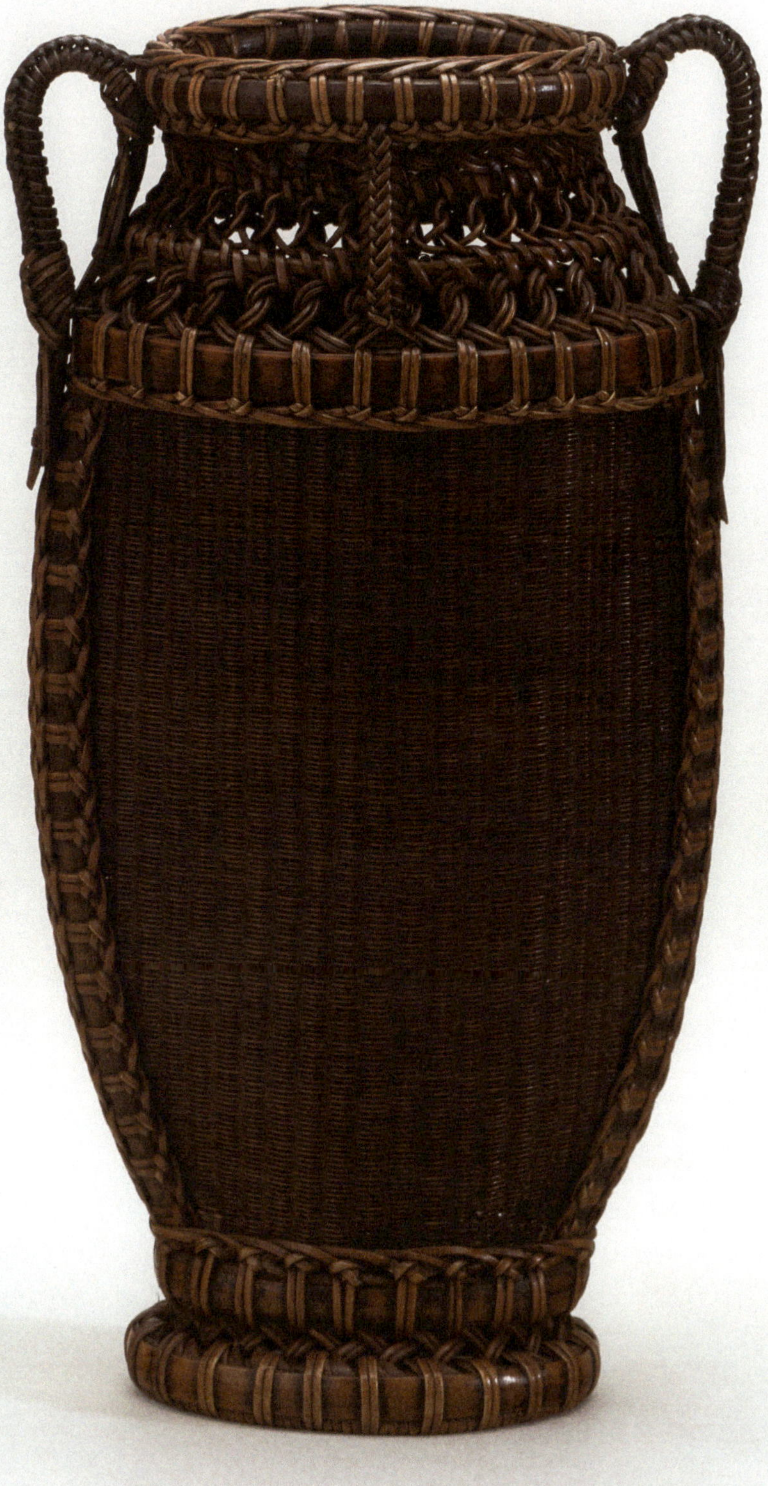

[21] Hayakawa Shōkosai I. (1815–1897), Kleiner Blumenkorb mit seitlichen Henkeln zum Hängen im chinesischen Stil
Hayakawa Shōkosai I (1815–1897), Small Flower basket with lateral handles for hanging in the Chinese style

[22] Kleiner Blumenkorb mit seitlichen Henkeln im chinesischen Stil
Small flower basket with lateral handles in the Chinese style

[23] Großer vasenförmiger Blumenkorb zum Hängen im chinesischen Stil
Large vase-shaped flower basket for hanging in the Chinese style

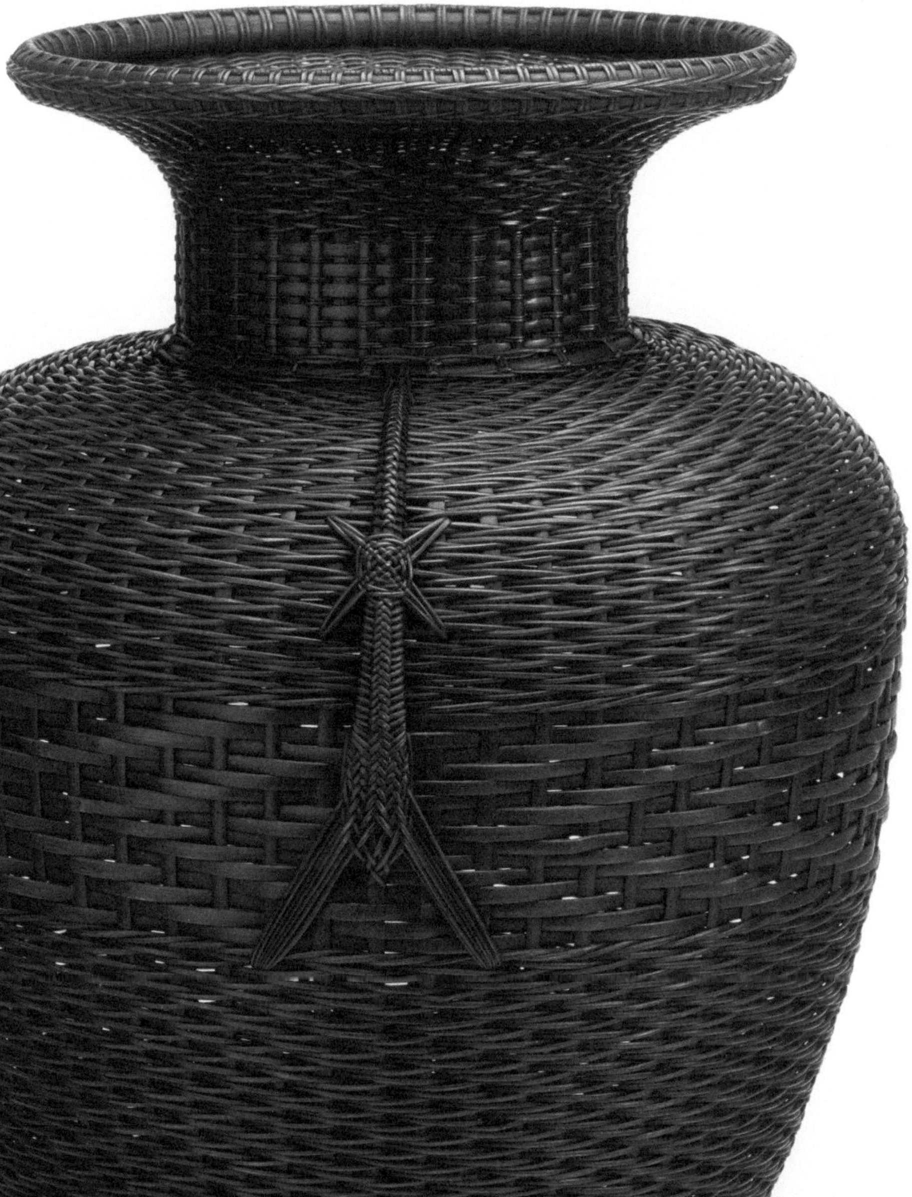

[24] Blumenkorb mit seitlichen Henkeln im chinesischen Stil

Flower basket with lateral handles in the Chinese style

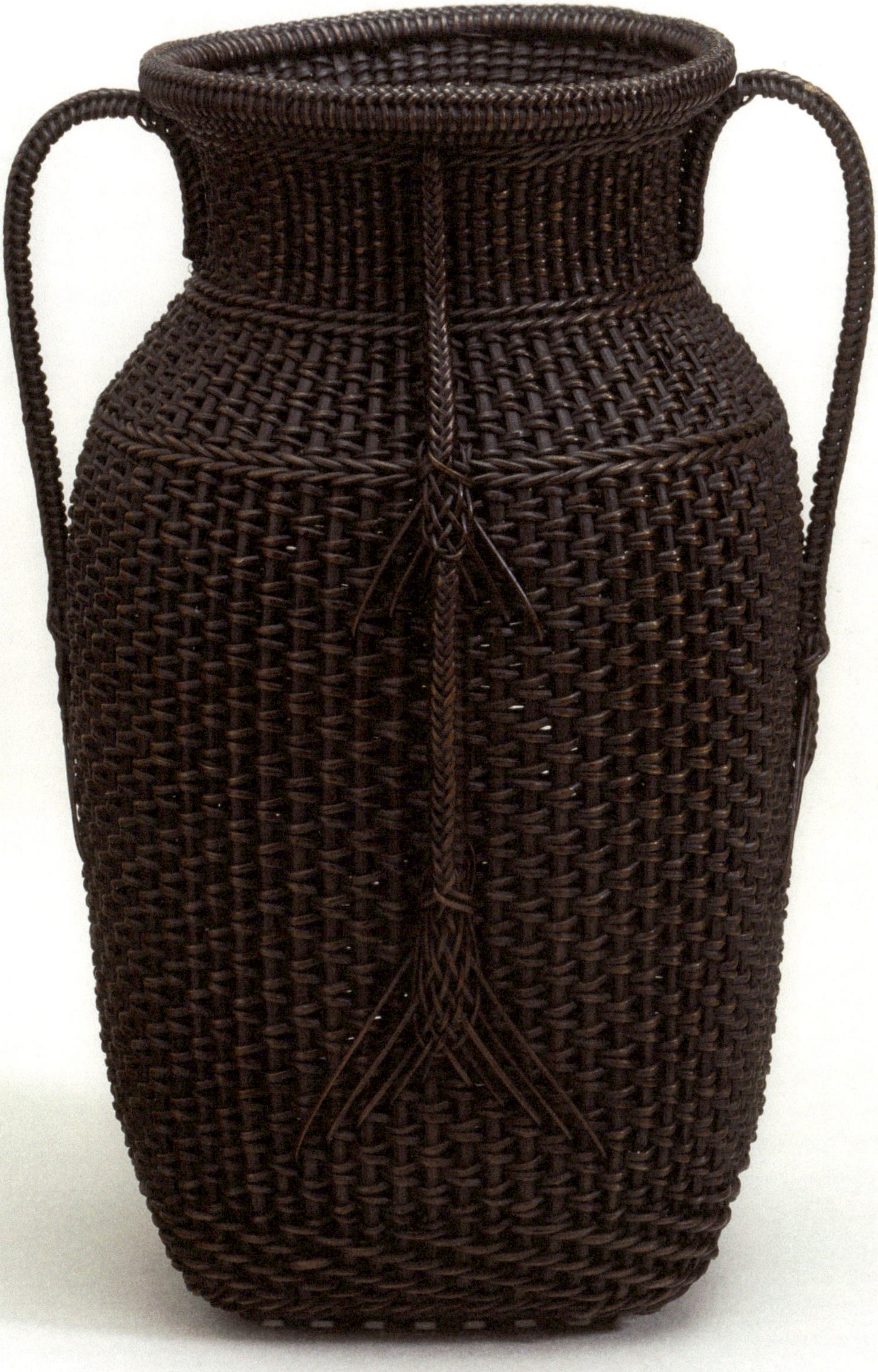

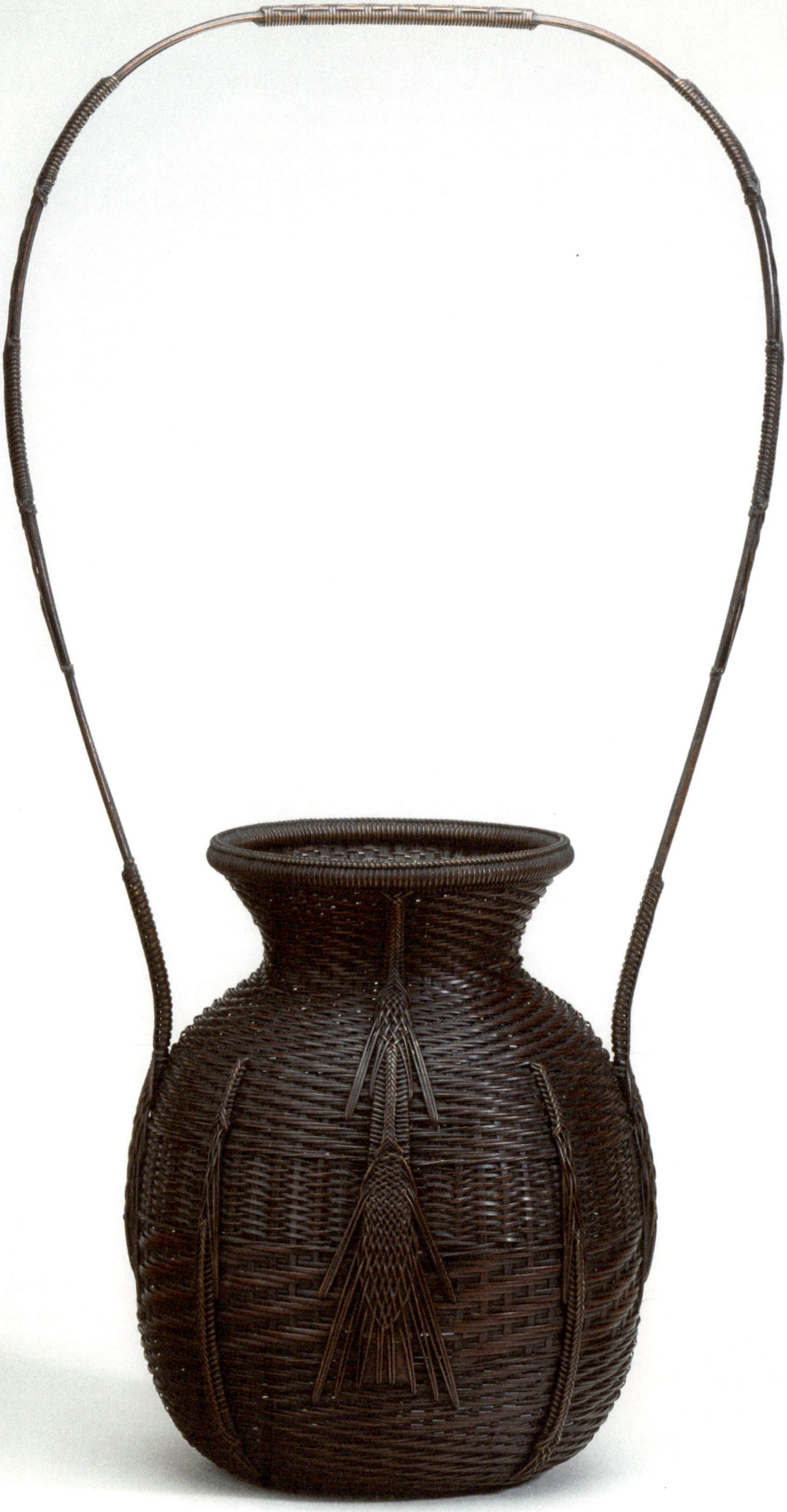

[26]
Blumenkorb für Päonien, *botan kago*, im chinesischen Stil
Peony basket, botan kago, in the Chinese style
Signiert: Von Chikushi in Tōkyō aus Groß-Japan gemacht
Signed: Made by Chikushi in Tōkyō from Greater Japan

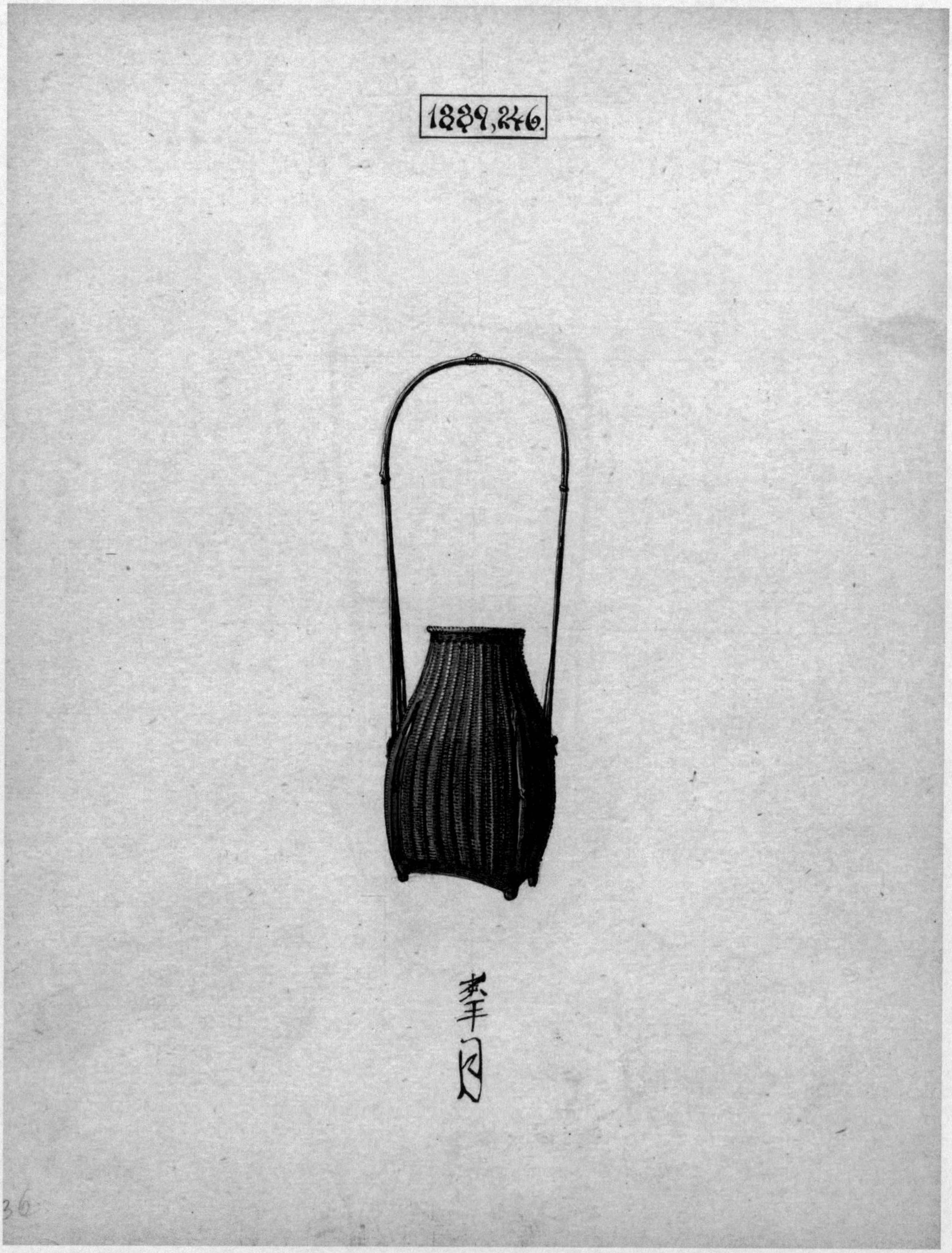

[27]
Blumenkorb mit hohem Henkel
Flower basket with high arched handle
zum Hängen im chinesischen Stil
for hanging in the Chinese style
Signiert: Hōgetsu
Signed: Hōgetsu

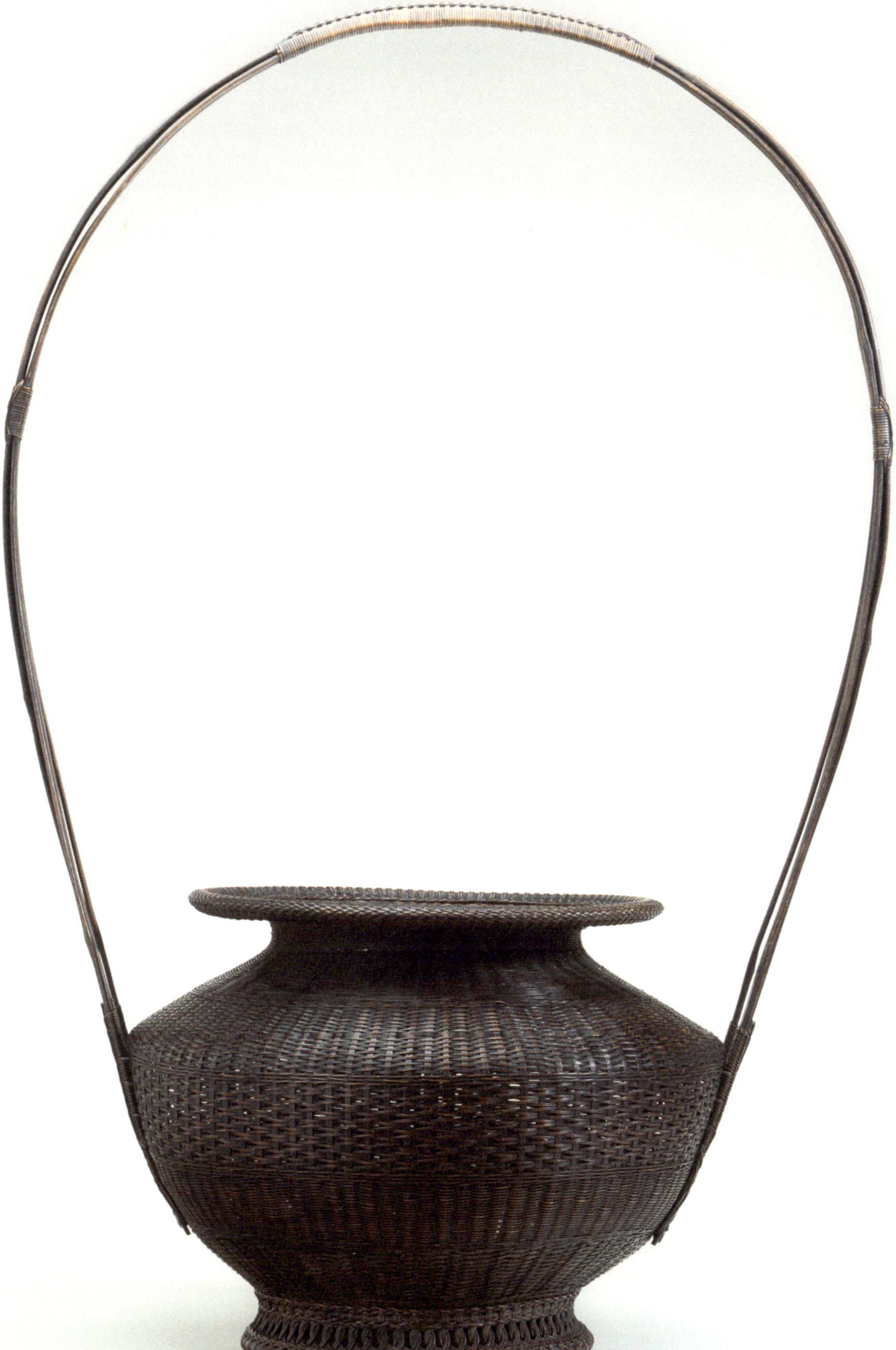

[28] *Hayakawa Shōkosai* I. (1815–1897), Großer Blumenkorb für Päonien, *botan kago*, im chinesischen Stil, datiert 1894

Hayakawa Shōkosai I (1815–1897), Large peony basket, *botan kago*, in the Chinese style, dated 1894

[25] Blumenkorb mit hohem Henkel zum Hängen im chinesischen Stil

Flower basket with high arched handle for hanging in the Chinese style

[29] *Hayakawa Shōkosai* I. (1815–1897), Blumenkorb mit hohem Henkel zum Hängen im Stil japanischer Rüstungen, *yoroi gumi*, datiert 1888

Hayakawa Shōkosai I (1815–1897), Flower basket with high arched handle for hanging in the style of Japanese armour, *yoroi gumi*, dated 1888

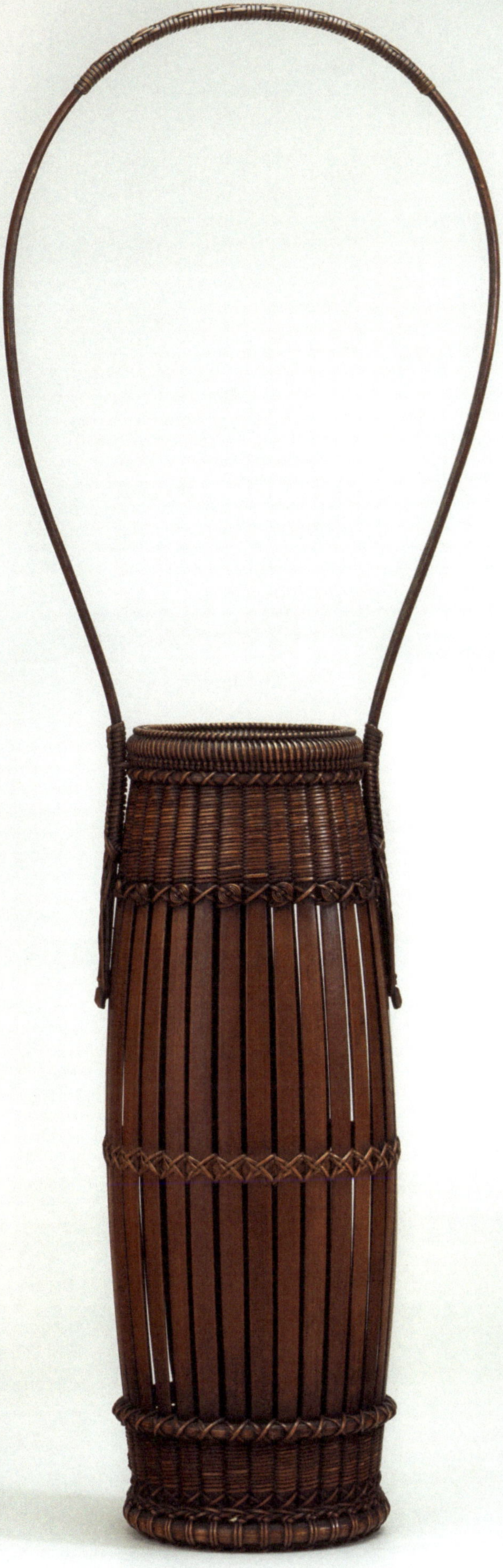

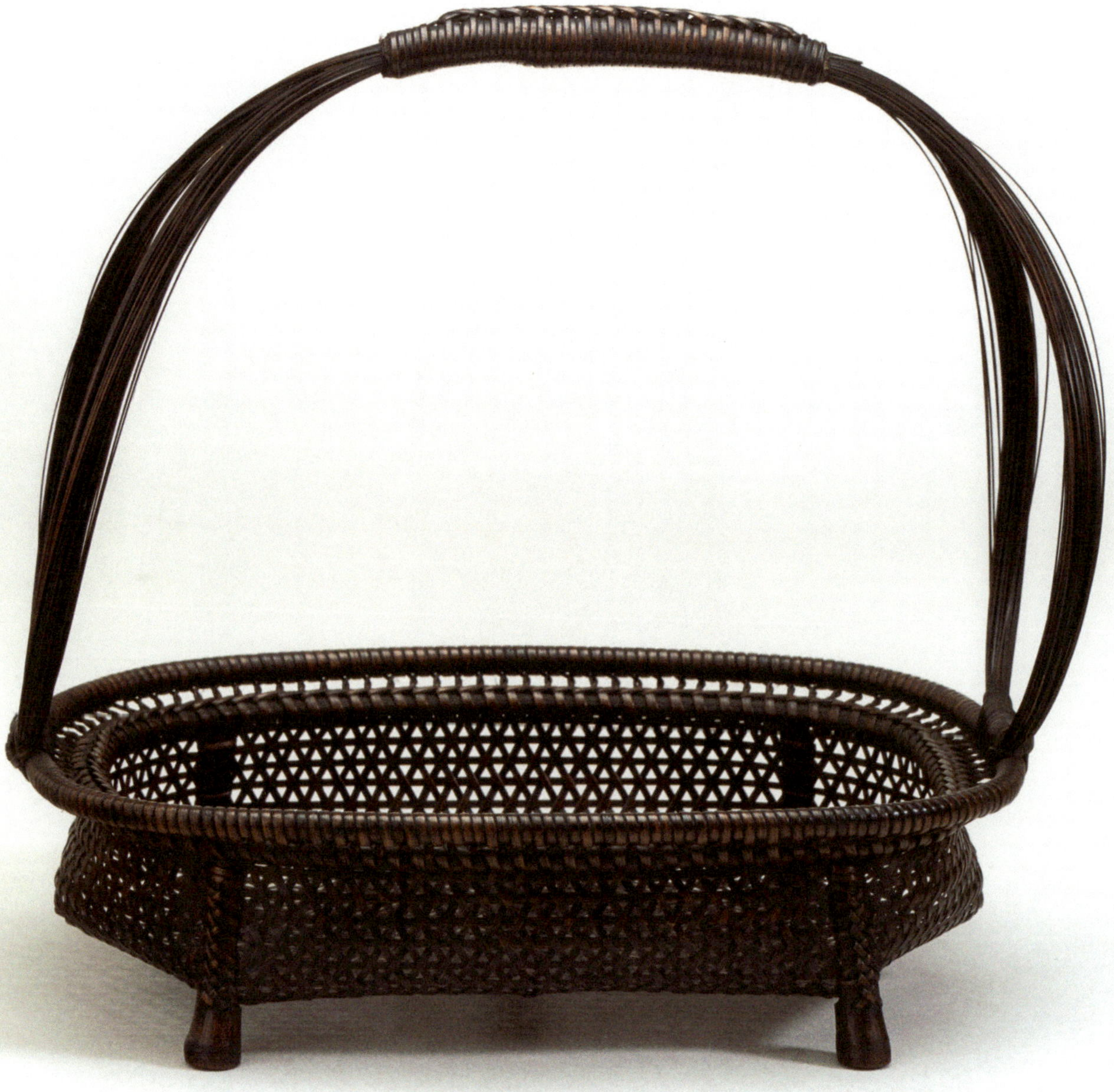

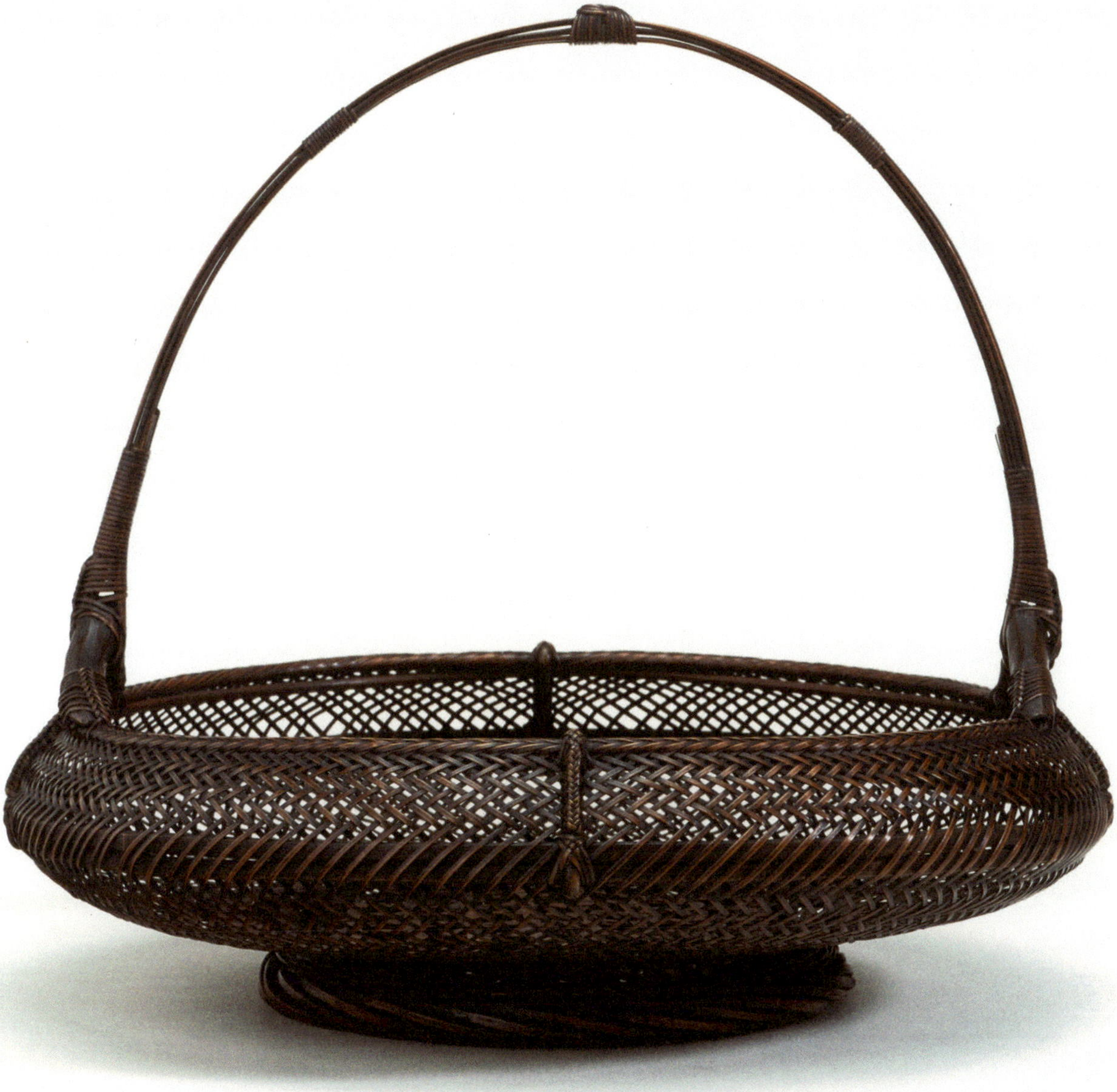

[30] Schalenförmiger Henkelkorb auf vier Füßen im chinesischen Stil, Signiert: Chikurakusai

Bowl-shaped basket with handles on four feet in the Chinese style, Signed: Chikurakusai

[31] *Hayakawa Shōkosai* 1. (1815–1897), Schalenförmiger Blumenkorb mit Henkel im chinesischen Stil, datiert 1886

Hayakawa Shōkosai 1 (1815–1897), Bowl-shaped flower basket with handle in the Chinese style, dated 1886

[32] *Hayakawa Shōkosai* 1. (1815–1897), Schalenförmiger Blumenkorb mit seitlichen Henkeln im chinesischen Stil, datiert 1893

Hayakawa Shōkosai 1 (1815–1897), Bowl-shaped flower basket with lateral handles in the Chinese style, dated 1893

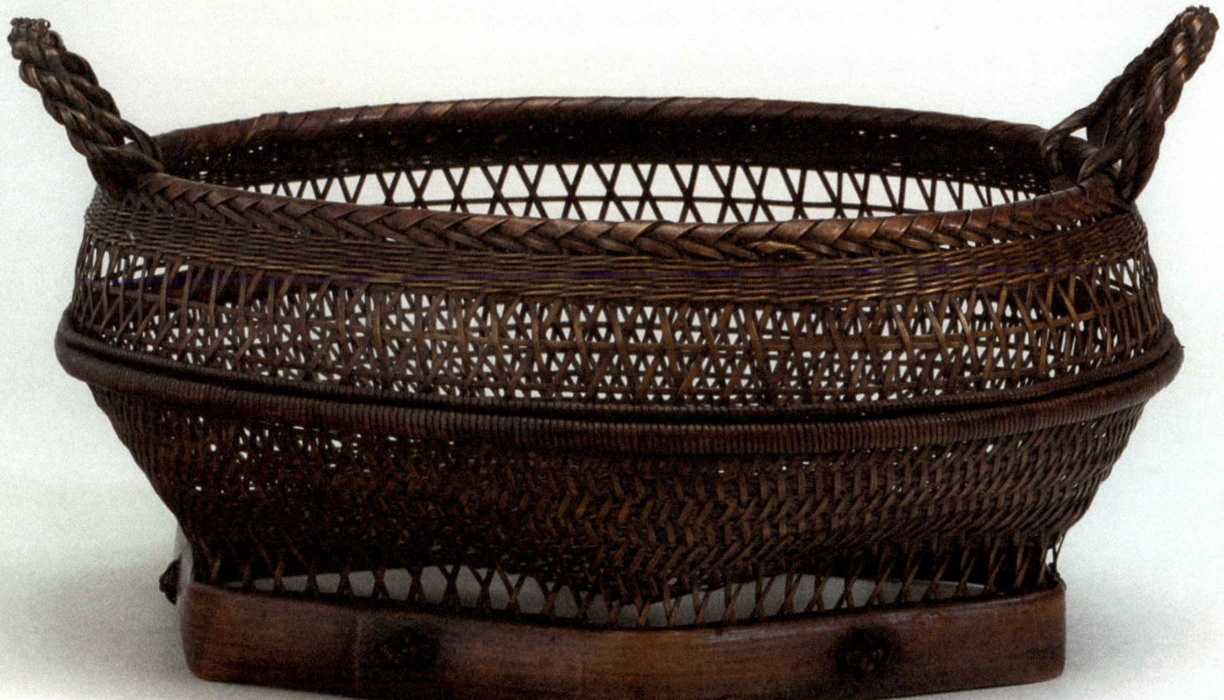

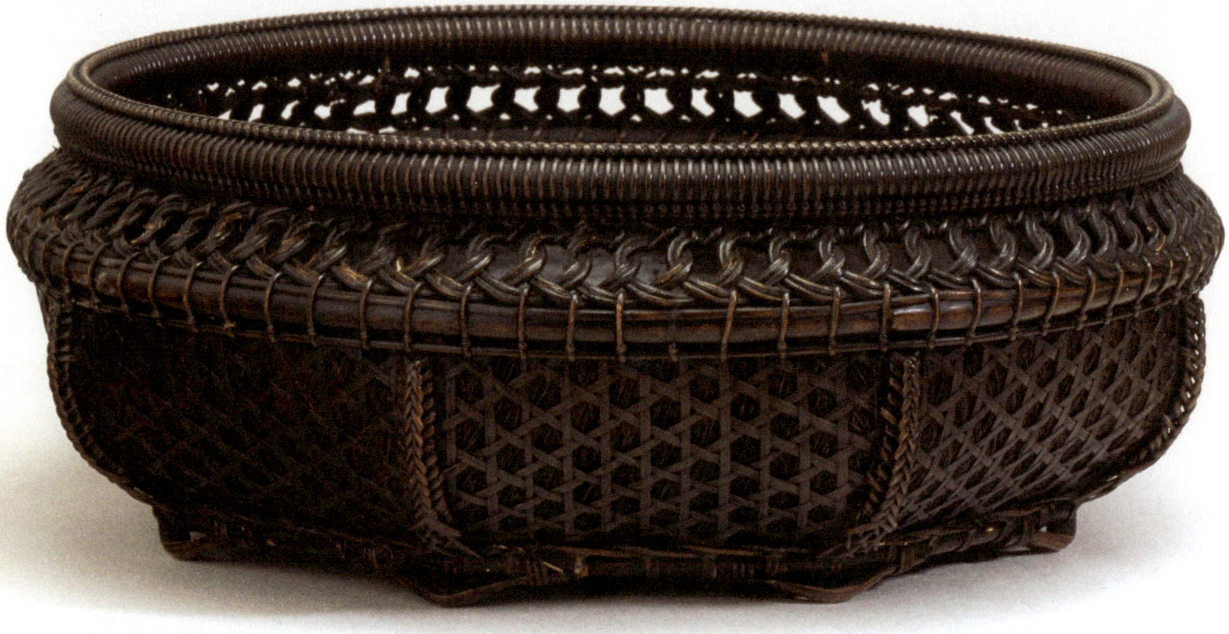

1885, 118.

[34]
Hoher Korb für Holzkohle
Tall basket for charcoal
im chinesischen Stil
in the Chinese style

[35]
Hoher Kohlekorb mit Henkel
Tall charcoal basket with handle
im chinesischen Stil
in the Chinese style

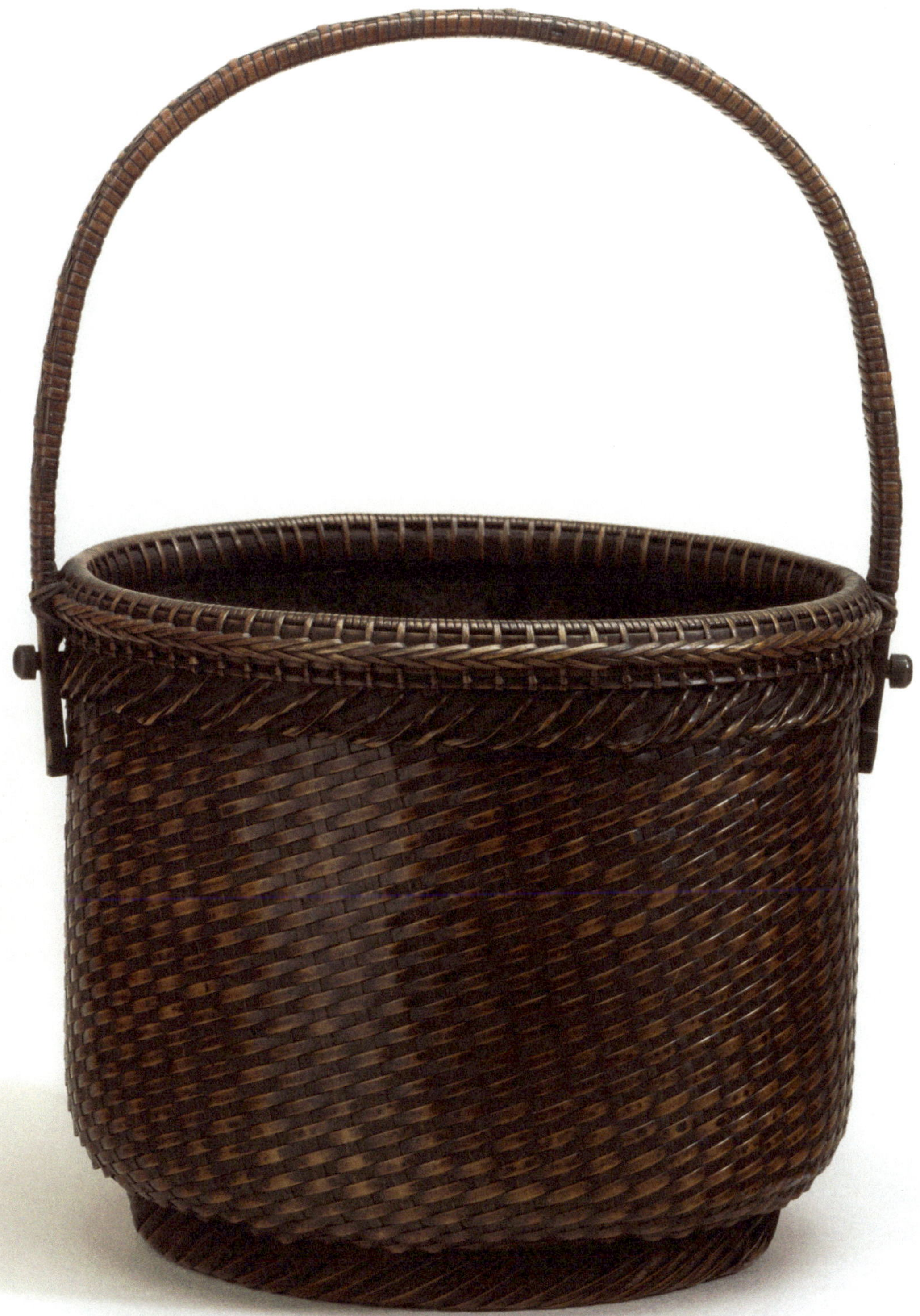

[33] Flacher Korb für Holzkohle im chinesischen Stil

Shallow basket for charcoal in the Chinese style

[36] Korb für Holzkohle mit Henkel im chinesischen Stil, Signiert: Chikurakusai

Basket for charcoal with handle in the Chinese style, Signed: Chikurakusai

[37] Hoher Blumenkorb mit Henkel im japanischen Stil

Tall flower basket with handle in the Japanese style

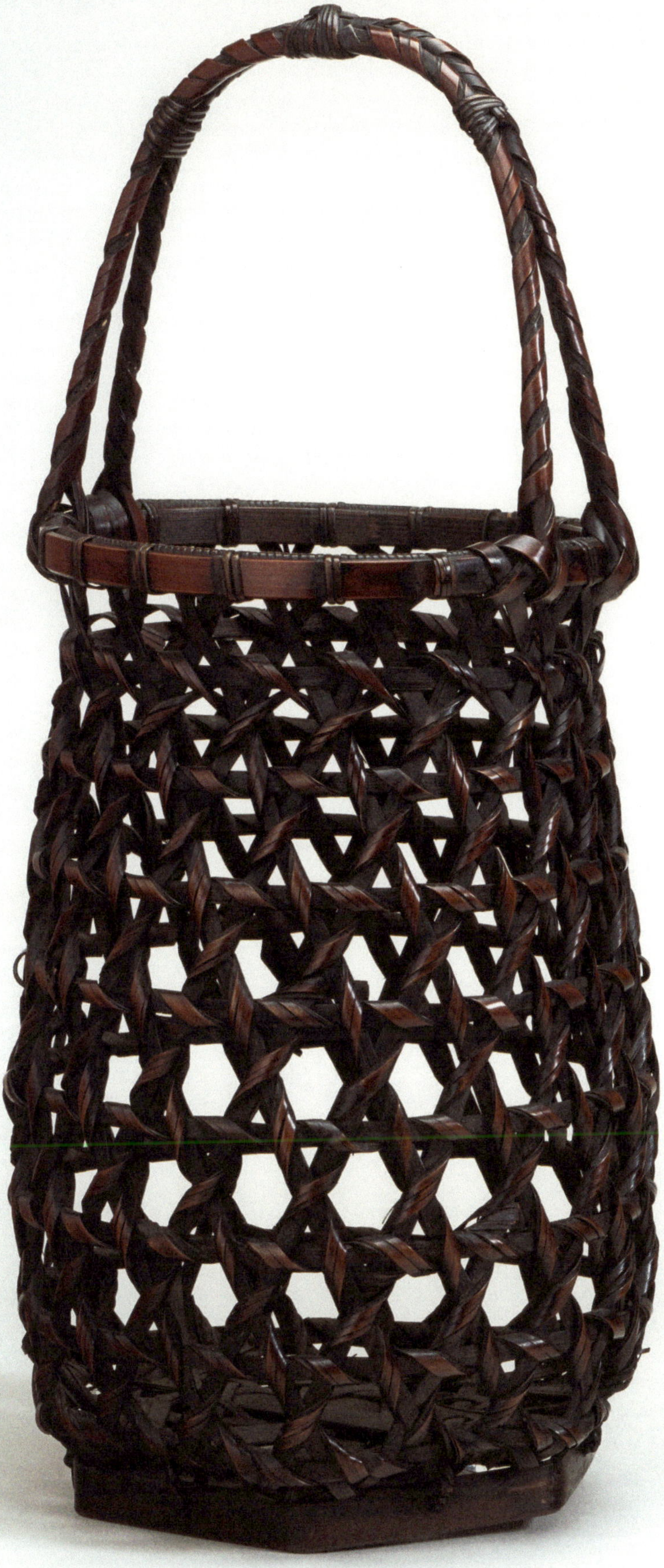

[38] Blumenkorb mit gedrehtem Henkel zum Hängen

Flower basket with twisted handle

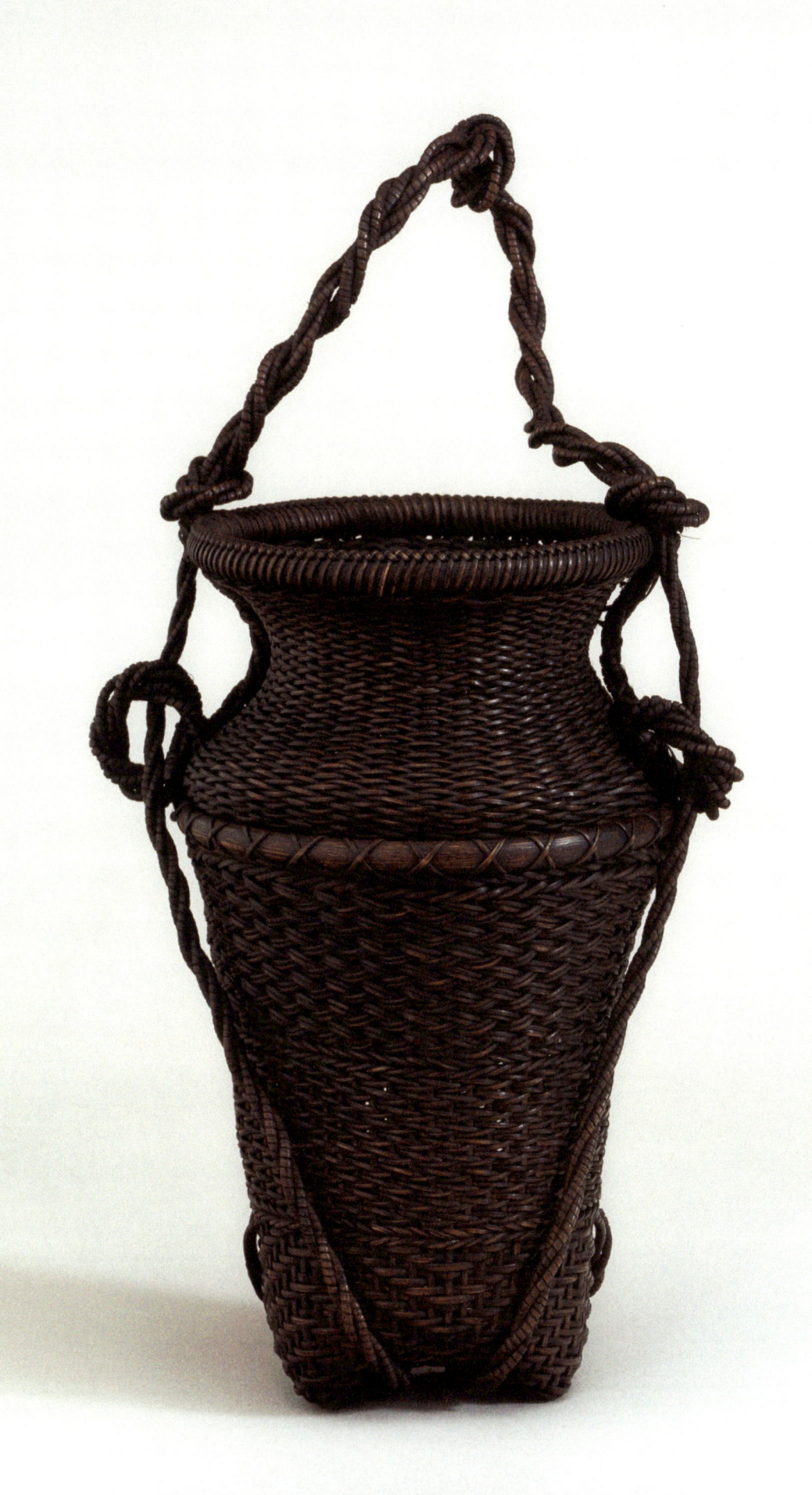

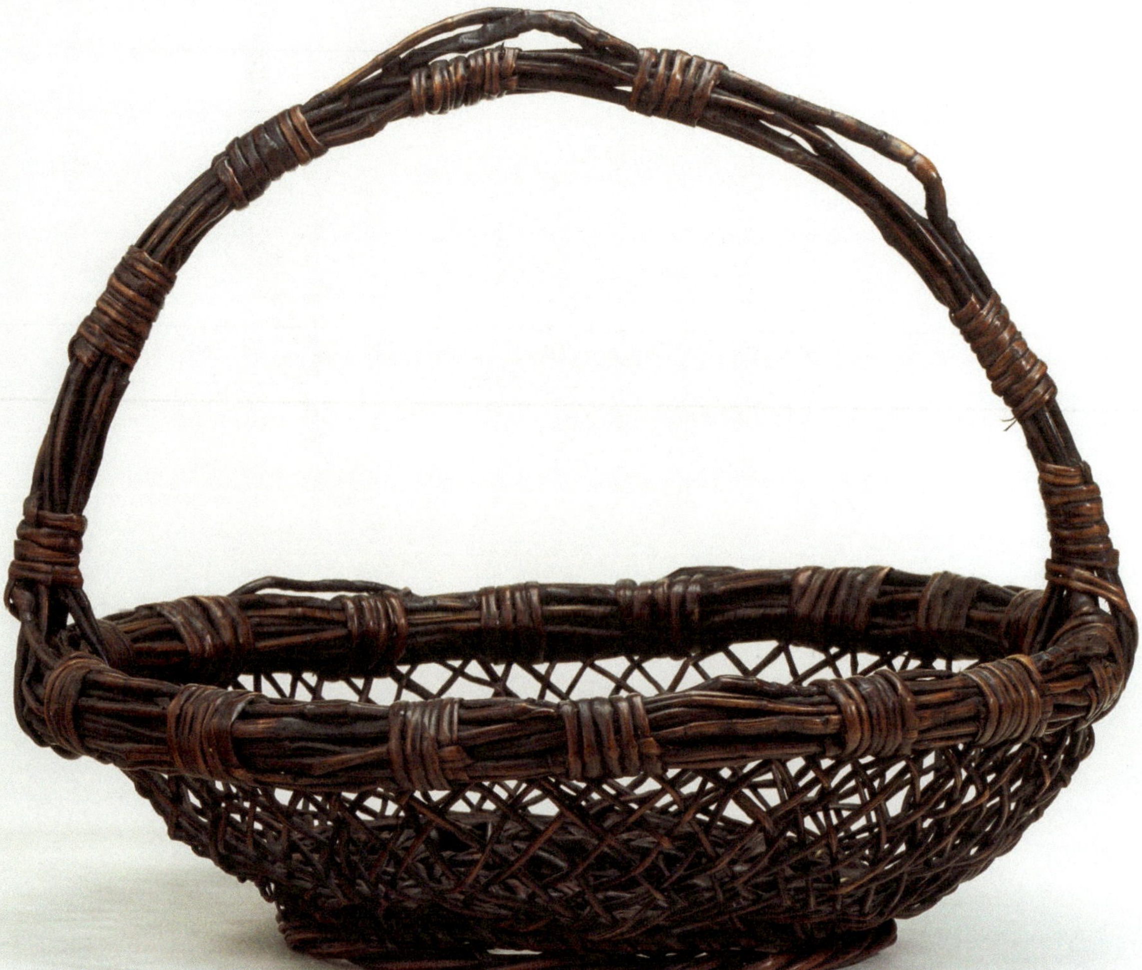

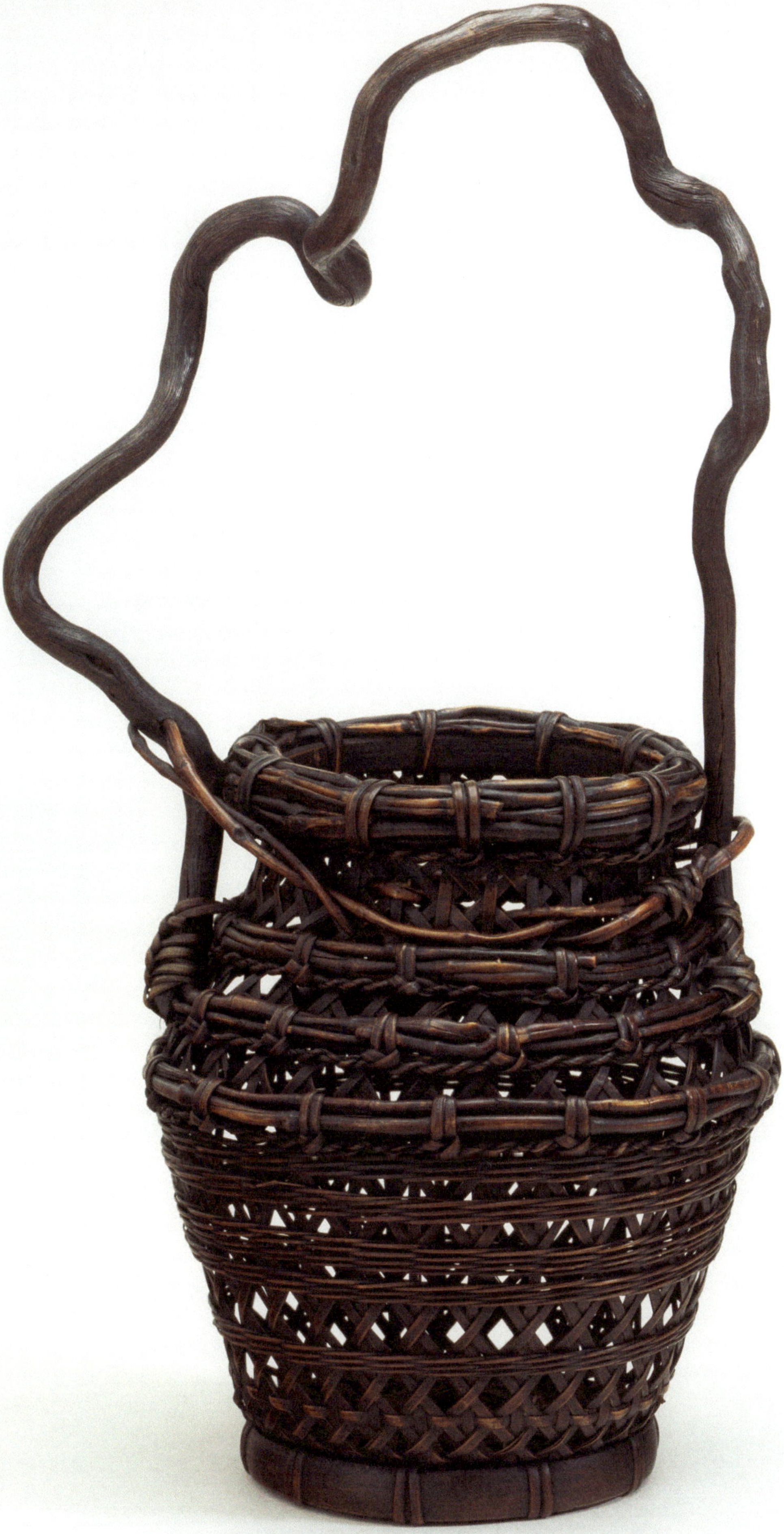

[1]   *Hayakawa Shōkosai 1. (1815–1897)*, Blumenkorb mit Henkel aus Wurzelholz

Hayakawa Shōkosai 1 (1815–1897), Flower basket with handle made of root wood

[39] *Hayakawa Shōkosai 1. (1815–1897)*, Schalenförmiger Blumenkorb mit Henkel im japanischen Stil, datiert 1881

Hayakawa Shōkosai 1 (1815–1897), Bowl-shaped flower basket with handle in the Japanese style, dated 1881

[40] *Maeda Chikubōsai 1. (1895–1966)*, Großer Blumenkorb mit Henkel im japanischen Stil

Maeda Chikubōsai 1 (1895–1966), Large flower basket with handle in the Japanese style

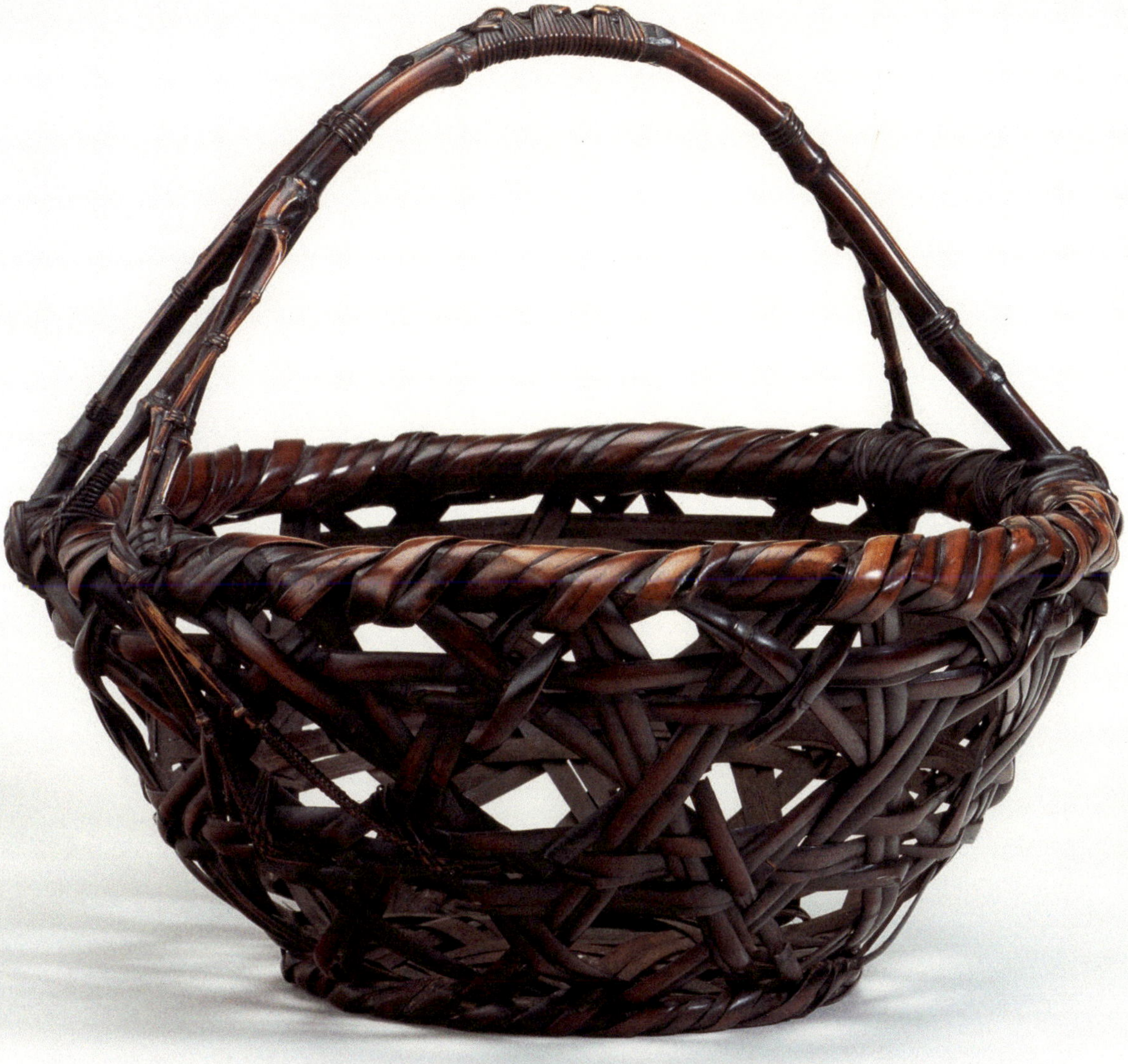

[41] Kosuge Chikudō (1895–1966), Blumenkorb mit Henkel
Kosuge Chikudō (1895–1966), Flower basket with handle

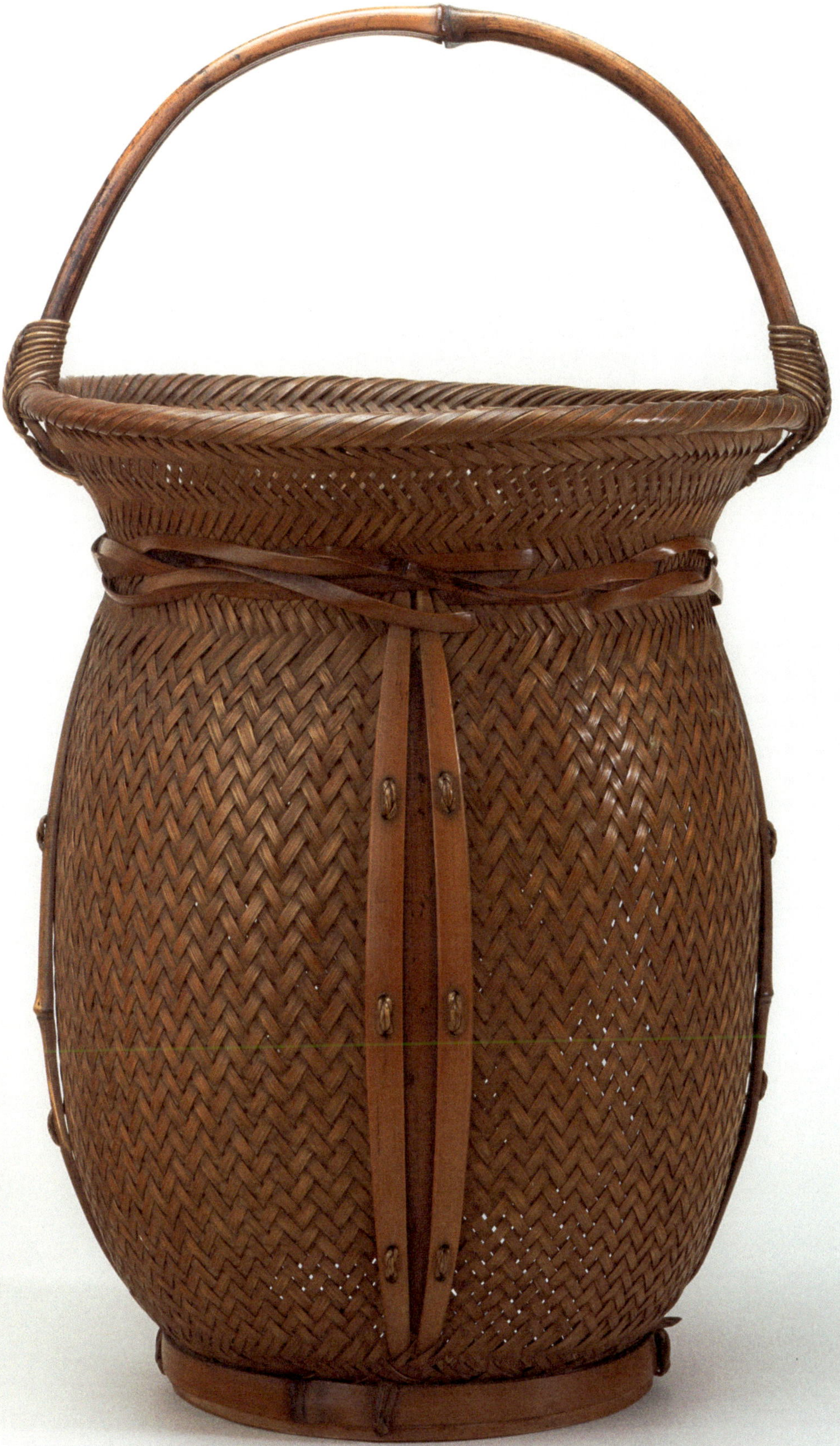

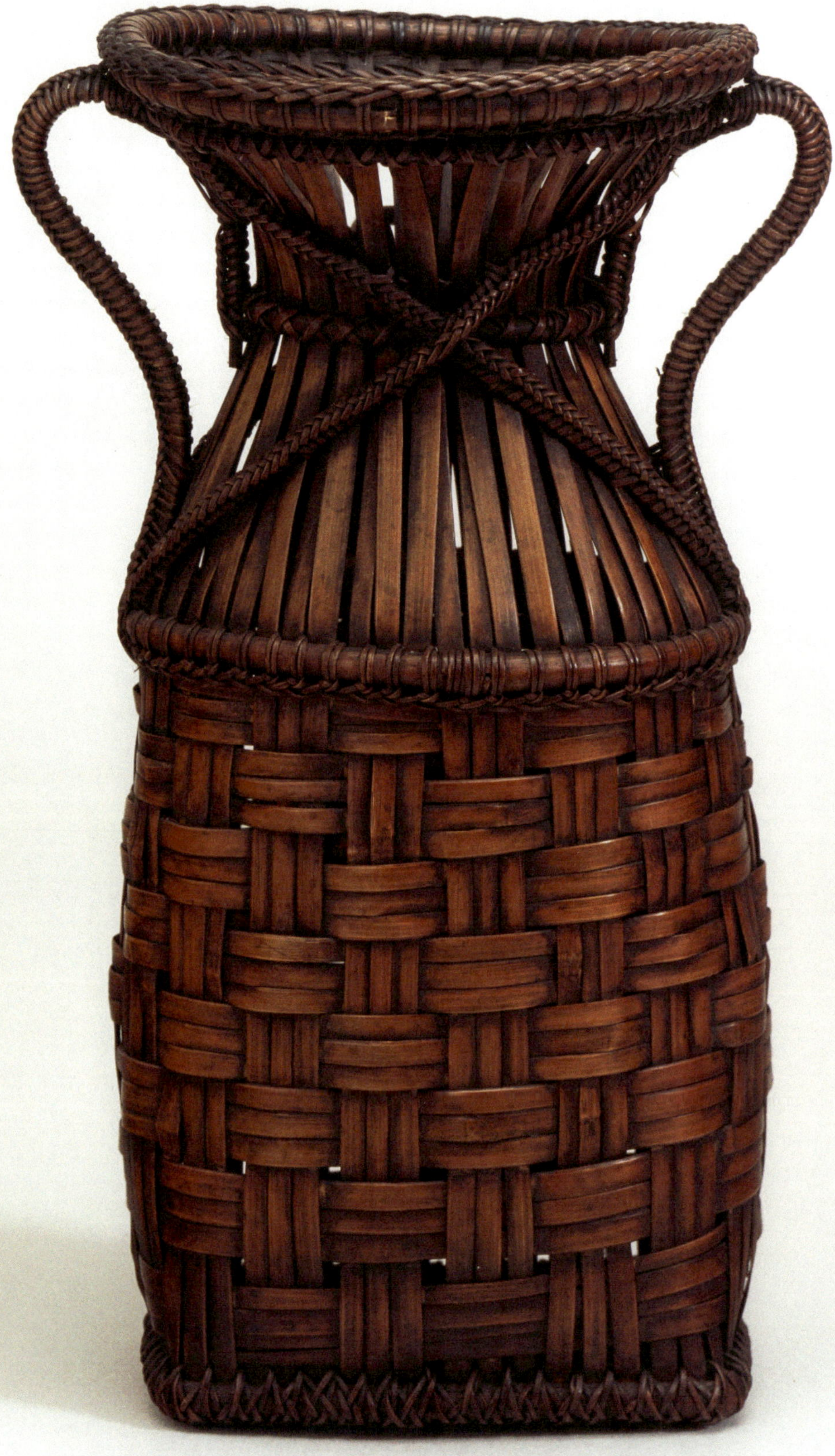

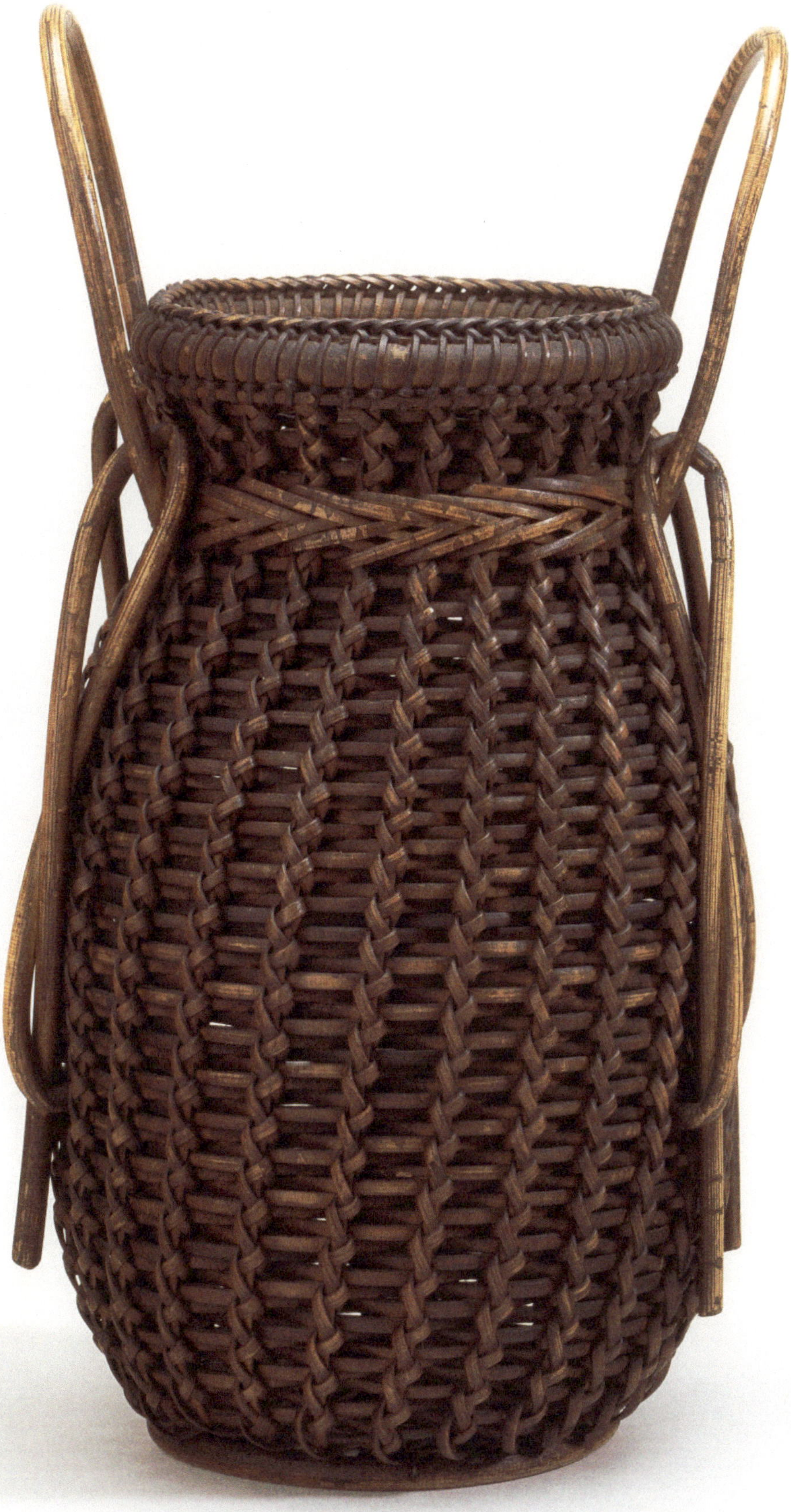

[42] *Hayakawa Shōkosai I (1815–1897)*, Small flower basket in the shape of a bag for hanging, dated 1888

[43] Small flower basket with lateral handles for hanging

[44] Flower basket with handle made of root wood in the Japanese style

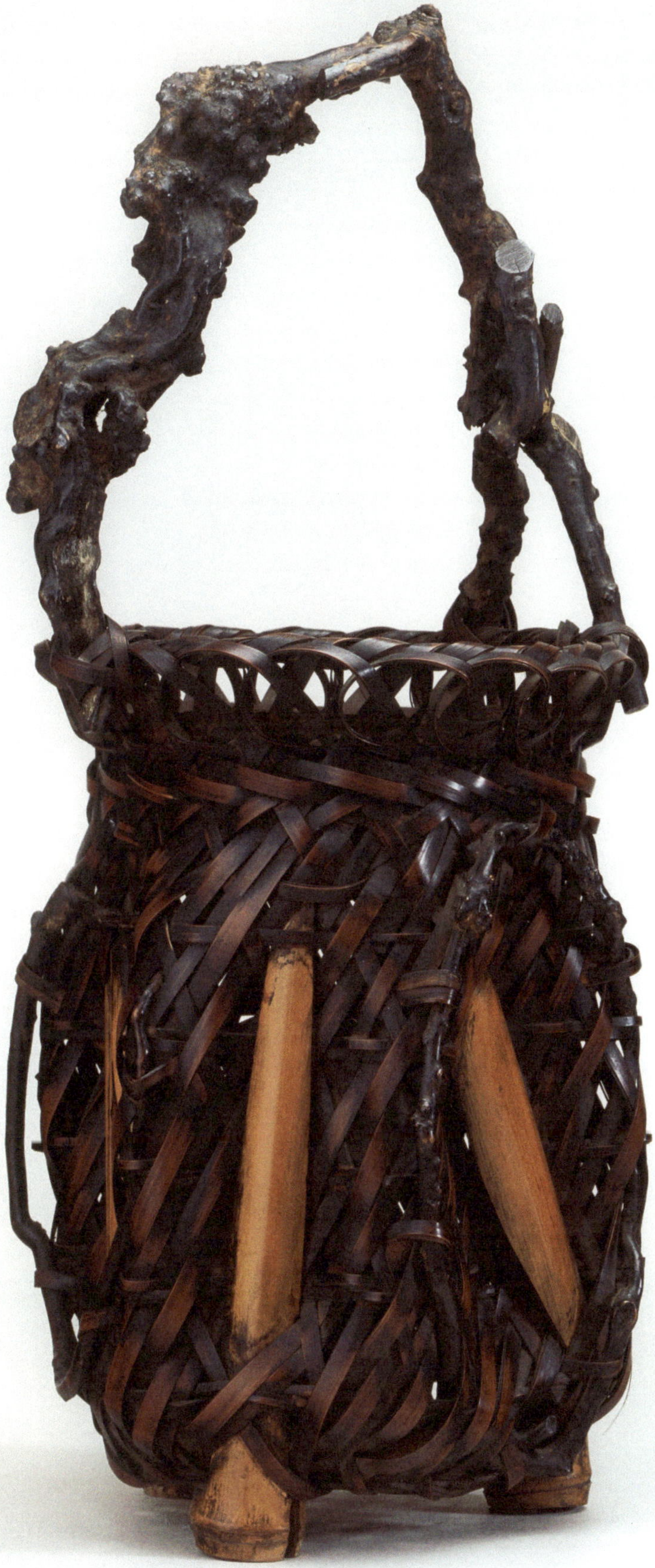

[45] Blumenkorb in Form eines Beutels mit Henkel im japanischen Stil

Flower basket in the shape of a bag with handle in the Japanese style

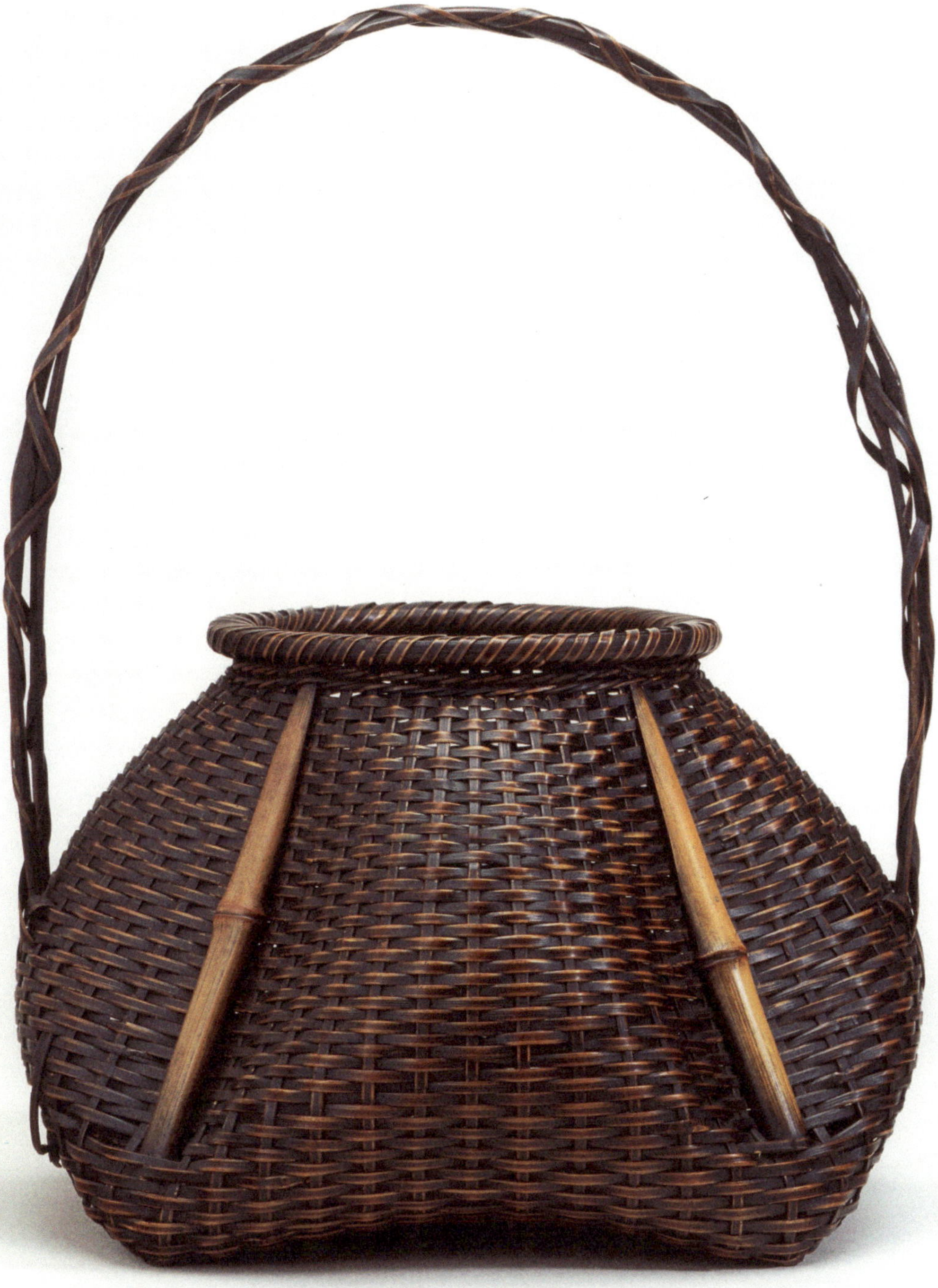

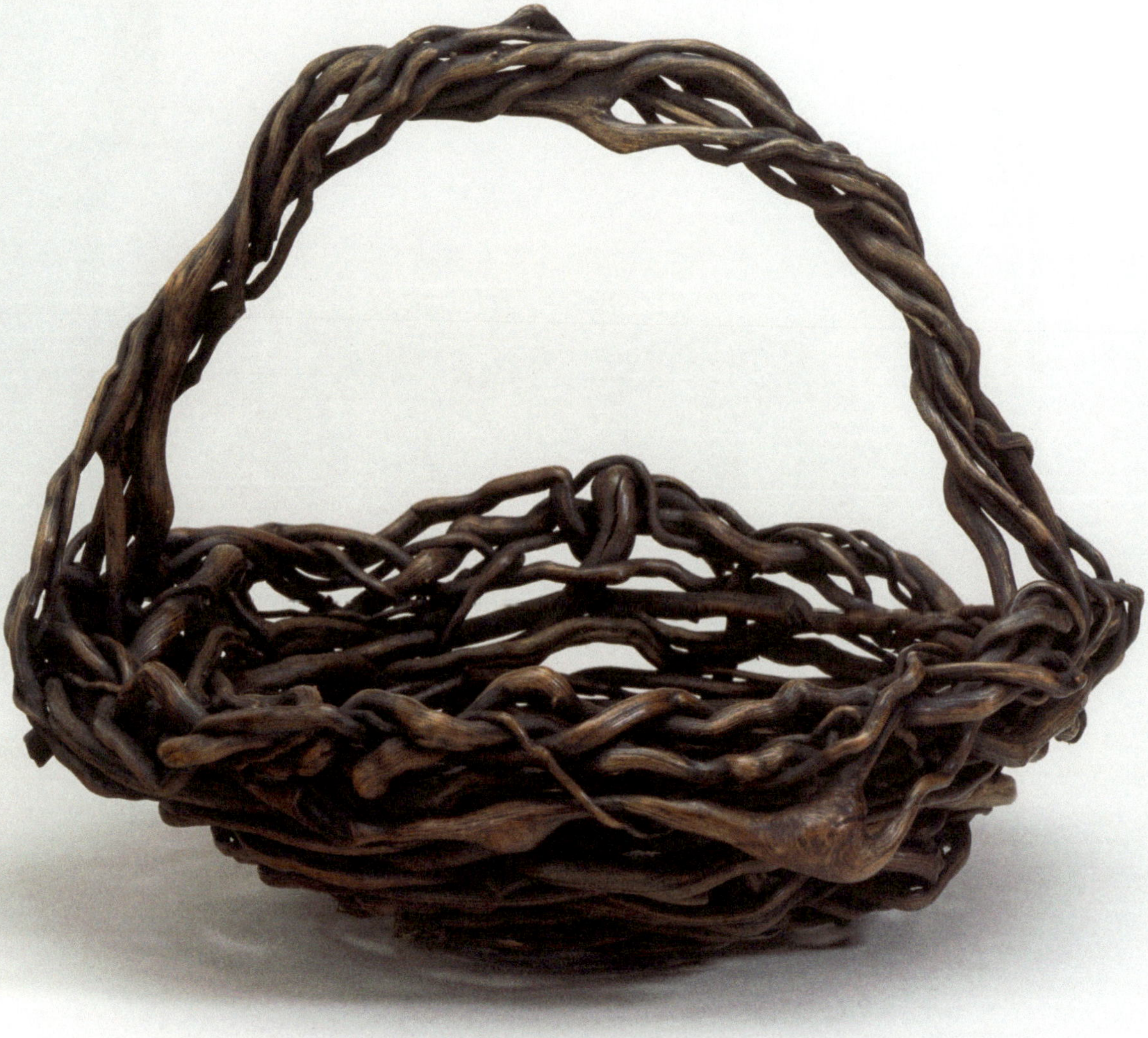

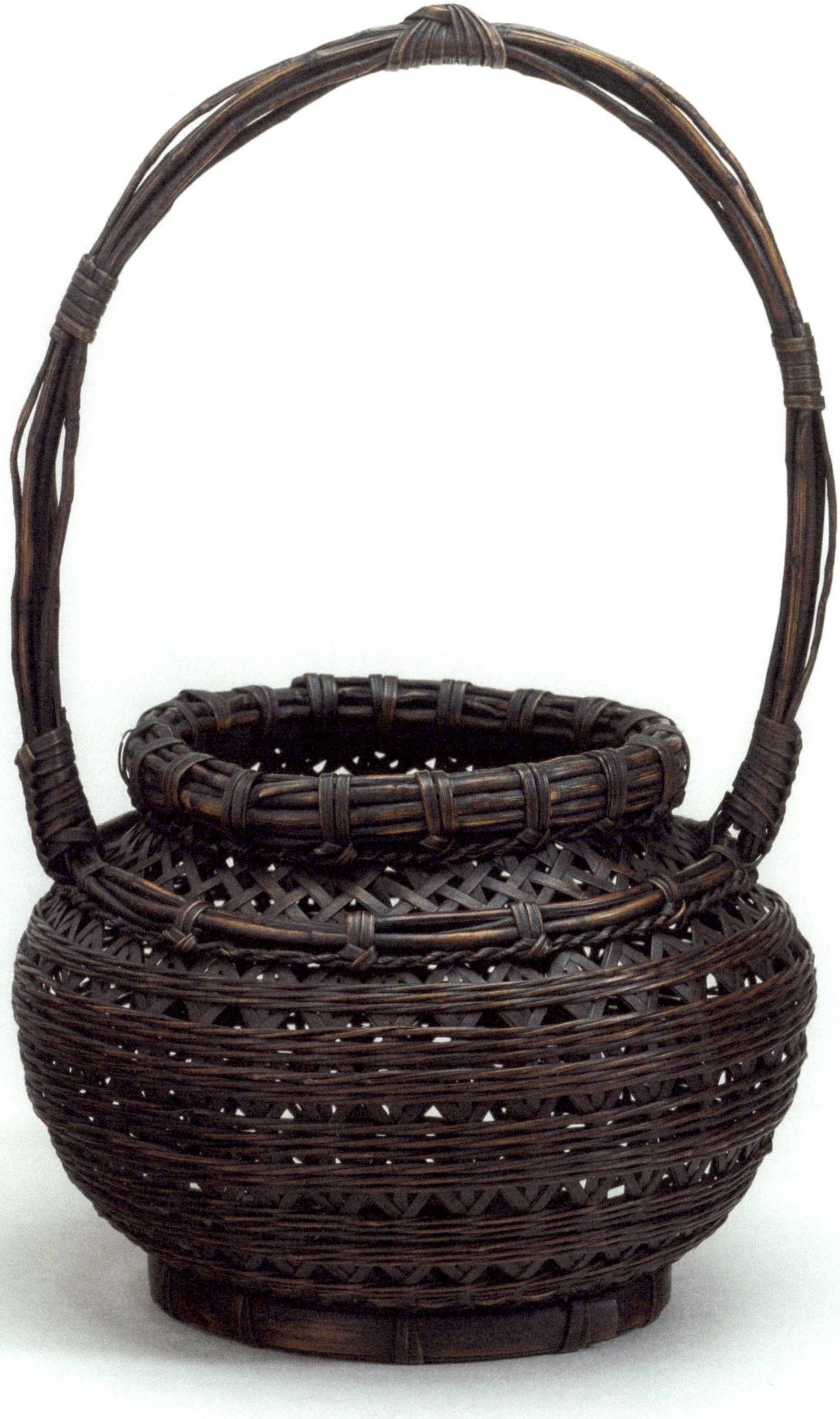

[47] *Hayakawa Shōkosai* I. (1815–1897), Kugelförmiger Blumenkorb mit Henkel zum Hängen, datiert 1882

Hayakawa Shōkosai I (1815–1897), Globular flower basket with handle for hanging, dated 1882

[46] Kleiner schalenförmiger Henkelkorb aus wild gewachsenen Ranken im japanischen Stil

Small bowl-shaped basket with handle made of wild climbing plants in the Japanese style

[6] *Hayakawa Shōkosai* I. (1815–1897), Tragekorb für Teeutensilien im japanischen Stil, datiert 1887

Hayakawa Shōkosai I (1815–1897), Carrying basket for tea utensils, dated 1887

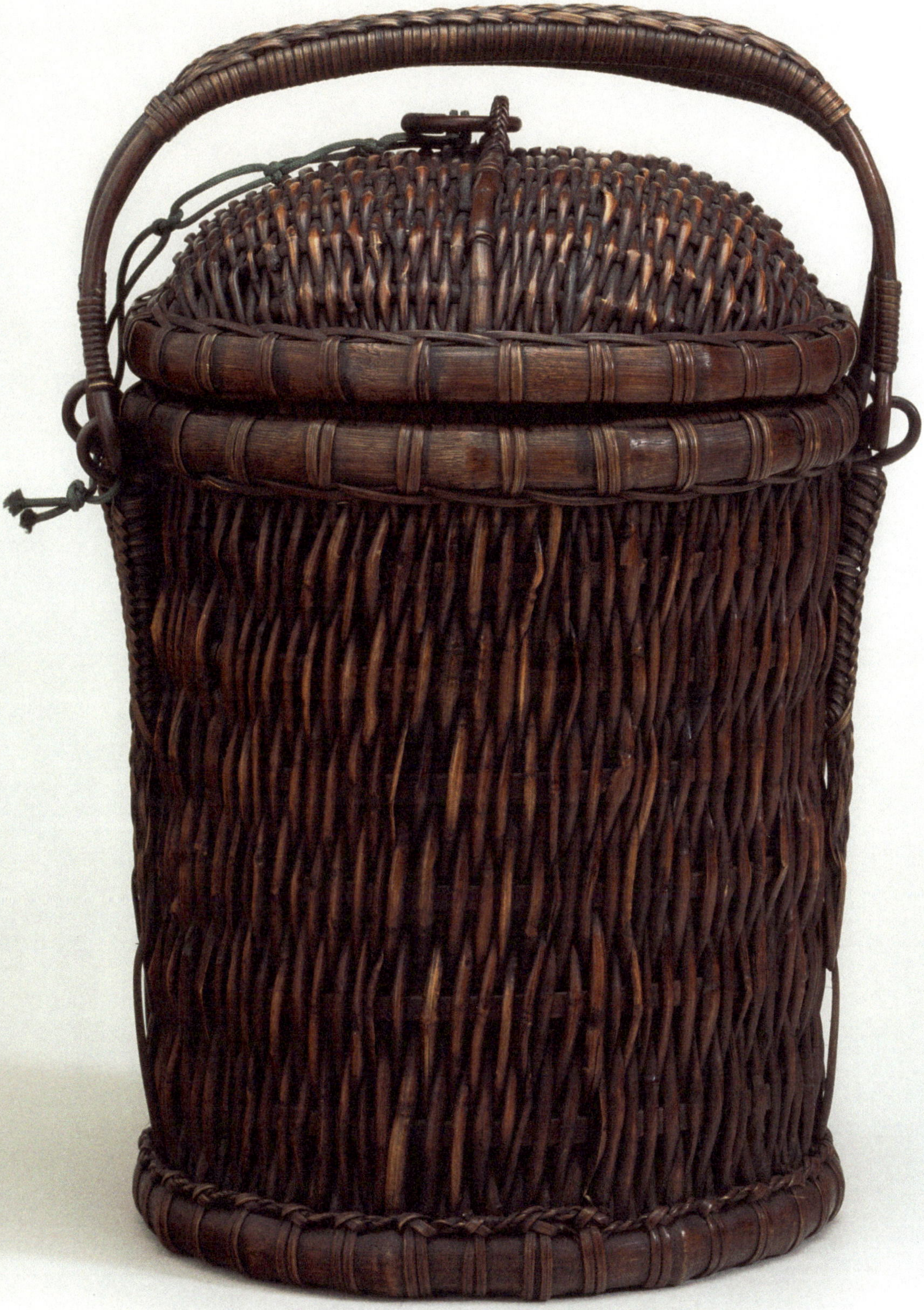

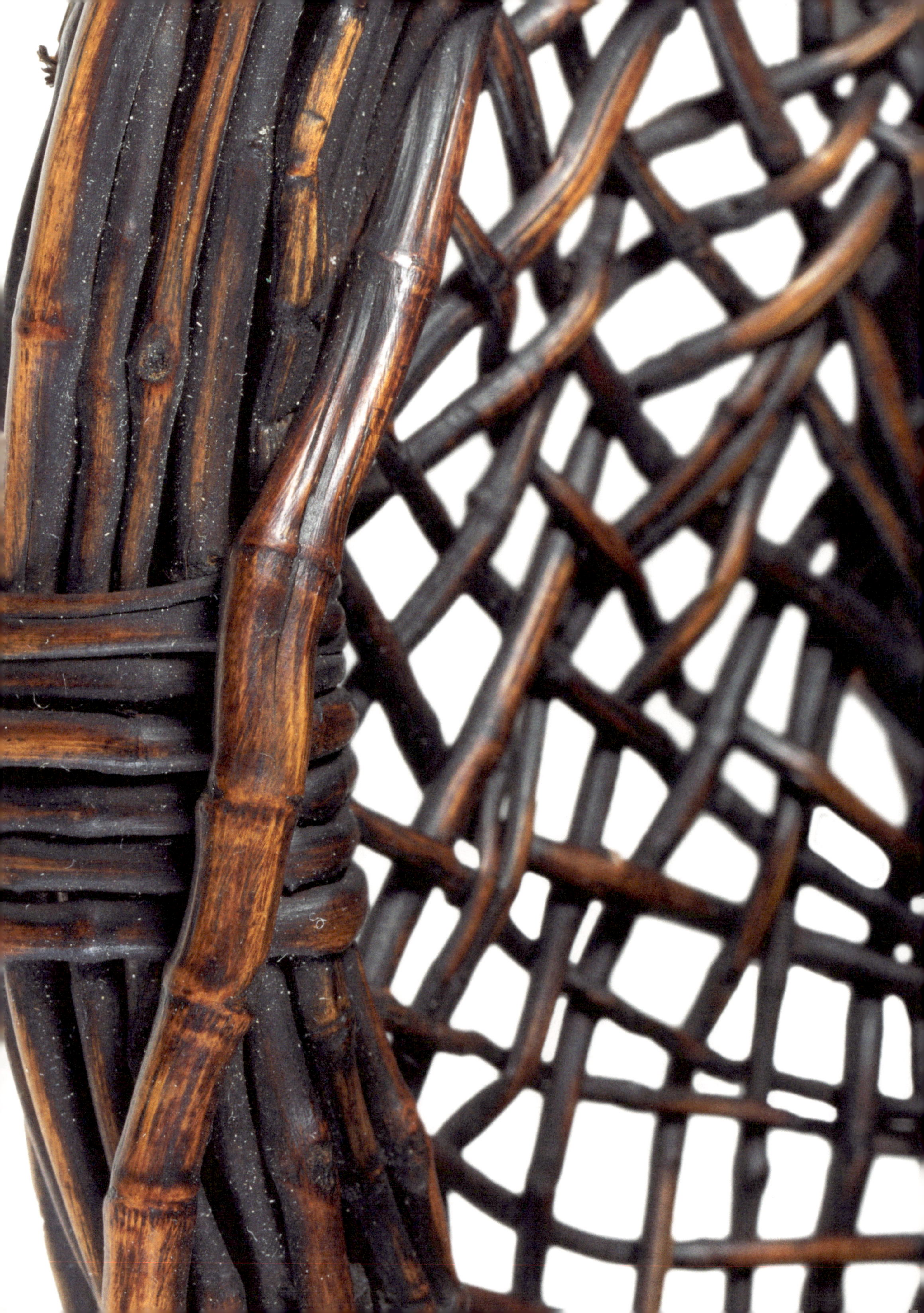

[51]

[50] [47]

[1]

[40]

[29]

[42]

[46]

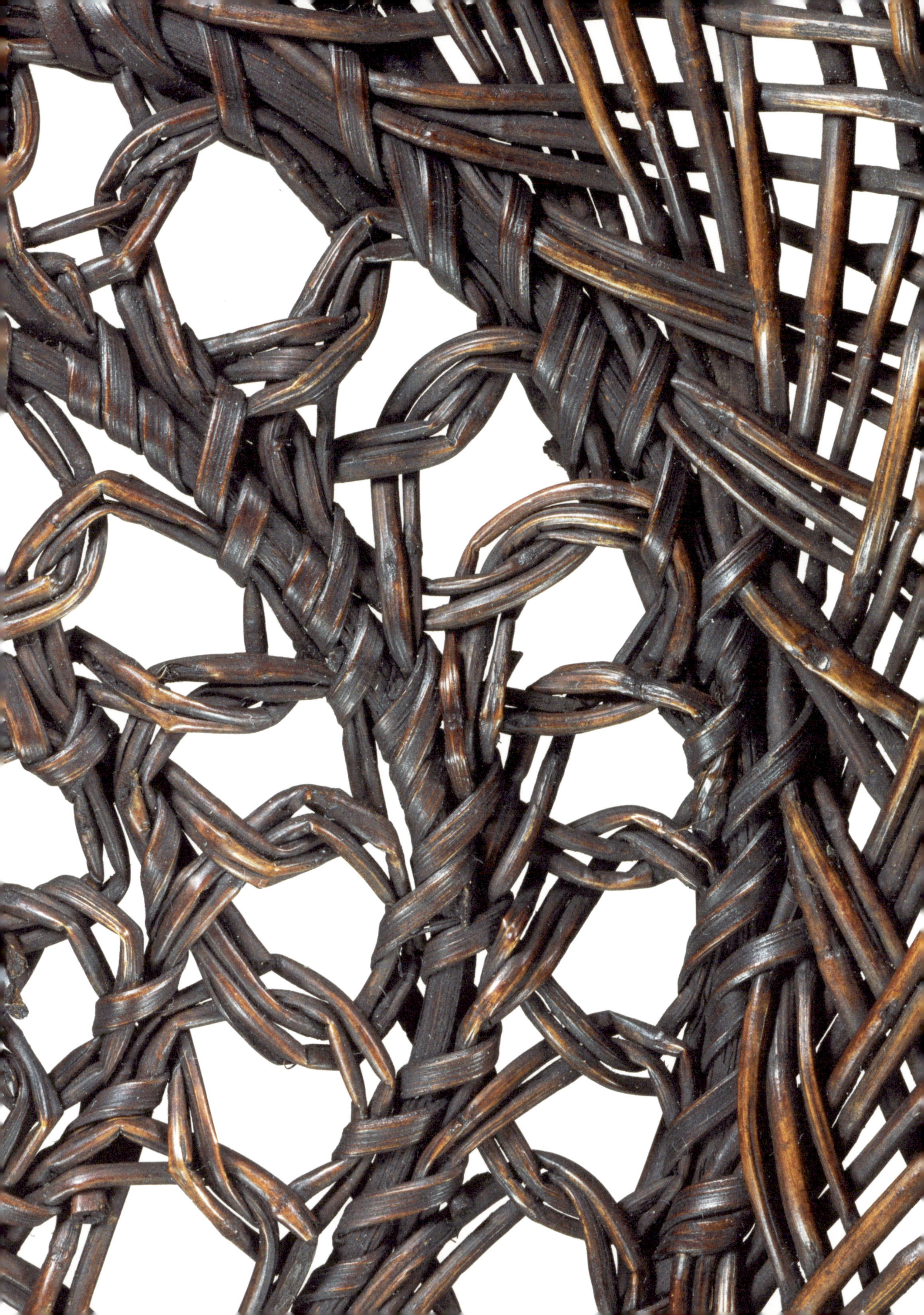

Kawanabe Kyōsai (1831–1889), Korb mit Karpfen und Wels, Farbholzschnittbuch »Heitere Bilder von Kyōsai«, *Kyōsai raku ga*, 1881, Schenkung von Gerhard Schack, H 22 cm, B 30 cm, MKG, 2009.360

Kawanabe Kyōsai (1831–1889), Basket with carp and catfish, colour print book, »Amusing pictures by Kyōsai«, *Kyōsai raku ga*, 1881, donated by Gerhard Schack, H 22 cm, W 30 cm, MKG, 2009.360

129

Werkverzeichnis list of works

[1] HAYAKAWA SHŌKOSAI I.
(1815–1897)
Blumenkorb mit Henkel aus Wurzelholz
Signiert: Shōkosai hat dies gemacht
Über offenem Diagonalflechtwerk sind im unteren Teil feine Bänder im Seilmuster (*nawame ami*) eingeflochten. Für Schulter und Mündungsrand wurden unregelmäßige kanchiku- Bambushalme verwendet.
Bambus und Wurzelholz
H 31 cm, D 14 cm
1885.108
Shōkosai verbindet hier den chinesischen mit dem japanischen Flechtstil.
Flower basket with handle made of root wood
Signed: Shōkosai made this
In the lower part, fine strips have been interwoven in the style known as twining (*nawame ami*) over open diagonal plaiting. Irregular kanchiku bamboo culms are used for the shoulder and the rim of the opening.
Bamboo and root wood
H 31 cm, D 14 cm
1885.108
Here, Shōkosai combines the Chinese and Japanese styles of plaiting.

[2] Blumenkorb mit seitlichen Henkeln
im chinesischen Stil
rautenförmiges Netz über Mattengeflecht (*gozame ami*)
Bambus und Rattan
H 30,5 cm, D 17 cm
1889.123
Flower basket with lateral handles in the Chinese style
Lozenge-shaped net pattern over mat plaiting (*gozame ami*)
Bamboo and rattan
H 30.5 cm, D 17 cm
1889.123

[3]  HAYAKAWA SHŌKOSAI I.
(1815–1897)
Tragekorb für Utensilien der
sencha-Teezeremonie, *teiran*
mit einem Einsatz
Signiert: Shōkosai hat dies
gemacht im 72. Lebensjahr,
entspricht 1886 *
Hanfblattmuster (*asa no ha ami*)
Bambus, Rattan, Metallverschluss und Seidenfutter
H 16 cm, L 21 cm, B 14 cm
1889.176 a, b, c
Der im Stil kastenförmiger
chinesischer Picknick- und Speisekörbe geflochtene Tragekorb
wird mit zahlreichen breiten
Bambusstreifen geschützt, die
an Metallbeschläge japanischer
Schranktruhen (*tansu*) erinnern.
Carrying basket for utensils of
the *sencha* tea ceremony, *teiran*
with an inset
Signed: Shōkosai made this in
his 72rd year, = 1886 *
Hemp leaf plaiting (*asa no ha ami*)
Bamboo, rattan, metal fastener
and silk lining
H 16 cm, L 21 cm, W 14 cm
1889.176 a, b, c
The carrying basket in the style
of box-shaped Chinese picnic
and food hampers is protected
by means of numerous bamboo
strips which recall the metal fittings of Japanese chest cabinets
(*tansu*).

[4]  HAYAKAWA SHŌKOSAI I.
(1815–1897)
Schalenförmiger Blumenkorb
mit Henkel
Signiert: Shōkosai hat dies
gemacht im 71. Lebensjahr,
entspricht 1885
diagonales Flechtwerk mit eingeflochtenem Seilmuster (*nawame ami*), Korbrand und Henkel aus
Kanchiku-Bambushalmen
Bambus und Rattan
H 25 cm, D 34 cm
1889.127
Shōkosai verbindet hier den
nach chinesischem Vorbild
geflochtenen Körper mit freieren
Elementen im japanischen Stil
durch die Verwendung unregelmäßiger Bambusschäfte.

Bowl-shaped flower basket with
handle
Signed: Shōkosai made this in
his 71st year, = 1885
Diagonal plaiting with interwoven twining (*nawame ami*), rim
and handle of the basket made
of irregular kanchiku bamboo
culms
Bamboo and rattan
H 25 cm, D 34 cm
1889.127
Here, Shōkosai combines a body
plaited in the Chinese style with
freer elements in the Japanese
style using irregularly shaped
bamboo shafts.

[5]  HAYAKAWA SHŌKOSAI I.
(1815–1897)
Schalenförmiger Blumenkorb
mit gedrehtem Henkel
im chinesischen Stil
Signiert: Shōkosai hat dies
gemacht
Seilmuster (*nawame ami*), Henkel aus zwei umeinandergedrehten und mit Rattan umwickelten
Bambussträngen
Bambus und Rattan
H 23 cm, D 23,5 cm
1885.111
Bowl-shaped flower basket with
twisted handle in the Chinese
style
Signed: Shōkosai made this
Twining (*nawame ami*), handle
made of two strands of bamboo
twisted around each other and
wrapped with rattan
Bamboo and rattan
H 23 cm, D 23.5 cm
1885.111

[6]  HAYAKAWA SHŌKOSAI I.
(1815–1897)
Tragekorb für Teeutensilien im
japanischen Stil
Signiert: Shōkosai hat dies
gemacht im 73. Lebensjahr,
entspricht 1887
Mattenflechtwerk (*gozame ami*)
aus Kanchiku-Bambushalmen
Bambus
H 26 cm, D 15,5 cm
1885.116 a, b
Carrying basket for tea utensils
in the Japanese style
Signed: Shōkosai made this in
his 73rd year, = 1887
Mat plaiting (*gozame ami*) using
kanchiku bamboo culms
Bamboo
H 26 cm, D 15.5 cm
1885.116 a, b

[7]  HAYAKAWA SHŌKOSAI I.
(1815–1897)
Tragekorb für Utensilien der
sencha-Teezeremonie, *teiran*
mit einem Einsatz im chinesischen Stil
Signiert: Shōkosai hat dies
gemacht im 75. Lebensjahr,
entspricht 1889
Hanfblattflechtmuster (*asa no ha ami*), vertikale und horizontal
umlaufende Verstärkung mit
Bambusstreifen, Henkel aus drei
Spänen, am Griff feine Rattanumflechtung
Bambus, Rattan und Seidenfutter
H 19 cm, L 20 cm, B 12,5 cm
1893.166 a, b, c
Carrying basket for utensils of
the *sencha* tea ceremony, *teiran*
with an inset in the Chinese
style
Signed: Shōkosai made this in
his 75th year, = 1889
Hemp leaf plaiting (*asa no ha ami*), vertical and horizontal
bamboo strips running around
the basket provide reinforcement, handle made of three
slats, fine rattan wrapping on
the grip
Bamboo, rattan and silk lining
H 19 cm, L 20 cm, W 12.5 cm
1893.166 a, b, c

[8]  HAYAKAWA SHŌKOSAI I.
(1815–1897)
Tragekorb für Utensilien der
sencha-Teezeremonie
mit einem Einsatz
Signiert: Shōkosai hat dies
gemacht im 78. Lebensjahr,
entspricht 1892
Hanfblattflechtmuster (*asa no ha ami*), randparallel verlaufendes Seilmuster (*nawame ami*),
dekorative Verstärkung durch
breite Bambusstreifen, feine
Rattanumwicklungen an den
Bügelhenkeln
Bambus, Rattan, Metallverschluss und Seidenfutter
H 14,5 cm, L 22 cm, B 14,5 cm
1898.13 a, b, c
Carrying basket for utensils of
the *sencha* tea ceremony
with an inset
Signed: Shōkosai made this in
his 78th year = 1892

Hemp leaf plaiting (*asa no ha ami*), parallel twining (*nawame ami*) on the edges, decorative reinforcement with broad bamboo strips, fine rattan wrapping on the carrying handles
Bamboo, rattan, metal fastener and silk lining
H 14.5 cm, L 22 cm, W 14.5 cm
1898.13 a, b, c

[9] HAYAKAWA SHŌKOSAI I.
(1815–1897)
Korb für Utensilien der *sencha*-Teezeremonie
Signiert: Shôkosai hat dies gemacht im 74. Lebensjahr, entspricht 1888
hexagonales Flechtwerk (*mutsume ami*), zopfähnliche Verstärkung der Kanten, Metallapplikation in Form einer Kirschblüte
Bambus, Rattan, Fütterung aus Blättern, Metallöse, Seidenfutter und –band
H 12,5 cm, L 14,5 cm, B 10 cm
1893.159 a, b
Basket for utensils of the *sencha* tea ceremony
Signed: Shōkosai made this in his 74th year, = 1888
Hexagonal plaiting (*mutsume ami*), braided reinforcement of the corners, metal appliqué decorations in the shape of a cherry blossom
Bamboo, rattan, lining of leaves, metal loop, silk lining and ribbon
H 12.5 cm, L 14.5 cm, W 10 cm
1893.159 a, b

[10] HAYAKAWA SHŌKOSAI I.
(1815–1897)
Tragekorb für Utensilien der *sencha*-Teezeremonie im chinesischen Stil
Signiert: Shôkosai hat dies gemacht im 72. Lebensjahr, entspricht 1886
drei horizontale Bänder im Seilflechtmuster (*nawame ami*) Metallapplikation in Form einer Kirschblüte
Bambus, Rattan, Metallöse, Seidenband und -futter
H 11 cm, L 14 cm, B 9,5 cm
1889.121 a, b
Für diesen Korb erhielt Shôkosai I. 1877 auf der ersten Nationalen Industrieausstellung in Tōkyō einen ersten Preis.

Carrying basket for utensils of the *sencha* tea ceremony in the Chinese style
Signed: Shōkosai made this in his 72nd year, = 1886
Three horizontal strips in twining pattern (*nawame ami*), metal appliqué decorations in the shape of a cherry blossom
Bamboo, rattan, metal loop, silk lining and ribbon
H 11 cm, L 14 cm, W 9,5 cm
1889.121 a, b
Shōkosai I won a first prize for this basket at the first National Industrial Exhibition in Tōkyō in 1877.

[11] HAYAKAWA SHŌKOSAI I.
(1815–1897)
Tragekorb mit festem Bügel und Deckel
Signiert: Shôkosai hat dies gemacht im 71. Lebensjahr, entspricht 1885
über diagonalem Flechtwerk eingeflochtenes Seilmuster (*nawame ami*), Deckel im Hanfblattmuster (*asa no ha ami*)
Schienen einer gefleckten Bambussorte dienen hier als dekoratives Element.
Bambus und Rattan
H 15 cm, B 21 cm
1889.167 a, b
Carrying basket with rigid handle and lid
Signed: Shōkosai made this in his 71st year, = 1885
Interwoven twining strips (*nawame ami*) over diagonal plaiting, lid in hemp leaf plaiting (*asa no ha ami*)
Rails of a naturally blotched type of bamboo are used as a decorative element here.
Bamboo and rattan
H 15 cm, W 21 cm
1889.167 a, b

[12] HAYAKAWA SHŌKOSAI I.
(1815–1897)
Tragekorb mit beweglichen Henkeln im chinesischen Stil
Signiert: Shôkosai hat dies gemacht im 75. Lebensjahr, entspricht 1889
offenes Flechtwerk in diagonalem Quadratmuster (*yotsume ami*) mit eingeflochtenem Seilmuster (*nawame ami*)
Bambus und Rattan
H 13,5 cm, D 17 cm
1893.164 a, b
Carrying basket with flexible handles in the Chinese style
Signed: Shōkosai made this in his 75th year = 1889
Openwork in diagonal square plaiting (*yotsume ami*) with interwoven twining (*nawame ami*)
Bamboo and rattan
H 13.5 cm, D 17 cm
1893.164 a, b

[13] HAYAKAWA SHŌKOSAI I.
(1815–1897)
Runder Tragekorb mit Deckel und Henkel im chinesischen Stil
Signiert: Shôkosai hat dies gemacht
offenes Flechtwerk in diagonalem Quadratmuster (*yotsume ami*) mit linienförmig eingeflochtenem Seilmuster (*nawame ami*), dessen Abstände sich zum Rand hin vergrößern
Bambus und Rattan
H 23,5 cm, D 21,5 cm
1889.166 a, b
Round carrying basket with lid and handle in the Chinese style
Signed: Shōkosai made this
Openwork in diagonal square plaiting (*yotsume ami*) with linear inserted twining (*nawame ami*), the distance between the lines increases towards the edge.
Bamboo and rattan
H 23.5 cm, D 21.5 cm
1889.166 a, b

[14] HAYAKAWA SHŌKOSAI I.
(1815–1897)
Großer Tragekorb mit festem
Bügel im chinesischen Stil
Signiert: Shōkosai hat dies
gemacht im 73. Lebensjahr,
entspricht 1887
Deckel und Wandung im Hanfblattmuster (asa no ha ami),
randparallel im Seilmuster, Henkel aus drei kräftigen Spänen
mit feiner Rattanumflechtung
am Griff
Bambus und Rattan
H 16 cm, L 42,5 cm, B 38 cm
1889.130 a, b
Large carrying basket with rigid
handle in the Chinese style
Signed: Shōkosai made this in
his 73rd year, = 1887
The lid and the walls are in
hemp leaf plaiting (asa no ha
ami), parallel twining (nawame
ami) on the edges, the carrying
handle is made of three thick
slats with fine rattan wrapping
on the grip
Bamboo and rattan
H 16 cm, L 42.5 cm, W 38 cm
1889.130 a, b

[15] HAYAKAWA SHŌKOSAI I.
(1815–1897)
Blumenkorb in Form eines Bootes im chinesischen Stil
Signiert: Shōkosai hat dies
gemacht im 73. Lebensjahr,
entspricht 1887
feines offenes Flechtwerk im
Hanfblattmuster (asa no ha
ami), am Rand Seilflechtmuster (nawame ami), kräftige
Bambusschiene mit geschnitzten
Zierknöpfen aus Bambus als Fuß
Bambus und Rattan
H 31,5 cm, L 33 cm, B 17,5 cm
1889.129
Boat-shaped flower basket in the
Chinese style
Signed: Shōkosai made this in
his 73rd year, = 1887
Fine openwork in hemp leaf
plaiting (asa no ha ami), twining
at the edges (nawame ami),
sturdy bamboo splint with
carved ornamental knobs as a
pedestal
Bamboo and rattan
H 31.5 cm, L 33 cm, W 17.5 cm
1889.129

[16] HAYAKAWA SHŌKOSAI I.
(1815–1897)
Blumenkorb in Form eines Bootes auf vier Füßen
im chinesischen Stil
Signiert: Shōkosai hat dies
gemacht im 74. Lebensjahr,
entspricht 1888
doppelwandig, außen hexagonales Flechtwerk (mutsume ami),
innen Hanfblattmuster (asa no
ha ami) mit einer Fütterung aus
Blättern, feine Rattanumwicklungen in der Wurmbandtech-
nik(mushi maki)
Bambus und Rattan
H 17,5 cm, L 21 cm, B 18,5 cm
1893.155
Boat-shaped flower basket on
four feet in the Chinese style
Signed: Shōkosai made this in
his 74th year, = 1888
Double-walled, with hexagonal
plaiting (mutsume ami) on the
outside, hemp leaf plaiting (asa
no ha ami) on the inside, with
a lining of leaves, fine rattan
wrapping in insect (or worm)
wrapping (mushi maki)
Bamboo and rattan
H 17.5 cm, L 21 cm, W 18.5 cm
1893.155

[17] HAYAKAWA SHŌKOSAI I.
(1815–1897)
Blumenkorb mit hohem Henkel
zum Hängen im chinesischen
Stil
Signiert: Shōkosai hat dies
gemacht im 74. Lebensjahr,
entspricht 1888
offenes Flechtwerk in diagonalem Quadratmuster
(yotsume ami) mit linienförmig
eingeflochtenem Seilmuster
(nawame ami), dessen Abstände
mit anschwellendem Körper
zunehmen
Bambus und Rattan
H 37,5 cm, D 16 cm
1893.153
Flower basket with high arched
handle for hanging in the Chinese style
Signed: Shōkosai made this in
his 74th year, = 1888
Openwork in diagonal square
plaiting (yotsume ami) with
linear twining (nawame ami),
the distance between the lines
increases as the body of the
basket bellies out
Bamboo and rattan
H 37.5 cm, D 16 cm
1893.153

[18] HAYAKAWA SHŌKOSAI I.
(1815–1897)
Blumenkorb mit hohem Henkel
im chinesischen Stil
Signiert: Shōkosai hat dies
gemacht im 73. Lebensjahr,
entspricht 1887
offenes diagonales Flechtwerk,
randparallel Seilflechtmuster
(nawame ami), kräftige Bambusschiene als Fuß mit knopfähn-
lichem Schmuck aus geschnitz-
tem Bambus
Bambus und Rattan
H 34 cm, D 15,5 cm
1889.162
Flower basket with high arched
handle in the Chinese style
Signed: Shōkosai made this in
his 73rd year = 1887
Openwork in diagonal plaiting,
parallel twining (nawame ami)
on the edges, robust bamboo
splint as pedestal with button-
like ornaments of carved bamboo
Bamboo and rattan
H 34 cm, D 15.5 cm
1889.162

[19] HAYAKAWA SHŌKOSAI I.
(1815–1897)
Blumenkorb für Päonien, botan
kago, des Kōfuku-ji Tempels im
chinesischen Stil
Signiert: Shōkosai hat dies
gemacht
Unterer Teil in großmaschigem
diagonalen Flechtmuster über
Mattenflechtwerk, Füße mit
Rattanumwicklungen in der
Wurmbandtechnik (mushi maki)
Bambus und Rattan
H 39,5 cm, D 24 cm
1898.4
Dieser Korb war einer der drei
Formen, die jeder Shōkosai-
Nachfolger beherrschen mußte.
Peony basket, botan kago, of the
Kōfuku-ji temple in the Chinese
style
Signed: Shōkosai made this
Lower part plaited in a wide-
meshed diagonal pattern over
mat plaiting, feet with rattan
in insect (or worm) wrapping
(mushi maki)
Bamboo and rattan
H 39.5 cm, D 24 cm
1898.4
This basket was one of the three
forms which every successor to
the Shōkosai title had to master.

[20] HAYAKAWA SHŌKOSAI I.
(1815–1897)
Blumenkorb mit Henkel zum Hängen
Signiert: Shōkosai hat dies gemacht
Diagonales Flechtwerk, das mit ansteigender Höhe an Dichte zunimmt
Bambus
H 41 cm, D 15 cm
1898.9
Flower basket with handle for hanging
Signed: Shōkosai made this
Diagonal plaiting which becomes more closely woven towards the top of the basket.
Bamboo
H 41 cm, D 15 cm
1898.9

[21] HAYAKAWA SHŌKOSAI I.
(1815–1897)
Kleiner Blumenkorb mit seitlichen Henkeln zum Hängen im chinesischen Stil
Signiert: Shōkosai
Seilflechtmuster (*nawame ami*) mit plastischen Auflagen in der Wurmbandwicklung (*mushi maki*)
Bambus und Rattan
H 20 cm, D 11 cm
1889.160
Small flower basket with lateral handles in the Chinese style for hanging
Signed: Shōkosai
Twining (*nawame ami*) with raised overlays in insect (or worm) wrapping (*mushi maki*)
Bamboo and rattan
H 20 cm, D 11 cm
1889.160

[22] Kleiner Blumenkorb mit seitlichen Henkeln
im chinesischen Stil
feines Mattengeflecht (*gozame ami*) aus Rattan
Rattan und Bambus
H 17 cm, B 9,5 cm
1889.119
Small flower basket with lateral handles in the Chinese style
Fine mat plaiting (*gozame ami*) made of rattan
Rattan and bamboo
H 17 cm, W 9.5 cm
1889.119

[23] Großer vasenförmiger Blumenkorb zum Hängen im chinesischen Stil
Flechtwerk in Köperbindung (*ajiro ami*), Vorderseite mit plastischem Dekor aus einem mit Rattan umwickelten Bambusspan
Bambus und Rattan
H 36,5 cm, D 30 cm
1889.224
Large vase-shaped flower basket for hanging in the Chinese style
Twill plaiting (*ajiro ami*), front side with raised decoration made of a bamboo splint wrapped in rattan
Bamboo and rattan
H 36.5 cm, D 30 cm
1889.224

[24] Blumenkorb mit seitlichen Henkeln im chinesischen Stil
Flechtung im Seilmuster (*nawame ami*) mit plastischem Dekor
Bambus und Rattan
H 20 cm, D 12 cm
1889.199
Flower basket with lateral handles in the Chinese style
Twining plaiting (*nawame ami*) with raised decoration
Bamboo and rattan
H 20 cm, D 12 cm
1889.199

[25] Blumenkorb mit hohem Henkel zum Hängen im chinesischen Stil
Flechtwerk in Köperbindung (*ajiro ami*) mit plastischem Dekor, der an eine Gerstenähre erinnert
Bambus und Rattan
H 15,5 cm, D 23,5 cm
1889.118
Flower basket with high arched handle for hanging in the Chinese style
Twill plaiting (*ajiro ami*) with raised decoration reminiscent of an ear of barley
Bamboo and rattan
H 15.5 cm, D 23.5 cm
1889.118

[26] Blumenkorb für Päonien, *botan kago*,
im chinesischen Stil
Signiert: Von Chikushi in Tōkyō aus Groß-Japan gemacht, nicht identifiziert
Doppelte Wandung, außen: Flechtwerk in Köperbindung (*ajiro ami*) und im Seilflechtmuster, das im unteren Teil hexagonal überflochten ist (*mutsume ami*), innen: diagonales Flechtwerk, als Schmuck plastische Dekorauflagen
Bambus und Rattan
H 60 cm, D 30 cm
1889.223
Peony basket, *botan kago*
Signed: made by Chikushi in Tōkyō from Greater Japan, not identified
Double-walled, outside: twill plaiting (*ajiro ami*) and twining pattern, overlaid with hexagonal plaiting (*mutsume ami*) in the lower part, inside: diagonal plaiting with raised décor designs
Bamboo and rattan
H 60 cm, D 30 cm
1889.223

[27] Blumenkorb mit hohem Henkel auf vier Füßen zum Hängen im chinesischen Stil
Signiert: Hōgetsu, nicht identifiziert
Rippenförmiges Mattenflechtwerk (*gozame ami*), stabilisierende Bambusschienen an den Kanten
Bambus
H 47 cm, B 15,5 cm
1889.246
Flower basket with high arched handle for hanging
Signed: Hōgetsu, not identified
Ribbed mat plaiting (*gozame ami*), stabilising bamboo rails at the edges
Bamboo
H 47 cm, W 15.5 cm
1889.246

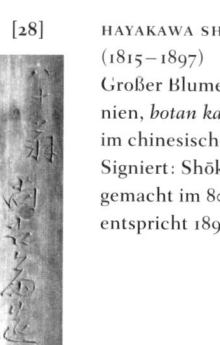

[28] HAYAKAWA SHŌKOSAI I.
(1815–1897)
Großer Blumenkorb fur Paonien, *botan kago*,
im chinesischen Stil
Signiert: Shōkosai hat dies gemacht im 80. Lebensjahr, entspricht 1894

1885,117.

尚古堂造之

[48]
HAYAKAWA SHŌKOSAI I. (1815–1897)
Blumenkorb zum Hängen in Form eines Bootes
Flower basket in the form of a boat for hanging
im chinesischen Stil
in the Chinese style

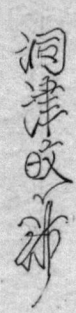

[49]
Blumenkorb mit Drachendekor und seitlichen Henkeln zum Hängen
Flower basket with dragon design and lateral handles for hanging
im chinesischen Stil
in the Chinese style
Signiert: gemacht (?) von Anatsu min
Signed: made (?) by Anatsu min

Flechtwerk in verschiedenen
Varianten des Seilmusters
(*nawame ami*), Henkel aus drei
Bambusschienen mit Rattanumflechtung in der Wurmbandwicklung (*mushi maki*)
Bambus und Rattan
H 76 cm, D 34 cm
2009.485
Large peony basket, *botan kago*,
in the Chinese style
Signed: Shōkosai made this in
his 80th year, = 1894
Plaiting in different variants of
the twining pattern (*nawame
ami*), handle made of three
bamboo rails woven around with
rattan in insect (or worm) wrapping (*mushi maki*)
Bamboo and rattan
H 76 cm, D 34 cm
2009.485

[29] HAYAKAWA SHŌKOSAI I.
(1815–1897)
Blumenkorb mit hohem Henkel
zum Hängen
im Stil japanischer Rüstungen,
yoroi gumi
signiert: Shōkosai hat dies
gemacht mit 74. Jahren,
entspricht 1888
Bambusschienen in Parallel-
konstruktion (*kumi*) verbunden,
Mattenflechtwerk (*gozame ami*)
und Spiralknoten aus Rattan
Bambus und Rattan
H 31 cm, D 14 cm
1889.231
Anregung für diesen Korb war
ein japanischer Rüstungstyp
(*ō-yoroi*), bei dem lackierte
Leder- oder Metalllamellen mit
Seidenschnüren verbunden
wurden. Das feine Flechtwerk
an Fuß und Schulter folgt
jedoch chinesischem Vorbild.
Dieser Korbtyp zählt zu den drei
Formen, die jeder Shōkosai-
Nachfolger beherrschen muss.

Flower basket with high arched
handle
in the style of Japanese armour,
yoroi gumi
Signed: Shōkosai made this in
his 74th year = 1888
Bamboo and rattan
H 31 cm, D 14 cm
1889.231
The model for this basket is
a type of Japanese armour
(*ō-yoroi*), in which lacquered
strips of leather or metal were
bound together using silk cords.
This type of basket was one of
the three forms developed by
Shōkosai I which had to be mas-
tered by each of his successors.

[30] Schalenförmiger Henkelkorb auf
vier Füßen im chinesischen Stil
Signiert: Chikurakusai, nicht
identifiziert
Offenes Flechtwerk im Hanfblattmuster (*asa no ha ami*),
Bündel feiner Bambussträngen
am Griff in Wurmbandwicklung
(*mushi maki*) zusammengehalten
Bambus und Rattan
H 19,5 cm, L 21 cm, B 15 cm
1903.23
Bowl-shaped basket with
handles on four feet
Signed: Chikurakusai, not
identified
Openwork in hemp leaf plaiting
(*asa no ha ami*) with a bundle
of finely split bamboo strands
held together in insect (or worm)
wrapping on the handle (*mushi
maki*)
Bamboo and rattan
H 19.5 cm, L 21 cm, W 15 cm
1903.23

[31] HAYAKAWA SHŌKOSAI I.
(1815–1897)
Schalenförmiger Blumenkorb
mit Henkel
Signiert: Shōkosai hat dies
gemacht im 72. Lebensjahr,
entspricht 1886
offenes diagonales Flechtwerk,
der Boden im hexagonalen
Muster (*mutsume ami*), am Henkelansatz geschnitzter Bambus
Bambus und Rattan
H 28 cm, D 32 cm
1889.142

Bowl-shaped flower basket with
handle
Signed: Shōkosai made this in
his 72nd year, = 1886
Open diagonal plaiting, the base
is with the hexagonal pattern
(*mutsume ami*), carved bamboo
where the handle is attached
Bamboo and rattan
H 28 cm, D 32 cm
1889.142

[32] HAYAKAWA SHŌKOSAI I.
(1815–1897)
Schalenförmiger Blumenkorb
mit seitlichen Henkeln
Signiert: Shōkosai hat dies
gemacht im 79. Lebensjahr,
entspricht 1893
Feines offenes Flechtwerk im
Hanfblattmuster (*asa no ha ami*),
randparallel im Seilflechtmuster
(*nawame ami*), Fuß aus einer
kräftigen Bambusschiene mit
Spiralknoten
Bambus und Rattan
H 14 cm, D 24,5 cm
1898.7
Bowl-shaped flower basket with
lateral handles
Signed: Shōkosai made this in
his 79th year, = 1893
Delicate openwork in hemp leaf
plaiting (*asa no ha ami*), parallel
twining on the edges (*nawame
ami*), the pedestal consists of a
robust bamboo splint with spiral
knotting.
Bamboo and rattan
H 14 cm, D 24.5 cm
1898.7

[33] Flacher Korb für Holzkohle
(*sumikago*) im chinesischen Stil
Hexagonales Flechtwerk,
unterer Teil in achteckiger Form,
deren Kanten mit plastischen
Auflagen in Wurmbandwicklung
(*mushi maki*) geschützt sind,
Fütterung der Wandung aus
haarfeinen Bambussträngen,
innen mit lackiertem Papier
ausgeschlagen
Bambus, Rattan, *urushi*-
lackiertes Papier
H 9,5 cm, D 26 cm
1897.271
Dieser Korb stammt aus der
Sammlung Goncourt. Er wurde
1897 auf der Vente Goncourt in
Paris für 100 Francs erworben.

Shallow basket for charcoal (*sumikago*) in the Chinese style
Hexagonal plaiting, the lower part in octagonal form and with raised overlays in insect (or worm) wrapping (*mushi maki*) to reinforce the edges, the lining of the walls is made of hair-thin bamboo strands, lined with lacquered paper inside.
Bamboo, rattan, paper treated with *urushi* lacquer
H 9.5 cm, D 26 cm
1897.271
This basket is from the Goncourt Collection. It was purchased in 1897 at the Vente Goncourt in Paris for 100 Francs.

[34] Hoher Korb für Holzkohle im chinesischen Stil
Hexagonales Flechtmuster (*mutsume ami*), plastischer Dekor aus umwickelten Bambusspänen in Wurmbandtechnik (*mushi maki*), Wandung mit haarfeinen Bambussträngen gefüttert, innen mit lackiertem Papier ausgeschlagen. Der Korb wurde mit *urushi* braun lackiert.
Bambus, Rattan, *urushi*-lackiertes Papier
H 15,5 cm, D 23,5 cm
1885.118
Tall basket for charcoal in the Chinese style
Hexagonal plaiting (*mutsume ami*), raised decor consisting of bamboo ribs with insect (or worm) wrapping (*mushi maki*), the walls lined with hair-thin bamboo strands, lined with lacquered paper inside. The basket was lacquered in a brown tone with *urushi*.
Bamboo, rattan, paper treated with *urushi* lacquer
H 15.5 cm, D 23.5 cm
1885.118

[35] Hoher Kohlekorb mit Henkel im chinesischen Stil
Flechtwerk in diagonalem Quadratmuster (*yotsume ami*), in der Mitte umflochtene Bambusschiene, Wandung mit haarfeinem Bambus gefüttert, innen mit lackiertem Papier ausgeschlagen, Henkel aus drei umwickelten Bambusspänen, die auf kunstvolle Weise mit zopfähnlichen Strängen am Körper befestigt sind.
Bambus, Rattan, *urushi*-lackiertes Papier
H 33 cm, D 16,5 cm
1889.124
Tall charcoal basket with handle in the Chinese style
Diagonal square plaiting (*yotsume ami*) with a centrally wrapped bamboo splint, the walls lined with hair-thin bamboo strands, lined with lacquered paper inside, the handle consists of three wrapped bamboo slats fastened artfully to the body with cords reminiscent of hair braids.
Bamboo, rattan, paper treated with *urushi* lacquer
H 33 cm, D 16.5 cm
1889.124

[36] Korb für Holzkohle mit Henkel im chinesischen Stil
Signiert: Chikurakusai, nicht identifiziert
Diagonales Mattengeflecht, innen mit lackiertem Papier ausgeschlagen, die Enden des Bambusbügels sind im chinesischen Stil geschnitzt
Bambus, Rattan, *urushi*-lackiertes Papier
H 25,5 cm, D 17,5 cm
1898.3
Basket for charcoal with handle in the Chinese style
Signed: Chikurakusai, not identified
Diagonal mat plaiting, lined with lacquered paper inside, the ends of the bamboo handle are carved
Bamboo, rattan, paper treated with *urushi* lacquer
H 25.5 cm, D 17.5 cm
1898.3

[37] Hoher Blumenkorb mit Henkel im japanischen Stil
Kräftiges hexagonales Flechtwerk (*mutsume ami*), das mit Bambusstreifen umwickelt ist. Sechseckige Bambusschiene als Fuß
Bambus und Rattan
H 45 cm, D 18,5 cm
1983.50
Tall flower basket with handle in the Japanese style
Wide-cut hexagonal plaiting (*mutsume ami*) wrapped with bamboo strips. A hexagonal bamboo splint serves as a pedestal
Bamboo and rattan
H 45 cm, D 18.5 cm
1983.50

[38] Blumenkorb mit gedrehtem Henkel zum Hängen
Flechtwerk in verschiedenen Varianten des Seilmusters (*nawame ami*) und in Köperbindung (*ajiro ami*). Die im unteren Teil eingeflochtenen und umwickelten Stränge des Henkels sind miteinander verdreht und ab der Schulter mit zusätzlichen Strängen verbunden.
Bambus und Rattan
H 32 cm, D 14 cm
1891.98
Flower basket with twisted handle for hanging
Plaited in different variants of the twining technique (*nawame ami*) and in twill plaiting (*ajiro ami*). The strands of the handle which are inserted in the lower part are twisted around each other and connected by means of additional strands from the shoulder on.
Bamboo and rattan
H 32 cm, D 14 cm
1891.98

[39] HAYAKAWA SHŌKOSAI I. 
(1815–1897)
Schalenförmiger Blumenkorb
mit Henkel im japanischen Stil
Signiert: Shōkosai hat dies
gemacht im 67. Lebensjahr,
entspricht 1881
Wandung in offenem diagonalem Flechtwerk aus Bambushalmen, kräftiger Rand und Henkel aus Bündeln von Kanchiku-Bambushalmen
Bambus
H 24 cm, D 27,5 cm
1899.143
Der unregelmäßige Wuchs dieses Zwergbambus wird von Shōkosai bewußt ästhetisch genutzt (wildes Flechtwerk, *ara ami*).
Bowl-shaped flower basket with handle in the Japanese style
Signed: Shōkosai made this in his 67th year, = 1881
Walls in open diagonal plaiting made of bamboo culms, a robust rim and a handle made of kanchiku bamboo culms
Bamboo
H 24 cm, D 27.5 cm
1899.143
The irregular forms in which this dwarf bamboo species grows are deliberately used by Shōkosai as an aesthetic means of expression (wild style plaiting, *ara ami*).

[40] MAEDA CHIKUBŌSAI I. 
(1895–1966)
Großer Blumenkorb mit Henkel
Signiert: Chikubōsai hat dies gemacht
Offenes kräftiges Flechtwerk im wilden Flechtstil (*ara ami*), Rand mit Bambus umwickelt, Henkel aus zwei Bambusschäften, dessen Verzweigungen kunstvoll mit feinen Rattanumwicklungen am Korb befestigt sind.
Bambus und Rattan
H 33,5 cm, D 39 cm
1983.47
Large flower basket with handle
Signed: Chikubosai made this
Open wide-cut plaiting in the wild style (*ara ami*), the rim wrapped with bamboo, the handle made of two bamboo shafts whose branching twigs are fastened to the basket with artfully delicate rattan wrapping.
Bamboo and rattan
H 33.5 cm, D 39 cm
1983.47

[41] KOSUGE CHIKUDŌ (1895–1966) 
Blumenkorb mit Henkel
Signiert: Von Chikudō gemacht
Flechtwerk in Köperbindung (*ajiro ami*), auf Vorder- und Rückseite drei vertikale Bambusschienen als Dekor
Bambus und Rattan
H 41,5 cm, D 25,5 cm
1983.49
Flower basket with handle
Signed: made by Chikudō
Twill plaiting (*ajiro ami*), three vertical bamboo rails on the front and rear sides as decoration
Bamboo and rattan
H 41.5 cm, D 25.5 cm
1983.49

[42] HAYAKAWA SHŌKOSAI I. 
(1815–1897)
Kleiner Blumenkorb in Form eines Beutels zum Hängen
Signiert: Shōkosai hat dies gemacht im 74. Lebensjahr, entspricht 1888
unterer Teil im dichten Quadratmuster (*yotsume ami*), oberer Teil offen nur mit den Kettstreifen, umflochtene Schnüre simulieren einen halbzugebundenen Beutel.
Bambus und Rattan
H 23,5 cm, L 14,5 cm
1893.152
Small flower basket in the shape of a bag for hanging
Signed: Shōkosai made this in his 74th year, = 1888
The lower part in close-woven square plaiting (*yotsume ami*), the upper is openwork with only the warp strips, wrapped cords simulate a half-closed bag.
Bamboo and rattan
H 23.5 cm, L 14.5 cm
1893.152

[43] Kleiner Blumenkorb mit seitlichen Henkeln zum Hängen
Flechtung im Seilmuster (*nawame ami*), darüber leicht diagonal verlaufende zopfähnliche Stränge eingeflochten, Henkel in Form von Schlaufen
Bambus und Rattan
H 23,4 cm, D 12 cm
1889.136
Small flower basket with lateral handles for hanging
Twining technique (*nawame ami*), braid-like strands are interwoven over that in a slightly diagonal pattern, the handle is in the form of a loop
Bamboo and rattan
H 23.4 cm, D 12 cm
1889.136

[44] Blumenkorb mit Henkel aus Wurzelholz im japanischen Stil
diagonales Flechtwerk im wilden Stil (*ara ami*), in die drei Vertiefungen, die mit Wurzelholz gerahmt sind, wurden diagonal helle Bambusschienen eingeflochten
Bambus und Wurzelholz
H 47,5 cm, D 23 cm
1983.46
Flower basket with handle made of root wood in the Japanese style
Diagonal plaiting in the wild style (*ara ami*), light-coloured bamboo rails have been interwoven in the three recessed hollows, which are framed with root wood
Bamboo and root wood
H 47.5 cm, D 23 cm
1983.46

[45] Blumenkorb in Form eines Beutels mit Henkel im japanischen Stil
Mattengeflecht mit vier hellen Bambusschienen in den beutelähnlich eingedrückten Vertiefungen
Bambus und Rattan
H 32,8 cm, D 25 cm
1983.48
Flower basket in the shape of a bag with handle in the Japanese style
Mat plaiting with four light-coloured bamboo rails in the pouch-like indented hollows
Bamboo and rattan
H 32.8 cm, D 25 cm
1983.48

[46] HAYAKAWA SHŌKOSAI I.
(1815–1897)
Kleiner schalenförmiger Henkelkorb aus wild gewachsenen Ranken im japanischen Stil
Signiert: Shōkosai hat dies gemacht
Flechtwerk im wilden Stil (*ara ami*)
Rankengewächs
H 18 cm, D 22,5 cm
1889.132
Small bowl-shaped basket with handle made of wild creepers in the Japanese style
Signed: Shōkosai made this
Plaited in the wild style (*ara ami*)
Climbing creepers
H 18 cm, D 22.5 cm
1889.132

[47] HAYAKAWA SHŌKOSAI I.
(1815–1897)
Kugelförmiger Blumenkorb mit Henkel zum Hängen
Signiert: Shōkosai hat dies gemacht im 68. Lebensjahr, entspricht 1882
Über diagonalem Flechtwerk eingeflochtenes Seilmuster (*nawame ami*), an Schulter, Rand und Henkel Bündel von Kanchiku-Bambushalmen, der Henkelansatz ist in Wurmbandtechnik (*mushi maki*) umwickelt.
Bambus und Rattan
H 27 cm, D 17,5 cm
1889.114
Dieser Korbtyp mit chinesischen Anleihen, aber einer schon stark japanisierten Ästhetik wurde 1881 auf der zweiten Industrieausstellung in Tōkyō prämiert.

Globular flower basket with handle for hanging
Signed: Shōkosai made this in his 68th year, = 1882
Interwoven twining pattern over diagonal plaiting (*nawame ami*), bundles of kanchiku bamboo culms at the shoulder, rim and handle, the joint of the handle is done in insect (or worm) wrapping (*mushi maki*).
Bamboo and rattan
H 27 cm, D 17.5 cm
1889.114
This type of basket, showing Chinese influences but with an already strongly characteristic Japanese aesthetic impulse, was awarded a prize at the second industrial exhibition in Tōkyō in 1881.

[48] HAYAKAWA SHŌKOSAI I.
(1815–1897)
Blumenkorb zum Hängen in Form eines Bootes im chinesischen Stil
Signiert: Shōkosai hat dies gemacht
Feine Mattenflechtung (*gozame ami*) mit plastischen, zopfähnlich geflochtenen Schnüren
Bambus und Rattan
H 22 cm, L 29,5 cm, B 11,5 cm
1885.114
Flower basket in the form of a boat for hanging in the Chinese style
Signed: Shōkosai made this
Fine mat plaiting (*gozame ami*) with raised braided cords
Bamboo and rattan
H 22 cm, L 29.5 cm, W 11.5 cm
1885.114

[49] Blumenkorb mit Drachendekor und seitlichen Henkeln zum Hängen
Signiert: gemacht (?) von Anatsu min, nicht identifiziert
Im unteren Teil vier Felder abwechselnd in Köperbindung (*ajiro ami*) und hexagonalem Muster (*mutsume ami*), im oberen Teil Seilflechtmuster mit plastischem Dekor, der an ein Insekt erinnert.
Bambus und Rattan
H 33,5 cm, D 21 cm
1889.141

Flower basket with dragon design and lateral handles for hanging
Signed: made (?) by Anatsu min, not identifiable
In the lower part are four fields with alternating twill plaiting (*ajiro ami*) and hexagonal weave (*mutsume ami*), in the upper, twining with raised decoration, recalling an insect
Bamboo and rattan
H 33.5 cm, D 21 cm
1889.141

[50] HAYAKAWA SHŌKOSAI I.
(1815–1897)
Großer Blumenkorb mit hohem Henkel
Signiert: Shōkosai hat dies gemacht im 72. Lebensjahr, entspricht 1886
untere Flechtung in Köperbindung (*ajiro ami*), darüber Seilflechtmuster (*nawame ami*), am Henkel feine Umflechtungen unter anderem in Wurmbandtechnik (*mushi maki*)
Bambus und Rattan
H 54,5 cm, D 33 cm
1889.185
Large flower basket with high arched handle
Signed: Shōkosai made this in his 72nd year, = 1886
Lower part twill plaited (*ajiro ami*), above that twining (*nawame ami*), with fine wrapping on the handle, including some in insect (or worm) wrapping (*mushi maki*)
Bamboo and rattan
H 54.5 cm, D 33 cm
1889.185

[51] HAYAKAWA SHŌKOSAI I.
(1815–1897)
Schalenförmiger Blumenkorb
mit Henkel im japanischen Stil
Signiert: Träger der Verdienst-
medaille zweiten Ranges
[gemeint ist hier der Preis auf
der Nationalen Industrieausstellung in Tōkyō von 1881],
Shōkosai hat dies gemacht mit
67 Jahren,
entspricht 1881
Flechtwerk mit Kanchiku-Bambushalmen wie in [39] im wilden
Stil (*ara ami*)
Bambus
H 25,5 cm, D 30,5 cm
1889.230
Dieser Korb ist ein Geschenk
des Konsuls H. Stannis aus
Hiogo im Jahr 1886.

Bowl-shaped flower basket with
handle in the Japanese style
Signed: the holder of the Medal
for Distinguished Service
Second Class (this refers to the
prize at the National Industrial
Exhibition in Tōkyō in 1881),
Shōkosai made this in his 67th
year, = 1881
Plaited in the wild style (*ara ami*)
with kanchiku bamboo culms,
as in [39].
Bamboo
H 25.5 cm, D 30.5 cm
1889.230
This basket was donated by
Consul H. Stannis from Hyogo
in 1886.

* Hinweis zur Datierung
Nach der traditionellen
japanischen Zählung gilt das
Geburtsjahr bereits als erstes
Jahr. Daher wurde für die
Datierung jeweils ein Jahr von
der japanischen Altersangabe
abgezogen.

* Note on dates
According to the traditional
Japanese method of reckoning,
the year of birth already counts
as the first year. For this reason
one year has been subtracted
from the age given in the Japanese signature.

Der japanische Korbflechter hat ein enges und unmittelbares Verhältnis zum Bambus. Er verwendet eine unvorstellbare Sorgfalt und Genauigkeit auf die Auswahl und Bearbeitung des Flechtmaterials. Die vorbereitenden Arbeitsgänge dauern oft mindestens so lange wie das Flechten eines Korbes. Am Anfang steht das Auswählen geeigneter Bambusstangen. Von den rund 600 Bambussorten werden nur wenige zum Flechten verwendet. Die grüne Sorte *madake* ist die beliebteste, denn sie zeichnet sich durch einen geraden Wuchs und größere Abstände zwischen den Knoten aus und lässt sich wegen ihrer dichten Struktur gut in feine Streifen spalten. Benutzt werden auch dunkelbraune Bambussorten oder solche mit dekorativen Musterungen. Die Shōkosai-Familie bezieht ihren Bambus seit der ersten Generation aus Kyōto. Die geeigneten, ungefähr vier Jahre alten Stämme werden rechtzeitig von ihnen im Bambuswald ausgesucht und markiert. Üblicherweise wird der Bambus im Spätherbst geschlagen. Die Shōkosais bevorzugen die letzten Tage des Jahres. Dann ist das Holz besonders fest und trocken. Fünfzig bis hundert Bambusstangen werden für ein Jahr gebraucht.

Der Bambus muss zunächst einige Monate aufrecht stehend trocknen. Danach werden die Öle entfernt, indem der Bambus über einem Kohlefeuer erhitzt wird. Der Prozess des Entölens dauert ungefähr zehn Tage. Dabei nimmt der grüne Bambus eine helle Farbe an. Bei dem neueren Verfahren zum Entölen wird der Bambus in einer Alkalilösung gekocht. Da diese Methode aber die Oberfläche der Stämme angreift und die Festigkeit des Bambus beeinträchtigt, wendet auch Shōkosai v. noch das traditionelle zeitaufwendigere Verfahren an. Nachdem die Bambusstangen in der gewünschten Länge zugeschnitten sind, müssen sie geschält werden. Shōkosai I. hat dafür eine eigene Technik entwickelt, bei der die Haut mit einem Messer nur abgeschabt wird. Danach wird der Bambus solange jeweils in zwei Hälften gespalten, bis das gewünschte Maß erreicht ist. Wenn die Späne noch nicht zu schmal sind, wird auch das innere Fleisch von den Bambusstreifen entfernt. Für feine Arbeiten entsteht am Ende eine Dicke von bis zu einem Millimeter, die sogar noch dünner sein kann. In diesem Fall werden fast 99 Prozent des Materials entfernt.

Fertigung eines Bambuskorbes

The Japanese basket maker has an intimate and very direct relationship to bamboo. He lavishes unbelievable care and precision on the choice and preparation of the material for weaving. The various stages in preparing the material frequently take at least as long as the actual weaving of the basket itself. The first step is the choice of suitable bamboo culms. Only a few of the approximately 600 kinds of bamboo are used for weaving. The green variety *madake* is the most favoured type, since it is characterized by growing very straight and having larger distances between the nodes, and is easy to split into fine strips due to its dense texture. But the dark brown varieties of bamboo or those with decorative patterning are also used. The Shōkosai family has procured its bamboo since the first generation from Kyōto. The suitable culms, about four years old, are selected and marked by them at an early stage while still growing in the bamboo grove. Bamboo is normally cut in late autumn. The Shōkosais prefer the last days of the year. At this time the wood is particularly hard and dry. Fifty to a hundred culms are needed for one year.

First of all the bamboo is stood upright for several months to dry. After this it is heated over a charcoal fire to leach the oils out of it. The leaching process takes about ten days. During this time the green bamboo takes on a lighter colour. In a more recent leaching process, the bamboo is simmered in an alkali solution. Since this process corrodes the surface of the culms and weakens the resilience of the bamboo, however, Shōkosai v still uses the more time-consuming traditional process. After the bamboo culms have been cut to the required length, they must be peeled. Shōkosai I developed his own technique for this, which involves peeling off the outer skin with a knife. Then the bamboo is repeatedly split in half until the required thickness is reached. If the cuttings are not too thin, the inner pith is also removed from the bamboo strips. For fine work, these have, at the end of the process, a thickness of as little as one millimetre, sometimes even thinner. In this case almost 99 per cent of the material has been removed.

The Japanese preference for dark-toned surfaces reminiscent of a naturally acquired patina, which also can be seen, for instance, in the patina given

Die japanische Vorliebe für dunkle, an eine natürliche Patina erinnernde Oberflächen, die sich beispielsweise in der Patinierung von Metallen zeigt, bestimmt auch die Ästhetik japanischer Körbe. Die blonde Farbe des Bambus wird meistens braun gefärbt. Überflüssig ist das Färben nur bei dem bereits auf natürliche Weise durch Holzkohlerauch gefärbten Bambus (susutake). Der in der Dachkonstruktion traditioneller Bauernhäuser verwendete Bambus erfuhr im Laufe der Jahre durch das offene Kohlefeuer eine natürliche Räucherung. Die langsam entstandene Patina dieser Bambusstangen wurde von den Korbflechtmeistern hoch geschätzt. Solcher Bambus war aber nur selten zu haben. Viele Künstler entwickelten für das Färben ihre eigene Methode. Oft wird Lack (urushi) in die Oberfläche eingerieben, was dem Korb einen feinen Glanz gibt. Mit wachsendem Alter besteht hier jedoch die Gefahr, dass der Lack bricht und sich Sprünge bilden. Shōkosai I. hat daher auch für das Färben eine ganz spezielle Methode entwickelt, die bis heute an jeden Nachfolger weitergegeben wurde. Die Bambusstreifen werden dabei in einem Sud aus Pflaumen- und Erlenrinde gekocht. Bei dieser zeitaufwendigen Methode entsteht ein warmer mittelbrauner Farbton. Die Behandlung schützt gleichzeitig vor Insektenbefall. Nach dem Färben werden die Streifen poliert. Der im Vergleich herausragende Zustand der Shōkosai-Körbe in der Hamburger Sammlung bestätigt die Nachhaltigkeit dieses Färbeverfahrens. Einfachere Körbe werden oft nach dem Flechten als Ganzes im Färbebad gekocht.

Der Korb entsteht nach einem gezeichneten Entwurf. Begonnen wird immer mit dem Flechten des Bodens, der durch breite Bambusspäne stabilisiert werden kann. Danach wird die Wandung hochgezogen. Durch Einweichen in Wasser oder vorsichtiges Erhitzen können die Bambusstreifen biegsamer gemacht werden.

Es gibt vier grundlegende Flechttechniken, zwei für das dichte geschlossene Flechtwerk und zwei für das offene. Für ersteres sind es die Köperbindung (ajiro-ami) und das einer Tatami-Matte ähnelnde Muster (gozame-ami), bei dem die horizontalen Streifen jeweils in abwechselndem Rhythmus durch die vertikalen Späne geführt sind. Die zwei Techniken für das offene Geflecht

Making a bamboo basket

to metal objects, is a determining factor in the aesthetics of Japanese baskets. The blonde colour of the bamboo is mostly dyed brown. Dyeing can only be dispensed with in the case of bamboo which is naturally stained through exposure to smoke from charcoal fires (susutake). The bamboo used in the roof construction of traditional Japanese houses was naturally smoked in the course of many years over open charcoal fires. The patina which slowly developed on these bamboo culms was highly esteemed by the bamboo masters. Such bamboo was seldom available, however. Many artists developed their own methods of dyeing. Lacquer (urushi) is often rubbed into the surface to give the basket a subtle shine. With increasing age, however, there is the danger that the lacquer may crack and develop fissures. For this reason, Shōkosai I also invented his own special method of dyeing, which has been passed down to each of his successors up to the present day. In this, the bamboo strips are simmered in a decoction of plum-tree and alder bark. With this time-consuming method, a warm medium brown tone is produced. At the same time the treatment protects the material from insect damage. After dyeing, the strips are polished. The excellent condition of the Shōkosai baskets compared with others in the Hamburg collection confirms the long-lasting effect of this dyeing technique. More simply constructed baskets are often immersed as a whole in the dye to simmer after weaving.

The basket is made according to a design sketch. The starting point is always to weave the base of the basket, which can be given stability through the use of broad slats of bamboo. After this the sides are built up. The bamboo strips can be made more pliant by steeping them in water or heating them gently.

There are four fundamental techniques of basket making, two for the closely-woven compact surfaces and two for openwork. For the former, these are twill plaiting (ajiro-ami) and the pattern similar to that of a tatami mat (gozame-ami), in which the horizontal strips are woven through the vertical slats in an alternating rhythm. The two techniques for openwork are plain or square plaiting (yotsume-ami) and hexagonal plaiting (mutsume-ami). These basic techniques have complex variants, sometimes with additional interwoven

sind die Leinwandbindung (*yotsume-ami*) und das hexagonale Flechtmuster (*mutsume-ami*). Diese Grundtechniken haben komplexe Varianten mit teilweise zusätzlich eingeflochtenen Spänen. Das Flechtwerk kann auch ganz unregelmäßig ausfallen. Manchmal sind die Korbwände doppelt gearbeitet oder auch mit einer Fütterung aus großflächigen Blättern oder fein wie Rosshaar geschnittenem Bambus versehen.

Am Ende werden der Rand gefertigt und der Henkel eingeflochten. Rand und Henkel sind der Ort für dekorative Umwicklungen und Zierknoten, die in feiner Ausführung stets aus Rattan bestehen, weil es besonders biegsam ist.

strips. The basketwork can also be quite irregular as well, however. Sometimes the sides of the basket are double-woven, or have a lining of broad plant leaves or of bamboo finely cut to the thinness of horse-hair.

In the final step the rim is made and the handle woven in. The rim and the handle are where we find decorative wrapping and delicate ornamental knots, which at their finest are always fashioned from rattan, since it is particularly flexible.

[50]
HAYAKAWA SHŌKOSAI I. (1815–1897)
Großer Blumenkorb mit hohem Henkel
Large flower basket with high arched handle
datiert 1886
dated 1886

1889,230.

有功二於寺六十七翁尚古為造之

[51]
HAYAKAWA SHŌKOSAI I. (1815–1897)
Schalenförmiger Blumenkorb mit Henkel im japanischen Stil
Bowl-shaped flower basket with handle in the Japanese style
datiert 1881
dated 1881

Literatur / literature

BRAUEN (2003)
BRAUEN, MARTIN, Bambus im alten Japan. Kunst und Kultur an der Schwelle zur Moderne. Stuttgart: Arnoldsche Art Publishers 2003.

BRAUNSCHWEIG (1874)
Centralcommission des Deutschen Reiches für die Wiener Weltausstellung, Amtlicher Bericht über die Wiener Weltausstellung im Jahre 1873, Braunschweig: Druck und Verlag von Friedrich Vieweg und Sohn, 1874, Bd. 3.

BRINCKMANN (1894)
BRINCKMANN, JUSTUS, Führer durch das Hamburgische Museum für Kunst und Gewerbe. Hamburg: Verlag des Museums für Kunst und Gewerbe, 1894.

COFFLAND (2006)
COFFLAND, ROBERT T.; DONALD DOE, Hin. The Quiet Beauty of Japanese Bamboo Art. Chicago: Textile Arts Inc., Faulconer Gallery, Grinell College and Art Media Resources 2006.

CORT (1994)
CORT, LOUISE A.; KENJI NAKAMURA, A Basketmaker in Rural Japan. Washington, New York und Tōkyō: Arthur M. Sackler Gallery, Smithsonian Institution in association with Weatherhill, Inc. 1994.

COTSEN (1999)
NEWLAND, JOSEPH N. (Hg.), Japanese Bamboo Baskets. Masterworks of Form and Texture from the Collection of Lloyd Cotsen. Los Angeles: Cotsen Occasional Press, 1999.

EARLE (2008)
EARLE, JOE, New Bamboo. Contemporary Japanese Masters. New York: Japan Society 2008.

EHMKE (1996)
EHMKE, FRANZISKA, Faszination Ikebana. Kulturgeschichte der japanischen Blumenkunst. Köln: Dumont 1996.

GRAHAM (1998)
GRAHAM, PATRICIA J., Tea of the Sages. The Art of Sencha. Honolulu: University of Hawaii Press 1998.

GRAHAM (1999)
The Appreciation of Chinese Flower Baskets in Premodern Japan. In: Newland, Joseph N. (Hg.), Japanese Bamboo Baskets. Masterworks of Form and Texture from the Collection of Lloyd Cotsen. Los Angeles: Cotsen Occasional Press, 1999, S. 60-83.

HAMBURG (1902)
ANGST, HEINRICH, Das Hamburgische Museum für Kunst und Gewerbe dargestellt zur Feier des 25jährigen Bestehens von Freunden und Schülern Justus Brinckmanns. Hamburg: Verlags-Anstalt und Druckerei AG, 1902.

HARADA (2002)
HARADA, MISU, »Hayakawa Shōkosai – shodai kara tōdai made« [Hayakawa Shōkosai – von der ersten bis zur heutigen Generation]. In: Hayakawa, Shōkosai v (Hg.): Gosei Hayakawa Shōkosai sakuhinshō. Chikugei no michi' Gojusshōnen kinen. o. O. 2002, S. 143–145.

IKEDA (2000)
IKEDA, HYŌA, Kago hanaire to take hanaire : cha to chikugei : sono yō to bi [Korbvasen und Bambusvasen : Tee und Bambuskunst : Nutzen und Schönheit] Kyōtō : Tankōsha 2000.

KANAI (2006)
KANAI, TADAO (Hg.), Take no sōzō . kindai takekōgei no keifu to Nasu. Creation of bamboo . Genealogy in Modern Bamboo Craft and the Nasu Region. Nasu Shiobara: Nasu Nogahara Hakubutsukan 2006.

KINOSHITA (1976)
KINOSHITA, KEIFŌ, Hanakago to take hanaire [Blumenkörbe und Bambusvasen]. Tōkyō: Ribunkaku 1976.

KIUCHI (1968)
KIUCHI, TAKEO (Hg.), »Mokuchikukōgei« [Holz- und Bambushandwerkskunst]. Nihon no bijutsu 25, 1968.

KLEMM (2004)
KLEMM, DAVID, Das Museum für Kunst und Gewerbe Hamburg. Von den Anfängen bis 1945. Hamburg: Museum für Kunst und Gewerbe, 2004.

KUDO (1980)
KUDO, KAZUYOSHI, Japanese Bamboo Baskets. Form and Function Series. Tōkyō: Kodansha International 1980.

KUHN (1980)
KUHN, DIETER: Chinese Baskets and Mats. Kunsthistorisches Institut der Universität Köln: Band 4. Wiesbaden: Franz Steiner Verlag 1980.

KUNI (2005)
KUNI, TAKEYUKI, Hakurankei no jidai: Meiji seifu no hakurankai seisaku [Die Zeit der Gewerbeausstellungen: die Ausstellungspolitik der Meiji-Regierung]. Tōkyō: Iwata Shoin 2005.

LAUFER (1925)
LAUFER, BERTHOLD, Chinese Baskets, Field Museum of Natural History, Chicago 1925.

MCCALLUM (1988)
MCCALLUM, TOSHIKO M.; Jung-yu S. Lien, Containing Beauty. Japanese Bamboo Flower Baskets. Los Angeles: UCLA Museum of Cultural History 1988.

MEYER (2002)
MEYER, ANITA, »Flower Baskets: Hanakago«. Daruma 36, 2002, S. 13–26.

MOROYAMA (2007)
MOROYAMA, MASANORI; Masami Oguchi; Satomi Suzuki (et. al.): Japanese Bamboo Baskets. Meiji, Modern, Contemporary. Tōkyō : Kodansha International 2007.

MOROYAMA (2006)
MOROYAMA, MASANORI, »Kindai chikukōgei no keifu« [Genealogie des modernen Bambuskunsthandwerks]. In: Kanai, Tadao (Hg.), Take no sōzō. Kindai takekōgei no keifu to Nasu. Creation of bamboo. Genealogy in Modern Bamboo Craft and the Nasu Region. Nasu Shiobara: Nasu Nogahara Hakubutsukan 2006, S. 6–13.

MOROYAMA (2002)
MOROYAMA, MASANORI, »Gosei Hayakawa Shōkosai; dentō to kakushin ni tsutomeru« [Hayakawa Shōkosai V: Bemühen um Tradition und Erneuerung]. In: Hayakawa, Shōkosai V. (Hg.), Gosei Hayakawa Shōkosai sakuhinshō .Chikugei no michi Gojusshōnen kinen. o. O. 2002, S. 4–7.

MOROYAMA (1989)
MOROYAMA, MASANORI, »Chikukōgei kindaika no shōkō – Shodai Tanabe Chikuunsai shōron«. Modernization of Bamboo Craft – On Tanabe Chikuunsai I. Tōkyō Kokuritsu Kindai Bijutsukan kenkyō kiyō 2, 1989, S. 33–52.

MURAMATSU (1966)
MURAMATSU, HIROSHI, »Takekago (jō)« [Bambuskörbe 1]. Nihon bijutsu kōgei 329, 2/ 1966, S. 122–128.

MURAMATSU (1966 a)
MURAMATSU, HIROSHI, »Takekago (ge)« [Bambuskörbe 2]. Nihon bijutsu kōgei 331, 4/ 1966, S. 84–91.

MURAMATSU (1960)
MURAMATSU, HIROSHI, »Chikugei« [Bambuskunst]. Nihon bijutsu kōgei 263, 7/ 1960, S. 56–61.

NIHON KEIZAI SHIMBUN (2003)
NIHON KEIZAI SHIMBUN (Hg.), Take no zōkei – Roido Kottsen korekushon ten. Bamboo Masterworks: Japanese Baskets from the Lloyd Cotsen Collection. o. O.: Nihon Keizai Shimbun 2003.

OSTER (1995)
OSTER, MAGGIE, Bamboo Baskets. Japanese Art and Culture Interwoven with the Beauty of Ikebana. New York: Packaged Goods Incorporated 1995.

RINNE (2007)
RINNE, MELISSA M., Masters of Bamboo. Artistic Lineages in the Lloyd Cotsen Japanese Basket Collection. San Francisco: Asian Art Museum of San Francisco 2007.

ROGERS (1997)
ROGERS, HOWARD, Flowers in Basket. In: Kaikodo Journal V, New York: Kaikodo, 1997, S. 88–89 und 279–282.

SAKAI-SHI (2005)
SAKAI-SHI KOKUSAI BUNKABU (Hg.), Sakai-shi shozō Nidai Maeda Chikubōsai sakuhinsen [Eine Auswahl von Werken von Maeda Chikubōsai II im Besitz der Stadt Sakai]. Sakai, Ōsaka : Sakai City International and Cultural Affairs Department 2005.

SATŌ (1974)
SATŌ, SHŌGORŌ, Zusetsu chiku kōgei – take kara kōgeihin made [Bambuskunsthandwerk mit bildlicher Erklärung – vom Bambus bis zum Kunsthandwerksobjekt]. Tōkyō: Kyōritsu Shuppan 1974.

SHIRAISHI (2006)
SHIRAISHI, MASAMI, »Kumigijutsu ni arata na kanōsei« [Neue Möglichkeiten durch die Gruppierungstechnik]. Shōkan ningen kokuhō 14, 9/ 2006, S. 13–20.

SHIRAISHI (1991)
SHIRAISHI, MASAMI, »Mokuchikukō. Dentō kōgei« [Holz- und Bambushandwerk. Traditionelles Hadwerk]. Nihon no bijutsu 303, 8/ 1991.

TAKEUCHI (2003)
TAKEUCHI, JUN´ICHI, Furata Oribe and the Tea Ceremony. In: Miyeko Murase (Hg.), Turning point: Oribe and the arts of sixteenth-century Japan. New Haven and London: Yale University Press, 2003, S. 16–29.

TŌKYŌ (1985)
HASEBE, MITSUHIKO; Masami Shiraishi, Kenji Kaneko (et al.), Take no kōgei – kindai ni okeru tenkai. Modern Bamboo Craft. Tōkyō: The National Museum of Modern Art 1985.

URASENKE (1997)
URASENKE SADŌ SHIRYŌKAN (Hg.), »Hanaire – 2 – Kago, take hanaire" [Blumenvasen 2: Körbe, Bambusvasen]. Tankō 51, 9/ 1997, S. 10–14; S. 46–49.

WATT (1985)
WATT, JAMES Y. C., The Sumptuous Basket. Chinese Lacquer with Basketry Panels. New York: China House Gallery, China Institute in America, 1985.

YAMAZAKI (1910)
YAMAZAKI, YOSHIO, Chikuzai kōgei [Handwerkskunst aus Bambus]. o. O.: Hakubunkan 1910.

YOSHIDA (1994)
YOSHIDA, KAZUO, Kago shokunin. takeami no waza [Korbhandwerker. Die Kunst des Bambusflechtens]. Tōkyō: Tamagawa Daigaku Shuppanbu 1994.

Referenzliteratur zum Beitrag »Chinesische Korbflechtarbeiten und ihre Übernahme in Japan«

BARTHOLOMEW (2006)
BARTHOLOMEW, TERESE TSE, Hidden Meanings in Chinese Art. San Francisco: Asian Art Museum of San Francisco, 2006.

BEIJING (2005)
Zhongguo renwu huajing dian. Bei Song juan / Masterworks of Chinese Figure Painting. Northern Song Dynasty (AD 960–1127). Beijing: Wenwu, 2005.

CROISSANT/WAKABAYASHI (1991)
CROISSANT, DORIS, UND MISAKO WAKABAYASHI, Japanese Paintings. A Selection from the Baelz Collection. Tōkyō: Kôdansha, 1991.

KUHN (1997)
KUHN, DIETER, Die Song-Dynastie (960–1279). Eine neue Gesellschaft im Spiegel ihrer Kultur. Weinheim: VCH acta humaniora, 1987.

KUHN (2009)
KUHN, DIETER, The Age of Confucian Rule. The Song Transformation of China. Cambridge (Mass.) and London: Belknap/Harvard, 2009.

HANSEN (1996)
: HANSEN, VALERIE, The Beijing Qingming Scroll and Its Significance for the Study of Chinese History. New Haven: Yale University Press, 1996.

KÖLLA (1996)
: KÖLLA, BRIGITTE, Der Traum von Hua in der Östlichen Hauptstadt. Bern u. a.: Peter Lang, 1996.

LAWTON (1973)
: LAWTON, THOMAS, Chinese Figure Painting. Washington (D.C.): Freer Gallery of Art/Smithsonian Institution, 1973.

LEDDEROSE (1998)
: LEDDEROSE, LOTHAR, Orchideen und Felsen. Chinesische Bilder im Museum für Ostasiatische Kunst Berlin. Mit Beiträgen von Kohara Hironobu, Willibald Veit und Nora von Achenbach. Herausgegeben vom Museum für Ostasiatische Kunst, Staatliche Museen zu Berlin – Preußischer Kulturbesitz. Berlin: G+H Verlag, 1998.

NAKAGAWA (1969)
: NAKAGAWA SENSAKU (Hg.), Meiji no kōgei. Tōkyō: Shibundô, 1969. [Nihon no bijutsu 9].

TODA/OGAWA (1999)
: TODA TEISUKE UND OGAWA HIROMITSU, Comprehensive Illustrated Catalogue of Chinese Paintings. Second Series, Vol. 3. Tōkyō: University of Tōkyō Press, 1999.

TŌKYŌ (1995)
: Tōkyō National Museum: Tokubetsu ten Hana / Special Exhibition Flowers. 1995.

TŌKYŌ (2004)
: Tōkyō National Museum u. a.: Arts of East and West from World Expositions. 1855-1900: Paris, Vienna and Chicago. Commemorating the 2005 World Exposition, Aichi, Japan.

VALDER (1999)
: VALDER, PETER, The Garden Plants of China. London: Weidenfeld & Nicolson, 1999.

WIEN (2008)
: Kunsthistorisches Museum Wien: Schätze aus dem Nationalen Palastmuseum, Taiwan.

YAMATO BUNKAKAN (1995)
: YAMATO BUNKAKAN, Tsuifuku. Pairs of Hanging Scrolls. Nara, 1995.

WIR DANKEN
THANKS TO

Robert T. Coffland
Kaneko Chizuko
Kuboniwa Isao
Kulturabteilung der Stadt Sakai
Hayakawa Shōkosai v.
Linden Museum Stuttgart, Staatliches Museum für Völkerkunde
Moroyama Masanori
Museum für Ostasiatische Kunst Köln
Nagasaki Prefectural Art Museum
Nasunogahara Museum
Seki Yasunori
Sotomura Ataru
Staatliche Museen zu Berlin SPK, Museum für Asiatische Kunst
Tokunaga Hiroshi

20
JAHRE 周年
HAMBURG ハンブルク
OSAKA 大阪

IMPRESSUM

Katalog anläßlich der Ausstellung
Kagoshi – Japanische Meister der Bambusflechtkunst
im Museum für Kunst und Gewerbe Hamburg

18. September 2009 – 10. Januar 2010

Herausgeber Museum für Kunst und Gewerbe Hamburg
Direktorin Sabine Schulze
Ausstellung und Katalog Nora von Achenbach
Wissenschaftliche Mitarbeit Irene Piepenbrock
Katalogredaktion Nora von Achenbach, Antje Büttner
Kataloggestaltung Ingo Offermanns
Mitarbeit an der Kataloggestaltung Anne-Katrin Ahrens
Fotos Maria Thrun, Sabine Günther, Joachim Hiltmann
Satz Tim Albrecht
Englische Übersetzung Philip Marston
Japanische Übersetzung Sotomura Ataru
Druck Druckerei in St. Pauli, Hamburg

Ausstellungsarchitektur René Hillebrand
Lichtgestaltung Björn Salzer
Restauratoren Frédéric Lebas, Stanislaw Rowinski, Irin von Meyer, Birte Köhler, Patricia Rohde-Hehr
Ausstellungsaufbau Antje Büttner
Technische Leitung Thomas Frey
Ausstellungstechnik Alberto Polo Pallares, Damian Kowalczyk, Mike Meier, Gregorij Medvedev, Egon Busch
Grafische Ausführung Ahmed Salmann, Andreas Torneberg
Marketing Christine Maiwald, Ulrike Blauth
Presse/PR Margit Tabel-Gerster, Michaela Hille
Kommunikation Regina Wetjen, Dennis Conrad
Vermittlung Nils Jockel, Jens Oestreicher

Abbildung auf dem Umschlag: Hayakawa Shōkosai I., Blumenkorb, 1881, Kat. 51

© 2009, Museum für Kunst und Gestaltung, Hamburg

ISBN 978-3-923859-74-0

Museum für Kunst und Gewerbe
Hamburg
Stiftung öffentlichen Rechts
Steintorplatz
20099 Hamburg
Tel + 49 40 428134-2732
Fax + 49 40 428134-2834
www.mkg-hamburg.de